六合
文史

六合古籍考

政协南京市六合区委员会◎编

中国文史出版社

图书在版编目（CIP）数据

六合古籍考 / 政协南京市六合区委员会编. —北京：
中国文史出版社，2023.12
ISBN 978-7-5205-4269-2

Ⅰ.①六… Ⅱ.①政… Ⅲ.①南京－地方史 Ⅳ.①K295.31

中国国家版本馆 CIP 数据核字（2023）第 169856 号

责任编辑：王文运　　　　　　装帧设计：王　琳　程　跃

出版发行：中国文史出版社

社　　址：北京市海淀区西八里庄路 69 号　　邮编：100142
电　　话：010 - 81136606　81136602　81136603（发行部）
传　　真：010 - 81136655
印　　装：廊坊市海涛印刷有限公司
经　　销：全国新华书店
开　　本：787mm×1092mm　1/16
印　　张：24.75
字　　数：392 千字
版　　次：2024 年 1 月北京第 1 版
印　　次：2024 年 1 月第 1 次印刷
定　　价：78.00 元

前　言

中国文化历来推崇"收百世之阙文，采千载之遗韵"。2023年6月2日习近平总书记在文化传承发展座谈会上指出："如果不从源远流长的历史连续性来认识中国，就不可能理解古代中国，也不可能理解现代中国，更不可能理解未来中国。"

六合历史悠久，文脉悠长，自古读书藏书之风颇盛，名家贤士辈出，诗文佳作纷呈，文献遗存丰富。六合历代著述书目编集，始于《顺治六合县志》卷十二《艺林》，由孙宗岱搜集前人耆旧传世著作主编而成。《民国六合县续志稿》的主要编纂者汪昇远则用《艺文志》两卷的篇幅，记录了六合先辈遗著，保存了古代六合重要的著述资料。现在距《民国六合县续志稿》编撰又过去了100余年，随着经济社会的快速发展，我区的文化事业发展日益繁荣，对我区所藏古籍进行摸底排查，编撰出版六合古籍丛书，就成为一项非常紧迫且具有重大意义的工作。

今年区政协全会期间，委员提出"关于编辑出版《六合典籍丛书》，建立六合古籍文献数据库的建议"提案，区政协高度重视，将其列入重点提案办理，发挥委员资源优势，组建编撰委员会，实地走访相关部门深入摸底，广泛搜采，摸清六合古代典籍的历史与现状、馆藏与散佚情况，对六合历代作品的作者生平、著录馆藏、社会影响等进行严谨考订，汇集整理，编撰成书。

《六合古籍考》全面收集历代（从晋代到新中国成立初期）文献记载的六合全域古籍书目，罗列了历代六合作者（含少量非六合籍作者有关六合的专著）著录或公私收藏的图书 600 多种，其中可考现存图书 150 多种，是具有书目和书志性质的传统目录学、版本学著述，兼具"志""考""订""图""引""索"特点。

源浚者流长，根深者叶茂。《六合古籍考》是继《六合文征》之后，区政协发挥委员主体作用，开展艺文类文史资料征集编纂、发掘整理的又一项重要成果。该书的编撰出版，较为全面地反映了六合古籍的品种、版本及收藏等情况，对开展相关研究工作、编撰地方文献具有较强的参考价值，对保护六合古代文化，传承城市文脉，增强文化自信，具有重要的历史意义和现实意义。

政协南京市六合区委员会
2023 年 12 月

凡　例

一、本书著录中华人民共和国成立之前南京市六合（古棠邑）籍作者出版或有记载的书目，酌收流寓或任职六合，并长期居住或寄籍六合的作者作品，以及生于清末、逝于 1949 年之后，主要从事古代文献研究并有古体诗文词曲创作者的书目。

二、本书以 2002 年六合区行政区划为准，已经明确作者生活地划入他区，如南京市浦口区，安徽省天长、来安、和县、全椒等地者不收，但古代艺文志记载为六合者酌收，并作必要考注。

三、本书按照作者出生时间顺序编排，生卒年不详者，以其主要生活的时间安排。排序主要参考《江苏艺文志·南京卷》第三册六合部分、历代《六合县志》等书。

四、本书采用"以人系书"的体例编写，即同一作者的作品，无论经、史、子、集，全部列于其名下。首载作者名；次述作者简介；次列作者书目，均为史料有记述或编者所见者，有卷数者注明，卷数不明者缺如，并说明存佚、馆藏及版本情况；次抄录书籍的序跋；次摘录文献著录和与作者生平、作品有关的资料；次为编者按语，主要考注论述作者的家世、师承、作品影响等。

五、本书著录存世作品，能够取得书影者，选择主要版本，配图 1—2 幅，展示原著保存状况，并供读者参考。

六、本书抄摘古代文献，底本小字注文均加括号，以示区别。文中需要说明者或讹误，编者用小字加"编者按"括注其后。

七、本书引文保留原来年号纪年，并用括号注明公元纪年。作者生卒年不明，今可考订者，作必要的考证。

八、本书引文使用简体字，但在可能产生歧义或没有简化字的，酌用繁体字或异体字。引文原文由于版本脱字或无法辨认者，以"□"代之。

九、本书著录书名前加"◎"标志，以示区隔，以便辨识。

十、为了便于读者使用，本书编列了"人名索引"和"书目索引"。

目　录

·民　国·

·晋·

王 鉴

> 王鉴（约282—322），字茂高，晋代棠邑（今南京市六合区）人。历任琅琊国侍郎、驸马都尉、奉朝请，补永兴令等。《万历六合县志》有传。

◎《王鉴集》5卷（佚）

《隋书·志第三十·经籍四》：晋散骑常侍《王鉴集》九卷，梁五卷。

《旧唐书·经籍志》：《王鉴集》五卷。

《新唐书·艺文志》：《王鉴集》五卷。

《民国六合县续志稿志》卷十五艺文志上：晋王鉴《文集》五卷。（《晋书·王鉴传》。按：传言《文集》传于世，不言卷数，《雍正县志》《嘉庆府志》均作五卷，今依府县志。）

《晋书·王鉴传》：王鉴，字茂高，堂邑人也。父潜，御史中丞。鉴少以文笔著称，初为元帝琅琊国侍郎。时杜弢作逆，江湘流弊，王敦不能制，朝廷深以为忧。鉴上疏劝帝征之，曰："……（编者按：疏文较长，不录）"疏奏，帝深纳之，即命中外戒严，将自征弢。会弢已平，故止。中兴建，拜驸马都尉、奉朝请，出补永兴令。大将军王敦请为记室参军，未就而卒，时年四十一。文集传于世。

《万历六合县志》：王鉴，字茂高，潜子。少以文笔著称，初为元帝琅琊国侍郎。时杜弢作逆，江湘流弊，王敦不能制，朝廷深以为忧。鉴上疏劝帝亲征，辞甚恳切，帝深纳之，即命中外戒严，将自征弢。会弢已平，故止。中兴，鉴拜驸马都尉、奉朝请，补永兴令。大将军请为记室参军，未就而卒，有《文集》五卷，传于世，其《七夕》等诗入《六朝诗汇》。《晋书》有传。赞曰：茂高器鉴，雕章尤善。

【按】六合先贤有著作记载自《王鉴集》开始，清人朱绪曾有诗曰："六朝人物推王鉴，自此名流偻指多。"（《题杜小箬璜集兼赠巴种芝光诰》其二）

考六合之名，隋以后始用，隋以前称"堂邑"，或"棠邑"，简称"棠"或"堂"。隋以后称棠邑者，多指山东之堂邑县。故王鉴当为六合人。《王鉴集》，今不传。王鉴作品传世极少，严可均辑《全晋文》卷一百二十八收有文《劝元帝亲征杜弢疏》（万历《六合县志》题作《请征杜弢疏》），赋《竹簟赋》之断句"楚簟陈于玉房，巴箱列于椒台"。有诗一首见于《玉台新咏》卷三。

王 涛

字茂略，历官著作郎、无锡令。王鉴之弟。

◎《三国志序评》3卷（佚）

《隋书·志第二十八·经籍二》：梁有《三国志序评》三卷，晋著作佐郎王涛撰，亡。

《新唐书·艺文志》：王涛《三国志序评》三卷。

◎《王涛集》5卷（佚）

《隋书·志第三十·经籍四》：晋著作佐郎《王涛集》五卷，……亡。

《旧唐书·经籍志》：《王涛集》五卷。

《新唐书·艺文志》：《王涛集》五卷。

《万历六合县志》卷五：王涛，字茂略，鉴弟，有才笔，历任著作郎、无锡令。所著集五卷，并《三国志序评》三卷。戭，字庭坚，涛子，亦有才华，任著作郎。

《晋书·王鉴传》：鉴弟涛及弟子戭，并有才笔。涛，字茂略，历著作郎、无锡令。戭，字庭坚，亦为著作。并早卒。

【按】王涛乃王鉴的弟弟，其作品史书有明确记载，但在隋时即已散佚，今无传本。

· 南 北 朝 ·

释慧琳

慧琳，一作惠琳，南朝宋僧人，俗姓刘氏，秦郡（今南京市六合区）人。出家住六合冶山祇洹寺。

◎《孝经注》1卷 (佚)

《隋书·志第二十七·经籍一》:《孝经》一卷，释慧琳注。

◎《庄子逍遥游篇注》1卷 (佚)

《宋书·天竺迦毗黎国传》:慧琳者，秦郡秦县人，姓刘氏。少出家，住冶城寺，有才章，兼外内之学，为庐陵王义真所知。尝著《均善论》，……论行于世，旧僧谓其贬黜释氏，欲加摈斥。太祖见论赏之，元嘉中，遂参权要，朝廷大事，皆与议焉。宾客辐凑①，门车常有数十两，四方赠赂相系，势倾一时。注《孝经》及《庄子·逍遥篇》、文论，传于世。

◎《释慧琳集》5卷，一作9卷，录1卷 (佚)

《隋书·志第三十·经籍四》:宋沙门《释慧琳集》五卷，梁九卷，录一卷，亡。

---

① 底本如此。

◎《老子道德经注》2 卷（佚）

《隋书·志第二十七·经籍一》：《老子道德经》二卷，释惠琳注，亡。

严可均辑《全上古三代秦汉三国六朝文·全宋文》六十三卷：慧琳，本姓刘，秦郡秦县人，出家，住冶城寺。元嘉中，朝廷大事皆与议，有《孝经注》一卷，《庄子逍遥游篇注》一卷，集九卷。

《南史·列传》第六十八《夷貊上》：慧琳者，秦郡秦县人，姓刘氏。少出家，住冶城寺。有才章，兼内外之学，为庐陵王义真所知。尝著《均善论》，颇贬裁佛法，云："有白学先生，以为中国圣人经纶百世，其德弘矣，智周万变，天人之理尽矣。道无隐旨，教罔遗筌，聪睿迪哲，何负于殊论哉？有黑学道士陋之，谓不照幽冥之途，弗及来生之化，虽尚虚心，未能虚事，不逮西域之深也。"为客主酬答，其归以为"六度与五教并行，信顺与慈悲齐立"。论行于世。旧僧谓其败黜释氏，欲加摈斥。文帝见论赏之，元嘉中，遂参权要，朝廷大事皆与议焉。宾客辐凑，门车常有数十两。四方赠赂相系，势倾一时。方筵七八，座上恒满。琳着高屐，披貂裘，置通呈书佐，权侔宰辅。会稽孔觊尝诣之，遇宾客填咽，暄凉而已。觊慨然曰："遂有黑衣宰相，可谓冠履失所矣。"注《孝经》及《庄子逍遥篇》、文论，传于世。

《江苏艺文志·南京卷》第三册：惠琳，俗姓刘，南朝宋秦郡人。少出家，住六合冶山祇洹寺，学兼内外，通儒家经典及老庄之学，为文帝崇信。时与议大事，参权要，人称"黑衣宰相"。尝作《白黑论》批判般若本无说，引起佛学论战，影响较大。

◎《论语琳公说》1 卷（佚，有辑存）

《嘉靖六合县志》卷五：惠琳，南宋沙门，秦郡人也。姓刘氏，出家住冶山祇洹寺，有文业内外之学，为庐陵王义真所爱。元嘉中（424—453），遂参权要，朝廷大事皆与议焉，谓之"黑衣宰相"。

【按】慧琳，亦作惠琳，诸书记载略有不同，盖音同误记也。据《嘉靖六合县志·地理志》记载，六合在晋武帝时属扬州，并改棠邑为秦郡，安帝时置秦令。《嘉靖六合县志》中说"惠琳，南宋沙门，秦郡人也"。此处"南宋"为晋末分裂为南北朝时期南朝之刘宋。

《江苏艺文志·南京卷》第三册认为他"尝作《白黑论》"，此为论文，非为专著，故未列入书目。考《白黑论》，可能就是《宋书·天竺迦毗黎国传》中引录的《均善论》（见《六合文征》）。

惠琳传世作品不多，有《论语琳公说》一卷，为清马国翰辑佚，载《玉函山房辑佚书》卷四十六中。

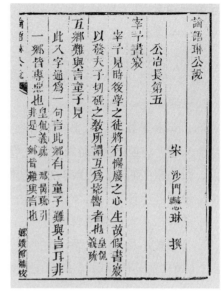

《玉函山房辑佚书》之《论语琳公说》

据严可均辑《全宋文》卷六十三记载有零散文章3篇，即《均善论》《龙光寺竺道生法师庆（并序）》和《武丘法纲法师诔（并序）》（后两篇见于《广弘明集》卷二十六）。

【附录】《论语琳公说》（宋沙门慧琳撰，马国翰辑佚）

《论语琳公说》，宋释慧琳撰。慧琳，秦郡人，宋世沙门，以才学为太祖所赏爱，见《宋书·颜延之传》。尝注《孝经》《老子》，又作《辨正论》，其人盖释而儒者也。其《论语说》隋唐志陆德明经典序录并不载之，邢昺《正义》、皇侃《义疏》引有四节，如"辨宰予昼寝"，假昼寝以发夫子之教，解"互乡难与言童子"云此八字通为一句，言此乡童子难与言耳，非是一乡皆难与言也，说甚新巧有思，致夫六朝风尚文人学士莫不佞佛，而皈依梵教者乃欲托儒业以显名，亦可谓乡党自好者已。虽非醇旨，可以恕论。唐僧皎然论诗曰"忍俊"，吾于此卷亦云。历城马国翰竹吾甫。

公冶长第五

宰予昼寝

宰予见时后学之徒将有懈废之心生，故假昼寝以发夫子切磋之教，所谓

互为影响者也。（皇侃《义疏》）

互乡难与言童子见

此八字通为一句言，此乡有一童子难与言耳，非一乡皆专恶也。（皇侃《义疏》、邢昺《疏》引。非是一乡皆难与言也。）

子罕第九

子曰岁寒然后知松柏之后凋也

夫岁寒，别木遭困，别土寒严霜降；知松柏之后凋，谓异凡木也。遭乱世，小人自变君子，不改其操也。（皇侃《义疏》）

子路第十三

子曰以不教民战是谓弃之

言德教不及于民，而令就战，民无不死也，必致破败，故曰弃也。（同上）

（录自清马国翰辑《玉函山房辑佚书》卷四十六）

阮孝绪

阮孝绪（479—536），字士宗，南朝齐梁时期陈留尉氏（今南京市六合区）人。古代著名目录学家。幼以孝闻，年十三通《五经》。喜坟籍，梁普通四年（523），开始动笔，撰成《七录》12卷，成为研究中国目录学的重要文献。梁大同二年（536），年五十八卒，私谥"文贞处士"。

◎《高隐传》10卷（佚）

◎《文字集略》6卷，一作1卷（佚，有辑存）

《隋书·志第二十七·经籍一》：《文字集略》六卷，梁文贞处士阮孝绪撰。

【按】《文字集略》今有清马国翰辑本，见长沙娜嬛馆补校《玉函山房辑佚书》卷六十三"经编小学类"；清姚东升辑本，见于嘉庆道光间抄《佚书拾存》中；攸水龙氏辑本，见于民国十八年（1929）刻《小学搜逸》（上编）；另有清代任大椿、黄奭、顾震福、王仁俊、龙璋等辑佚本，均为1卷。

◎《正史削繁》135卷，一作14卷（佚）

◎《杂文》10卷（佚）

◎《声纬》10卷（佚）

◎《七录》12卷（佚，有辑存）

【按】《七录》分内外两篇，内为五录：经典，纪六艺；记传，纪史传；子兵，纪子书、兵书；文集，纪诗赋；技术，纪数术。外篇有二：佛录、道录。共收录图书55部，6288种，44526卷。《七录·序》后所附《古今书最》，列了10种古代书目，对10种古代书目所著录的图书数量、亡存等都作了必要记述。其分部题目，颇有次序。姚名达在《中国目录学史》中认为阮氏对目录学的贡献主要有：分类合理化、适应时代环境、工作科学化。在当时可以说是已达

《续修四库全书》史部第919册目录类《七录》辑考

到目录学史上编集、创见之功。《七录》一书，将当时"天下之遗书秘记，庶几尽于是"，总结前人目录学之成就。《七录》今存《七录序目》1卷，见于《广弘明集》《全上古三代秦汉三国六朝文·全梁文》中。另有《七录》辑本，清代臧庸辑2卷抄本，《续修四库全书》有影印；清王仁俊辑1卷本。

《旧唐书·经籍志》：《文字集略》一卷，阮孝绪撰。《正史削繁》十四卷，阮孝绪撰。《高隐传》二卷，阮孝绪撰。《七录》十二卷，阮孝绪撰。

《新唐书·艺文志》：阮孝绪《文字集略》一卷。阮孝绪《正史削繁》十四卷。阮孝绪《高隐传》十卷。阮孝绪《七录》十二卷。

《广弘明集》卷三：《正史删繁》十四帙一百三十五卷，序录一卷。《高隐传》一帙十卷，序例一卷。《古今世代录》一帙七卷。《七录》一帙一十二卷。《杂文》一帙十卷。《声纬》一帙十卷。右七种二十一帙一百八十一卷，阮孝绪撰，不足编诸前录，而载于此。

《民国六合县续志稿》卷十五：宋阮孝绪《七录》《削繁》等百八十一卷①，《高隐传》三卷。（《南史》。按：孝绪，尉氏人，《金陵通传》以尉氏当六合，有孝绪传。《隋书·经籍志》有阮孝绪《七录》十二卷，《高隐传》十卷。）

《梁书·阮孝绪传》：阮孝绪，字士宗，陈留尉氏人也。父彦之，宋太尉从事中郎。孝绪七岁，出后从伯胤之。胤之母周氏卒，有遗财百余万，应归孝绪，孝绪一无所纳，尽以归胤之姊琅琊王晏之母，闻者咸叹异之。幼至孝，性沉静，虽与儿童游戏，恒以穿池筑山为乐。年十三，遍通五经。十五，冠而见其父，彦之诫曰："三加弥尊，人伦之始。宜思自勖，以庇尔躬。"答曰："愿迹松子于瀛海，追许由于穹谷，庶保促生，以免尘累。"自是屏居一室，非定省未尝出户，家人莫见其面，亲友因呼为"居士"。外兄王晏贵显，屡至其门，孝绪度之必至颠覆，常逃匿不与相见。曾食酱美，问之，云是王家所得，便吐飧覆醢。及晏诛，其亲戚咸为之惧。孝绪曰："亲而不党，何坐之及？"竟获免。义师围京城，家贫无以爨，僮妾窃邻人樵以继火，孝绪知之，乃不食，更令撤屋而炊。所居室唯有一鹿床，竹树环绕。天监初，御史中丞任昉寻其兄履之，欲造而不敢，望而叹曰："其室虽迩，

---

① 底本如此。

其人甚远。"其为名流所钦尚如此。十二年（513），与吴郡范元琰俱征，并不到。陈郡袁峻谓之曰："往者，天地闭，贤人隐；今世路已清，而子犹遁，可乎？"答曰："昔周德虽兴，夷、齐不厌薇蕨；汉道方盛，黄、绮无闷山林。为仁由己，何关人世！况仆非往贤之类邪？"后于钟山听讲，母王氏忽有疾，兄弟欲召之。母曰："孝绪至性冥通，必当自到。"果心惊而返，邻里嗟异之。合药须得生人参，旧传钟山所出，孝绪躬历幽险，累日不值。忽见一鹿前行，孝绪感而随后，至一所遂灭，就视，果获此草，母得服之，遂愈。时皆叹其孝感所致。时有善筮者张有道谓孝绪曰："见子隐迹而心难明，自非考之龟蓍，无以验也。"及布卦，既揲五爻，曰："此将为《咸》，应感之法，非嘉遁之兆。"孝绪曰："安知后爻不为上九？"果成《遁卦》。有道叹曰："此谓'肥遁无不利。'象实应德，心迹并也。"孝绪曰："虽获《遁卦》，而上九爻不发，升退之道，便当高谢许生。"乃著《高隐传》，上自炎黄，终于天监之末，斟酌分为三品，凡若干卷。又著论云："夫至道之本，贵在无为。圣人之迹，存乎拯弊。弊拯由迹，迹用有乖于本，本既无为，为非道之至。然不垂其迹，则世无以平；不究其本，则道实交丧。丘、旦将存其迹，故宜权晦其本；老、庄但明其本，亦宜深抑其迹。迹既可抑，数子所以有余；本方见晦，尼丘是故不足。非得一之士，阙彼明智；体二之徒，独怀鉴识。然圣已极照，反创其迹；贤未居宗，更言其本。良由迹须拯世，非圣不能；本实明理，在贤可照。若能体兹本迹，悟彼抑扬，则孔、庄之意，其过半矣。"南平元襄王闻其名，致书要之，不赴。孝绪曰："非志骄富贵，但性畏庙堂。若使麋麑可骖，何以异夫骥騄。"初，建武末，青溪宫东门无故自崩，大风拔东宫门外杨树。或以问孝绪，孝绪曰："青溪皇家旧宅。齐为木行，东者木位，今东门自坏，木其衰矣。"鄱阳忠烈王妃，孝绪之姊。王尝命驾，欲就之游，孝绪凿垣而逃，卒不肯见。诸甥岁时馈遗，一无所纳。人或怪之，答云："非我始愿，故不受也。"其恒所供养石像，先有损坏，心欲治补，经一夜忽然完复，众并异之。大同二年（536），卒，时年五十八。门徒谥其德行，谥曰文贞处士。所著《七录》等书二百五十卷，行于世。

《南史·阮孝绪传》：阮孝绪，字士宗，陈留尉氏人也。父彦之，宋太尉从事中郎，以清干流誉。孝绪七岁出继从伯胤之，胤之母周氏卒，遗财百余万应归孝绪，孝绪一无所纳，尽以归胤之姊琅琊王晏之母，闻者咸叹异之。乳人怜其传重辛苦，辄窃玉羊金兽等物与之。孝绪见而骇愕，启彦之送还王氏。幼至孝，性沉静，虽与童儿游戏，恒以穿池筑山为乐。年十三，遍通五经。十五冠而见其父彦之，彦之诫曰："三加弥尊，人伦之始，宜思自勖，以庇尔躬。"答曰："愿迹松子于瀛海，追许由于穹谷，庶保促生，以免尘累。"自是屏居一室，非定省未尝出户，家人莫见其面，亲友因呼为居士。年十六，父丧不服绵纩，虽蔬菜有味亦吐之。外兄王晏贵显，屡至其门，孝绪度之必至颠覆，闻其箫管，穿篱逃匿，不与相见。曾食酱美，问之，云是王家所得，便吐餐覆酱。及晏诛，亲戚咸为之惧。孝绪曰："亲而不党，何坐之及。"竟获免。梁武起兵围建邺，家贫无以爨，僮妾窃邻人墓樵以继火。孝绪知之，乃不食，更令撤屋而炊。所居以一鹿床为精舍，以树环绕。天监初，御史中丞任昉寻其兄履之，欲造而不敢，望而叹曰："其室虽迩，其人甚远。"其为名流所钦尚如此。自是钦慕风誉者，莫不怀刺敛衽，望尘而息。殷芸欲赠以诗，昉曰："趣舍既异，何必相干。"芸乃止。唯与比部郎裴子野交。子野荐之尚书徐勉，言其"年十余岁随父为湘州行事，不书官纸，以成亲之清白。论其志行粗类管幼安，比以采章如似皇甫谧"。天监十二年（513），诏公卿举士，秘书监傅照上疏荐之，与吴郡范元琰俱征，并不到。陈郡袁峻谓曰："往者天地闭，贤人隐。今世路已清，而子犹遁，可乎？"答曰："昔周德虽兴，夷、齐不厌薇蕨。汉道方盛，黄、绮无闷山林。为仁由己，何关人世？况仆非往贤之类邪？"初，谢朏及伏暅应征，天子以为隐者苟立虚名，以要显誉，故孝绪与何胤并得遂其高志。后于钟山听讲，母王氏忽有疾，兄弟欲召之。母曰："孝绪至性冥通，必当自到。"果心惊而反，邻里嗟异之。合药须得生人参，旧传钟山所出。孝绪躬历幽险，累日不逢。忽见一鹿前行，孝绪感而随后，至一所遂灭，就视，果获此草。母得服之遂愈，时皆言其孝感所致。有善筮者张有道曰："见子隐迹而心难明，自非考之龟蓍，无以验也。"及布卦，既揲五爻，曰："此将为咸，应感之法，非嘉遁之兆。"孝绪曰："安知后爻不为上九。"果成遁卦。有道叹曰："此所谓'肥遁无不利'，象实应德，心迹并也。"孝绪曰："虽获遁卦，而上九爻不发，升遐之道，便当高谢许生。"乃著高隐传，上自炎皇，终于天监末，斟酌分为三品：言行超逸，名氏弗传，为上篇；始终不耗，姓名可录，为中篇；挂冠人世，栖心尘表，为下篇。湘东王著《忠臣传》，集释氏碑铭、丹阳尹录、研神记，并先简孝绪而后施行。南平元襄王闻其名，致书要之，不赴，曰："非志骄富贵，但性畏庙堂，若使磨砻可斮，何以异夫骥骤。"初，建武末，青溪宫东门无故自崩，大风拔东宫门外杨树，或以问孝绪。孝绪曰："青溪皇家旧宅，齐为木行，东为木位。今东门自坏，木其衰矣。"武帝禁畜谶纬，孝绪兼有其书，或劝藏之。答曰："昔刘德重淮南秘要，适为更生之祸，杜琼所谓不如不知，此言美矣。"客有求之，答曰："己所不欲，岂可嫁祸于人。"乃焚之。鄱阳忠烈王妃，孝绪姊也。王尝命驾欲就之游，孝绪凿垣而逃，卒不肯见。王怅然叹息。王诸子笃渭阳之情，岁时之贡，无所受纳，未尝相见，竟不之识。或问其故，孝绪曰："我本素贱，不应为王侯姻戚，邂逅所逢，岂关始愿。"刘歊曾以米馈之，孝绪不纳，歊亦弃之。末年蔬食断酒，其恒供养石像先有损坏，心欲补之，罄心敬礼，经一夜忽然完复。众并异之。大同二年（536）正月，孝绪自筮卦，"吾寿与刘杳作同年"。及刘杳卒，孝绪曰："刘侯逝矣，吾其几何。"其年十月卒，年五十八。梁简文在东宫，隆恩厚赠，子恕等述先志不受。顾协以为恩异常均，议令恭受。门徒追论德行，谥曰文贞处士。所著《七录》《削繁》等一百八十一卷，并行于世。初，孝绪所撰高隐传中篇所载一百三十七人，刘歊、刘吁览其书曰："昔嵇康所赞，缺一自拟，今四十之数，将待吾等成邪。"对曰："所谓荀君虽少，后事当付钟君。若素车白马之日，辄获麟于二子。"歊、吁果卒，乃益二传。及孝绪亡，吁兄絜录其所遗行次篇末，成绝笔之意云。

《广弘明集》卷三：孝绪，陈留人。宋中领军歊之曾孙，祖慧真临贺太守，父彦太尉从事中郎。孝绪年十三，略通五经大义，随父为湘州行事，不书南纸以成父之清。年十六，丁艰，终丧不服绵纩，虽蔬食有味即吐之。在钟山听讲，母王氏忽有疾，孝绪于讲座心惊而反，合药须生人参。自采于钟山高岭，经日不值。忽有鹿在前行，心怪之，至鹿息处，果有人参，母疾即愈。齐尚书令王晏通家权贵，来候之，传呼甚宠，孝绪恶之，穿篱而遁。晏有所遗，拒而不纳。尝食酱而美，问之，乃王家所送，遂命覆醢。及晏被诛，以非党获免。常以鹿林为精舍，环以林池，杜绝交好，少得见者。御史中丞任昉欲造之而不敢，进睨鹿林，谓其兄履曰："其室则迩，其人甚远。"太中大夫殷芸赠以诗，任昉止之曰："趣舍苟异，何用相干。"于是朝贵绝于造请。惟与裴贞子为交（贞子即子野之谥），天监十二年（513），秘书监傅昭荐焉，并不到。天子以为苟立虚名，以要显誉，自是不复征聘。故何胤、孝绪并得遂其高志。南平元襄谓履曰："昔君大父举不以来游取累，贤弟独执其志何也？"孝绪曰："若麏麚尽可骖驭，何以异夫骐骥哉？"王作二阁及性情义，并以示之，请为润色。世祖著《忠臣传》，集释氏碑铭，丹阳尹录妍神记，并先简居士，然后施行。鄱阳忠烈王，孝绪姊夫也。王及诸子岁时致馈，一无所受。尝自筮死期，云与刘杳作同年，是秋刘杳卒，孝绪睨曰："吾其几何？"数旬果亡。年五十八。皇太子遣使吊祭，赗赠甚渥。子恕追述先志，固辞不受。门人谥曰文贞处士。孝绪博极群书，无一不善。精力强记，学者所宗。著《七录》《削繁》等诸书一百八十一卷，并行于世。编次佛道，以为方外之篇，起于此矣。

【按】阮孝绪，史载为"尉氏县人"，《金陵通传》"阮长之"条下注有"晋安帝置尉氏侨县于江北，隶秦郡，当今六合地"。《民国六合县续志稿》开始著录为六合人。可见尉氏县即今六合。另阮孝绪传记中亦记载他曾在南京钟山采药，替母治病，故可以确定阮氏当为六合人。

·唐·

张　果

张果（？—733），号通玄先生，唐六合隐士，著名道教人物，后世星命家推其为星命学的鼻祖，民间传说他是"八仙"之一"张果老"的原型。

◎《阴符经太无传》1卷（佚）

◎《阴符经辨命论》1卷（佚）

◎《气诀》1卷（佚）

◎《丹砂诀》1卷（佚）

◎《神仙得道灵异经》，一作《神仙得道灵药经》1卷（佚）

◎《紫灵丹砂表》1卷（佚）

◎《内真妙用诀》1卷（佚）

◎《休粮服气法》1卷（佚）

◎《罔象成名图》1卷（佚）

《新唐书》志第四十九艺文三：张果《阴符经太无传》一卷，又《阴符经辨命论》一卷,《气诀》一卷,《神仙得道灵药经》一卷,《罔象成名图》一卷,《丹砂诀》一卷。

《文献通考》卷二百十一:《阴符经太无传》一卷,《阴符经辩合论》一卷。《崇文总目》唐张果传。或曰果于《道藏》得此传,不详何代人所作,因编次而正之。今别为古字,盖当时道书所得之本也。

《乾隆江南通志》卷一百九十二:《阴符经太无传》一卷,《阴符经辨命论》一卷,《气诀》一卷,《丹砂诀》一卷,《神仙得道灵药经》一卷,《紫灵丹砂表》一卷,《内真妙用诀》一卷,《休粮服气法》一卷,《罔象成名图》一卷。俱六合张果。

【按】张果与六合有关系最早的文献是唐代牛僧孺(780—848)编撰的《玄怪录》,书中《张老》说:"张老者,扬州六合人,园叟也。其邻有韦恕者,梁天监中,自扬州曹掾秩满而来。"张果老在六合以种菜种瓜为生,《嘉靖六合县志》说:"按旧志,……事见《幽怪录》(即《玄怪录》,宋人因避始祖玄朗讳而改)。"

张果在《新唐书·方技传》《旧唐书·方伎列传》有传,但颇为传奇,类小说家言,故历代《六合县志》多有其传,但不录其著述。《新唐书·艺文志》著录其著作六种。另《明史》再有"张果《星宗命格》十卷",《道藏阙经目录》卷下载有《张果老绝句》和《通玄先生张果隐化法》二书,不为《新唐书》著录,所有这些作品是否为张果所著,是值得讨论的。

今天六合地名中与张果有联系者有多处,如张果井、果老滩、通玄街、韦家巷等,明代六合学者孙国敉曾建有五一庵,祭祀曾经在六合生活的四位先人和当时的县令米万钟,其中即有张果。当时人创作了大量有关张果的诗文。

·宋·

释宗赜

　　释宗赜（1009—1092），宋代长芦寺高僧。俗姓孙氏，湖北襄阳人，一说洺州（河北省）永年人。谥号"慈觉大师"。后人多称之为长芦宗赜。

◎《真州长芦崇福禅院慈觉禅师语录》1 卷（存）

　　吕希哲《真州长芦崇福禅院第八代慈觉赜和尚语录序》：慈觉大士，搢绅令器，场屋高才，悟世谛之无常，慕空门而有素。于是焚除笔研，毁裂衣冠。游圆通禅师门，蚤堕僧数；入广照和尚室，始预法流。淘汰益精，名声遂震。先觉许其出世，后学愿以为师。住塞北之道场，一方从化；徙江干之法席，四众如归。把断要津，拨开迷网，高提祖印，祖祖相传，直指人心，人人有分。唱无碍之辩，阐不二之门，续达磨之宗风，广云门之法乳。编联具在，演说无余，更欲多言，实难下口。若夫精诚默运，感应冥通，愚夫罢市以钦

真州長蘆崇福禪院慈覺禪師語録卷上

侍者　祖大録

師先住洺州普會禪院開堂日衆集定於知郡轄朝奉宗哲手中接疏示衆云還會麼巨靈擡手無多子分破華山千萬重如其玉石未分更請僧正大師為衆拈出宣疏罷乃拈起法衣示衆云全提不起鈯置衲僧信手拈來享員先聖直饒八面四方與你一時蓋卻指法座云高步毗盧頂上坐断報化佛頭正在此時請高著眼乃陞座拈香云此一瓣香奉為今上皇帝大皇太后聖躬萬歲寶祚綿長天下太平法輪常轉又拈香云此一瓣香奉為知郡朝奉閣

二

《真州长芦崇福禅院慈觉禅师语录》书影（日本驹泽大学图书馆藏本）

风，异类现形而听法。此道人之余事，非纳子之所传。又若贯综三乘，庄严万行。安心入定，皆助道因缘，发愿往生，乃诲人之渐次。任诸方之检点，唯有道者融通，欲见其心，但观此录。大观三年（1109）十月□日荥阳子吕希哲序。（宋宗赜撰《慈觉禅师语录》朝鲜钞本）

【按】《真州长芦崇福禅院第八代慈觉赜和尚语录》是宗赜去世后由其门人弟子编成，现有朝鲜钞本，为日本驹泽大学图书馆藏江田文库本。日本学者椎名宏雄曾以之整理标点并发表了《慈觉禅师语录》的录文。2012年，上海师范大学硕士阳珺著有《宋僧慈觉宗赜新研》，对《慈觉禅师语录》进行了重新点校整理。

◎《慈觉禅师劝化集》（存）

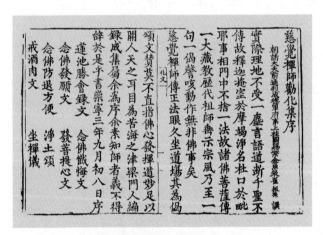

《慈觉禅师劝化集》书影（俄罗斯藏黑水城文献）

崔振孙《慈觉禅师劝化集序》：朝请大夫、前通判成德军府事、上柱国、赐紫金鱼袋崔振孙撰。实际理地，不受一尘；言语道断，千圣不传。故释迦掩室于摩竭，净名杜口于毗耶。事相门中，不舍一法，故诸佛菩萨，传一大藏教，历代祖师，垂示宗风。乃至一句一偈，謦咳动作，无非佛事矣。慈觉禅师，传正法眼，久坐道场，其为偈、颂、文、赞，莫不直指佛心，发挥道妙，足以开人天之耳目，为苦海之津梁。门人编录成集，属余为序。余素知师者，义不得辞，于是乎书。崇宁三年（1104）九月初八日序。

【按】本书见于上海古籍出版社影印《俄罗斯科学院东方研究所圣彼得

堡分所藏黑水城文献》第三册《汉文部分》，原登录号为 TK132。本书第六册《附录·叙录》载："宋刻本。蝴蝶装，白口，版心题'化文'，下有页码。共 45 页，第 3 页左半缺。纸幅高 20.3 厘米，宽 31.2 厘米。版框高 16.8 厘米，宽 24.5 厘米，天头 2 厘米，地脚 1.5 厘米。每半页 8 行，行 15 字。上下单边，左右双边。宋体，墨色中。"集中收录文章 17 篇，分别为《莲池胜会录文》《念佛忏悔文》《念佛发愿文》《发菩提心要略法门》《劝念佛阿弥陀佛防退方便》《净土颂》《戒酒肉文》《坐禅仪》《自警文》《在家菩萨修行仪》《事亲佛事》《豪门佛事》《军门佛事》《廓中佛事》《公门佛事》《人生未悟歌》《未悟歌》。正文中题作《镇阳洪济禅院慈觉和尚劝化文并偈颂》，并署"门人普惠编"，可见本书乃慈觉禅师弟子普慧所编，普慧生平不详。

今人河北师范大学硕士宋坤有《俄藏黑水城宋慈觉禅师〈劝化集〉研究》，对《慈觉禅师劝化集》进行了深入研究和点校。

◎《苇江集》（佚）

【按】南宋石芝沙门宗晓《乐邦文类》卷三《莲社继祖五大师传》云："五宗赜师者，师赐号慈觉，元祐中住真州长芦寺，宗说俱通，笃勤化物，有《苇江集》行于世，内列种种佛事，靡不运其慈念。"这里所说"种种佛事"，可能就是《劝化集》中《事亲佛事》《豪门佛事》《军门佛事》《公门佛事》等。南宋志磐《佛祖统纪》卷二十七《净土立教志·往生高僧传》云："宗赜，住长芦作《莲华盛会录》……师述《劝修净土颂》有云：'三界炎炎如火聚，道士未是安身处，莲池胜友待多时，收拾身心好归去。目想心存望圣仪，直须念念勿生疑。它年净土花开时，记取娑婆念佛时。'此颂最在人口。"下有小字注云："《莲华盛会录文》及《净土颂》《十六观颂》并见所著《苇江集》。"据此可知，《苇江集》中收录有《莲华盛会录文》《净土颂》《十六观颂》等文。可见《苇江集》与《慈觉禅师劝化集》内容有较多重复，可能是一书二名，或不同时期、不断增补编撰的个人文集。

◎《禅苑清规》10 卷（存）

宗赜《禅苑清规序》：夫禅门事例，虽无两样毗尼；衲子家风，别是一般规范。若也途中受用，自然格外清高。如其触向面墙，实谓减人瞻敬。是以佥谋开士，遍摭诸方，凡有补于见闻，悉备陈于纲目。噫，少林消息，已是剜肉成疮；百丈规绳，可谓新条特地。而况丛林蔓衍，转见不堪；加之法令滋彰，事更多矣。然而庄严保社，建立法幢，佛事门中，阙一不可。亦犹菩萨三聚，声闻七篇，岂立法之贵繁，盖随机而设教。初机后学，冀善参详；上德高流，幸垂证据。崇宁二年（1103）八月十五日序。

【按】《禅苑清规》全书 10 卷，每卷下列若干主题，对禅宗僧人日常生活起居、法事活动中所应遵守的清规制度，禅宗寺院僧职人员的安排设立及其职责，分门别类地进行了说明。据宗赜自述，此书是他"佥谋开士，遍摭诸方"的产物，是汇集性质。在汇集过程中，宗赜"凡有补于见闻，悉备陈于纲目"，内容相当丰富，所涉及的清规制度也比较广泛，成为后来清规制度类著作的基础，具有重要的历史价值。

◎《长芦赜禅师文集》（佚）

释元照《长芦赜禅师文集》序：佛教所谓大乘师者，盖有上根利智勇，历丈夫，顿了自心，旁达诸法，缘生无性，一切皆如，无性缘生，广大悉备，安住实际，得大总持。摩尼宝珠，出生无尽，大圆镜智，应现无差。秉智慧刀，被弘誓铠，入生死海，游浊恶世，遍微尘刹，历恒沙劫，善巧方便，化导群生。六度四弘，三聚四摄，如梦如幻，无舍无著。终日说法，无法可说；终日度生，无生可度。众生无尽，悲智愿行，宁有尽乎？业惑无穷，身土寿量，宁有穷乎？发此心者，即菩提心；行此行者，即菩萨行；传此法者，号大乘师也。然则功高而业广，任重而道远，自非识洞天人之际，道超区宇之表，孰能荷三宝之重寄，为四生之良导乎？是以在昔高僧，学优才赡，节高行苦，至有食不耕锄，衣无缯纩，忍人之所不忍，行人之所不行，扶颠持危，辟邪御侮。其济物也，视形骸如朽木；其护法也，轻性命若鸿毛。与夫独善偷安，厌喧求寂者，日劫相倍，未足校其优劣矣。

赜老禅师，河北洺水人，少业儒文，晚从释氏，志节超迈，学问宏博，遍历丛林，饱参宗匠。天机既泄，学众云从，三处住持，六时精苦，门墙壁峻，规矩霜严，著述盈编，播流寰海。传闻有日，尚或持疑，比得斯文，喟然惊叹，不意后世复有大乘师耶。观乎《发菩提心要》，则知修行发足，不践于小道也。观乎《自警铭》，则知笃志在道，无暇于世论也。观乎《百二十问》，则知晨夕自检，不容于妄虑也。观乎《诫洗面文》，则知节俭清苦，不以口腹费于僧物也。观乎《在家行仪》，以至《公门十劝》，则知悯物情深，不择于高下也。观乎《枯骨颂》，则知达妄穷真，不为世相所动也。观乎《莲华胜会序》《劝念佛颂》，则知决了死生，灵神有所归也。观乎《坐禅仪》，则知志尚修习，不徒于言句也。噫！正道难闻，知音罕遇，方图款扣以尽所怀，俄闻暮秋奄归真寂，沉吟感概，长吁永日。惜乎，得非吾道衰替，不使真善知识久住世耶？古人有言："百年影殂，千载心在。"览斯集者，则禅师之心可鉴矣。

【按】《长芦赜禅师文集》见于宋释元照（1048—1116）著《芝园集》卷下。从文中提及的文章可知，其中很多内容与其《苇江集》《慈觉禅师劝化集》等重复，可能是宗赜所有作品的总集。

宗赜为宋代长芦寺著名僧人，《五灯会元》等有传。其法系属云门宗，其谱系如下：云门文偃→香林澄远→智门光诈→雪窦重显→天衣义怀→法云法秀→佛国惟白→长芦应夫→长芦宗赜。宗赜不仅为一名卓越的禅者，同时也是著名的净土思想家，在思想上，具有显著的禅净双修的特点。南宋庆元六年（1200），四明石芝宗晓编《乐邦文类》，受禅、天台、华严等诸家启发，立莲宗六祖之说，将宗赜列为莲社继祖五大法师之一，称"莲宗五祖"。

宋元祐七年（1092），宗赜禅师念佛坐化，寿八十三。示寂后赐号"慈觉"，故又称慈觉宗赜。其著述十分丰富，是六合长芦寺历史上影响最大的僧人之一。

崔子方

崔子方，字彦直，号西畴居士。原籍涪陵（今重庆市涪陵区）人。通《春秋》学，晚年隐居真州六合县（今南京市六合区）城南专事著述。黄庭坚称其为"六合佳士"。

◎《春秋经解》12卷（存，《四库全书》经部）

《春秋经解》书影（《四库全书》本）

《春秋经解》十二卷（永乐大典本），宋崔子方撰。子方，涪陵人，字彦直，号西畴居士。《晁说之集》又称其字伯直，盖有二字也。朱彝尊《经义考》称其尝知滁州，曾子开为作《茶仙亭记》。《经解》诸书，皆罢官后所作，考子方《宋史》无传，惟李心传《建炎以来系年要录》称其于绍圣间三上疏，乞置《春秋》博士，不报。乃隐居真州六合县，杜门著书者三十余年。陈振孙《书录解题》所载大略相同。朱震《进书札子》亦称为东川布衣。彝尊之说，不知何据？惟《永乐大典》引《仪真志》一条云："子方与苏、黄游。尝为知滁州曾子开作《茶仙亭记》，刻石醉翁亭侧。黄庭坚称为六合佳士。"殆彝尊误记是事，故云然欤？考子方著是书时，王安石之说方盛行，故不能表见于世。至南渡以后，其书始显。王应麟《玉海》载，建炎二年（1128）六月，江端友请下湖州取崔子方所著《春秋传》藏秘书。绍兴六年（1136）八月，子方之孙若上之。是时朱震为翰林学士，亦有札子上请。（编者按：朱震在札子中说，"子方独抱遗经，闭门研究，著《春秋经解》《本例》《例要》三书，相为表里，自成一家之言"等。）当时盖甚重其书矣。子方《自序》云："圣人欲以绳当世之是非，著来世之惩劝，故辞之难明者，著例以见之。例不可尽，故有日月之例，有变例。慎思精考，若网在纲。"又《后序》一篇，具述其疏解之宗旨。大抵推本《经》义，于三《传》多所纠正。如以晋文围郑谓讨其不会翟泉，以郤伯来奔为见迫于齐，以齐侯灭莱不书名辨《礼记》诸侯灭同姓名之误，类皆诸家所未发。虽其中过泥日月之例，持论不无偏驳，而条其长义，实足自成一家。所撰凡《经解》《本例》《例要》三书。《通志堂经解》刊本，仅有《本例》。今从《永乐大典》衰辑成编，各还其旧。自僖公十四年秋至三十二年，襄公十六年夏至三十一年，《永乐大典》并阙，则取黄震《日钞》所引及《本例》补之。其他《本例》所释有引伸（底本如此，应为"申"）此书所未发，或与此书小有异同者，并节取附录。而卷帙、书名则并遵《宋史》。至子方原书，《经》文已不可见。今以所解参证，知大略皆从《左氏》，而亦间有从《公》《谷》者，故与胡安国《春秋传》或有异同焉。（《四库全书总目提要》卷二十七"经部二十七，春秋类二"）

◎《春秋本例》，一名《西畴居士春秋本例》20 卷（存，《四库全书》经部）

《春秋本例》二十卷，内府藏本，宋崔子方撰。是书大旨以为圣人之书，编年以为体，举时以为名，著日月以为例。而日月之例又其本，故曰《本例》。凡一十六门，皆以日月时推之，而分著例、变例二则。州分部居，自成条理。考《公羊》《谷梁》二《传》专以日月为例，固有穿凿破碎之病。然《经》书"公子益师卒"，《左传》称"公不与小殓，故不书日"，则日月为例，已在二《传》之前。疑其时去圣未远，必有所受。但予夺笔削，寓义宏深，日月特其中之一例。故二家所说，时亦有合。而推之以概全经，则支离輖轕而不尽通。至于必不可通，于是乎委曲迁就，变例

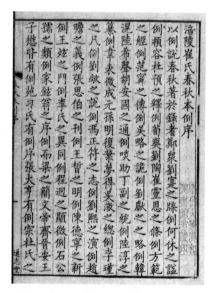

《春秋本例》书影（美国哈佛大学汉和图书馆藏本）

生焉。此非以日月为例之过，而全以日月为例之过也。亦犹《易》中互体未尝非取象之一义，必卦卦以互体求象，则穿凿遂甚耳。啖助、赵匡一扫诸例而空之，岂非有激而然，如王弼之弃象言《易》乎？子方此书，陈振孙《书

录解题》称其学辨正三《传》之是非，而专以日月为例，则正蹈其失而不悟。所论甚允。然依据旧《传》，虽嫌墨守，要犹愈于放言高论，逞私臆而乱圣经。说《春秋》者古来有此一家，今亦未能遽废焉。（《四库全书总目提要》卷二十七"经部二十七，春秋类二"）

◎《春秋例要》1卷（存，《四库全书》经部）

《春秋例要》一卷（永乐大典本），宋崔子方撰。考《宋史·艺文志》，子方《春秋经解》十二卷、《本例》《例要》二十卷，知子方所著原本，此书与《本例》合并矣。朱彝尊《经义考》称《本例》《例要》十卷，并存。而今通志堂刊之，《本例》则析目录别为一卷，以足二十卷之数，而《例要》阙焉。盖误以《本例》目录为《例要》，而不知其别有一篇。恐彝尊所见即为此本。故曰"并存"，亦误注也。今考《永乐大典》所载，虽分析为数十百条，系于各字之下，而裒辑其文，尚可相属。较通志堂本所载目录，一字不同，灼知为刊刻之误。谨编缀前后，略依《本例》次序，排纂成编，以还子方所著三书之旧

148-335

《春秋例要》书影（《四库全书》本）

焉。(《四库全书总目提要》卷二十七"经部二十七，春秋类二")

《宋史·艺文志》卷二〇二志第一百五十五：崔子方《春秋经解》十二卷，《春秋本例例要》二十卷。

《文献通考》卷一八三：《春秋经解》《本例例要》共十七卷。陈氏曰：涪陵崔子方彦直撰。绍圣中罢《春秋》取士，子方三上书，乞复之，不报，遂不应进士举。黄山谷称曰："六合有佳士曰崔彦直，其人不游诸公，然则贤而有守可知矣。"其学辩三《传》之是非，而专以日月为例，则正蹈其失而不悟也。

《邵亭知见传本书目》卷二：《春秋本例》二十卷，宋崔子方撰。通志堂刊，用汲古阁旧抄本。《春秋例要》一卷，宋崔子方撰，附刊《本例》，阁本无。《春秋经解》十二卷，宋崔子方撰，《提要》次《本例》前，有宋本。

《嘉靖六合县志》卷五：崔子房，字彦直，涪陵人。徙居县南，通《春秋》学。与东坡、山谷诸名士游，尝知滁州，曾子开（编者按：即曾肇）作记刻石醉翁亭侧。又尝与欧阳文忠公辩《芳草涧》诗。事见《嘉定志》。按：《成化志》谓子房授《春秋》经学于东坡、山谷。仕至知滁州事，不知何据，疑其简阅之误耳，今据《嘉定志》正之。

【按】《西畴居士春秋本例》20卷，2008年中华人民共和国文化部公布的第一批国家珍贵古籍名录有著录，为宋刻本，现藏上海图书馆，当为现存最早的版本；本书常见的版本为清康熙十九年（1680）通志堂刻本。《春秋经解》南京图书馆有丁丙跋清抄本。崔氏春秋三书，今传最常见者为《四库全书》本，收录于台湾商务印书馆影印文渊阁《四库全书》第148册。

崔子方，《六合县志》各本均作"崔子房"，形音近致误。字彦直，一字伯直，号西畴居士（《宋元学案补遗》卷九十九引《江子和墓志》），四川涪陵人，是宋代一位具有较高知名度的《春秋》经传学家、隐士。具体生卒年不详，其主要活动于神宗熙宁年间至钦宗靖康南渡之际。由于对《春秋》之学的酷爱，他在绍圣年间（1094—1098）曾三次上疏宋哲宗赵煦，希望在科举考试中恢复设置《春秋》博士这个科目，但是人微言轻，声音无法达到朝中，因此他拒绝参加科举考试，乃隐居真州六合县之城南，闭门苦读30余年，直至终老。

他的生活经历，现在我们已经很难知晓。《宋史》中没有他的传记，只是在宋代历史学家李心传所著的《建炎以来系年要录》（卷十六）、《永乐大典》（卷二七四一引《仪真志》）略述他的行迹，也是十分简单。李心传《建炎以来系年要录》卷十六（建炎二年六月戊辰，1128）中记载他"隐居真州六合县"，"虽衣食不足而志气裕然，杜门著书三十余年而死"。《茗溪渔隐丛话前集》卷五十二引《雪浪斋日记》云："崔子方喜作五言诗，如'白日行空阔，青灯耿夜阑'，真佳句也。"

崔氏《春秋》三书互为补充，构成了其完整的春秋学思想体系和研究方法，在儒学发展史上，特别是在春秋学的研究领域，占据着相当的地位。

崔子方留存的作品除了《春秋》三书外，《宋诗纪事》卷四十一收诗 1 首，《金陵诗征》卷三十六收诗 1 首，实为同一首。

仇 博

仇博，字彦文，其先祖为蓟县（今属天津市）人，唐时寓居六合。《嘉靖六合县志》有传。

◎《仇博文集》（佚）

《顺治六合县志》卷十二：仇博，有《文集》。

《嘉靖六合县志》卷五：仇博，字彦文，新安乡人，质敏博学，善属文，父著知梓州，尝建至乐堂。博年十三作记，东坡（1037—1101）见而奇之，抚其背曰："后生可畏。"后应举不第，慨然泛舟，泝采石，谒李白祠，与之对饮，诔之以文，有曰："不知我者，谓我狂且逸；知我者，谓与君同辈（'辈'字疑误）不同时。饮罢别君去，长江吞天红日沉。"尝作《雪中失白马》诗。

《道光仪征县志》卷三十九：仇博，字彦文，其先蓟人，唐时寓居仪征（今属江苏）。父著，庆历进士，历朝散大夫，知梓州，晚年退居仪征，建至乐堂。博年十三时作《至乐堂记》，为苏轼赏识。科举不利，流连山水以终。

【按】仇博，宋代六合人。宋代六合、仪征同属真州，治所在仪征，故《仪征志》中亦有仇博的相关记载。县志中提及的《至乐堂记》，及其文集俱不见。其作品存世者唯有一首《雪中失白马》诗，见于《金陵诗征》卷五中。

释清了

> 释清了（1088—1151），宋代长芦寺名僧，法号"真歇"，俗姓雍，绵州（今四川绵阳一带）人。谥号"悟空"。为佛教曹洞宗第9代传人，普陀山佛教禅宗始祖。

◎《真州长芦了和尚劫外录》1卷（［宋］德初、义初编。存）

吴敏《真州长芦了和尚劫外录序》：长芦了禅师，芙蓉之孙，丹霞之子。得法于钵盂峰上，以无所得而得；说法于一苇江边，以无所说而说。云行水止，从而问法者常千七百人，以无所闻而闻。余尝造其室，窅然空然，温伯雪子之忘言，净名居士之杜口，余亦莫能知也。观①其抱美玉于空山，混银河之秋月，视之不见，言之莫及。时时顾堂上之草②深，怜户外之屦③满。于是万金良药，涮肠易骨，斯须之间，病者起走，人人轻安，得未尝病。又④如雷雨既作，草木萌动，顷刻霁止，了无痕迹，天清物春，雨已无用。虽然，岂直如是而已哉！木鸡啼霜，石虎啸云，鸟鸣山幽，蝉噪林寂。世有望角知牛，闻嘶知马者，其庶几历其藩乎？师语盖上堂、法要、偈颂、机缘，凡若干篇⑤。绍兴二十八年（1158）正月旦，中桥居士吴敏序。

【按】《真州长芦了和尚劫外录》，由清了门人德初、义初编，见于《俄罗斯科学院东方研究所圣彼得堡分所藏黑水城文献》第三册《汉文部分》。吴敏序文亦见于《全宋文》卷四七五六，引《续藏经》第二编第29套第三册，文字略有不同。

---

① 观：《全宋文》卷四七五六作"且观"。
② 草：《全宋文》卷四七五六作"帘"。
③ 屦：《全宋文》卷四七五六作"履"。
④ 又：《全宋文》卷四七五六作"亦"。
⑤ 师语……若干篇：《全宋文》卷四七五六无此15字。

◎《信心铭拈古》1 卷（存。日本内阁文库浅草文库藏）

【按】《信心铭》一卷，相传为隋·僧璨（？—606）所作。收于《大正藏》第 48 册《景德传灯录》卷三十、《禅宗全书》第 94 册。全文由四言韵文所成，计 146 句 584 字。本书被视为以中国化思想解说禅法真髓的重要著作，对后世禅思想形成极具影响力。

拈古，禅宗用语，亦称"拈则"，意为拈示古代公案（即古则），并以散文体讲解其中大意。《碧岩录》第一则评唱："大凡颂古只是绕路说禅，拈古大纲据款结案而已。"真歇和尚的《信心铭拈古》，就是对《信心铭》的注疏解说。

《五灯会元》卷十四：青原下十三世丹霞淳禅师法嗣。真州长芦真歇清了禅师，左绵雍氏子。襁褓入寺，见佛喜动眉睫，咸异之。年十八，试法华得度。往成都大慈，习经论领大意。出蜀至沔汉，扣丹霞之室。霞问："如何是空劫已前自己？"师拟对，霞曰："你闹在，且去。"一日登钵盂峰，豁然契悟，径归侍立。霞掌曰："将谓你知有！"师欣然拜之。翌日，霞上堂曰："日照孤峰翠，月临溪水寒。祖师玄妙诀，莫向寸心安。"便下座。师直前曰："今日升座，更瞒某不得也。"霞曰："你试举我今日升座看。"师良久。霞曰："将谓你瞥地。"师便出。后游五台，之京师，浮汴直抵长芦，谒祖照，一语契投，命为侍者。逾年分座，未几，照称疾退闲，命师继席，学者如归。建炎末，游四明主补陀。台之天封，闽之雪峰，诏住育王，徙温州龙翔、杭之径山。慈宁皇太后命开山皋宁崇先。……师终于皋宁崇先，塔于寺西华桐坞，谥悟空禅师。

《嘉泰普灯录》卷九：青原第十三世丹霞淳禅师法嗣。真州长芦真歇清了禅师，左绵安昌人，族雍氏。襁褓入寺，见佛喜动眉睫，咸异之。年十一，依圣果清俊，历七稔，试法华得度。往成都大慈，习经论领大意。出蜀至沔汉，扣丹霞入室次。霞问："如何是空劫时自己？"师拟对，霞曰："你闹在，且去。"一日登钵盂峰，豁契悟，径归见霞，方侍立次，霞掌曰："将谓你知有！"师欣然拜之。翌日，霞上堂曰："日照孤峰翠，月临溪水寒。祖师玄妙诀，莫向寸心安。"便下座。师直前曰："今日升座，更瞒某不得也。"

霞曰："你试举我今日升座看。"师良久。霞曰："将谓你瞥地。"师便出。后游五台，之京师，浮汴直抵长芦，谒祖照禅师，一语契投，命为侍者。逾年分座，宣和三年（1121），照称疾退院，四年秋经制陈公璋请师继席，衲子憧憧堂盈千七百众。建炎末，自仪征游四明之补陀洛迦山。又之丹丘天封，受闽中象骨请。绍兴初，敕住育王，徙温之龙翔，禅其律，居移径山及崇先新寺。……二十一年（1151）九月壬子，慈宁皇太后幸寺，命开堂垂箔听法，赐金襕银帛等。月末示疾，十月旦，太后遣中使宣医候问，从容而别，即加趺而逝。龛留七日，太后降香锡金，以侑斋祭，塔全身于院西桃华坞。寿六十四，腊四十五。二十三年（1153）秋，谥曰悟空，塔名净照。

【按】台湾新文丰出版有限公司影印日本《续藏经》第124册有《真歇清了禅师语录》2卷：上卷为《真州长芦了和尚劫外录》1卷，后附宋僧正觉撰《崇先真歇了禅师塔铭》和附录辑自他书的清了作品7篇；下卷为《清了禅师拈古》，实即《信心铭拈古》。

◎《真歇了禅师颂圆觉经》1卷（存）

【按】全国古籍普查登记数据库显示："《大方广圆觉修多罗了义经》1卷，（唐）释佛陀多罗译。《真歇了禅师颂圆觉经》1卷，（宋）释清了颂，明万历二十八年（1600）澄照寺刻本。1册，青海省图书馆。"

·元·

郭节之

郭节之，元代六合古琴艺人，生卒、生平事迹不详。

◎《听琴［诗］卷》（佚）

《万历六合县志》卷五：元郭节之，善琴，有《听琴卷》。兴化成廷珪赠曰："六峰隐者吾故人，得天下名亦琴耳。"见《志翼》。

【按】郭节之，当为元代古琴艺人。《万历六合县志》载其著有《听琴卷》，可能是讨论琴艺的专著，或是一部记录琴曲的琴谱，当归入"子部"。但是《金陵通传》称其著作为《听琴诗卷》，则为诗集，故《江苏艺文志·南京卷》将其归入"集部别集类"。

【辨误】白 朴

白朴（1226—1306后），原名恒，字仁甫，后改名朴，字太素，号兰谷。元代戏曲家，与关汉卿、郑光祖、马致远并称"元曲四大家"。原籍隩州（今山西河曲县）人。

◎《朝野新声》（佚）

◎《中和正韵》（佚）

◎**《天籁集》**（存，《四库全书》集部）

《民国六合县续志稿》卷十五：白朴《朝野新声》《中和正韵》。(《江南通志》。按：府志、县志均无传，惟嘉庆《府志》引《江南通志》注云：六合白朴;《金陵通传》亦云：白朴，六合人。)

《民国六合县续志稿》卷十五：《天籁集》。(《江南通志》。《四库提要》集部词曲类《天籁集》二卷。金白朴撰。朴，字仁甫，一字太素，号兰谷，真定人。父寓斋，失其名，仕金为枢密院判官。会世乱，父子相失。尝鞠于元好问家，得其指授。金亡后，被荐不出，徙居金陵。放浪诗酒，尤精度曲。是本乃所作词集，世久失传。康熙中，六安杨希洛始得于白氏之裔，凡二百篇。前有王博文序，后有孙作序，及曹安赞。希洛以示朱彝尊，彝尊分为二卷，序而传之。朴词清隽婉逸，意惬韵谐，可与张炎《玉田词》相匹。惟以制曲掩其词名，故沈晦者越数百年。词家选本，遂均不载其姓字。朱彝尊辑《词综》时，亦尚未见其本，书成之后乃得之。书虽晚出，而倚声家未有疑其伪者。盖其词采气韵，皆非后人之所能，固一望而知为宋、元人语矣。据此，白朴，真定人，徙居金陵，《通志》谓为六合白朴，或者后又转徙六合，因家焉，未可知也。兹依《通志》《郡志》录之。)

【按】关于白朴的籍贯。史载原籍隩州（今山西河曲县）人，蒙元灭金，随父流寓山东聊城，后至真定（今河北正定）成家。曾先后游历了许多名山大川，到过北京、河南、湖南、湖北、江西、安徽、江苏、浙江等地。根据王文才校注《白朴戏曲集校注》"附编"之白朴年谱记载："《小学考》卷三十二，据《江南通志书目》著录，白朴《朝野新声》《大和正韵》佚书二种于声韵类，又引《江南通志》云'宋六合白朴撰'，《通志》盖展转因袭州志之误。"认为白朴应该不是六合县人。另一方面，也许是因为白朴的后人生活于安徽六安，而古人经常将六安与安徽比邻的六合县相混淆，都简称为"六"；加之白朴晚年曾生活于金陵（今南京市）桐树湾（卓惠婷著《白朴及其天籁集研究》引《白氏宗谱》），明代之后，六合属南京，故有此误。但是否在六合生活过，历代文献没有具体记述，我们就不好妄自判断了。录此以备一说。

另查《乾隆江南通志》卷一六九"隐逸"载:"宋白朴,字仁甫,六安人,少随父枢判真定,遭元兵,父子相失,自是不茹荤酒,人问其故,曰:'俟见吾亲乃下咽耳。'宋亡,不仕,所著有《朝野新声》《太和正韵》《天籁集》。"卷一九〇"艺文志经部"亦载"宋《朝野新声》《太和正韵》"并有小字注"俱六合白朴",其前后矛盾如此。因此《嘉庆江宁府志》卷五十四"艺文上"记载"白朴《朝野新声》《太和正韵》",小字注云:"《江南通志》。按志云六合白朴。"结合前文所引可知,《乾隆江南通志》开始误记白朴为六合人,《嘉庆江宁府志》及清末陈作霖编著《金陵通传》时,沿袭其讹,也错误地认为白朴是六合人,《民国六合县续志稿·艺文志》以讹传讹,于是收录了白朴的作品并辨讹于此。

成廷珪

成廷珪(1289—约1362),字原常,一字元章,又字礼执,扬州六合县人。《民国六合县续志稿》有传。

◎《居竹轩集》4卷(存)

《四库全书·钦定续文献通考》卷一百九十五《经籍考》:成廷珪《居竹轩集》四卷。廷珪,字原常,一字元章,又字礼执,扬州人,隐居不仕。

《四库全书总目提要》卷一百六十八集部二十一:《居竹轩集》四卷(浙江鲍士恭家藏本),元成廷珪撰。廷珪字原常,一字元章,又字礼执,扬州人。好学不求仕进,惟以吟咏自娱。奉母居市廛,植竹庭院间,颇有山林意趣。因扁其燕息之所曰"居竹轩"。晚遭世乱,避地吴中,踪迹多在松江。故集中有《欲卜居海上》之作。后竟没于云间,其年盖已七十余矣。此集乃其友邵肃、刘钦搜辑遗稿所刊也。廷珪与河东张翥为忘年交,其诗音律体制,多得法于翥,而声价亦与翥相亚。观诗中所载酬答者,如杨维桢、危素、杨基、李黼、余阙、张雨、倪瓒,皆一代胜流。而黼与阙之忠义,瓒之孤僻,尤非标榜声气之辈。其倾倒于廷珪,必有所以取之矣。刘钦称廷珪"五言务自然,不事雕列。七言律最为工深,合唐人之体"。今观其七言古诗,亦颇遒丽。惟五言古诗竟无一篇,似不应全卷遗佚。或自知此体不擅长，遂不复作，亦如宋无之《翠寒集》欤。

《民国六合县续志稿》卷十五艺文志上：元成廷珪《居竹轩集》四卷。（《金陵通传》云：六合成廷珪著，"时六合属扬州，故《元诗选》作扬州人，后又分为江浦地，今白马乡成姓聚族而居，皆其后也"。）

顾嗣立编《元诗选二集》：成处士廷珪，字原常，一字元章，又字礼执，芜城人。好读书，尤工于诗。奉母居市廛，植竹庭院间，绰有山林意趣，扁其燕息之所曰"居竹"。河东张翥仲举为忘年友，载酒过从，殆无虚日。廷珪谓曰："吾仕宦无天分，田园无先业，学艺无他能，惟习气在篇什，朝哦夕讽，聊以自娱而已。"

《居竹轩诗集》书影（中国国家图书馆藏本）

晚年遭乱，奔走艰险，年七十余，殁于云间。故人京兆郜肃彦清、中山刘钦叔让搜辑遗诗，汇而刻之。吴中邹奕曰：原常能揣练六朝之情思，以入唐人之声律，变化寻常之言为警策之句。刘钦亦曰："原常诗五言务自然，不事雕刿，七言律最为工，深合唐人之体，当仲举之以诗鸣于广陵也，原常追而和之，声名与之颉颃。"仲举尝题其集曰："余在广陵时，与原常唯诗是谈。方其索句，虽与之论说应答，而中实注思揣练，有得则跃跃以喜，一字或声必帖乃已。"盖原常能深致其功，而音律体制，仍得之于仲举者为多也。

【按】《居竹轩集》传本较多，有《四库全书》本，国家图书馆藏有明嘉靖间刻本、清乾隆三十四年（1769）鲍氏知不足斋抄本、不知名清抄本等。《宋元四十三家集》题成氏诗集为《成柳庄诗集》4卷。2014年凤凰出版社《泰州文献》丛书第四辑第25册有影印《四库全书》本。清顾嗣立编《元诗选二集》有选录1卷。

关于成廷珪的籍贯，目前争议颇多。主要有三种说法，即扬州人、六合人、兴化人。如果从大的方面说，六合、兴化均属扬州，说成氏是扬州人，并没有错，但是成氏是六合人还是兴化人就值得考证了。

《民国六合县续志稿·艺文志》引《金陵通传》的说法为依据，认为六合江浦成氏聚居地均成廷珪后代，颇为牵强。但是历代《六合县志》均不见成氏为六合人的记载，然而在《万历六合县志》"方外"中，在记述元郭节之传记时说"兴化成廷珪赠曰：六峰隐者吾故人，得天下名亦琴耳。见《志翼》"。可见古代六合人并不承认成氏是六合人，而认为他是兴化人。同时，万历、咸丰等《兴化县志》均于"隐逸"中有《成廷珪传》。综上所述，成廷珪当为扬州兴化人。

成廷珪可能在六合有长时间的停留，对六合比较熟悉，他与六合琴师郭节之、长芦寺僧官毅景中、六合县尹伯士宁、张以宁等均有密切交往，元末明初六合一带战事在其诗中也有体现，故存之以备考。

成廷珪作品有《居竹轩集》4卷，收于台北台湾商务印书馆1986年出版的《景印文渊阁四库全书》中。另有清康熙四十一年（1702）长洲顾氏秀野草堂《元诗选》中《居竹轩集》节选1卷本。南京图书馆藏明嘉靖版《居竹轩诗集》4卷，另此馆藏有《补录居竹轩诗》1卷，成沂补辑，清同治十一年（1872）出版。

· 明 ·

田 琮

田琮，六合县上三都（约今南京江北新区盘城、葛塘一带）人。宣德七年（1432）举人，授山东莱阳县学教谕。

◎《田琮稿》（佚）

《顺治六合县志》卷十二：田琮，善属文，所在重其作，有稿。

《顺治六合县志》卷六：田琮。上三都人，宣德壬子（1432）科，授山东莱阳县学教谕，善属文，所在皆珍其作。

陆 斌

陆斌，字文达，六合县西里（在六合县治西）人。景泰五年（1454）选贡，授浙江龙游县丞。

◎《陆斌诗集》（佚）

《顺治六合县志》卷十二：陆斌，字文达，有《诗集》。

《万历六合县志》卷五：陆斌，字文达，西里人，经历临从子。景泰五年（1454）选贡，授浙江龙游县丞。立志甚坚，晚乃就选。时名卿石公澄等以文赠之。任与修《县志》。《私考志》有文苑传。

【按】据《万历龙游县志》载，陆斌天顺间（1457—1464）任龙游县丞。陆斌作品后世无存。《万历六合县志》卷五、《顺治六合县志》卷六有陆斌传，文字几乎一样，唯有万历县志言"任与修《县志》"，顺治县志作"在任与修县志"，据后者所言，当指陆斌曾在任职龙游时参与了《天顺龙游县志》的修撰，但此志不存，且无历史记载。抑或陆斌参与的"修县志"，有可能是《万历六合县志》乎？待考。

【辨误】袁［应］志和

袁［应］志和，浙江太平县人，他的儿子应纪曾于成化二十年（1484）任六合县教谕。

◎《袁［应］志和文稿》(佚)

《顺治六合县志》卷十二"志外纪·艺林"：袁志和，有文稿，前太平学谕应纪刻。

《江苏艺文志·南京卷》第三册：袁志和，明弘治间六合人。《袁志和文稿》，集部别集类（佚）。见《顺治六合县志》卷十二，云："有文稿，前太平学谕应纪刻。"刻本今未见。

【按】袁志和，当为"应志和"。据《万历六合县志》卷四记载，应纪，浙江太平县人，曾于成化二十年（1484）任六合县教谕；本书卷五记载袁文纪"尝掌太平县事，前［六合县］教谕应纪贤而贫，破格以待，取［应］纪父［应］志和稿，叙而刊之"。因此，袁文纪所"叙而刊之"者当为"贤而贫"的应纪父亲应志和的文稿，并不是袁文纪父亲"袁志和"的文稿。另据《万历六合县志》卷六《浙江衢州府龙游县知县袁文纪父母敕命》记载，袁文纪的父亲名为"袁广"，而不是"袁志和"。因此，《顺治六合县志》误载，而《江苏艺文志·南京卷》则沿袭错误。

袁文纪

袁文纪，字邦振，六合县东四图（约今金牛湖街道附近）人，成化十三年（1477）举人，授浙江龙游知县。

◎《弘治龙游县志》14卷（佚）

《千顷堂书目》卷七：袁文纪《龙游县志》十四卷。弘治戊午（1498）修，邑令。

《江苏艺文志·南京卷》第三册：袁文纪，字邦正（编者按：正，据《万历六合县志》当为振），明六合人，成化十三年（1477）贡生，弘治五年（1492）授浙江龙游知县，为政严明，判事如流，廉介有为，兴学宫，治公署，改建仓储，纂修县志。以失当路意，改台州府通判。平生精《易》理。

《万历六合县志》卷五：袁文纪，字邦振，东四图人，成化丁酉（1477）科，授浙江龙游知县。龙游最号难治，而文纪机敏，廉介有为，兴学宫，治公署，改建仓储，其豪右敛迹，治之绰如也。使者交荐，以失当路意，改通判台州府。尝掌太平县事，前教谕应纪贤而贫，破格以待，取纪父志和稿，叙而刊之。《私考志》云：嘉靖二十八年（1549）龙游祀之名宦。

《万历龙游县志》卷六：袁文纪为政严明，剖事如流，新公署，创尊经阁、预备仓，立小学，修邑乘，屡兴大役，民不以为病，上下交称之。祀名宦。

【按】《弘治龙游县志》乃袁文纪任龙游县令时纂修，可惜本书散佚。袁在任太平县知县时，曾助应纪刊刻其父《应志和文稿》。弘治八年（1495），他还曾刊刻元人王翰撰《友石山人遗稿》，现藏南京图书馆。

袁氏中成化十三年（1477）乡试举人后，曾在六合县训义街建立昂霄坊，以示纪念。弘治十一年（1498）在任龙游知县时，因"爱民勤抚字之方，处己励操修之节，贤声既著，荐剡交腾"，而受到朝廷的敕赏，他的妻子、父母同时受封，备极崇荣。敕命文见《万历六合县志》卷六中。

袁氏传世作品很少，现存有《万历龙游县志》卷九中收录的《龙邱名贤赞》16首。

陆 漳

陆漳，明代六合耆民，生平不详。

◎《乐隐集》_(佚)

◎《齐寿编》_(佚)

《顺治六合县志》卷十二：陆漳，著有《乐隐集》及《齐寿编》。

《民国六合县续志稿》卷十五：陆漳《乐隐集》。（《雍正县志》。漳，陆荣子。循荣家法，让产于昆弟。）

《顺治六合县志》卷六：（陆荣）子耆民漳，循荣家法，让产于昆弟，独殡其亲。从侄县收育成立之，使有以继其先德。近世簪缨家皆不能及，士大夫谈其家世，无不啧啧称赏，曰唐贞晦不是过也。黄宪使肃铭其墓曰：孝之笃，行之谷，宜介尔景福；家之肃，族之睦，为六峰称独；昆季穆穆，子性簇簇，以永踵其芳躅。漳有《乐隐集》《齐寿编》。

【按】陆漳，现无作品存世。《金陵诗征》卷二十一有章慈《题陆纯仁先生遗事并赠其子漳》诗1首赠陆漳，参见后文"章慈"条。

黄　肃

黄肃（1438？—1524？），字敬夫，东二图（今属金牛湖街道）人。成化七年（1471）举人，十四年（1478）进士，授河南新郑知县，升工部都水司主事，进刑部贵州司员外郎，擢广西按察司佥事，升湖广兵备副使。正德初以军功升三品，致仕。寿八十六卒。

◎《静庵集》_(佚)

《民国六合县续志稿》卷十五：明黄肃《静庵集》。（雍正县志。）

《万历六合县志》卷五：黄肃，字敬夫，东二图人，成化辛卯（1471）科，登戊戌（1478）曾彦榜，授河南新郑知县，赈济饥民，多所全活，秩满，民为立去思碑。升工部都水主事，尝管理泉闸，与修河工，各见《碑志》。奉敕进阶承德郎，进刑部贵州司员外郎，擢广西按察司佥事。部内土官赵源妻岑氏，以贿谋立假子，肃倡议竟立其侄。思明黄绍反，肃率兵讨之，其子被诛，绍寻以忧死。思恩知府岑浚谋作乱，豫筑舟良城，以截行舟，肃曰："是贼咽喉也。"即被甲先登，士皆蚁附，贼遂焚营垒，全师以归。东塞蛮叛，肃从间道破其巢，蛮溃。抚按交章荐之，寻进湖广兵备副使，犹上言广右事宜，除秽恶以靖地方等七款，朝廷多见允行。正德初以军功升三品，致仕。嘉靖壬午（1522）、甲申（1524）两奉恩诏进阶二品，有司存问其门。寿八十六始卒。肃刻意举业，以礼经名家授弟子，及试南宫，一获其益者，辄登高第，应人制作，俱佳丽可传。今有《静庵集》，后以子骅贵，奉制进阶通奉大夫，荣遇罕见其俪。

【按】黄肃，才华横溢，文武全能，两受敕封，敕命见《万历六合县志》中，为此六合县城曾为他建过三座牌坊：步云坊，在龙津桥北，中举时建；进士坊，在冶浦桥东，中进士时建；三锡殊恩坊，在县前，为黄肃父子立。后来他儿子黄骅中举，县城又建了重光坊，一家四坊，实为罕见。

王 弘

王弘（1458—1535），字叔毅，号巴山，广洋卫（今属南京市六合区马集巴山黄泥坝西边）人。明代大学者庄昶的女婿。成化十六年（1480）举人，弘治六年（1493）进士，历任行人、修职郎，正德元年（1506）擢南京福建道监察御史，后升广东佥事、海南兵备副留守使等官职。《明史》附陆昆传后。

◎《巴山集》（陆察辑，佚）

《顺治六合县志》卷十二：王宏，字叔毅，有《巴山集》，邑人陆察辑。

《民国六合县续志稿》卷十五：王宏《巴山集》。（雍正县志。按：志云"邑人陆察辑"。）

◎《文节公年谱》1卷，一名《庄定山先生年谱》（存）

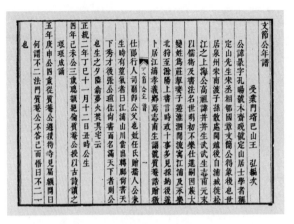

《文节公年谱》书影（《明别集丛刊》第一辑第五十七册）

《嘉靖六合县志》卷五：王弘，中弘治六年（1493）毛澄榜，历官至广东按察司兵备副使。弘治初以行人升南京监察御史，劾逆瑾擅权事，被逮，杖夺其官。后瑾诛，起为广东佥事。执法不阿，部内有辅臣之子杀人，为不道事久不敢坐，弘悉，置之法，以是敛怨。升海南兵备，寻罢。平生有诗名，都御史东湖吴公赠之诗曰："四海王巴山，诗名六十春。"

《竹镇纪略》卷下：王宏（编者按：清代文献中"王弘"作"王宏"，因避清帝庙号改）墓在巴山。王宏，字叔毅，广洋卫人，成化庚子（1480）科举人，登弘治癸丑（1493）科毛澄榜。宏夙负天才，弱冠，举《礼记》第一，定山庄先生昶爱而妻之，遂品骘古今，留神理学，以名节自砥砺，授行人考绩，奉敕进阶修职郎，正德改元，擢南福建道监察御史，论列逆瑾罪状，忤旨被逮，杖发为民。瑾乃矫诏榜奸党于朝堂，宏与焉。庚午（1510）瑾诛，起广东佥事，进副使。尝摄学政，时霍宗伯韬伦司成以训生儒中，宏首加嘉奖进，众服其明，在广数期，专敦道义，纠贪吏，祀先儒，风采凛凛。值江右海南猺寇蜂起，随相机击走之。当获赏以执法，论时相之子重狱，遂敛怨而归。嘉靖初，京官有援宏出议大礼者，宏不附名士，尤高恬退之节，后学陆察辑其所著为《巴山集》。前尚书吴公廷举（1462—1527），以诗赠之，有"四海王巴山，诗名六十春"之句，教谕徐丙论其无愧定山云。嘉靖十七年（1538），本县奉南京礼部札，付入祀忠贤祠。隆庆、万历初，奉学院周、谢案验，采辑《世宗实录》《名贤事迹》，俱有宏传。

【按】关于王弘的生年，李敬《竹镇纪略》卷下记载："王宏，字叔毅，广洋卫人，成化庚子（1480）科举人，登弘治癸丑（1493）科毛澄榜。宏夙负天才，弱冠，举《礼记》第一。"他弱冠（20岁左右）中举，时在成化庚子年（1480），则他出生时间当为天顺四年（1460）左右。据《弘治六年（1493）进士登科录》记载："王弘，贯南京广洋卫籍，应天府六合县人。国子生。治《礼记》。字叔毅，行二，年三十六，正月初八日生。曾祖秀翁。祖舍宗。父清。母陈氏。具庆下。兄泰。娶时氏。应天府乡试第四名，会试第七十六名。"则其具体出生时间为明英宗天顺二年（1458）。王弘卒年，《古今六合》一书载卞琛撰"名人实录·王宏"篇说，"嘉靖十四年（1535），王宏病逝，享年61岁。"未署所据文献。结合前文考订出生时间，则王弘嘉靖十四年（1535）去世，享年75岁，与史载"诗名六十春"亦吻合。如果据卞琛所言生卒时间推算，王弘出生于明成化十年（1474），显然有误。

王弘自幼好学，读书不辍，英资天赋，时称神童。年少时常骑在牛背上吟诗诵文。一天，六合县令路过黄泥坝，见此情景，惊叹不已。县令触景生情，口出上联"牛背亲黄卷"；王弘应声而对"龙头夺锦标"。县令见王弘出言有章，志向非凡，更是刮目相看，于是止步于路旁，与王弘甚为投机融洽。临别时，县令又出一联："送别黄泥坝"，王弘随口答道："相逢白玉阶（白玉阶意为朝廷、官府）。"县令闻之，甚为赞赏。王弘巧对县令，一时传为佳话。李敬为之作传。

《邹守益集》卷十记载，邹守益的老师病咳嗽很厉害，一次听说王弘要来拜见，他忍咳与谈，谈得高兴时咳嗽更加厉害，于是稍事休息，缓解了继续谈。等王弘走后，学生问其何以如此，他说："巴山是定山先生（即庄昶）的女婿，很有文采学问，是后辈所归，如果能与他交往，六合的所有士人都可以不用结交了。"（《邹守益集·简欧［阳］南野崇一》）可见王弘在当时六合的影响。

王弘清廉守节，文采卓著，很受时人的激赏。乡人将巴山脚下的村庄取名为"御史王庄"，为之在县城来春街建经元坊，入祀乡贤祠、忠贤祠二祠。他晚年归隐巴山，以撰写诗文为乐，人称"巴山先生"。其作品由门人陆察整理成《巴山集》，可惜不传。

王弘传世作品很少，他为其师暨岳丈庄昶撰写的《文节公年谱》1卷附刊于庄昶的《定山先生集》（清道光二十四年刻本，南京图书馆有藏）后。部分诗文散见于他所历官的地方文献之中，有诗7首、文4篇。

谢 金

谢金，明代六合医家，具体生平事迹不详。

◎《伤寒论》（佚）

《民国六合县续志稿》卷十五：谢金《伤寒论》。（雍正县志，嘉庆府志）

《万历六合县志》卷五：谢金，通方书，见《巴山集》。名卿黄石龙、张东沙重之，尝著《伤寒论》。

【按】《伤寒论》是我国汉代著名医家张仲景的名著，中医四大经典医著之一，谢金著作亦名《伤寒论》，当为对《伤寒论》的研究之作，或对"伤寒"疾病的治疗经验总结，不应用《伤寒论》命名。

结合《万历六合县志》谢金传，他与当时名宦王弘（1458—1535，号巴山，有《巴山集》，见前文）、黄绾（1477—1551，号石龙，有《石龙集》《明道编》）、张时彻（1500—1577，号东沙，有《明文范》《救急良方》《芝园定集》）等知名人士有交往，可见其医术不俗。

谢 鈇

谢鈇，明代六合人，具体生平不详。

◎《乐府珠编杂字》（佚）

《万历六合县志》卷五：谢金，……弟鈇，辑《乐府珠编杂字》。

【按】《江苏艺文志·南京卷》称《乐府珠编杂字》为"子部典故类"，当为民间艺术有关的文字解说之书。

厉 昶

厉昶，字元明，六合县龙江卫人。正德中（1506—1521）以例授锦衣卫百户。

◎《厉昶诗集》（佚）

《顺治六合县志》卷十二：厉昶，字元明；厉埧，字□□，皆有诗集。

《万历六合县志》卷五：厉昶，字元明，龙江卫人，义官文贵子。正德中以例授锦衣卫百户。昶自大父圻徙赍甲江淮，迨昶资识最高，弃举子业，以诗鸣于时。曾出金百余助知县万廷珵重建公署。

厉 埧

厉埧，明嘉靖时六合人，生平不详。

◎《厉埧诗集》（佚）

《万历六合县志》卷五：［厉昶］子埧，诗尤佳丽，有稿若干卷。俻增入义田于学，知县茅宰申允学院。

《顺治六合县志》卷十二：厉昶，字元明；厉埧，字□□，皆有诗集。

【按】厉文贵、厉昶、厉埧为祖孙三代，家富资产，其他事迹史籍无载。

季 维

季维，字光济，六合县东里（即县治东）人。正德十四年（1519）贡生，授湖广襄阳府学训导，后升光化教谕。

◎《两都诗》_(佚)

◎《珠泉集》_(佚)

《万历六合县志》卷五：季维，字光济，东里人。正德十四年（1519）贡，授湖广襄阳府学训导，升光化教谕。平生有诗才，为人狷介，不苟为教，以风纪作士，士之贫者周之，当道考曰："一钱不取于门生，素行无愧于屋漏。"所著有《两都诗》并《珠泉集》，俱脍炙人口。

【按】《两都诗》可能是作者生活于南京和北京二都时的诗作合集。《珠泉集》可能是他晚年悠游乡里的诗文集。六合名珠泉者有二：一位于六合定山（即今浦口珍珠泉风景区），一位于六合冶山中。季维著作无传，有诗2首见于《嘉靖六合县志》。

刘 闵

刘闵，字子贤，明正德时期六合县人。以孝荐授县儒学训导。

◎《家礼考》_(佚)

◎《注昭穆图》_(佚)

◎《宗子说》_(佚)

◎《五伦启蒙》_(佚)

◎《孝经刊误》1卷_(佚)

《千顷堂书目》卷三：刘闵《孝经刊误》一卷。刘闵《五伦启蒙》。
《经义考》卷二百二十九：刘氏闵《孝经刊误》，一卷。佚。《应天府志》：刘闵，字子贤，六合人，以荐授本县儒学训导。

《康熙六合县志》卷十《刘孝子传》：刘闵，字子贤，六合县人。幼有至性，少长知学，动循古礼，造次不苟。家甚贫，极力养母，定省温清，疾不解带。母或恚怒，则衣冠跪床下，竟夕不敢起。以父早亡，与祖母二丧不克葬，遂断酒肉，远房室，训徒邻邑，朔望则号哭于殡所。如是者三年，邻族怜之，为助其葬。母殁，哀毁骨立，庐墓侧，衰绖蔬食，终其丧，祭祀必斋沐，率男妇奠献，一如文公家礼。闺门严肃，妻失爱于母，出之，终身不复娶。林少保俊起留台疏于朝曰："刘闵学行高古，虽词藻不逮，而德宇道风，人自难及，宜征侍青宫讲读。"不报。御史宗彝、知府陈效又荐之，诏授本县儒学训导，前后按部大夫及守令率与钧礼，时致馈以赒其乏。所著有《家礼考》《注昭穆图》《宗子说》《五伦启蒙》《孝经刊误》等书，藏于家。侄孙自省乡举，历长沙府同知，持身敦朴，临事周慎，颇有闵家风。见《本朝分省人物考》，宣城吴伯与辑。

【按】关于刘闵的籍贯，史料略有出入。明李贽撰《续藏书》卷二十四、明何乔远著《名山藏》卷九十七、明末清初查继佐编《罪惟录列传》卷二十四、清傅维麟撰《明书列传》卷一百三十七、清王鸿绪等撰《明史稿》列传一百七十四、清张廷玉等撰《明史》卷二百九十八等书均作福建莆田人，《康熙六合县志》引宣城吴伯与传作江苏六合人。《江苏艺文志·南京卷》说："或其先世莆田籍，而徙居六合已久。"根据现有史料，笔者以为刘闵当为六合人，可能其在莆田生活时间较长，故被误认为莆田人。理由有三：一、历代《六合县志》没有文字记述他任"本县儒学训导"，而《明史》谓"荣以学职""遥授儒学训导"，可见此职位是一个虚职。二、《明史》多为抄摘前人文献编撰而成，未明出处。三、明张萱辑《西园闻见录》卷一、明焦竑纂辑《国朝献征录》卷一百十二也收录了《孝子刘闵传》，文中不述刘氏里籍，有可能当时人们对此是有不同看法的；《康熙六合县志》所据为明过庭训纂《本朝分省人物考》卷十三，言乃宣城吴伯与辑，作者明确，记载清晰，当不误。《乾隆六合县志》卷四《刘闵传》后有按语考辨说："闵今见《明史·孝义传》，以为莆田人，今据吴氏传，明以为六合人，吴去刘耳目甚近，宜可据，此殆如黄太常例耳。"认为替其作传的吴伯与与刘闵相距时代不远，所言刘闵为六合人当更可信。

刘闵作品虽然很多，但是由于家贫，无力刊刻，史载其书稿均"藏于家"，因此传世可能性极小，《千顷堂书目》卷三载有《孝经刊误》《五伦启蒙》，当是原抄本或传抄本，清初即已不可见，至可惜也。

陆 昌

陆昌，字希文，六合县西里人。嘉靖三年（1524）贡，授山东临朐县知县。

◎《什一集》（佚）

《万历六合县志》卷五：陆昌，字希文，西里人，嘉靖三年（1524）贡，授山东临朐县知县。持己端廉，莅政勤谨，县连遭蝗旱，府议半灾，昌为民力争获以全灾，上发粟赈济，设法捕蝗，全活甚众。时奉钦依开矿，念民贫邑敝，申请封完洞口，禁戢矿徒，事获万全。时守巡有招贿者，里胥争欲应之，坚执不听，其他善政若宣圣谕，重学校，刊古训，省夫马，节送迎，出疑狱，收孤贫，劝农桑，植榆柳，遏诬讼，肃里胥，开垦荒芜，招抚流亡，详载古骈，小试师生侯让等以政教兼举颂之，兵备道康公天爵奖为君子仁人，藩府亦方之卓鲁。平生笃孝，为养乞休。丁内外艰，哀毁荒疚，庭植玫瑰，服阕始华，重义敦伦。延从兄女弟养于家，并厚其所出，至妻党托财产，有司召佃种，俱弗屑，诚礼所谓乡先生者，遗稿有《什一》等集。嘉靖、隆庆、万历间，各院行县采辑《守令宝鉴》《世宗实录》《名贤事迹》，皆有昌传，仍书"清白孝友"颜其门，见《顺宁编》。

【按】据《光绪临朐县志》卷十一上《秩官表上》记载，陆昌任职临朐县知县的时间为嘉靖十七年（1538）前后，见当地《东镇庙碑》。陆昌所著《什一集》今佚，其部分内容为《万历六合县志》选录，多记地方人物事件。据《万历六合县志》记载，他曾撰有记述重修六合八百桥的纪事性序文，但未见留存。明董邦政《长春园集》中收有陆昌诗12首，参见刘荣喜编著《六合廉吏》所附董邦政著《六峰政纪》。

马逢伯

马逢伯，字应房，号龙津，明代六合县东里人。嘉靖四年（1525）举人。嘉靖十七年授浙江昌化知县，二十五年升山东泰安知州。

◎《马逢伯文集》（佚）

《顺治六合县志》卷十二：马逢伯，字应房，有《文集》。嘉靖癸卯（1543）献《瑞麦嘉禾疏》，上大奇之。

◎《嘉靖昌化县志》9 卷（佚）

《民国昌化县志》卷十八：历代县志姓氏，……嘉靖十七年（1538）邑令马逢伯主修，邑庠生汪子卿缉，举人戴甫校正，计九卷。

《万历六合县志》卷五：马逢伯，字应房，东里人，知县馼从曾孙。嘉靖乙酉（1525）科，授浙江昌化知县，（嘉靖二十五年）升山东泰安知州。癸卯（1543）夏州产瑞麦嘉禾，疏献于上，特受而荐之郊庙，进逢伯俸一级，时赋三得以荣之。隆庆元年（1567），本县采入《世宗实录》。

《康熙昌化县志》卷十七：马逢伯，号龙津，六合人，举乡试，嘉靖戊戌（1538）莅任。首葺文庙，建学斋，时邑役三倍钱塘，公乃恳言上官，蠲二大户及会江驿库等役，又申除粮储道例扣银并册书飞酒诸弊，岁省粮规数百金。时郑六毛为盗，磔于路，公恻然，文祷城隍，遂获真盗。陶人治陶者得窖钱数百缗，人讼勿究，一无所取。陈民瘼最甚者八条于王监察，属编两浙赋役，金海宁均徭及定余杭徭役，台院以贤能荐擢守泰安，民感德政，为立去思碑记。

【按】马逢伯号龙津，示不忘故土也。龙津，乃六合著名河桥名，是六峰八景"龙津举网"景点所在地。马氏文集散逸，目前可考的作品只有一首诗，存《康熙昌化县志》中。

黄绍文

黄绍文，字道甫，六合县孝陵卫人，黄宏子。嘉靖十五年（1536）选贡，授江西南安府学训导，升福建晋江县学教谕。

◎《征忠录》(佚)

【按】根据《万历六合县志》记载，《征忠录》为记述作者父亲黄宏死节之事，及当时反对魏忠贤阉党的部分人物传记类著作，今不见传。

◎《嘉靖广德州志》10卷 (存，明嘉靖十五年刊本)

《嘉靖广德州志》书影（中国国家图书馆藏本）

朱麟《广德志序》：叙曰，桐水入太湖，即古桐汭，亦名郡尔。我太祖渡江耀兵，肇王业自桐汭始，祷之祠山，圣翰炳如，可无纪耶？邹子东郭昔志是以陟去，不亦缺典也乎。嘉靖丙申，予守此，缉而正之，属六合黄子作十志，以其旧，褒其鄙芜，以其文登载其质实可信，疑者阙焉，观民务度情伪。志者，史之流也。其文殷深，不足备物，其事不核，无足观焉，亦无取于志矣。故志之地里稽其域，曰沿革足征也；志之建置稽其改作，曰器象足征也；志之风俗稽其流，曰所尚足征也；志之人物稽其行，曰产足征也。轨物塞违，章志信教，崇正而出异，此之谓考志。后之守兹土者，征清而能发，度察而能尽，可以官能焉。监礼考成，其将有取于斯乎。嘉靖丙申岁五月端阳之吉，赐进士第奉训大夫知广德州事庐陵芝山朱麟撰。

◎《嘉靖六合县志》8卷（存）

《顺治六合县志》卷十二：黄绍文，字道甫，有诗文稿，《广德州志》《征忠录》。

《千顷堂书目》卷六：黄绍文《六合县志》八卷。

《万历六合县志》卷五：黄绍文，字道甫，孝陵卫人，赠太常少卿宏子。嘉靖十五年（1536）选贡，授江西南安府学训导，升福建晋江县教谕。绍文学有本领，得于家传，修身践言，表里如一，博物洽闻，足备顾问，为文直追古作，黜浮靡，可以为式。为诸生时，见知于督学，每举咸拟其第，卒不第，命也。及莅教职，教人以忠孝为先。尝取唐阳城学者"学为忠与孝"之言，训迪诸生，娓娓不倦。诸生中有贫乏者，时为膏火之助，一时士子更贺得师，当道屡旌奖之。居乡时，董邦政聘修县志，典雅可观，并《广德州志》《征忠录》行于世，所著有稿若干卷。弟庠生绍武，亦能诗，值绍文承重奉命诸阙，为父白忠，将贡而没，惜哉。

【按】黄绍文著述主要有《广德州志》10卷，并附图，现有明嘉靖十五年（1536）刊本，收入台湾成文出版社辑《中国方志丛书·华中地方（安徽省）》中。《嘉靖六合县志》8卷，详见本书《附录一》，今有刘荣喜点校本。

黄绍文有《诗文稿》若干卷，史有载，今未见。现存诗13首。《金陵诗征》选诗1首，《异政文咏》12首见于《长春园集·六峰政纪》中。

孙 忱

孙忱，字子诚，六合龙山人。县庠生，明代嘉靖时期人，事迹不详。

◎《嘉靖六合县志》8卷（存）

《万历六合县志》卷首：嘉靖三十二年（1553），本县知县董邦政聘乡官黄绍文，庠生孙忱、谢锐、孙可久、徐楠修。

【按】孙忱，历代县志均无传，其作品《嘉靖六合县志》选录《六峰八景》8首，董邦政《长春园集》中附录其诗12首，赋1首，见《六合廉吏》一书。

上海图书馆藏《六合汪氏家谱》六卷抄本有孙忱所作《七世祖以道公创修旧版谱序》，文末署"邑庠生龙山孙忱子诚撰"，可见孙忱里籍字号。

郑 洛

郑洛，字宗伊，六合县东里人。嘉靖十八年（1539）贡，授湖广汉阳府学训导。

◎《蚓鸣稿》（佚）

《顺治六合县志》卷十二：郑洛，字宗伊，有《蚓鸣稿》。

《万历六合县志》卷五：郑洛，字宗伊，东里人，监生鋈子。嘉靖十八年（1539）贡，授湖广汉阳府学训导。洛初以贫而能养，教谕徐丙荐之，遂超补应贡。及其仕也，复引亲老乞休，所著有《蚓鸣》诸稿。

【按】郑洛，家贫而能养，尝得邑绅方锦资助，后以训导致仕。郑氏所著《蚓鸣稿》，《金陵通传补遗》卷二作"《蚓鸣集》"。现存作品《嘉靖六合县志》有录诗2首，明董邦政《长春园集》附录其诗6首。

陈 清

陈清，字至一，六合县武德卫人，嘉靖二十一年（1542）贡。

◎《陈清诗文稿》（佚）

《万历六合县志》卷五：陈清，字至一，武德卫人，嘉靖十九年（1540）贡。尝让产于昆季，并倡议助旅邸之同袍。有《诗文稿》。

《民国六合县续志稿》卷十五：陈清诗文稿。（《雍正县志》。清，字至一，嘉靖十九年［1540］贡。）

【按】陈清获得贡生资格的时间，《万历六合县志》和《金陵通传补遗》作"嘉靖十九年（1540）"，《嘉靖六合县志》作"嘉靖二十一年（1542）"，因《嘉靖六合县志》编纂距陈清生活时间不远，当从。

章　慈

章慈，字义之，六合县广洋卫人。嘉靖二十一年（1542）贡，授浙江龙游县学训导。

◎《私考志》（佚）

◎《邑史》（佚）

◎《学基》（佚）

◎《学统》（佚）

◎《赘言》，一作《绿筠赘言》2卷（佚）

《千顷堂书目》卷十二：章慈《绿筠赘言》二卷，龙游训导。

◎《琐言》（佚）

◎《调元》（佚）

《顺治六合县志》卷十二：章慈，字义之，有《私考［志］》《邑史》《学基》《学统》《赘言》《琐言》等稿。

《万历六合县志》卷五：章慈，字义之，广洋卫人，经历清子。嘉靖二十一年（1542）贡，授浙江龙游县学训导。平生笃故旧，辨义利，未尝苟取于人，节署学事，摄邑符，多所建白，归老读书别墅，志在立言，其《私考》《邑史》，阐幽扬善，不受教于有司，并所著《学基》《学统》《赘言》《琐言》《调元》等稿可传。

《万历龙游县志》卷六：章慈刚以持己，勤以诲人，素严义利之辨，诸士馈遗皆力却之，申饬举政，废坠具举，《府志》有传。

《金陵诗征》卷二十一：章慈，字义之，六合人，嘉靖壬寅（1542）岁贡，龙游训导。（义之经明行修，摄龙游邑篆，不妄取一钱。归老，读书别墅，取棠故事作《私考》《邑史》二书，又著《学基》《学统》，以阐儒理。）

【按】章慈撰《私考志》《邑史》，是六合历史上第一本私人撰著的地方史志专著，可惜此二书不传，但其中大量内容被《万历六合县志》所吸纳引用。考查《万历六合县志》，《私志考》的内容涉及地理、人物（包括宰辅、文苑、贤淑、节孝等）、建筑等很多方面，为保存地方文献作出了很大贡献。

据《金陵诗征》载章慈"著《学基》《学统》，以阐儒理"，此二书当为劝学劝世之言，可能包含其睿智的思想和对人生思考，可惜不传。

黄　骅

黄骅，字德远，六合县东二图人。授江西丰城教谕，升直隶曲周知县，再升江西南昌府同知，致仕。

◎《万历六合县志》8卷（存）

《万历六合县志》卷五：黄骅，字德远，东二图人，副使肃子。授江西丰城教谕，升直隶曲周知县，奉敕进阶文林郎，再升江西南昌同知，致仕，奉诏进阶朝列大夫。

【按】黄骅出身书香门第，父亲黄肃有《静庵集》，见前文。嘉靖三十三年（1554）任丰城教谕，嘉靖四十一年任广平府曲周县知县，因"克承家学，奋迹贤科，爰以儒校休声，擢宰名邑，持身廉静，莅政精明，节用爱民，教养兼举，循良著誉，荐牍屡升，可谓以文学饰吏治"，而受到朝廷的嘉奖，敕命文见《万历六合县志》卷六。

《乾隆丰城县志》卷五职官记载，黄骅名列"明代教谕"，具体任职时间不详，名后注"六合人，举人"，但是《乾隆曲周县志》卷十二职官记载："黄骅，余姚举人，嘉靖三十八年（1559）任，升南昌同知。"《乾隆南昌府志》卷三十职官记载，"黄骅，余姚人。举人，嘉靖四十二年任"，这里记载的籍贯不一致。查《乾隆余姚志》卷十七选举表有载，黄肃成化七年辛卯（1471）应天榜举人，成化十四年（1478）进士，黄骅为黄肃之子，嘉靖三十一年壬子（1552）应天榜举人，官至同知；这里有关科举考试结果的记载与《嘉靖六合县志》相同，由此可知，黄肃、黄骅当为祖籍浙江余姚，寄籍应天府六合县，他们父子晚年可能有荣归故里、认祖归宗之举，故《乾隆曲周县志》有"余姚举人"之说。

《万历六合县志》详见《附录一》。黄骅存世作品见于万历、顺治《六合县志》和董邦政纂《长春园集》，有文4篇、诗4首。

黄　坊

黄坊，六合黄宏孙，具体生平事迹不详。

◎《白忠录》（佚）

《金陵通传》卷十六：（黄）宏孙（黄）坊，著有《白忠录》。
《江苏艺文志·南京卷》第三册：黄坊，明嘉靖间六合人。

【按】黄坊，历代《六合县志》无传，《金陵通传》附"黄宏传"后。

谢　锐

谢锐，字进夫，六合县江阴卫人。嘉靖三十七年（1557）贡。

◎《嘉靖六合县志》8卷（存）

《万历六合县志》卷五：谢锐，字进夫，江阴卫人，主簿珙子，嘉靖三十七年（1557）贡。尝考索《嘉靖志》，未仕卒。

章　瑚

章瑚，字汝器，六合县广洋卫人。嘉靖三十九年（1559）贡，授山东峄县学训导。

◎《章瑚诗集》（佚）

《民国六合县续志稿》卷十五：《章瑚诗集》。（《金陵通传》云：瑚，字汝器，有高志，以贡生选峄县训导，有《诗集》。）

《万历六合县志》卷五：章瑚，字汝器，广洋卫人，贡士宪子，嘉靖三十九年（1559）贡，授山东峄县学训导，卒于官。瑚志大抱奇，俯视尘俗，见高尚朴，不为诡随，竟以数奇，舆论共惜。所著诗文诸稿，足称大方。

【按】《乾隆峄县志》卷七"职官"记载，"章瑚，南直隶六合人"，"善为诗"，嘉靖间任峄县学训导，竟卒于官。章瑚作品今存诗2题5首，见于《金陵诗征》卷二十二和董邦政《长春园集》中。

陆长康

陆长康，明代六合人，具体生平事迹不详。工诗。

◎《拍浮亭草》（佚）

《金陵通传补遗》卷二：陆长康，六合人，工诗，有《拍浮亭草》。其佳句，如《清溪道中》云："峰阴斜背日，帆势乱穿云。"《浦口》云："山扼荒城出，江依古岸分。"《旅怀》云："故国园花依旧发，客心江水但空还。"
《秋日》云："落叶乱飞斜覆井，暮蝉凄咽半藏烟。"

【按】民国前历代六合县志均无陆长康传，《民国六合县续志稿·艺文志》始引《金陵通传》而记述。查钱谦益编选《列朝诗集》丁集第十四有盛鸣世（字太古，明凤阳府人，国子监生，能诗而不苟作，善围棋，有《谷中集》）送陆长康诗1首。

潘　儒、潘　伟

潘儒，字子学，六合县留守右卫人。嘉靖四十三年（1564）贡，授湖广长沙府训导。

潘伟，潘儒弟，有逸材。

◎《面谈稿》（佚）

◎《嘉客稿》（佚）

《顺治六合县志》卷十二：潘儒，字子学，有《面谈》《嘉客》等稿。

《民国六合县续志稿》卷十五：潘儒《面谈嘉客稿》。（《雍正县志》。儒，字子学，嘉靖间贡，官长沙府学训导。）

《万历六合县志》卷五：潘儒，字子学，留守右卫人，嘉靖四十三年（1564）贡，授湖广长沙府训导，卒于官。儒性缓而量夷，言动不苟，居乡淳谨，有父珙风。善养二亲，友于昆弟，家人宜之。及训长沙，与士子曲有恩义，弗计贽仪，人人感服。迨其卒也，痛悼不已，相与呈于文宗，入祀名宦。该学具呈应天府请祠乡贤。弟伟，有逸材。所著有《面谈》《嘉客》等稿。

【按】《面谈稿》《嘉客稿》为两部书稿，《顺治六合县志》《民国六合县续志稿》列潘儒一人名下，《江苏艺文志·南京卷》第三册，列潘伟一人名下。根据《万历六合县志》的记述，乃为断句歧义所致，因潘氏原作今不传，无从知晓，姑列潘儒、潘伟二人名下。另《民国六合县续志稿》将《万历六合县志》原文"面谈嘉客等稿"标点为《面谈嘉客稿》，结合"等稿"二字，似以《面谈稿》《嘉客稿》两书为宜。

胥应龙

胥应龙，字德卿，一字见田，六合县留守左卫人。

◎《胥应龙诗文集》（佚）

《万历六合县志》卷五：胥应龙，字德卿，留守左卫人。（《顺治六合县志》）

《顺治六合县志》卷十二：胥应龙，字见田，有诗文集，为沈太学士所遴选、耿督学辑。

【按】《万历六合县志》卷五、《顺治六合县志》卷六均有载："胥应龙，字德卿，留守左卫人。"《顺治六合县志》前后记载名同而字不同，当为一个人不同的字。

胥氏一族，代有才人，其传承关系为：胥应龙→胥自勉→胥宇（弟胥庭清）→胥时夔（从子）。他们的情况见后文。

孙可久

孙可久，字维健（一作惟健），一字西阳，六合县东三图人。隆庆二年（1568）贡，授浙江寿昌县学训导。

◎《西阳先生集》（佚）

《顺治六合县志》卷十二：孙可久，字维健，有《西阳先生集》。

《顺治六合县志》卷十二：孙可久，字西阳，书法清古，娴于诗赋，里中尚多其迹。用意深转，埋芟妍媚，自是笔所不尽，多骨微肉者谓之筋书，多肉微骨者谓之墨猪，先生直从其二者消息而用之矣。

《金陵通传补遗》卷二：孙可久，字西阳，六合人。隆庆二年（1568）贡生，官寿昌训导。善书工诗，著有《西阳集》。

【按】西阳，六合地名，位于八百桥（今金牛湖街道）附近的西阳山，孙可久一字西阳，又有作品名《西阳先生集》，以居住地为字号，是古人经常采用的取字取号方法。据此我们可以推断，孙氏家族应该是六合区金牛湖街道西阳村人。

◎《嘉靖六合县志》8 卷（存）

《顺治六合县志》卷六：孙可久，字惟健，东三图人，贡士简子，隆庆二年（1568）贡，授浙江寿昌县学训导，精古学。

【按】孙可久，是六合著名学者孙国敉的祖父，曾因为儿子孙拱辰而受赠抚州府推官。董邦政在《六合县新志后序》中有"癸丑春，乡博黄君绍文、庠士孙忱、谢锐、孙可久、徐楠，躬相雠校，立例定则，远稽近述，越三月而志成。"可见他曾参与《嘉靖六合县志》的修撰。孙可久传世作品只有诗 10 首附载于董邦政《长春园集》中，见《六合廉吏》一书。

汤有光

汤有光，字崇武，留守右卫人。廪生。

◎《词韵》（佚）

◎《六书释义》（佚）

《顺治六合县志》卷六：汤有光，系廪生，万历元年（1573）献《嘉禾瑞麦颂》，上闻，奉恩例授儒官，工诗赋，著有《词韵》《六书释义》行世，当时宗之。

【按】《万历六合县志》卷五载："汤有光，字崇武，留守右卫人。"他有《嘉禾瑞麦颂》等文，但未见留存。《金陵诗征》编者朱绪曾很早就注意到明代南直隶曾有多位汤有光，他在介绍上新河汤有光时说"同时有三汤有光，此万历上元举人，乃溧水籍；又六合廪生汤有光，万历癸酉献《嘉禾瑞麦颂》，得儒官，有《词韵》《六书释义》，即汤祖武允绳之父也，详苏作睿《六合县志》；通州又有汤有光，字慈明，诗名尤著。"路鸿休辑《帝里明代人文略》卷十九引《金陵琐录》也说："时府学秀才有两汤有光，号云樵者，住上浮桥；号熙台者，住上新河。"因此，这里有四位汤有光，分别是：一是六合汤有光，字崇武，他的儿子名汤祖武，嗣孙名汤沐，侄孙名汤濩，亦均有文名，见本书后文；二是上元汤有光，号云樵者，住上浮桥；三是江宁汤有光，号熙台者，住上新河；四是通州汤有光（1548—？），字慈明。不能相互混淆。

陆　察

陆察，六合县庠生，具体生平事迹不详。

◎《志略》（佚）

【按】陆察在《万历六合县志》书尾说："察遹累世见闻，僭为《志略》，适承兹役，辛酉告艰，迁就成编，事多刊落，则不孝之罪，滋甚耳。"可见他曾搜集历代乡邦见闻，编成《志略》一书，成书于1561年（辛酉），后接受县志编撰工作，于是一并将自己手头的资料充实进去。因此，《万历六合志》中经常可以看到标明为《志略》的内容，也难怪杨郡在《重修六合县志跋》中说："诸公之功，孝廉陆庠士察为力居多，予滥侧其末。"黄骅在《续修六合县志后序》中也说："孝廉陆生察即取历年私考并旧志折衷，删其繁，弗使牵于故，核其事，罔俾狥于俗，分更分漏，大书特书，一洗闻见之讹而厘正之。"（《顺治六合县志》卷十）

◎《万历六合县志》8卷（存）

《万历六合县志》"凡例"：万历二年（1574），知县李箴，邑绅黄骅、杨郡、庠生黄域、陆察、方澄澈、季宫、朱镇修，教谕吴邦、训导桑子美、卢文衢校正。

◎《万历江浦县志》12 卷（存）

周一经《江浦县志序》：江浦旧未有志，……文献不足，后将何所征乎？顾及今图之，遂设局公署，慨然以身总其事，属学官暨乡先生之博而雅者，若朱君草心、张君草窗董之，檄诸生之秀而文者，若陆子察、张子梦柏、余子希泗、杨子誉、弓子九德、朱子云龙、张子可重、毛子从吉、韩子植佐之。

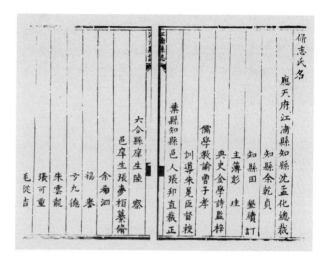

万历二年《江浦县志》书影（中国国家图书馆藏本）

《江浦县志》卷首：修志氏名，……六合县庠生陆察，邑庠生张梦柏纂修。

【按】陆察为六合著名地方志学者，陆昌（见前文）之子，著名文人王弘的弟子，但是历代《六合县志》中没有陆察的传记，可能他一生布衣，未有功名而隐迹乡里。陆察曾收集整理编辑他老师王弘的文集，编成《巴山集》，见前文"王弘"条。县志记载，陆察曾为六合北门外的一座茶庵撰写过碑记，可惜不传。他传世的作品，明确署名的只有 1 篇文章《六合县尹省余董公去思碑》，见《万历六合县志》中。

陆察是万历二年（1574）《江浦县志》的主要编写人员之一。江浦县明初从六合、滁、和诸县中析置而成，《万历江浦县志》是当地第一次编撰地方志，没有文献可依赖，所以困难是可以想见的。因为陆察是本地人，平时关心地方文献，又有编写《六合县志》的经验，因此聘其为江浦首次编志的人员，可算是非常合适的。

杨 郡

> 杨郡，字君牧，六合县留守右卫人。授河南许州吏目，丁忧复补湖广随州。

◎《杨郡诗集》（佚）

◎《万历六合县志》8 卷（存）

《顺治六合县志》卷十二：杨郡，字君牧，著有诗集。

《万历六合县志》卷五：杨郡，字君牧，留守右卫人，千户志刚后，授河南许州吏目，丁忧复补湖广随州。

《顺治六合县志》卷十二：杨郡，字君牧，善图美人，情非借笔，势或因风，里中人咸珍之。

【按】杨郡，与黄骅、陆察等一起参与了万历二年（1574）《六合县志》的编撰，并为之撰写了跋文。他存世的作品有诗18首、文1篇，主要见于历代县志和《金陵诗征》中。

方澄澈

> 方澄澈（？—1608），字子鉴，号钟岳，六合县北一图人。万历四年（1576）贡，授浙江海宁县丞，升湖广兴宁知县，温州府通判。

◎《万历六合县志》8 卷（存）

《万历六合县志》卷五：方澄澈，字子鉴，北一图人，万历四年（1576）贡，授浙江海宁县丞，升湖广兴宁知县，温州府通判。守坚冰蘖，才胜剧烦，在官有声，卒于子任。

《光绪兴宁县志》卷十一：方澄澈，《通志》号钟岳，南直六合县选贡，万历中任。先是宁邑钱粮本年止征先年之数，当事者每以后时受罚。公至，查帑中无碍官银，申作本年钱粮之半，民间凑完一半，遂得逐年征解，官民皆便，公之力也。虽清粮一节，误听宵人，后公悔悟，民皆谅之。又捐俸修学，有记见艺文。升温州三府，立有遗爱碑。

《同治温州府志》卷十八：方澄澈，旧志六合人，万历二十一年（1593）判温州，极意藻洁，常例馈遗悉却之。粮役出纳积弊，搜剔殆尽。听讼必谕两造，输服不辄加笞罚。官舍止携苍头二人，庭清如水。

《金陵通传补遗》卷二：方澄澈，六合人。父锦，字公袭，自贵州移居江北。澄澈以贡官温州府通判，称廉吏。

【按】方澄澈祖籍江西贵溪，后移居六合。《顺治六合县志》卷六“流寓”记载，方澄澈的父亲名方锦，字公袭，江西贵溪人，岁贡生，“嘉靖中任六合教谕，教士有贤声，在任三年半，摄邑篆，亦以能著称，升襄阳教授，卒于官。其子澄澈卜居六合，亦以六合贡，历任温州府通判，时称为廉吏，从祀温之名宦祠。”《万历六合县志》卷五载方澄澈“卒于子任”，查《万历六合县志》卷五有载方澄澈的儿子方宫桂，字德馨，“万历二十年（1592）选贡，授直隶顺义县知县，扶父梓卒于途”。结合《康熙顺义县志》卷三“秩官知县”记载，方宫桂万历三十六年（1608）出任顺义知县，下一个接任者叶曾，就任时间为万历三十七年。由此可知方澄澈去世时间当为万历三十六年。

据《康熙海宁县志》卷五记载方澄澈嘉靖三十一年（1552）至三十四年任海宁县丞，湖南《康熙兴宁县志》卷十一记载其于万历十六年（1588）任兴宁知县，《同治温州府志》卷十七记载，他万历二十一年（1592）任温州通判，同一年在方澄澈前后分别为李一命和徐应麟，可见他任温州通判时间较短，不足一年就离任。他曾参与了万历二年《六合县志》的修撰。个人作品传世很少，可考的有文两篇：一篇《天人交感图记》见于《顺治六合县志》，另一篇《重修学宫记》见于《光绪兴宁县志》卷十六。

戴弁

戴弁，明代万历时期六合人，具体生平事迹不详。

◎《戴弁诗集》(佚)

《顺治六合县志》卷十二：戴弁，有诗集。

【按】《江苏艺文志·南京卷》言戴弁作"清六合人"，生活时代明显有误。考《顺治六合县志》收录的浙江道御史张振之《丰瑞亭记》中说："明万历改元之二年（1574），岁在甲戌，应天之六合学博钱蒙造予邸，言邑长令李箴是岁十月将报政王廷，邑诸生方澄澈、戴弁、马龙图，耆老倪举辈告。"可见戴氏与方澄澈为同时代人，故戴弁当为明万历时期六合人。

季恩

季恩，字光甫，六合县东里人。万历二年（1574）贡，仕直隶霸州判，升陕西清水知县。

◎《季恩诗集》(佚)

《民国六合县续志稿》卷十五：《季恩诗集》。（《雍正县志》。按：志云，恩，字光甫，万历间贡，官清水县知县。）

《万历六合县志》卷五：季恩，字光甫，东里人，寿官纲子。万历二年（1574）贡，仕直隶霸州判，升陕西清水知县，谦恭缜密。

【按】《乾隆清水县志》卷九《职官》"明清水县知县"条下记载："季恩，南直人，征啰有功，以谗谪去，士民惜之。"但是不知"征啰"是一次什么样的战役，也不知为何"谗言"所伤而贬谪？季恩存世作品只有《重修六合县儒学并祭器记》一篇，见于《万历六合县志》中。

季 宫

季宫（？—1586），字国瞻，六合县东里人。万历四年（1576）举人，授湖广永兴知县。

◎《湖南纪行稿》（佚）

《顺治六合县志》卷十二：季宫，字国瞻，有《湖南纪行稿》。

◎《万历六合县志》8卷（存）

《万历六合县志》卷五：季宫，字国瞻，东里人，万历丙子（1576）科，授湖广永兴知县，卒于官。

【按】《乾隆永兴县志》载，季宫于万历十一年（1583）任湖南永兴知县，《万历六合县志》言其"卒于官"，其继任者为周豫中，时间为万历十四年（1586），则其去世时间为万历十四年（1586）或略前。《顺治六合县志》卷十二有记载"富阳县知县季宫墓，在郭家山"。但是查《光绪富阳县志》，明代知县中没有季宫任职的记录，可见《顺治六合县志》记载可能有误。

季宫在任六合县诸生时，曾参与万历二年（1574）《六合县志》的修撰，未见其诗文传世。

孙拱辰

孙拱辰，字子极，别号斗垣，六合县东三图人。万历七年（1579）举人，授江西抚州推官。

◎《实政纪要》（佚）

◎《赐书堂文集》（佚）

《顺治六合县志》卷十二：孙拱辰，字子极，著有《赐书堂文集》及《实政纪要》。

《顺治六合县志》卷六：孙拱辰，本县知县蔡如葵曰：孙公，字子极，别号斗垣，东三图人。据《神宗实录》内开载，孙拱辰系万历己卯（1579）乡试，授江西抚州推官。曾因属县乐安民愤前官丈田不公，激变，特奔两院求委辰清丈。辰单骑操弓不避权要，将四十年积弊之田犁然顿清。时乐安有大司寇董公裕撰碑记以志不朽。及辰移守临清，适值税党马堂激变之后，人心危疑，兼值大祲，饥民相食，辰力济危亡，殚精赈济。又借筑城修学之役，兴工给食，所活饥民五百万有奇。彼时抚按总河三院交荐为"山东省循良第一廉吏"之首。未几以逆党遂挂官归。行李萧然，家无储粟，野无半塍，其两地清操详去思碑记及墓文中。前任纂修采辑官六合县知县甄伟璧曰：职查故州首孙公拱辰行实，询之父老佥云，孙子极自做秀才时，承颜之孝直逼孺慕之纯。迨初服，李官不第，庭无肺石，即量移刺史，则又令环齐歌众人母也。事详米仲诏先生所撰墓文中。近缘纂修职如葵再加详核，品高气烈，清苦自苛，不啻禅僧堕寂，理宜崇祀乡贤，盖年久论定者职以日坐冲疲，惴惴于牛马走中，未皇申请，谨缀芜略于后，以供搦管者采焉。

《金陵通传》卷二十一：孙拱辰，字子极，六合人，万历七年（1579）举于乡。除抚州府推官，丈量乐安田亩，权要所隐占者悉清之。移临清知州时，税监甚炽，又惑方士言，残婴儿为药饵，拱辰揭治其罪。值岁大祲，振济有方，荐山东循良第一。为奄（阉）党所中，罢归。卒祀乡贤。著有《实政纪要》《赐书堂文集》。

【按】孙拱辰，乃大学者孙国敉的父亲，在当时颇有贤声。陈作霖《金陵通传》评论他们说："孙氏父子当党焰方炽之时，守正不阿，其刚毅有足多者，文章著述犹余事也。"可见其为人为文。孙氏传世作品只有文章2篇，见于《顺治六合县志》中。另有诗题1首，见于朱绪曾编《金陵诗征》卷三十九"寓贤五"关于朱廷佐的介绍中："六合孙拱辰有《送南仲公渡江之金陵》诗。"但未见流传。

厉昌谟

> 厉昌谟（1545？—1597？），字崇善，六合县龙江左卫人。万历十六年（1588）举人，万历二十年（1592）登进士榜，授江西宜黄知县，调新喻县，升兵部车驾司主事，晋员外郎。

◎《竞成草》（佚）

《顺治六合县志》卷十二：厉昌谟，字崇善，有《竞成草》。

《万历六合县志》卷五：厉昌谟，字崇善。龙江左卫人，儒官时严子，万历戊子（1588）科，登壬辰（1592）翁正春榜，授江西宜黄知县，调新喻县，升兵部车驾司主事，晋员外郎。

【按】《道光宜黄县志》卷十九《秩官》载，"厉昌谟，合肥人，万历二十年（1592）由进士任。青年善政，改调广昌，祀报功祠。"这里需要更正的有两个错误：一是厉昌谟不是合肥人，而是南京六合县人；二是查《光绪广昌县志》卷三《职官表》明代知县没有记载厉昌谟调任广昌，据《万历六合县志》记载当为新喻知县。

厉昌谟，为官清正。万历二十四年（1596）任江西临江府新喻县、万历二十九年任兵部武库清吏司，都曾因"通才练识，旷度爽心"，"闲奸兴穤，卓有能称"，屡受封赏，敕命文见《万历六合县志》。孙国敉为其作《武库员外郎厉公默所先生传》，收入《顺治六合县志》中。厉昌谟墓在梁塘铺西山之麓，即今南京江北新区大厂街道北厂门一带。厉昌谟存世作品只有文《六合县张侯去思碑》1篇，见于《万历六合县志》中。

孙近辰

> 孙近辰，字聘所，孙拱辰弟，六合布衣。

◎《通鉴大全解》(佚)

《顺治六合县志》卷十二：孙近辰，字聘所，著《通鉴大全解》。

《金陵通传》卷二十一：（孙拱辰）弟近辰，字聘所，博学好古，著有《通鉴大全解》。

【按】《嘉庆新修江宁府志》卷五十四将"孙近辰"误刻成"孙近仁"。

戴鸿基

戴鸿基，字君肇，天长进士戴愬子。授山东胶州州判，升湖广承顺宣慰司经历。

◎《戴鸿基诗文稿》(佚)

《顺治六合县志》卷十二：戴鸿基，字君肇，著有《和杜秋兴诗》及诸诗文稿。

《金陵诗征》卷二十三：戴鸿基，字君肇，胶州州判，承顺经历，有《游珠泉》诗。

《万历六合县志》卷五：戴鸿基，字君肇，天长进士愬子。授山东胶州州判，升湖广承顺宣慰司经历。

【按】戴鸿基，祖籍安徽天长，移居六合，万历年间多次主持六合县乡饮宾。《金陵诗征》所言《游珠泉》诗可能就是《顺治六合县志》所收《徐太学邀游珠泉》诗，是单篇作品。戴鸿基墓在六合盛家岗（今马鞍街道平山村）。戴氏现存诗2首，见于《顺治六合县志》。

汪全智

> 汪全智（1571—1628），字晦甫，一字来燕，明末六合人。万历十六年（1588）入庠，天启元年（1621）举人，登崇祯元年（1628）进士，官至兵部主事。

◎《汪全智诗文集》(佚)

《顺治六合县志》卷十二：汪全智，字晦甫，有诗文集。

《六合汪氏家谱》卷二：汪全智，字明远。后因元旦有乙鸟集其冠，改字来燕。少负奇气，能文章，豪爽不羁，日以轰饮为事，视家人生产不屑也。生平慷慨好议论，急人之难不以为功，与明友交，出肝膈相示。比及中年，身虽困而文章与气皆百折而不回。治春秋，万历十六年（1588）入邑庠，每试辄居人后，公处之自若，曰："吾文章岂取头二等之物耶？"淹蹇三十四年。至辛酉大比，抱久病入南闱，一旦霍然，精思百倍，榜发中四十八名，时年五十一矣。又八年，戊辰（1628）会试，中刘若宰榜，殿二甲赐进士出身，礼部观政授兵部主事衔。

【按】关于汪全智中举和登进士的时间，历代县志记载互有差异。《顺治六合县志》记载他"天启辛酉（1621）科，登崇祯戊辰（1628）进士"，《乾隆六合县志》说"崇祯辛未进士（1631）。《［顺治］县志》辛酉科，戊辰进士，误。"《光绪六合县志》"选举表"中说："汪全智，天启丁卯（1627）科。"当指其中举之年。民国张官倬《棠志拾遗》卷上说："汪全智，据《汪氏家谱》作登崇祯元年（1628）戊辰科刘若宰榜，邑志（编者按：指《乾隆六合县志》）作崇祯四年（1631）辛未科，误。"此依据家谱，应该更为准确。查《明清历科进士题名碑录》第三册《明崇祯元年进士题名碑录》有汪全智，为二甲五十四名。因此，汪氏中进士应是崇祯元年（1628）戊辰；中举的时间根据《六合汪氏家谱》为天启辛酉年（1621）。

《六合汪氏家谱》卷十存其五律诗 3 首。

胥自勉

胥自勉（1571—1623），字成甫，六合县留守左卫（今南京江北新区长芦街道留左村）人。监生，万历二十八年（1600）例贡。

◎《四照阁诗》（佚）

《金陵诗征》卷二十九：[胥]字父自勉，字成甫，监生。携家渡江，宅枕钟阜，襟后湖，树其园曰"五柳居"，颜其楼曰"四照阁"，与诸名流缔诗画之社。后官宕渠幕府，地产奇花，称为吏隐。卒葬于白门之三山，米万钟为之墓志。有《四照阁诗》。

《万历六合县志》卷五：胥自勉，字成甫，留守左卫人。监生应龙子。万历二十八年（1600）。

《顺治六合县志》卷六：顺庆府经历胥自勉墓，在三山，太仆寺少卿米万钟撰墓志。

《民国六合县续志稿》卷十二：明胥自勉，字成甫，六合人，补国子生。好客，携家渡江，筑室鸡笼山，枕钟阜，襟后湖，名其园曰"五柳居"，楼曰"四照楼"。与诸名流往还倡和，结诗画之社，宾朋满座。时自勉吐属出人意表，居恒恶俗子、为富贵客及龌龊小礼者，意所不合，辄割席分坐。诸贵介时延访之不之拒，然终无所攀附。后就宕渠幕僚，地产奇花，吟玩自适。尝自笑曰"古有吏隐，风流罪过，窃所自甘"，其任达如此。胥氏自白门徙籍棠邑者，惟自勉一支。……（采米万钟《胥成甫墓志铭》，《金陵通传》）

【按】胥自勉籍六合，家富资财，在南京玄武湖与钟山之间构园而居，即今西家大塘，因"西""胥"音近而讹。传世作品有诗1首《过长芦寺》，文1篇《灵岩石子图说》。米万钟为之撰《征仕郎胥公成甫先生墓志铭》，以上均见于《顺治六合县志》。《灵岩石子图说》一文，主要描述了六合县令、著名书画家、藏石家米万钟所收藏的雨花石精品，命名雅趣，描摹细致，为我们保存了一份珍贵的雨花石资料。

汪元哲

汪元哲（1574—1621），字鲁生，一字心烛。万历二十八年（1600）举人，三十八年（1610）进士，授直隶扬州府教授，升国子监助教，晋户部主事，升衢州府知府。

◎《淡永斋制义》，一作《淡永斋麟经制义》（佚）

《顺治六合县志》卷十二：汪元哲，字鲁生，有《淡永斋制义》。

吴之甲《心烛汪公淡永斋麟经制义序》：自经义兴，而古文词衰，经义与古文词差近者，莫如麟经。麟经，经也，实史，不博览金匮石室诸书，尽娴其体与^①法，其^②文必不工。然史也而为^③经，非沈凝务内之士，心与圣人近者，必不能平亭甲乙疑论，以不诡于圣，而其^④文滋不工。余^⑤犹记童时，见老宿辈采刺帖括中骈词响语，饾饤成章，自以为箧中珍秘，此词场所谓钝贼，不足道其高者。翩翩嗜古，龙门中垒迭，出以供其濡削，而不免才情滔荡，经传语脉，或反为纤秾习气所掩，久之奇芬渐沫，浮红早蔫，魁杰士狎而厌之。于是稍抗之以名理，执康侯见文百过，读之寸栉，比之句齐其窬，字搜其奇，若探骊龙，常恐人先获珠，不屑取其鳞爪，麟义至此，工矣。然亦有凿井深而不必得美泉者。析字分文，疑误后学，亦复不少。余窃谓善穷经者，测经于传，善悟传者，还传于经。以传测经，不得不洗发其藏，以传还经，不必更枝骈其说，辄不自谅^⑥，愿转素王舌轮，不愿借康侯牙慧，欲与天下一扫近癖，顾往往苦于思浮而不能径入，窘于才短，而不能精出，迄不能有所就。今岁幸侧南宫，与六合汪心烛^⑦同门，心烛^⑧故以是经名其家，

---

① 与：吴之甲《静悱集》卷七无此字。

② 其：吴之甲《静悱集》卷七无此字。

③ 而为：吴之甲《静悱集》卷七无此二字。

④ 而其：吴之甲《静悱集》卷七无此二字。

⑤ 余：吴之甲《静悱集》卷七无此字。

⑥ 谅：吴之甲《静悱集》卷七作"量"。

⑦ 六合汪心烛：吴之甲《静悱集》卷七作"金陵汪鲁生"。

⑧ 心烛：吴之甲《静悱集》卷七作"鲁生"。

余往读其乡闱荐牍，心折之。神交垂十年所，乃得奉辟咡，相与欢甚，因尽发其奚囊中经艺，回环展诵，浃累辰不能去手。大抵心烛①经义别于世窠，外立一炉鞴，耻追嗜逐好，寄人篱下，其体裁格力，一禀咸阳西京，然绝不著咸阳西京只字，精心味传，剖微抉疑，而未尝曲传牵合，托未曾有以市其②异，余所心衔而力弗克诣者。心烛③业已④饶为之，殆可横历千古，笼罩一世哉。至其文中幽冷孤澹之神，灵濬萧爽之趣，菁蕤芊绵⑤之色，迭集递流，特鲁生之剩耳。余观鲁生神检⑥清弈，风性高简，望而知⑦为有道者，其能传圣人之神有以也。余不佞⑧于鲁生无能为役，乃不意孔北海犹知天下有刘豫州，属余订⑨其文，而为之序。余独喜鲁生之文行天下，麟义当又翻然更一局也。呶呶鸣其管穴，如此若为鲁生元晏，则愧非其人。（《六合汪氏家谱》卷八）

【按】麟经，为《春秋经》的别称，是我国古代一部编年史兼历史散文集，儒家六经之一。制义，即八股文，亦称制艺、时文、时艺、八比或四书文，明、清时科举考试规定的文体。《淡永斋麟经制义》乃汪元哲研读《春秋》而撰写的科举考试的八股文。《心烛汪公淡永斋麟经制义序》一文亦见于吴之甲《静悱集》卷七，题作《汪鲁生麟义序》。吴之甲（1581—?），字元秉，号兹勉，江西抚州府临川县人，明万历三十八年（1610）庚戌科第三甲第十四名进士，授直隶华亭县知县。官松江府推官，累官福建参政，有《静悱集》10卷传世。

---

① 心烛：吴之甲《静悱集》卷七作"鲁生"。
② 其：吴之甲《静悱集》卷七无此字。
③ 心烛：吴之甲《静悱集》卷七作"鲁生"。
④ 已：吴之甲《静悱集》卷七无此字。
⑤ 绵：吴之甲《静悱集》卷七作"眠"。
⑥ 检：吴之甲《静悱集》卷七作"格"。
⑦ 知：吴之甲《静悱集》卷七作"识"。
⑧ 不佞：吴之甲《静悱集》卷七无此二字。
⑨ 订：吴之甲《静悱集》卷七作"定"。

◎《片石吟稿》(佚)

《金陵诗征》卷二十七：汪元哲，字鲁生，一字心烛，六合人，万历庚戌（1610）进士，户部郎中，衡（编者按：当为"衢"，形近误刻）州知府，崇祀乡贤，有《片石吟稿》。

《六合汪氏家谱》卷一：汪元哲，字心烛，为文刻画汤宣城、许同安，于古文则尸祝空同、历下二李。著有《淡永斋麟经制义》《片石吟》。

《顺治六合县志》卷六：汪元哲。字鲁生，北三图人，监生如底子。万历庚子（1600）科麟经亚魁，登庚戌（1610）韩敬榜，授直隶扬州府教授，升国子监助教，晋户部主事，升衢州府知府，卒。

《顺治六合县志》卷十二：汪元哲，字鲁生，廉介自守，耽书画癖，落笔清异，不类常流，写米南宫笔意，每过濡毫辄如顾骏之，登楼去梯，妻子罕见，烟云游溢，如纵口吹置，浑无墨迹，常与邹臣虎缔画社，独有会心处，则谓臣虎又屈居汪生下矣。

汪元哲，字鲁生，淡永深情，法宗羲献，势含飞动，书就自怡真，游雾萦空，崩云委地者也。

【按】汪元哲，汪如底（1541—1603）子，万历三十七年（1609）读书淡永斋，学古文辞于米万钟、李攀龙等名家，具体事迹见孙国敉《衢郡太守汪公传》（见《顺治六合县志》卷十）中。万历四十二年（1614）奉命饷边，乃作《片石吟稿》记其所见所闻。所谓"片石"者，指"燕然一片石"也。天启元年（1621）擢升浙江衢州知府，未及赴任而病卒。

汪氏为六合望族，文人辈出，其后有汪国渭、汪国聘、汪沂、汪四聪、汪铉、汪悍、汪彪、汪佃民、汪经球等均有名及著作，见后文。

汪元哲作品，《六合汪氏家谱》卷十存其诗38首，《金陵诗征》卷二十七收其诗2首。另有《卧佛寺地藏楼静室福田记》残碑文一篇见于《民国六合县续志稿》卷十七"金石"中。

王　寰

王寰，字伯宇，号玄所，明代六合著名围棋国手。

◎《弈谱》（佚）

《万历六合县志》卷五：王寰，号玄所，少精于弈[①]，遐迩闻名，每见重于海内名公。著《弈谱》行世。板藏邑侯米仲诏。

叶向高《弈谱序》：余生平无他嗜，独嗜弈，以为弈之变化无穷似易，以后为先，似柱下家言，操纵卷舒，不失其度，似吾儒之善于持躬而涉世者。盖心有所悟，非仅以其艺已也。往在词林，及留都官，皆清暇，遂其所好，自入纶扉，遂束楸枰于高阁矣。今岁解组而南，重加拂拭，将携归，为山中消日之具，而友人米仲诏出所为谱示余，乞题数语，余虽好弈而不善弈，且不知谱，如李广用兵不系刁斗，宜其取败。顾自念天下事，皆取适意，不必求精，无弦之琴可以弄，无麹之酒可以醉，然则仲诏之为兹谱也，赘矣。仲诏博雅多能，蔚称作者，书画皆登妙品，乞者踵门，苦不能给，精之为累也如此。余事事不如仲诏，惟弈差通，然其累亦不小，今老矣，百念俱灰，岂复操胜心于此？仲诏方当强起，为国家效用，兹谱也，以藏之烂柯山中可也。（《苍霞续草》卷五）

谢肇淛《五杂组》卷六：近代名手，弇州论之略备矣。以余耳目所见，新安有方生、吕生、汪生，闽中有蔡生，一时俱称国手。而方于诸子，有白眉之誉。其后六合有王生，足迹遍天下，几无横敌。时方已入赀为大官丞，谈诗书，不复与角。而汪、吕诸生皆为王所困，名震华夏。乙巳、丙午，余官白门，四方国士，一时云集。时吴兴又有周生、范生，永嘉有郑头陀，而技俱不胜王。洎余行后，闻有宗室至，诸君与战皆大北。王初与战亦北。越两日，始为敌手。无何，王又竟胜。故近日称第一手者，六合小王也。汪与王才输半筹耳，然心终不服，每语余："彼野战之师，非知纪律者。"余视之，良信。但王天资高远，下子有出人意表者，诸君终不及也。

[①] 弈：底本为"奕"，形近误刻，径改。下同不注。

到溉于梁武御前比势覆局，凡有记性者，皆能覆局，不必国手也。余棋视王、方当君差三四道，至覆局则与之无异。与余同品者，皆不能也。此但天资强记耳。遇能记时，它①人对局，从旁观亦能覆之。至其攻取大略，即数年后，十犹可覆七八也。

王六合与余弈，受四子，然其意似不尽也。王亦推余颖悟，谓学二年可尽其妙。时余以废时失事，不肯竟学，然尚嗜之不厌。至丙午南归，始豁然有省，取所藏谱局，尽焚弃之，从此绝不为矣。然世人之戒弈，难于戒酒也。

《顺治六合县志》卷六：王寰，字伯宇，号玄所，生隆庆末。双目炯炯，甫离褓襁辄颖异韶美。喜读方外书，里中识者呼为"健儿"。醉心于弈，名日籍籍起，得与方子振对垒，更霸桓文，海内王公大人争识之，遂为"天下第一手"。生平慷慨，饶有通变才，而不获少展于世。又喜缓急人不（编者按：不，疑为"之"字）难，倒囊异之。居恒，持重缄默，宛若处子。偶一谈剧，自刺刺不休，四座惊起。又往往射覆奇中，神游象先。有《弈谱》传于世，米仲诏序其首。后天启年造《神宗朝实录》报部，六合县知县甄伟璧看得职观于王寰，殆此中之逸民哉？名棋玩世，滑稽快神，嚼然不滓，颓然天放，岂其恶披文绣而为鲁之牺牲者欤？职以承乏是邑，悯其早世，吊而采之，知此地有此人也。

【按】王寰，明代六合著名围棋高手。著有《弈谱》，米万钟曾为之作序，且刻版亦藏于米家。由于王寰早逝，《弈谱》流传不广，后世以为此书是米氏所作，如叶向高《弈谱序》即说"友人米仲诏出所为谱示余"，此当正之。

张问达

张问达，字以诚，六合县府军左卫人，万历三十八年（1610）贡，授苏州府学训导。

---

① 底本如此。

◎《张问达诗集》（佚）

《顺治六合县志》卷十二：张问达，字以城，有诗集。

《民国六合县续志稿》卷十五：《张问达诗集》（雍正县志。问达，字以诚，万历间贡，官苏州府训导）。

《万历六合县志》卷五：张问达，字以诚，府军左卫人，万历三十八年（1610）贡，授苏州府学训。

释广伸

释广伸，字四空，一作似空，明代六合某寺僧人。具体事迹不详。

◎《金刚鎞》（佚）

◎《楞严解》（佚）

《顺治六合县志》卷十二：释广伸，字四空，著有《金刚鎞》《楞严解》诸集。

【按】《江苏艺文志·南京卷》著录释广伸著作《金刚鎞楞严解》为一书，结合《顺治六合县志》和《成唯识论订正序》，其实《金刚鎞》《楞严解》应是两书，当为分别研究佛教经典《金刚经》和《楞严经》的著作。鎞，古通"篦"，篦子是一种特殊的梳子，齿要比普通梳子更密，其主要功能是刮除头皮屑和藏在毛发里的虱子。这里借指仔细梳理之意。

◎《楞严答问》1卷（存，有清刻本）

【按】全国古籍普查登记数据库显示："《楞严答问》（清）释广伸撰，清刻本。1册，国家图书馆。"

◎《成唯识论订正》10卷（存，明崇祯间刊本）

文震孟《成唯识论订正序》：似空伸公闭关山中订正《成唯识论》，三年而后成，曰："吾以成先师之志也。"盖似公为莲池大师高足弟子云。余自癸卯岁始识似公于花山，慨然叹曰："天生莲师，乃有是弟子，能以无碍之辩才，阐笃实之光辉。天生似公，乃有莲师为之师，能以不动之妙智，域不住之圆想。唯克领受，斯称法器。"吾友芥庵极击节于斯言。而今三十年来，似公学弥深，功弥勤，著述弥富，兹《金刚錍》《八识规矩》，宗风玄畅。至《唯识订正》而圆融行布，理事空有，条贯无遗矣。盖真如即相、即性、即理、即事、即空、即有、即圆融、即行布，而法界一迷，生生灭灭，能取为见，所取为相，八万四千，樊然散乱，随缘逐境，粘殢颠倒，为轮回根本，而总归之八识。然八识本无垢，以七识执之而成垢；七识本无执，由六识牵之而成执，则夫由散入定，由染入净，由凡入圣，又岂能外于识之力也哉？故不研相宗而欲明性，是蹈空而行也，不研惟识而欲明相，是舍筏而渡也。《订正》之功，其可少乎？读是编者，当知似公之苦心，直抉流浪之源，解脱生死之关，上追慈恩之古疏，不负佛面之奇征，而自内他外，一时俱销，我相既销，识情自尽，顿入觉地，而不自知矣。兹八识田中，但存语言文字之观，则扪籥扣盘，转展执相，受熏持种，缠缚愈牢，即日修万行，要不辨于凡夫之心量而已矣。慈恩教雨，亦在善于领受者乎！崇祯壬申十月朔，文震孟题于竺坞草庵。

【按】据南京大学哲学系潘家猛著《明末清初〈成唯识论〉注疏考》一文记载，南京图书馆有崇祯三年（1630）云栖寺刻本，卷首有文震孟序和宋守一题辞。关于《成唯识论订正》的创作，宋守一在《刻〈唯识订正〉题辞》中说，乃受命于其师云栖株宏而作。广伸在山中闭关三年，写成此书。《题辞》落款"崇祯三年八月中秋日"，则《成唯识论订正》当完成或刊刻于崇祯三年（1630）。崇祯五年（1632），文震孟在《成唯识论订正序》中说："似空伸公闭关山中，订正《成唯识论》，三年而后成。曰：'吾以成先师之志也'。盖似公为莲池大师高足弟子云。余自癸卯（1603）岁始识似公于花山……而今三十年来，似公学弥深，功弥勤，著述弥富，若《金刚鎋》《八识规矩》，宗风玄畅，至《唯识订正》，而圆融行布，理事空有，条贯无遗矣。"①（《宗教学研究》2021年第1期）查南京图书馆馆藏，有《成唯识论订正》10卷10册，明崇祯间刊本，各卷首行题"成唯识论订正卷第○"，次行题"古杭云栖寺弟子广伸述"，卷末题"成唯识论订正卷第○终"，卷三、卷五、卷六、卷七、卷八等卷之末页又题"姑苏信女张门李氏大缘助板"。此当为释广伸在杭州云栖寺时所著，可以补县志中广伸生平资料的不足。

陈师俭

陈师俭，字伯华，明代六合人。生平事迹不详。

◎《练溪集》（佚）

《金陵诗征》卷二十六：陈师俭，字伯华，六合人，有《练溪集》。

《金陵通传补遗》卷二：明六合陈师俭，字伯华，有《练溪集》。

《民国六合县续志稿》卷十五：陈师俭《练溪集》。（《金陵通传》：师俭，字伯华，著有《练溪集》。）

【按】历代《六合县志》没有陈师俭传。考《顺治六合县志》卷六《节烈》记载，六合孝子胡深孙女胡氏，年十九嫁天长庠生陈济，三载陈济亡，守志，抚侄陈师俭而成。由此可见，陈师俭可能是天长人，因过继胡氏而随之移居六合者。陈师俭有诗4首，存于《金陵诗征》卷二十六。

孙国器

孙国器，字元圜，天启五年（1625）贡。

---

① 潘家猛著《明末清初〈成唯识论〉注疏考》所引文震孟《成唯识论订正序》，文字辨识和断句有误，已根据南京图书馆藏本订正。

◎《孙国器诗文集》（佚）

《顺治六合县志》卷六：孙国器，天启五年（1625）贡，未赴廷试。

《顺治六合县志》卷十二：孙国器，字元圃，有诗文集。

【按】孙国器字，《顺治六合县志》作"元圃"，而《江苏艺文志·南京卷》作"元圉"，不知所据，恐为"元圃"形近误植？《顺治六合县志》载孙国器祖茔在六合朱家坝（疑为今金牛湖街道竹家坝水库附近）。

王　申

王申，字隽侯，一字燕舒，岁贡生。

◎《王申诗集》（佚）

《顺治六合县志》卷十二：王甲（编者按：疑为"申"），字隽侯，有诗集。

《顺治六合县志》卷六：王申。崇祯十七年（1644）岁贡。

《雍正六合县志》卷十：王申，字燕舒，有诗文稿。……王申，字隽侯，有诗集。

《雍正六合县志》卷六：王申。顺治二年（1645）岁贡。

《民国六合县续志稿》卷十五：《王申诗集》（雍正县志。申，字隽侯。按：志有两"王申"，一字燕舒，著有诗文稿。又《选举表》载有王申，顺治二年［1645］贡，不知是隽侯，抑燕舒也？）

【按】王申，在《顺治六合县志》《雍正六合县志》中分别有两位叫"王申"者，均有诗文集，一位是崇祯十七年（1644）岁贡，一位是顺治二年（1645）岁贡，只相差一年，正当明亡清兴交接的时期，可能是一人，在不同朝代使用的名号不同而已。

【辨误】欧阳调律

欧阳调律，字巀谷，又字伯宜，明代四川重庆府合州人，原籍江西安福。存此备考。

◎《治痧要略》1卷（存）

◎《痘疹慈航》，一作《痘证慈航》1卷（存）

《述古堂藏书目》卷四：欧阳调律《痘疹慈航》一卷。

《江苏艺文志·南京卷》第三册：欧阳调律，明重庆籍，六合人。

《乾隆邯郸县志》卷七：欧阳调律，四川合州人，由进士万历间除邯郸令，有清操，勤抚字，羡耗分毫无取。甫莅任，值沁河泛涨，土堤倾圮，害城颇剧，乃筑石堤障之，横波安流，民以永赖，人因号为"欧堤"焉。尤乐于课士，经其指授，率多成立，四十三年（1615）乙卯科聘入北闱，所取士称得人，行取南户科给事中，历任少卿，有生祠。

【按】欧阳调律之名不见于历代《六合县志》之中，他曾任职南京户科给事中、南京通政右参议，主管南京周边包括六合等地事务。《江苏艺文志·南京卷》第三册称其"明重庆籍，六合人"，将这两部医著归入六合艺文之中，不知所据。

欧阳调律，字巀谷，又字伯宜，四川重庆府合州人，原籍江西安福。《全国中医图书联合目录》记载认为欧阳调律为清人，记录其著作有《治痧要略》（清光绪九年刻本）、《痧法备旨》二卷（含《痧症旨微集》和《治痧要略》，咸丰二年管氏刻本）、《痘证慈航》（乾隆五十年刻本）。他推崇聂久吾的《活幼心法》，将其更名翻刻为《痘疹慈航》；又将郭志邃《痧胀玉衡》提要汇辑，详于方论，砭法仅存大纲，辑为《治痧要略》。后人又将《治痧要略》一书与著撰人不详的《痧症指微》合刻为《痧法备旨》。

经查南京图书馆藏欧阳调律所著两书，同治甲戌（1874）资阳重刊本《痘证慈航》，未著里籍，咸丰壬子年（1852）管颂声序刊的《治痧要略》

（封面题《痧法备旨》，原为与《痧症指微集》合刻后的总名）署"古巴欧阳调律集注"，可见欧阳氏不是六合人，而是合州（古代属四川重庆，古代巴国所在地）人，《江苏艺文志·南京卷》当为误收。

王廷美

王廷美，字在中，明代六合人，具体事迹不详。

◎《王廷美诗集》（佚）

《顺治六合县志》卷十二：王廷美，字在中，有诗文集。

《民国六合县续志稿》卷十五：王廷美《诗集》。（雍正县志。廷美，字在中。）

【按】王廷美有诗 1 首，见《顺治六合县志》。

戴调元

戴调元，字易门，一字臣斐，明末六合人，天长进士戴恕子。

◎《戴仲子诗文偶行集》（佚）

◎《西湖纪游》（佚）

《顺治六合县志》卷十二：戴调元，字易门，著有《戴仲子诗文偶行集》《西湖纪游》。

◎《戴仲子集》（佚）

陈作霖《金陵前明杂文钞》：戴调元，字易门，六合人，（戴）恕子，有《戴仲子集》《西湖纪游》。崇祯十年（1637），邑人孙国敉请建六合城，易门有诗。

【按】《顺治六合县志》卷十一《文艺志》卷首"题咏姓氏"，其中有
"戴调元，臣柴"，与"戴调元，字易门"者应是一人，可能字号有两个。戴
调元有诗2题3首，见于《顺治六合县志》。

孙国敉

孙国敉（1579—1646），字伯观。原名孙国光，《千顷堂书目》和
《明史·艺文志》均误作孙国庄。六合八百桥西阳山（今金牛湖街道）
人。天启五年（1625）恩贡，授福建延平府学训导，升内阁中书。

◎《四书索解》6卷（佚）

◎《古今易系》8卷（佚）

◎《易索解》8卷（佚）

◎《燕都游览志》40卷（佚）

《千顷堂书目》卷六：孙国庄《燕都游览志》四十卷。（字伯观，六合
人，官中书舍人。）

【按】本书《明史·艺文志》有载。《北京市志稿》第十册《艺文志》
载，本书有明刊本，初言存，后又加注说"此书今已佚"。现在各大图书馆
均不见收藏。《北京市志稿》中说"是书考古证今，文词尔雅，搜罗金石，
更其所长，孙承泽、朱彝尊诸人所著书多引用之"。笔者查阅于敏中等编
《钦定日下旧闻考》一书，其中收录孙国敉《燕都游览志》条文很多，近百
条，皆记北京文物古迹、园林建筑等，文字简洁，长者百字，短者十数字。
现代著名园林家陈从周、蒋启霆选编《园综》一书，中有转引自《古今图书
集成·经济汇编·考工典》一百十八卷园林部有关本书的选文，我们也从中

可以窥其一斑。《燕都游览志》的内容主要包括两个部分：一部分是作者参观游览北京城内和其近郊的名胜古迹、园林建筑以及一些私家花园别墅后的记录，包括它们的地理位置、建筑特色、主人好恶，以及当地民俗风情等；一部分是有关历代文人吟咏风景名胜的诗文和碑刻等。这本书有助于我们了解北京的历史、建筑、风土人情等，为后代的许多著作所引用，可见它的影响。王灿炽著《燕都古籍考》有详细论述并有部分内容辑佚。

◎《棠邑枝乘》6 卷（佚）

【按】本书大部分内容，基本由其子孙宗岱主持编纂的《顺治六合县志》采用，知县刘庆运说："闲居记载，倘稽国史邑乘，岂患无征。"（《顺治六合县志·人物志·文苑》）其收集地方故实、民俗风情等之功不可没。

◎《六合冶山志》1 卷（佚）

【按】冶山，一名百峰，位于苏皖边境六合、仪征、天长县交接的地方。《嘉靖六合县志》载："在县东北五十里，相传汉吴王濞铸钱之所，因名。"万历四十五年（1617）冬，孙国敉曾携他的儿子和朋友一起游冶山，一睹名山胜迹，归来后作《游冶山记》，洋洋洒洒几千言，尽述所闻所见，为他日后创作《六合冶山志》准备了丰富的一手资料。

◎《六合灵岩山志》2 卷（佚）

【按】灵岩山，位于六合县城南，山上有偃月岩、老人洞等景观，明代时曾有文峰塔、灵岩寺等建筑。山涧特产灵岩石（即雨花石）。孙国敉曾多次登灵岩山，或游览风光，或找寻灵岩石，或礼拜寺庙，写有多篇与灵岩山有关的诗文，如《新月怀灵岩山》《灵岩寺古银杏》《灵岩安塔顶时有五色云现志喜》《厉静夫邀登灵岩礼新塔》等。特别是《灵岩石说》一文，成为鉴赏雨花石的经典名作。

◎《江北定山志》2卷（佚）

孙国敉《定山志自序》：往闻有黄计部若璜者，司仓浦口时，尝属其友人韩晟为草《珠泉志》，志余未之见，然余念志珠泉不若志定山，何以故？以珠泉自定山出也。泉之著于定山者，尚有初祖卓锡泉，其幽研出珠泉右，法不得独废，况志定山而二泉可苞举也。曰"江北定山"者何？以越亦有定山，聊弁"江北"以别之也。江北定山，故在六合封域中，自洪武初割六合半以置江浦，而后定山之去江浦也近，而去六合也远。虽定山泉石之胜，自是江南北奇观，岂一州里所得颛擅？然揆厥六合之命名也，实以定山六峰相合故，故六合即以定山予江浦，而原本山川谱牒宗系实兹焉在？余即欲谖定山，顾安能谖山中六峰哉？或曰："尔口良辨，身良苦，乃道六合者不获睹六峰，可奈何？"曰："岂惟是哉？四明山隶余姚，乃今明州擅其名；蛾[①]眉山隶嘉州，乃今眉州擅其名；又华州不见华山，至同州乃见之，诘曰'人间多少不平事，却被同州看华山'，从来名实之不相蒙，类如此。"定山自沈隐侯一诗外，求一唐劙宋勒不可得。又珠泉最晚出，万斛玑星，只喧蛙紫，欲辑山史，莫副采撼，余岂不亦山水之嫡胤，而析箸别居。辟则出亡之人，失其家珍，而妄冀入关收彼图籍，剧难为力，恐不堪供铲除文字如初祖者，一掩口胡卢也。万历己酉（1609）秋仲。（《顺治六合县志》卷十）

【按】定山，一名六峰山，又名六合山，六合县名就是以定山有六座著名的山峰而得名。其所处即现在南京市浦口区珍珠泉风景区所在的位置。明清时期，"定山出云"被称为"六合八景"之一。

◎《六合长芦寺志》4卷（佚）

【按】本书是古代长芦寺唯一见载的专著，可惜不传。长芦寺原址现位于长芦街道水家湾南南京化工技校校园内，是南京市文物保护单位。长芦寺始建于南朝梁武帝时期，与佛教禅宗初祖达摩"一苇渡江"的传说有关。宋

---

① 底本如此。

代为其鼎盛时期，是当时最富盛名的皇家寺院之一，建有一室、一阁、一馆，即寿室、圣文室秘阁、芝兰馆；两亭，即苇江亭、石柳亭；三殿，达摩祖师殿、三宝殿、金刚殿；五堂，一苇堂、立雪堂、直指堂、造福堂、僧堂等。僧侣众多，据载有1700多人，香火旺盛，寺西的回龙山上建一下院，后称牟尼寺，供僧侣居住。“长芦晚钟”是明清时代“六合八景”之一。

◎《睡谱》5卷（佚）

【按】睡谱，是古代一种民间祭奠活动，即用书籍形式书写先人名姓，近似于族谱或家谱。本书当为一本有关本地主要家族或孙国敉亲友的家谱合编。

◎《孙氏家乘》2卷（佚）

【按】孙国敉编著的孙氏家谱。根据现有资料，我们可以明确考证出的孙氏家族的人物共6代9人，关系如下：孙简→孙可久→孙拱辰（弟孙近辰）→孙国敉→孙宗岱（弟孙汧如）→孙穫（字公树；汧如子孙穮）。

◎《昭庆寺志》2卷（佚）

◎《蝗志》3卷（佚）

◎《古楮志》不分卷（佚）

【按】《古楮志》可能主要论述楮树种植和在造纸中的应用。六合是我国古代造纸的中心之一，宋苏子瞻《书六合麻纸后》说：“成都浣花溪，水清滑胜常，以沤麻楮作笺纸，紧白可爱，数十里外便不堪造，信水之力也。扬州有蜀冈，冈上有大明寺井，知味者以谓与蜀水相似。西至六合，冈尽而水发，合为大溪，溪左右居人亦造纸，与蜀产不甚相远。自十年以来，所产益多，工亦益精，更数十年，当与蜀纸相乱也。”米元章《十纸说》中说：“六合纸自晋已用，乃蔡侯渔网遗制也。网麻也人因而用木皮。又云，唐人采捶，六合幔麻纸书经明透岁久水濡不入。”

◎《冬荣志》不分卷（佚）

　　【按】冬荣，指树木在冬天生长旺盛。中国古人十分欣赏凌寒傲雪，而保持生命力的植物的坚强，故《论语》中有"岁寒，然后知松柏之后凋也"。有感于此，孙国敉将冬天严寒状态下，仍保持顽强生命力的植物，立之以传，志之以史，同样也体现了孙氏对它们的崇敬和感佩之心。

◎《古锦志》不分卷（佚）

　　【按】"锦"字的含义是"金帛"，意为"像金银一样华丽高贵的织物"，南京云锦是我国最华美高贵的锦缎，因美如天上的云霞而得"云锦"之名，系专供宫廷御用，元、明、清三朝都在南京专设官办织造局督造。本书应是记述古代织锦精品中的秀美图案图集和织锦工艺，记录我国织锦技术的发展情况。

◎《五一庵志》6卷（佚）

　　孙国敉《五一庵记》：五一庵者，于余园中庵五先生，而以其庵之者，一之也。五先生维何？其官吾土者两人：唐六合县丞王无功先生绩，及吾师前邑令米仲诏先生万钟；其人本六合之外，而游于六合之内者亦两人：初祖达摩及六合园叟张果；其产吾土者一人，周剑客专诸。而所谓"以庵之者一之也"云何？则国敉自命之。无功在隋大业中举孝弟廉洁，授秘书省正字，不乐立朝，求为六合丞。隋末乱，乃置俸钱城门外，托风疾，轻舟夜遁。唐武德中，诏征以六合丞待诏门下省，以其□□①酒德，日给良酿一斗，称"斗酒学士"，著《酒经》《酒谱》各一卷，太史令李淳风目为酒之南董，以其脱落世事，于性情最近，故其诗为唐隐逸诗人之宗，乃余每以无功举似人，皆不能置对，岂鲁人亦不知有伯禽耶？嗣是千余年，乃得一仲诏先生，始班马史才也，而用作栽花吏，遂能以文学兼循良，邑故有颙祠祠先

----
　　① 　□□：底本两字漫漶，无法辨认。

生者，语具顾太史碑，不具论。论其诗古隽，乃直超无功上，其书法亦超其家南宫上，而画品则伯仲虎头龙眠间。性酷嗜奇石，亦肖其家南宫，而其石更饶理所未有之奇，恨南宫不及见耳。其家藏古图书彝鼎称是先后，为湛园及勺园，两胜甲都会，他若弈品、茶勋、觞政种种，开韵士宗门，皆不作第二流。而其相天下士也，如其相奇石，即如敉之磊砢，亦谬在磨礲中，光实不胜沾沾以国士报。故庵先生而因念无功先生为异代同寅，遂追录为配享耳。两先生皆具禅心道气，故以达摩、张果附，而况达摩一苇而渡，实至止余邑。今定山有宴坐石影，及所遗长芦寺之佛齿、贝叶经尚存，此未入嵩山时事也。张果，故梁六合园叟，入唐，隐中条山，武后召之即死，元宗召之旋复至，乃知仙籍中尤重节义哉。后娶邑子韦恕女，令其骑驴戴笠，策杖相随，入王屋山去，语具《王屋山庄记》中。今邑河东有张果滩，数古梅栖其上，存幽致然，则六合虽弹丸黑子，将无亦活佛之丛林，真仙之窟宅也耶。余断以果或灌园于六合，而未必其土著也。于传有之专诸，乃吴棠邑人也。因伍子胥进诸于吴，公子光置匕首鱼炙中，刺王僚，以成阖闾之业。而厥初，实屡谏光，姑陈前王之命，俾知国之所归，以俟季札，而无烦私备剑士，以捐先德，语具《吴越春秋》中。然则揆专诸本念犹冀光传国于让国者，而光弗任受也，计乃始不得不出于任侠，而以身许人。噫嘻，今此人遭逢明圣，必且许身管、乐，否则亦不居椎中副车者，丁惜哉。光窃为之论著曰：五先生隐、显、仙、佛不同格，然正以其不相袭格也而有同韵，譬则五行相克而还相生，五岳不同形而同气，五音不同律而同和，五色不同彩而同质，五味不同性而同调。余非能酒禅剑仙，合五先生而一之也。而幸旦暮遇之，愿以余一人周旋五先生间，如无功意不可一世，不得不隐；以仲诏先生公辅才，乃二十年未去郎署，岂不犹以吏隐哉？即长生之业，亦有尽者耳，庶几空诸所有者，其达摩乎？然既不立文字矣，又何为东来，而犹以一苇示济渡群品意也，盖亦未尝忘世也。余其为苇乎？余将以此义诠之仲诏先生。万历乙卯（1615）长至日。（《顺治六合县志》卷九）

薛冈《六合县五一庵志序》：五其人而一其祠屋也，庵所由名也曷？以五其人一其祠屋，而昭示来禩也。志所由作也，祠之者似乎不伦，而志之者，似乎不得已也。何也？经世者，儒也；出世者，释也；遗世者，仙人也。释家者流，虽讥仙为外道，不足学，然佛亦尝以金仙自命也。《列仙传》曰："得仙者百四十六人，其七十二人已在佛经"，则知进经伸吐纳于瞿昙之门，固未始吐去也。儒也者，匪周孔之道一切辞而辟之也，则儒与仙释不伦甚矣。儒者，恺悌其心，好生而怜悯。济度者，释与仙也。剑客之以杀为道也，亡论与儒不伦也，即与仙释亦若水之必不入石也。庵之有王氏无功也，儒而以丞祠者也；有米氏仲诏也，儒而以令祠者也；代异而堂固同也，宜其然也。达摩之以释得祠也，张果之以仙得祠也，专诸之以剑客得祠也，以人固未尝居令与丞也，以泽固未尝被民与社也，夫既不配于王、米两公，而三家者，其门堂亦三也。米公仲诏之令六合也，多异政，上下称能，语在专祠，贞石可稽也，来罔继也，往亦鲜能先之者也。先之者其王无功乎，丞与令弗同，而政同也，其为文人同也。至于百世之下，尸而祝之，无弗同也。祠无功也，祠先具米令公之体者也，能者弗可以爱语，弗可以廉语也，爱与廉者之又弗可以锄击语也。吏之情也，而慈莫释若也，而清莫仙若也，而威烈莫剑客若也。米令君之以慈使众也，心一佛也，以清律己也，品一仙也，以威发摘也，有剑客之烈焉。祠三家也，匪以壁上之影，江中之芦；匪以避征则死，往召则生也；匪以匕置鱼腹，身许他人也。祠米令君之各得其似者也夫，第以似祠也，奚人弗可而必达摩、张果、专诸其人也，以其著于土也，以其游寓于土也，无庸索之六合之外，与令于斯土者，亲且切也。无功之祠也，以米令君也，三家者之祠也无之，而匪以米令君也。日丽星繁，令君之文章也，山高水长，令君之惠泽也，不假厥庵而名自表也。无功之与三家也，得夫子而名益显者也。庵匪志弗永也，志者史之流。有心哉！孙生伯观之祠而志也，犹之乎传循吏也，故曰"祠之者似乎不伦，而志之者似乎不得已也"，由斯以谈庵五人而一之，夫谁曰不可也？（薛冈撰《天爵堂集》卷二）

王思任《五一庵志叙》：入其乡，望其绰楔，有大科时显，则执鞭厮养，卒有胜色矣，何者？有之以为重也。凡人莫不矜其所生，圣贤豪杰，尤其矜之所借者也。是故邹鲁之乡，人得乔木之荫，而舜山禹穴，鼎湖丹井，作书者争之不已也。不但争其所生，而又①争其所寄迹，总之欲以圣贤豪杰重其土，而以自重其所生也。六合有伯观孙氏，诛茅为庵，置板位焉，如作重之意，祀专诸，祀达摩，祀张果老，祀王无功，祀米仲诏，颜之曰"五

---

① 争其所生，而又：底本无此6字，据《王季重杂著》补。

一"。居何^①乎其五而一之也？时世今古也，相貌夷夏也，品而入^②各风马牛也，倏以一堂，同其香火，如猥客家，止欲趁其醴盏肴俎，牵客拢席，通名白贯，亦得逾时而可以一之乎哉。一者何也？曰：有六合以一之也。五先生非生于六合，则寄迹于六合者也。其人各有颠末在别乘。第言专诸棠邑人，刺王僚时白虹气亘；一祖渡江处，贝叶佛齿犹在长芦寺；张老骑驴入王屋，然曾灌园于此；王无功不忍己之独醒，丞六合而悬俸国门，逃于酒去；米仲诏文妖艺怪，令棠日每饭不饱，坐客数十人，一夕想西子湖臂篆杂鱼估，隔宿而至，皆六合之奇事奇人也。伯观以为仙耶、佛耶、剑耶、酒耶、风流文侠耶，一也。而吾犹欲执最初独合之意，证而通之。凡形声色味，分天地之数后，虽俱相济，未有不相见认者。独混沌为帝造人面之始，其诡也特甚，耳目口鼻眉不相见认而相为济，吾欲以是稍摹五先生：一语杀人，遇物即噉，专诸似口；息气通神，独尊嵩岳，达摩可作鼻观；白蝠^③在赵州桥上，高耸两肩，一有闻召，立捏死生，颇近李耳；人取无用，位置独高，不可无二，不可少一，王无功似眉；而灵豁如机，咩哟看世，瞩人洞物，米仲诏可以当目矣。是五者，道不相谋，孰离奇泮涣于是，然而清英纷效，玄窍互行，神庭不滓风尘，大宅共嘘阳气，五而一也。伯观所以一之也，虽然五根自妙，不有精明之府，何以聚之，将无蠢眉、肉眼、污耳、魍鼻、食岑之口，亦足收于赤泽耶？是能一矣，而后能五之，故吾未见伯观之面，而已知其面不同于我面矣。此庵命之曰"五一"可，即命之曰"一五"亦可，即径易之为"六合"，亦无不可，六合之外，吾无以论伯观已。（《王季重文集》卷一）

【按】五一庵是孙国敉建在自家园林中的一个建筑。其名字的来历，如孙国敉所说："五一庵者，于余园中庵五先生而以其庵之者一之也。"五先生为在六合做过官的唐初诗人王绩、明代书画家米万钟，传说中在六合留下遗迹的禅宗始祖达摩和道家八仙之一的张果老，以及生长于六合的周代剑客专诸。

---

① 居何：《王季重杂著》作"何居"。
② 而入：《王季重杂著》作"格又"。
③ 白蝠：《王季重杂著》作"果翁"，指张果老，当从。

◎《冶园志》1卷（佚）

◎《名儒语录抄》（佚）

◎《明朝名儒语录抄》不分卷（佚）

◎《读书通》2卷（存）

【按】全国古籍普查登记数据库显示："《读书通》二卷，（明）孙国光撰，明万历四十六年（1618）梧梧馆刻本。2册，扬州市图书馆。"孙国光，为孙国敉早年曾用名。梧梧馆为其读书处。《读书通》为孙国敉唯一完整存世的著作，上海书店影印《丛书集成续编》子部第七十八册有本书节选本1卷。

◎《读书第二通》2卷（佚）

◎《明朝读书通》2卷（佚）

◎《藏书通》2卷（佚）

【按】孙国敉一生读书爱书藏书，可能有一些皇帝赏赐的精品书。清代词人陈维崧（1625—1682）《湖海楼词集》中有一首词是送给孙国敉孙子的《西江月·题六合孙公树捧月图》，陈氏在序中说："公树，伯观先生孙。先生官舍人，赐书最多。"词中有句："李白开元供奉，当年恩礼偏隆。赐书稠叠出深宫，玉轴牙签郑重。"

◎《藏书第二通》2卷（佚）

◎《种植七帙》24卷（佚）

◎《临池通》不分卷（佚）

◎《众香国鼻观》不分卷（佚）

【按】众香国，即花也。鼻观，用鼻嗅，用眼看，即欣赏也。本书可能是关于花木栽培和欣赏的专著。

◎《广玄对山水》不分卷（佚）

◎《盘礴通》未分卷（佚）

◎《公车注》6卷，一名《舫燕注》（佚）

【按】公车，即官车。汉代曾设"公车"之官，主管宫殿中司马门的警卫工作。居民上书和征召，都由公车接待。本书应是讲交通工具（包括陆路的车马和水路的船舫等）的历史、制造和装饰等的专著。

◎《寿者相》4卷（佚）

◎《田居通》8卷（佚）

【按】本书应是记录田家生活的基本知识和技能，包括耕作、插莳、稼穑、蚕桑、渔牧、四时节令等方面的内容。《顺治六合县志·志外纪》有《稼学》可能即节选自其中。

◎《园居通》8卷（佚）

【按】本书应该是主要讲述园林的建筑设计、布局构思等内容。孙国敉曾游历祖国南北沿海，目睹大量园林建筑，平时也比较留意园林建筑，心有所得，除了专门论述建筑设计之外，应该还介绍了很多有关观赏、品味园林艺术的方法。他现在保留下来的还有几篇著名的有关园林的作品，如《游勺园记》被《古今图书集成·经济汇编·考工典》第118卷"园林部"收录，后被现代著名园林设计专家陈从周、蒋启霆选编入《园综》；《睡香庵记》被清郑元勋收入《媚幽阁文娱》中。另外孙国敉在《燕都游览志》一书中还有很多北京园林建筑的记述。

◎《墨兵通》12卷（佚）

【按】《顺治六合县志》著录本书时于题后注"兵饷战守"，即讨论军事方面如布兵、进攻、防守、粮饷、战备等方面的战术战略的专著。墨者，墨家；兵者，兵家。它们是我国古代诸子百家中重要的流派，兵家主要谈论战争谋略，取胜之道；墨家主张大同，反对战争，但是对于侵略战争善于防守。

◎《石酏通》4卷（佚）

【按】酏，亦称"青酏饭"，即青精饭，又名"乌饭"，乃道家食物。《正字通·食部》："酏，乌饭也。一曰青精饭。陈藏器乌饭法：取天烛茎叶捣汁浸粳米九蒸九曝，米粒紧小如珠，囊之可适远方。李时珍曰：此道家服食法，今释民四月八日造以供佛。入柿叶杨桐叶助色。"因此本书应是讲道家服食养生专著。

◎《莲镬通》6卷（佚）

【按】《顺治六合县志》著录本书时于题后注"饮食"。本书当为讲述饮食烹饪和养生一类的著作。

◎《刀圭通》10卷（佚）

【按】《顺治六合县志》著录本书时于题后注"医药"。刀圭，原为古代量取药物粉末的器具，其形状似刀头的圭角，故名。后专指医术。孙国敉平时留心医学，收集有关医学方面知识汇编而成本书。

◎《玄牝通》4卷（佚）

【按】《顺治六合县志》著录本书时于题后注"元修"。本书当是讲述气功养性方面的著作。玄牝，气功名词。语出《老子·第六章》："谷神不死，是谓玄牝。玄牝之门，是谓天地根，绵绵若存，用之不勤。"其具体所指莫衷一是，有天与地、鼻与口、上与下、父精与母血，和肾、元神、黄庭中丹田、心之左右二窍等诸说。

◎《乐律通》不分卷（佚）

◎《竹肉通》不分卷（佚）

【按】《竹肉通》可能是音乐专著。古代"竹肉"泛指音乐。竹者，指丝竹，器乐；肉者，指声乐，用喉咙发声演唱。典出《世说新语·识鉴》刘孝标注引《孟嘉别传》："听伎，丝不如竹，竹不如肉，何也？"

《竹肉通》也可能是饮食养生方面的著作。典出苏东坡《於潜僧绿筠轩》诗中有著名的诗句："可使食无肉，不可居无竹。无肉令人瘦，无竹令人俗。人瘦尚可肥，士俗不可医。"

◎《警策集》12卷（佚）

◎《水豹蚕舌观》不分卷（佚）

◎《放生训》2卷（佚）

◎《三教戒杀训》5卷（佚）

◎《解连环》3卷（佚）

【按】解连环是我国传统的智力游戏，其玩法是把若干金属丝制成的圆环相连成串，或借助"环杆"使之相扣连，以解开为胜。连环的形制，有五环、七环、九环、十一环乃至十三环等多种，其中最流行的是九连环。如《红楼梦》第七回里写道："谁知此时黛玉不在自己房里，却在宝玉房中，大家解九连环作戏。"本书可能主要讲述解连环的制作方法和玩法。另外，"解连环"还是我国古代词牌之一，典出《战国策·齐策六》，因此本书也可能是孙氏的词集。

◎《躭佳集》十二卷（佚）

【按】躭，通"耽"，快乐，沉迷。佳者，好也，喜欢并予收藏之物。孙国敉兴趣广泛，爱好收藏，他的收藏主要有雨花石、书籍、字画、古玩等，经常沉迷其中，日久生情，将自己玩赏的体会记录下来，就形成了本书。

◎《禅嬉通》不分卷（佚）

◎《梧梧馆诗集》12 卷（佚）

◎《梧梧馆文集》24 卷（佚）

【按】梧梧馆当为孙国敉书斋名。

◎《销夏集》6 卷（佚）

◎《梧梧馆诗选》（佚）

◎《耦林辩体》24 卷（佚）

【按】耦，通"偶"，即对仗、对偶。《耦林辩体》《集句新耦》《集句新耦韵考》三书主要讲解古代对对子（对联）创作方法。对对子是我国古代学子学习的基本内容之一，也是诗词创作的基本功训练的方法。

◎《只句新耦》2卷（佚）

【按】只句，指一句话，个别文句，或只言片语。隋江总《皇太子学讲碑》："只句片言，谐五声之节奏。"这里当指有意截取前人的一句诗。新耦，新婚配偶，明末清初钱澄之《寓怀》："时平夫婿还，燕尔得新偶。"这里指用古人不同诗中的两个句子，配偶成对而集句作诗的方法。

◎《集句新耦韵考》4卷（佚）

【按】关于集句，孙国敉在《与大梁张林宗》信中说，就好像男女婚配一样，需要天成一对才好，不能拉郎配，"若周瑜之得小乔为耦，司马长卿之得文君为耦，当其只也，若有所待，当其耦也，若固有之，岂不千古一大快事哉！"

◎《书条唐句选》不分卷（佚）

◎《梧梧馆代车选》不分卷（佚）

【按】代车者，即行不以车，而代之以步行或乘船，后多指旅行。典出《战国策·齐策四》："晚食以当肉，安步以当车。"本书应是作者选编各地风景名胜有关的诗文而成的游记类专著。

◎《行秘书》24卷（佚）

【按】行秘书，用现代的话说就是"活字典""流动的图书馆"。典出《隋唐嘉话》："（唐）太宗常出行，有司请副书以从，上曰：不须，虞世南在此，行秘书也。"本书收集的应是日常生活、交往、学习等方面的百科知识，类似于现在的百科手册。

◎《画图题跋考》24卷（佚）

【按】孙国敉生前与著名的书画家"南董北米"等均有密切的交往，浏览鉴赏过大量古代图画，时人都认为他"精鉴赏"，本书是孙氏通过历代图画上的题跋，来考证其中所包含的信息，了解图画的作者、流传、品读收藏情况的记录。

◎《西子湖集》2卷（佚）

【按】孙国敉曾在杭州生活过一段时间，或探亲访友，或游山玩水，或探幽索隐，多有收获，笔耕所得，订之成册，本书以写作的地方为名，故有此书。

◎《许剑录》12卷（佚）

【按】许剑，典出《史记·吴太伯世家》："季札之初使，北过徐君，徐君好季札剑，口弗敢言。季札心知之。为使上国，未献。还至徐，徐君已死。于是乃解其宝剑系之徐君冢树而去。"后以之为不忘知交，心存知己之典。本书应为记述故友的传记类著作。《顺治六合县志》中《武库员外郎厉公默所先生传》《道川汪隐君传》《真如道人传》《衢郡太守汪公传》《封南京鸿胪寺序班汪公墓志铭》等可能即出自此书。

◎《鸡树集》6卷（佚）

【按】鸡树，指古代的中书省。典出《三国志·魏志·刘放传》"帝独召爽与放"，裴松之注引晋郭颁《世语》："（刘）放（孙）资久典机任，（夏侯）献、（曹）肇心内不平。殿中有鸡栖树，二人相谓：'此亦久矣，其能复几?'"后用鸡树代指中书省。孙国敉曾任中书舍人，《鸡树集》应是他在中书省工作时的作品集，收录的主要是与当时同僚、友人、至交的唱和之作。

◎《燕筑集》2卷（佚）

【按】燕筑，原指河北燕山地区流行的一种打击乐器，声音沉郁悲壮。后晋刘昫等撰《旧唐书·志八·音乐一》中说："齐竽燕筑，俱非馺绎之音。"本书可能是孙国敉在燕京生活期间的吟唱诗歌集。

◎《三山集》1卷（佚）

◎《官梅社集》2卷（佚）

【按】官梅，典出唐代诗人杜甫《和裴迪登蜀州东亭送客逢早梅相忆见寄》诗："东阁官梅动诗兴，还如何逊在扬州。"本书当为作者在任中书舍人时与社友结社吟诗时的作品。

◎《苇庵诗话抄》不分卷（佚）

【按】苇庵，即吴甘来（1599—1644），字节之，号和受，别号苇庵，江西宜丰潭山镇伏溪村人。崇祯元年（1628）进士，授中书舍人，后历任刑科给事中，吏科给事中，兵科右给事中，户科都给事中等职。吴甘来与孙国敉同一年参加考试并入仕，曾同任中书舍人，一起共事，交往比较密切。崇祯十七年（1644），吴甘来获悉崇祯皇帝自缢景山，便发出"君臣义命乾坤晓，狐鼠干戈风雨秋"[①]的悲哀，以身殉君，投缳自尽。《苇庵诗话抄》可能就是孙国敉将吴氏的诗词整理解说而成。

---

① 君臣义命乾坤晓，狐鼠干戈风雨秋：见于明吴甘来撰《吴庄介公遗集》卷四《殉难诗》（《明别集丛刊》第五辑第七十一册），明末清初邹漪撰《明季遗闻》卷一作"君臣义命乾坤晚，狐鼠干戈风雨秋"，清初计六奇撰《明季北略》卷二十一作"君臣义命乾坤晚，狐兔干戈风雨秋"，文字互有不同。

◎《伯观先生增订天下金石志》（存）

《天下金石志》书影（《续修四库全书》
第886册）

【按】《天下金石志》16卷，明于奕正编。《续修四库全书》第886册史部金石类影印本书。书中有孙国敉的亲笔眉批注文、印章等非常珍贵的资料，也是保存孙氏墨迹最多的史料，对于我们了解孙氏的书法、思想有很大的价值。现流行的《天下金石志》乃孙国敉所藏，并朱笔校补，书中眉批有"吾儿宗岱"字样。黄裳《读〈一氓题跋〉》文中说："三十年前曾于嘉业堂得《天下金石志》一本，孙国敉藏书，朱笔校补几满。孙氏于扉页题'同社于司直送，伯观'一行。卷后有葛正笏二跋，翁方纲亦有跋并以绿笔批记数条，甚精。"（《读书》杂志1981年）黄裳所见者即为本书。

◎《文略》（佚）

【按】朱绪曾编选《金陵朱氏家集》中有其先世朱南仲《春雨堂集》，言朱南仲曾主讲六合儒学，与孙国敉交往密切，有《送孙伯观（国敉）之京师》诗七首，盛赞孙氏。朱绪曾在跋语中说："孙伯观著《棠邑枝乘》，南仲公为商确，交最相契。今始得孙辑《文略》，有南仲公诗及示门人语等篇，今谨编出，冠于家集之首，余俟搜采云。"可见孙国敉曾编有《文略》一书，此书《顺治六合县志》卷十二《艺林》未著录。

《顺治六合县志》卷十二：孙国敉，字伯观，著有《梧梧馆诗集》十二卷，《梧梧馆文集》二十四卷，《燕都游览志》四十卷，《三山集》一卷，

《官梅社集》二卷，《燕筑集》二卷，《鸡树集》六卷，《销夏集》六卷，《西子湖集》二卷，《寿者相》四卷，《耦林辩体》二十四卷，《只句新耦》二卷，《集句新耦韵考》四卷，《读书通》二卷，《藏书通》二卷，《读书第二通》二卷，《藏书第二通》二卷，《明朝读书通》二卷，《田居通》八卷，《园居通》八卷，《墨兵通》十二卷（兵饷战守），《玄牝通》四卷（玄修），《刀圭通》十卷（医药），《石飺通》四卷（服食），《莲镬通》六卷（饮食），《许剑录》十二卷，《公车注》六卷（一名《舫燕注》），《画图题跋考》二十四卷，《行秘书》二十四卷，《种植七峡》二十四卷，《三教戒杀训》五卷，《放生训》二卷，《棠邑枝乘》六卷，《孙氏家乘》二卷，《江北定山志》二卷，《六合冶山志》一卷，《六合灵岩山志》二卷，《六合长芦寺志》四卷，《五一庵志》六卷，《冶园志》一卷，《昭庆寺志》二卷，《蝗志》三卷，《睡谱》五卷，《解连环》三卷，《梧梧馆诗选》，《书条唐句选》，《尤佳集》十二卷，《警策集》十二卷，《梧梧馆代车选》，《名儒语录抄》，《明朝名儒语录抄》，《古今易系》八卷，《易索解》八卷，《四书索解》六卷，《苇庵诗话抄》，《禅嬉通》，《临池通》，《盘礴通》，《广玄对山水》，《乐律通》，《水豹蚕舌观》，《众香国鼻观》，《古锦志》，《古楮志》，《冬荣志》）。

《金陵通传》卷二十一：孙国敉，原名国光，字伯观。天启五年（1625）恩贡生，廷试第一，除延平训导。尝游京口，遇老友钱次甫为盗所劫，倾囊赠之。寻擢内阁中书。当阉焰方张，独上书《请驳正三朝要典》，闻者壮之。夙精鉴赏，碑板、书画争集其门。居金陵小馆近庙市，华亭董其昌时过其邸，评阅终日。会诏题《九阳图》，敕定琴名，皆称旨。著有《古今易索》《读书通》《藏书通》《临池通》《石飺通》《墨兵通》《刀圭通》《定山志》《冶山志》《灵岩山志》《燕都游览志》《棠邑枝乘》《解连环》《画图题跋考》《集句新耦分韵通考》《鸡树馆集》。

《金陵诗征》卷二十八：孙国敉，字伯观。原名国光，一名国庄。六合人，乡贤拱辰子。天启乙丑恩选贡生，廷试第一，授延平训导，升内阁中书。有《鸡树馆集》《燕都游览志》《读书通》《藏书通》。伯观尝游京口，遇老友钱次甫为盗所劫，倾囊赠之。天启中，阉焰正赫，独上书《请驳正三朝要典》，闻者壮之。蒙召题《九阳图》，敕定琴名，精鉴赏碑板、书画，争集其门。居金陵小馆近庙市，董宗伯时过其寓，翻阅终日。长子宗岱为偏将军，晚年隐居卖药；次子汧如。皆工诗文，人以拟"三苏"云。

《古今图书集成·理学汇编·文学典》第一百十六卷文学名家列传一百四：孙国敉，按《江宁府志》，国敉字伯观，原名国光，拱辰子，幼颖异，善属文，为大中丞周公乾教所重。尝游吴门，至京口，遇老友钱次甫为盗所劫，倾囊赠之。卜滁、冶二水间，置五一庵。以贡特授中书舍人。国敉书淫传癖，鉴赏最精，四方碑板、法书贾京师者，必先投国敉订之。居金陵小馆，近庙市，董公思白为大宗伯，每过市，必至敉寓中，翻阅竟日。一时勋戚之贤者，如恭顺吴公惟英、新乐刘公文炳、都尉冉公兴让、巩公鸿图皆礼贤下士，笃嗜词翰，咸以牛耳推国敉，月供膏火费。著《燕都游览志》四十卷，《鸡树馆诗文集》《读书通》《藏书［通］》若干卷。乞假归老，年六十有八。

《顺治六合县志》卷六：孙国敉，字伯观，以明经授古右史官，本县知县刘庆运博采舆论，辑附《文苑》，为之注曰：六合有中翰孙国敉者，以曼倩之才游戏金马门，借笔墨之缘以受文字之果也。劳身励行，虚己忘公，通会神明，隐括百行。简留鸡树，只以炼其耸鹤昂霄之骨；备文内殿，赖为实其羽仪朝宁之名。行藏载之秘书，文字同之御览，倾河不竭，刻烛成吟。王逸少之临池，潇洒风流，洵折荆钗之股；蔡君谟之润笔，清华绝俗，真留屋漏之痕。著书七十余种，茹古函今，已备成经国之大业；钟灵三百余载，开先启后，孰再睹不朽之奇文。兵燹消沉，委之山泉墟莽，时虞散逸，闲居记载，倘稽国史邑乘，岂患无征。嗟乎，芳躅在悬，亦既遭只子云难再，曼倩已矣！余将寻绎其苦思，以为藏山之副墨，而以其应世名世传世者，以当历代之纪也欤！

《顺治六合县志》卷十二：孙国敉，字伯观，襟灵莫测，虽寄迹翰墨，其神气飘然在烟霞上，不可以图画求者喻之，书法则钟张逸少岂得以品第拘哉！学不为人，自娱而已。

先君讳国敉，字伯观，古有以名父载称者。岱幸同之生，有书癖，手不释卷，临摹终身，似得书家三昧，人咸称曰"伯观先生之笔"。生平著书百余种，藏帖备诸嘉本于海内。读书中秘十四年，黼黻皇猷，饰宣纶诰，笔墨外事不一与，购求既诚，佳迹时至，拟效入于玄微，赏析精于夜识，追虚捕隐，应变通奇，此固暮年益胜者，神化会晤时遂能解散，隶篆用赴，真行真（疑为"直"）取妍于古，白首攻之不尽者也。今遗笔遍传海内，不肖宗岱不敢妄置甲乙，惟高贤鉴别之，然此道父子之间不能相授，徒深今古之悲矣。

【按】孙国敉著作,《江苏艺文志·南京卷》收书目 66 种 388 卷（不标卷数者计 1 卷）。孙国敉作品大都散逸,诚如《民国六合县续志稿·艺文志》所说:"孙氏生当明季,以宏通博赡之才,含纳众流,纵贯三教,著书多至七十余种,而屡遭劫火,三百年来无一存焉。"唯一完整留存的书是《读书通》二卷。孙国敉传世诗文主要见于其子孙宗岱主纂的《顺治六合县志》中,部分诗文见于当时各家选本中,如《金陵诗征》录其诗 4 首,《帝京景物略》录其诗 3 首,《摄山志》录诗其 3 首,《古今图书集成》录其诗 1 首,《媚幽阁文娱》录其文 2 篇,《赖古堂名贤尺牍新钞》录其书信 5 通。

关于孙国敉的生卒年,王家干《弦外集》及《江苏艺文志·南京卷》"孙国敉"条、中文搜索网站百度百科等均认为是 1584—1651 年。其实我们仔细研读《顺治六合县志》有关记载,就会发现,《顺治六合县志》成书时孙国敉已经去世,刘庆运在《顺治六合县志》序中说"嗣过邑绅石君孙公,斋头见其先中翰公伯观先生所辑《棠邑枝乘》一帙","然石君既能克绍其家学,以成先志",这里的"先中翰公""先志"指已经去世的孙国敉的遗愿。本序作于"顺治丙戌秋九月",即顺治三年（1646）,据此孙国敉最迟在 1646 年就已经离世。另外,《顺治六合县志》卷六《人物志·文苑》有孙国敉传,按照古志"生不立传"的惯例,结合文中刘庆运评价孙国敉的文字"芳躅在悬,亦既遒只,子云难再,曼倩已矣",意思是说,孙国敉先贤的遗迹高悬,看到他的大量遗著,让人感慨好像已经逝去的文豪杨子云、东方曼倩再也无法再生,这是伤逝之痛。而且本书编者在《文苑》的小序中有引民间谚语"人之云亡,邦国殄瘁",意思是说贤人死了,国事危殆。再次印证在大明刚刚覆亡、《顺治六合县志》刚刚成书之时,孙国敉这颗文星不幸陨落了。结合其"年六十有八",我们可以推定其生卒时间为 1579—1646 年。

汪起龙

汪起龙（1582—1656）,字御公,号顺津。六合县庠生。

◎《宝鼎斋集》（佚）

《国朝金陵诗征》卷七:汪起龙,字御公。六合人,有《宝鼎斋集》。

《民国六合县续志稿》卷十五：汪起龙《宝鼎斋集》。（《金陵诗征》：龙，字御公。）

《光绪六合县志》卷五之二：汪起龙。庠生，崇祯丁丑（1637）贼破县，起龙负父寻母，遇贼，泣请以身代父命，哀痛恳至，贼怜而免之。

【按】汪起龙，《六合汪氏家谱》卷三载，他为汪坊次子，号顺津，例邀粟帛，赠登仕郎。《国朝金陵诗征》卷七存其诗 3 首。

沈奇瑛

沈奇瑛，字石友。天启七年（1627）举人，官南京国子监博士。

◎《山居静业集》（佚）

《顺治六合县志》卷十二：沈奇瑛，字石友，有《山居静业》。

《顺治六合县志》卷六：沈奇瑛，天启丁卯（1627）科举人，南国子监博士，卒。

《民国六合县续志稿》卷十五：沈奇瑛《山居静业集》。（雍正县志。奇瑛，字石友，天启丁卯举人，官南国子监博士。）

潘世奇

潘世奇，字澹予，一字平之，明末六合人。崇祯元年（1628）进士，湖广道御史，巡按贵州。

◎《潘世奇文集》（佚）

◎《潘世奇奏疏》（佚）

《顺治六合县志》卷十二：潘世奇，字澹予，有《文集》《奏疏》诸稿。

《顺治六合县志》卷六：潘世奇。字平之，天启丁卯科（1627）举人，崇祯戊辰科（1628）进士，任镇定、长垣、遵化三县知县，钦取湖广道监察御史，巡按贵州。

《金陵诗征》卷二十八：潘世奇，字澹予，六合人，崇祯戊辰进士，湖广道御史，巡按贵州，有奏议等集。澹予从桂王于粤，卒于端州之梅庵，庵僧与王钟淑柩共瘗之。后王杲青迎父柩，并以澹予柩还。

【按】《嘉庆长垣县志》（同治刻本）卷三记载，潘世奇于崇祯八年（1635）任长垣知县，"复补遵化，擢御史"。崇祯十五年（1642），朝廷因他在湖广道监察御史任上"器识通明，丰裁整峻，三试烹鲜之手，旋腾揽辔之声，辇毂清风，凛威严于触豸，殿墀劲节，杼忠说于披鳞，经纶允神"，成绩显著，而受到崇祯皇帝的嘉奖，并敕封了他父母和妻子，敕命文见《顺治六合县志》。

潘世奇清初战殁，六合谈慎修《赠杲青王子》诗序中记载："白门钟淑王公督学西川，卒于粤。后一载，吾邑澹予潘公贵竹巡方，卒于粤之梅庵，两家相望十数年。戊戌（1658）冬，潘公家人梦公至家，己亥（1659）春，王子抚先人棺归葬，并为潘公护柩还里。赋赠以彰王子高义（编者按：义，底本作'议'，据文义改），兼以纪事云。"（见《雍正六合县志》卷十）故《江苏艺文志·南京卷》载，潘世奇于清顺治初张献忠余部进攻贵州时，抵御而死。死后梅庵僧人葬之，其亦烈士也。

潘世奇传世作品有奏疏2篇，见于《顺治六合县志》；诗1首，见于《金陵诗征》卷二十八。

汪四聪

汪四聪（1594—1646），字杜若，一字不然。六合廪贡生。

◎《汪四聪诗集》（佚）

◎《存人稿》（佚）

《顺治六合县志》卷十二：汪四聪，字杜若，有《诗集》。

《国朝金陵诗征》卷三：汪四聪，字杜若，一字不然，六合人，国渭从弟，廪生。

《民国六合县续志稿》卷十五：汪四聪《存人稿》。（《汪氏家乘》。按：四聪，字杜若，天启间廪生。）

《六合汪氏家谱》卷一：［汪］四聪，字杜若，工诗，号不然道人，著有《存人稿》，诗三千余首。

【按】汪四聪，汪全智长子。《金陵通传》卷 21 载他为汪元哲之子，误。《国朝金陵诗征》存其诗 1 首。《六合汪氏家谱》卷十录其诗 10 首。

汪国策

汪国策（1594—1655），字叔献。崇祯六年（1633）举人，崇祯七年（1634）进士，授户部郎中，仕至直隶真定知府。

◎《汪国策文集》（佚）

◎《春秋世家合艺》（佚）

《顺治六合县志》卷十二：汪国策，字叔献，有《文集》《春秋世家合艺》。

《六合汪氏家谱》卷五：汪国策，元宰三子，字叔献。幼聪慧，时文再诵即不忘。万历四十四年（1616），与兄国征同年入邑庠。天启四年（1624），补廪饩。时文盈万数，皆成幅在心，借书于手，机调纯熟，不因风气迁，或诮之劝令改，公笑曰："为文如待嫁，既许字某矣，可改乎？"中崇祯六年（1633）癸酉南场乡试，七年甲戌联捷南宫。授南京武学教授，二年升北京国子监博士。越明年，升南京户部湖广清吏司主事，管福成仓，奉钦差榷扬州钞关。庚辰（1640）覃恩赠父母如其官，升北京直隶顺德府知府，缘前任部事失稽，谪福建布政司理问，署泉州府知府篆。一年起补南京大理寺评事，又一年升兵部武库司员外，加赠父母官。甲申乙酉间，值兴朝鼎革，挂冠归。谢客杜门，终岁居三层楼，默坐展书，虽至戚密友罕见其面。

【按】崇祯十三年（1640），汪国策曾任南京户部湖广清吏司主事，因"转箸恢游，裁剖擅韦维之誉，榷筹懋著，通明蜚宗说之声，乃毖铁锁于寒江，全持储粮于留署"，为官清正，受到朝廷的敕封，敕命文见《顺治六合县志》。汪氏现存作品，《六合汪氏家谱》卷十录其诗7首。文只有《别驾石虎汪公行状》1篇，见于《顺治六合县志》。

汪国式

汪国式（1595—1635），字仲岩，号止斋。治春秋，万历四十年（1612）入六合县庠，善弹琴。

◎《四书讲义》（佚）

《六合汪氏家谱》卷五：汪国式，元忭次子，字仲岩，号止斋。治春秋，万历四十年（1612）入邑庠，以秉质清癯，不耐攻苦，遵例入太学，累试乡场不第。所著有《四书讲义》。诵读稍暇，辄以诗歌古文词自娱，尤谙于琴德，抚弦促柱，悠然有移情海上之思。

吴嘉祯

吴嘉祯，字源长，天启七年（1627）举人，崇祯十年（1637）进士，仕至布政司参议。

◎《吴嘉祯文集》（佚）

《顺治六合县志》卷十二：吴嘉祯，字源长，有文集。

《棠志拾遗》卷上：吴嘉祯，字源长，父宗周，吴县人，贾于浦子口，因家焉。祯性笃孝，母病，刲股愈母。补六合县学生，登崇祯十年（1637）进士，授户部郎，升泉州参议，有豪贵占人产，祯重惩，其仆势宦，立私说，祯革之。临终谓其子曰："石火电光，万事无久常者，惟劳谦贞吉一语，终身诵之，可也。"（《江浦埤乘》引陈《府志》）

《古今图书集成·明伦汇编·氏族典》第八十二卷吴姓部列传六：吴嘉祯，按《江宁府志》，嘉祯字源长，先世吴人，父宗周，贾于浦子口，因家焉。嘉祯性笃孝，母病剧，刲股和药，而母愈。登崇祯丁丑（1637）进士，授户部，管通州仓，奉旨纪录升闽泉州参议。会迁粤西，以病请归，囊橐萧然，年五十七。

【按】吴嘉祯，自父辈起落户南京，初居浦口，当时属六合县。明末清初画家徐枋（1622—1694）《居易堂集》卷一有《答吴宪副源长先生书》，谢绝其劝入城市、和光混俗之好意。

释永昇

> 释永昇，字太虚，六合人，俗姓方，招贤寺僧。

◎《太虚佛经注》(佚)

《江浦埠乘》卷三十五：《太虚佛经注》，释永昇著。按：永昇，字太虚，居石洞庵，即《定山集》所谓"石洞僧"也。其所注佛经，南海陈献章赞以"了彻通达，毫无挂碍"。

《嘉靖六合县志》卷五：太虚，姓方氏，蚤入沙门，颖敏过人，兼通书史。成化间，被诏讲经，称旨，赐名"圆融禅师"，优礼归山，住招贤寺，一时名公如白沙陈公、琼山丘公、定山庄公，常与赓咏。年八十余，颜如童子，一夕无疾而终。白沙尝赠之诗有"众生尊我我须劳，公在吾儒公亦豪"之句。

陈作霖《金陵前明杂文钞》：释永昇，字太虚，六合人，俗姓方，招贤寺僧。又与道士萧中居江浦石洞院。著有《种树韵》，陈白沙喜之。

【按】太虚，明代六合僧人，住八百桥招贤寺，与当时文人有诗文酬唱，可惜很少作品存世。陈作霖《金陵前明杂文钞》所言释永昇"著有《种树韵》"，当为诗篇，非诗集名也。陈献章有诗4首、书信1封赠之。

·清·

胥　宇

胥宇，字西臣，明末清初六合人。崇祯十二年（1639）恩贡。

◎《古香堂文集》（佚）

《顺治六合县志》卷十二：胥宇，字西臣，有《古香堂文集》。

《民国六合县续志稿》卷十二：胥自勉子宇，字西臣，崇祯十二年（1639）恩贡。少有才名，卒不获一第。顺治初与孙石君、阿汇兄弟同修邑志。著有《古香堂文集》。（采米万钟《胥成甫墓志铭》《金陵通传》）

【按】胥宇，胥自勉（见前文）长子。顺治三年（1646），接受知县刘庆运之聘，与孙宗岱、孙沔如、沈启明等一起编修《顺治六合县志》。并曾募金五百余建造净明讲寺（一名水南禅寺，在县治东南，始建于宋咸通间），胥宇现存诗2首。

胥庭清

胥庭清，字永公，明崇祯十五年（1642）举人，清顺治四年（1647）进士。曾任南宫、余姚知县，升工部主事，迁员外郎，督龙江新钞关（在金陵上新河）。

◎《北山堂稿》（佚）

《金陵通传》卷二十二：胥庭清，字永公，明崇祯十五年（1642）举人，国朝顺治四年（1647）进士。除南宫知县，迁余姚，时贼遍山野，庭清单骑往抚之，擢工部主事，迁员外郎，督龙江新钞关（关在金陵上新河），庭清曰："父老皆吾乡党也。"其经过坐卧自若，征税足额而已，不计羡余，未几，乞归，百口共爨，友爱无间。著有《北山堂稿》。

◎《听江冷署》4 卷 1 册（存）

【按】《听江冷署》4 卷（据《中国古籍总目·集部》，胡坚称"不分卷"），现藏于上海图书馆，全一册，以诗体分集，全书共 60 页，由胥庭清的盟弟白梦鼐作序，保存完好，字迹清晰。诸部分分别由其弟庭潜、庭澧、庭涵，其友人魏裔介、黄机，其门人沈振嗣，其同学季铎校订，共收诗 169 题 232 首。白氏序文署日期为"顺治丙申（1656）初夏"，此书应是清初精校精刻的私家刻本，且迄今尚未发现另有复本，存世之少，堪称海内孤本，上海图书馆将之列为善本。（参见《图书馆杂志》2001 年 12 期胡坚著《胥庭清和〈听江冷署〉》）

◎《钟山草堂诗集》2 卷，一名《梅花书屋诗》（存）

◎《武林游记》1 卷（存）

柯愈春《清人诗文集总目提要》上册:《听江冷署》四卷，《钟山草堂诗集》二卷。胥庭清撰。庭清字永公，江苏江宁人。顺治四年（1647）进士，官工部主事。撰《听江冷署》四卷，

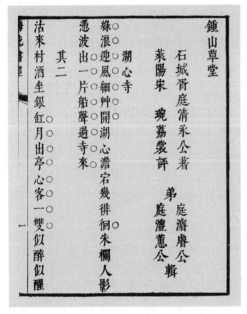

《钟山草堂诗集》书影（中国国家图书馆藏本）

顺治间刻，上海图书馆藏。康熙九年（1670）梅花书屋刻。《钟山草堂诗集》二卷、《武林游记》一卷，中国国家图书馆藏。《钟山草堂诗集》又名

《梅花书屋诗》，有宋琬评，杜濬为之序。

【按】胥氏著作，据李灵年、杨忠主编的《清人别集总目》第二卷记载，有《听江冷署》和《钟山草堂诗集·武林游记》二书。《钟山草堂诗集》二卷、《武林游记》一卷，为康熙年间合刻本，现藏国家图书馆和中国科学院文研所。另据记载胥氏有《北山堂稿》，未见传本。

胥庭清，乃胥自勉（见前文）之次子，胥宇同父异母弟。关于他的籍贯，一说江宁人（康熙《江宁县志》卷九），一

《武林游记》书影（中国国家图书馆藏本）

说为上元人（康熙《江南通志》卷四十二，《乾隆余姚志》卷十五），又一说为江浦人（雍正《江浦县志》卷七），《江苏艺文志·南京卷》将其归入江浦县中。实际上根据他祖父胥应龙、父亲胥自勉的籍贯，他应该是六合人（现南京化学工业园区长芦街道留左村人）。

厉振岳

厉振岳，字静夫。崇祯九年（1636）贡，十二年仕金坛县学训导。

◎《问青草》（佚）

◎《金沙课士艺》（佚）

《顺治六合县志》卷十二：厉振岳，字静夫，有《问青草》《金沙课士艺》。

汪国聘

汪国聘（1602—1648），字君储，一字晦生，六合监生。

◎《简斋诗存》，一作《简斋诗集》（佚）

汪铉《晦生公简斋集原序》：先叔父晦生公，静者也。幼而孤，神寒骨重，躯干清羸，善病，于人世举子业概束之高阁弗观。独终日危坐斗室中，案上置棋一局，琴一张，法帖两三函，古方书数十百卷，肃容正对，默无一言，不知者疑其苟为罗列，徒事赏玩而已。间有一二高贤过访，叩其心所冥会，而与之角其技艺于①手口之间，虽世之专门绝学，用志不纷者，精妙殆无以②过此。其事人无不知，而公反若不自知，则公原有其不易知者在也。诗道不传久矣，当公少日，六合前辈多不长于诗，公独不顾流俗之姗笑，号召同人，陶写风雅，每一分题拈韵，皆率其兴会之所经，不事雕镂而奥义灵机都从肺叶中流露，超超出人意表，其一唱三叹之际，所争得失在毫厘分寸间，惟公自知之耳。自公无禄，距今几四十年，当时所谓专门绝学用志不纷者，已与其音容化为异物，独所留诗集岿然尚存，而其不为人所知，犹如夙昔。昔扬子云草《太元③》，人无知者，子云自言曰："使后世复有一子云则知之矣。"同时弟子侯芭已能传雄之业，至东汉桓谭深嗜而笃好之，固不必其后世复有一子云也。公今云亡其人，已不复为后世所有，独予以犹子当侯芭，为评定遗诗若干篇，属其长君自昭弟寿之梓。方今六合，无一人不为诗，能为诗则必知诗④，岂无起而当公之桓谭者乎？予谓必能知公诗，兹其人始⑤可与言诗。（汪昇远纂修《六合汪氏家谱》卷八）

厉式珩《晦生汪公简斋诗存序》：洪武初，吾邑始隶南都，地当冠盖往来之冲，山川秀杰，代产伟人，独怪有明三百年间，诗人蔚起，自高、杨、

---

① 于：《民国六合县续志稿》卷十五作"与"。

② 以：《民国六合县续志稿》卷十五无此字。

③ 元：《民国六合县续志稿》卷十五作"玄"，通假，避清讳。

④ 能为诗则必知诗：《民国六合县续志稿》卷十五无此7字。

⑤ 始：《民国六合县续志稿》卷十五作"乃"。

张、徐至历下竟陵诸[1]家，几于各张旗鼓，钱牧斋、朱竹垞两先生会萃全诗，山噬海陬[2]，搜罗殆遍，而吾邑绝无一人，岂询访未及耶？抑吾乡之能诗者鲜，不足当其一盼耶？尝阅前明志书，前辈称博雅者甚夥，意文人胜流，往来是都必有罄其藏而发其覆者，不宜寂寂无传，使山川减色也。今读晦生汪公诗，而得其故矣。公世为棠邑甲族，性恬淡不求闻达，尝偕同里孙伯观诸先辈结诗社于别墅，拈题分韵，期于陶写性情而止。瑄从其裔孙香谷兄处受其诗而读之，发纤秾于简古，寄至味于淡泊，卓卓乎其可传也；或疑先生诗名不大著于世，疑其诗未必工，予谓幽兰生于空谷，无言自芳，岂俟人之采缀而后知其可贵乎？然予因先生之诗而不禁重有慨矣。当明之季，朝政衰而处士横议，大江南北立文社以相取重者，不可胜数，大者讥讪国政，毒流缙绅，小亦号召朋党，私相标榜，独吾乡诸先辈韬光匿迹，不求人知，一时所谓骚坛主盟者，屏迹不与之通，故声闻不大振于当世，而性情之古淡，品格之高迈，名且不可得闻，况欲见其诗哉？然斯文光气如精金良玉，历久必显，固有沈埋数百年之前而流播于数百年之后者，是不可不郑重而宝贵之也。集中所载诗人，如谈叔敬、沈熙[3]仲诸君，今日几无有知其姓氏者矣。然则阐幽光，传绝业，后死者之责也。予友朱布衣蕉窗，尝欲搜辑诸前辈诗，刊为《棠川耆旧集》，所志未就，遽没于水，艺林惜之。读先生诗，并识于此，以俟后之同志者。（汪昇远纂修《六合汪氏家谱》卷八）

《金陵诗征》卷三十二：汪国聘，字君储，一字晦生，六合人，国渭从弟，监生，有《简斋诗存》。

《民国六合县续志稿》卷十五：汪国聘《简斋诗集》。（《金陵诗征》。按：《汪氏家乘》云，国聘号晦生，太学生，喜弈善琴，楷法钟虞，诗宗王孟，尝与邑人中孙伯观辈结社于自然别墅。所著《简斋诗集》。……）

《六合汪氏家谱》卷一：［汪］国聘，字晦生，尝与奉天米仲诏、邑中孙伯观结社于自然别墅，分题拈韵，陶写性情。著有《简斋诗集》。

《六合汪氏家谱》卷五：汪国聘，元行子，字启储，号晦生。生四岁而孤，神寒骨重，躯干清羸。母夫人抚摩教育之，幼而仁孝，长而安静深醇，每以严师事慈母，母命之坐坐，母命之行行，视母之悲愉为己啼笑也。壮游

---

① 诸：《民国六合县续志稿》卷十五作"诗"。

② 山噬海陬：《民国六合县续志稿》卷十五作"山陬海噬"。

③ 熙：《民国六合县续志稿》卷十五作"希"。

太学，读书子舍中，喜弈善琴，楷法钟虞，诗宗王孟。尝与陕西米仲诏、邑中孙伯观辈结社于自然别墅，分题拈韵，陶写性情。著有《简斋诗集》，犹子耐庵为之序。

【按】汪国聘乃汪元行子，他的诗集晚至民国时期应尚有存世，《民国六合县续志稿》抄录了诗集中两篇序言。《六合汪氏家谱》卷十录其诗17首，《金陵诗征》选其诗3首。

沈启明

沈启明，字熙仲，国子监生。

◎《顺治六合县志》12 卷（存）

◎《鼎社集》（佚）

◎《桐花园集》（佚）

《顺治六合县志》卷十二：沈启明，字熙仲，有《鼎社集》《桐花园集》。

【按】沈启明，乃沈希孟（见下文）叔父，参与了《顺治六合县志》编修考订。现存诗7首。其中6首，见于《顺治六合县志》卷十一；1首见于《七十二峰足征集》卷五十。

夏 清

夏清，字止（一作"沚"）泓，明末清初六合人。

◎《独往山房集》（佚）

《顺治六合县志》卷十二：夏清，字止（一作"沚"）泓，有《独往山房集》。

【按】夏清，字止泓，《国朝金陵诗征》作"字沚泓"（编者按：泓，《江苏艺文志·南京卷》误作"浤"）。《康熙六合县志》载夏清之妻刘氏，在国变之乱中投河而死，夏氏可能再未续弦，故名其居所为"独往山房"。《国朝金陵诗征》卷八收其诗 2 首。

孙宗岱

> 孙宗岱，字石君，初补诸生。崇祯末以荐为游击将军，升参将，总理钱法。入清后，隐居卖药以终。名重当时，与父孙国敉、弟孙沔如，时有"小三苏"之称。

◎《顺治六合县志》12 卷（存）

【按】全国古籍普查登记数据库显示，本书有清顺治三年（1646）刻本 5 册，藏国家图书馆、天津图书馆。

◎《志外别纪》10 卷（佚）

【按】《金陵通传》记载孙氏有"《志外别纪》十卷"，其可能就是《顺治六合县志》第 12 卷"志外纪"10 个部分，孙宗岱在卷首说："志成矣，复何所纪？然人物之外而有幻迹，方技灾祥之外而有博闻，礼乐兵防之外而有迻谈，建置、贡赋之外而有类说，田氏聚谈，托之委巷，里耳所睦，讵闻大方，列之于史，野矣，若支而不淫，谑而不虐，别为杂记，咸就采缬，譬之奏古乐则魏闻交睫，进隐词则汉武倾耳，是纪亦各有所当也。为《志外纪》十集。"分别为棠邑杂考、稼学、书苑、画苑、艺林、膳秩、古木记、水阳秋、茗笈、石圃，其中"书苑、画苑、艺林"部分，保存明以前六合耆旧的书画状况和文学著作，为我们了解六合古籍，提供了非常重要的线索和宝贵资料。

◎《汲古堂草》1 卷（佚）

◎《楯墨》1卷（佚）

◎《兵荒纪略》1卷（佚）

◎《通礼纂要》6卷（佚）

◎《射义府》6卷（佚）

◎《志郛》1卷（佚）

◎《燕睇草》1卷（佚）

《顺治六合县志》卷十二：孙宗岱，字石君，著有《汲古堂草》一卷，《楯墨》一卷，《兵荒纪略》一卷，《通礼纂要》六卷，《射义府》六卷，《志郛》一卷，《燕睇草》一卷。

《顺治六合县志》卷六：（孙宗岱）邑诸生，江西巡抚旷橄聘，未应，随赴凤聘，荐题游击将军，督造神器，升参将，总理钱法。

《小腆纪传》卷五十六：孙宗岱，六合诸生，中书舍人国籹子也。国籹以文翰名重京师，宗岱与弟汧如世其学，时号为"小三苏"。崇祯中，宗岱投笔应荐为游击，擢参将。明亡，隐居卖药以终。

《金陵通传》卷二十一：孙宗岱，字石君，初补诸生。崇祯末以荐为游击将军。督造军器，升参将，总理钱法。国变后隐居卖药以终，著有《射义府》《通礼纂要》《志郛》《兵荒纪要》《楯墨》《汲古堂草》《燕睇草》，又与胥西成重辑县志十二卷，更为《志外别纪》十卷。子穆，字公树，诸生。

【按】顺治三年（1646），孙宗岱应县令刘庆运之邀，与胥宇、沈启明和其弟孙汧如等一起编纂《顺治六合县志》，此志为历代县志中卷数最多，内容详备，存史存文，最为完备。孙氏著作几乎全部散逸，只有部分篇章散见于《顺治六合县志》中，共有文3篇，诗5题17首。

孙洴如

孙洴如（1605—1675 年后），字阿汇，号汇父。顺治八年（1651）贡生，出任靖江训导，顺治十四年（1657）升任安徽含山县教谕。博学多识，长善文词，精画理。

◎《顺治六合县志》12 卷（存）

◎《释冰书》1 卷（存）

孙洴如《释冰书自序》：水，清虚之体也，而寒结而冰之，块然可举，大叩亦鸣，小叩亦鸣，鸣而不自保其身，辄有锋刃可割，人而水德，不复少存矣。人心亦有水处，骨肉间亦用之，人情物理似皆了然有见，而终隔一层冰为之也，抑谁其为冰者也，苟能随地澄清，随事温养，胸中一团阳和自升，而冰渐释矣。《越绝书》薛烛论宝剑曰："涣涣若冰之将释。"余甚慕乎其能释也，既释矣，虽出而宰天

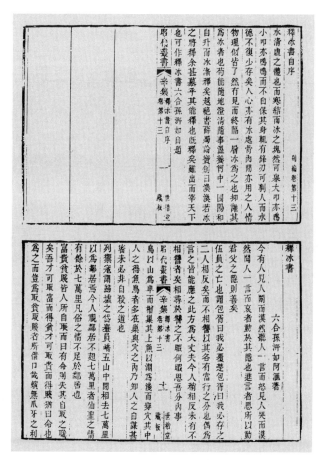

《释冰书》书影（《昭代丛书》）

下也，可作《释冰书》。六合孙汧如自题。

【按】孙汧如传世作品除了《顺治六合县志》外，只有《释冰书》1卷。本书曾多次刊修，如清代张潮编《昭代丛书》辛集卷三十三收吴江沈廷镛世楷堂藏刻本，上海书店《丛书集成续编》子部第88册据此影印，清周亮工、周在都辑《赖古堂藏书七种》亦有收录。

◎《汲古堂时艺》2 卷（佚）

◎《汲古堂诗集》4 卷（佚）

◎《客花馆杂说》1 卷（佚）

◎《颂橘斋集》，一作《颂橘斋诗文集》或《颂橘堂文集》（佚）

《康熙含山县志》卷十一：孙汧如，字阿汇，六合人。由恩贡初授靖江训导。顺治十四年（1657）升任。精于楮墨，著有《颂橘斋诗文集》，行世。

刘体仁《颂橘堂文集叙》：余既有误被时知之悔，丁酉（1657）冬，将挂帆吴越，存故人子，道出历阳，留十日，过而相语者，无一士焉。私念江北数百里中，敬夫先生既遂志去，其子务骑青鞋，逐佳山水无定处，密之又一笠栖龙眠松楸侧不出，余虽欲登天门，继朱乌玄云之歌，甲乙丙人其谁？忽一日，理公张子过谈，轩轩霞举，能无足音跫然之喜，袖中出阿汇书，兼得诗文两大册，乃知张子之知我，则以吾阿汇之故也。阿汇近在百里，策蹇凭奚不宿春，而至系马之舍则益喜；及尽读其集，阿汇须眉又近在十笏间，余之知阿汇不自今日，今乃益得其胸怀本趣，喜极引蕉叶数釂。余素不能饮，是日独饮径醉，因复于阿汇曰："文之陋久矣，中无所主，辄以博为杖，以丽为缘，故气屡而格卑，清雄绝俗之文乃今而见之阿汇。余所见闻之人、之时、之物变，安得尽假吾阿汇，溅以秋絜雪灵之墨，将古孰为比肩，无论近今。"阿汇有经济才，非斤斤郑公三绝，乃意独以盘礴宫墙，了数卷残书为愉快，以仕隐窥人者，何其浅耶？石生而坚，兰生而香，或盆盎移贮一室，或呼丈而拜以袍笏，物性何益损焉？阿汇信于世，余得无悖之以释其内愧耶。顾阿汇文章，日益富真，所谓夷光郑旦净洗却面，与天下妇人斗好者，余好之而不能至，然则此愧又何时可释也。（《七颂堂文集》卷一，见于《四库全书存目丛书补编》第五十三册）

◎《客花馆赋》2卷（佚）

◎《客花馆诗余》1卷（佚）

◎《浮淮篇》1卷（佚）

◎《江西纪游》2卷（佚）

《顺治六合县志》卷十二：孙汧如，字阿汇，著有《汲古堂时艺》二卷，《客花馆杂说》一卷，《赋》二卷，《诗余》一卷，《汲古堂诗集》四卷，《浮淮篇》一卷，《江西纪游》二卷。

《顺治六合县志》卷十二：孙汧如，字阿汇，工山水，笔致清峭，气韵生动。劲如屈铁盘丝，艳则初花早月。用墨妙如五色，始知书画之道，皆资意气而成，洵非寻常所能仿佛也。

《金陵通传》卷二十一：孙汧如，字阿汇，少工诗文，与父兄齐名，人以三苏拟之。长偕同县沈希孟从朱胤昌游，充国朝顺治九年（1652）贡生。历靖江含山教谕，著有《客花馆杂说》《颂橘斋集》。子穗，字谷，诸生。

《宋元明清书画家年表》：孙汧如，字阿汇，号汇父，六合人。精画理，善文词。尝绘山水辄赠黄仙裳（云），仙裳为之题。康熙九年（1670）作山水卷。

《光绪靖江县志》卷十二：孙汧如，六合人。顺治八年（1651）由岁贡任训导，博学多识，长于古文。九年，邑大旱，高侯攀龙捐俸镪发赈，汧如亦捐谷数十斛继之，全活无算，升含山教谕去。

【按】孙汧如乃孙国敉（见前）次子，工诗书画，当时颇有文名。曾参与《顺治六合县志》的编纂。关于其生卒时间，史书没有记载。《民国六合县续志稿》卷十七"金石"收有孙汧如所书《果老滩补造亭馆记》，此碑立于康熙十四年乙卯（1675），碑后有孙氏跋语，中说："余七十老人，耳目昏蠹。"据此可以考知孙氏生于明万历三十三年（1605）。

在孙汧如所书《果老滩补造亭馆记》文后，他的名字前署有"龙亢博士"。据考"龙亢"乃含山县旧称，即现怀远县龙亢镇。史载，汉朝时即在龙亢建县、封侯，南北朝时期曾一度设郡，唐武德六年（623），析历阳县故龙亢县地区设含山县（治今安徽含山县环峰镇），属和州。可见孙氏所署"龙亢博士"乃即其所任"含山训导"的别称。

孙汧如岁贡时间，诸书记载不一。《光绪靖江县志》卷十二作"顺治八年（1651）"，《金陵通传》卷二十一作"顺治九年"，而《康熙六合县志》卷六则作"顺治十一年"，前后相差三年，姑从最早的顺治八年。

孙汧如作品大都散逸，存世专著唯有《释冰书》一卷，其他零散存世作品有诗17首，文3篇，书信9通，跋语1篇。另外，中国科学院图书馆藏有清杨继芳撰《颐中堂集》10卷，抄本，为清张汧选编，中有孙汧如评语。

汤祖武

> 汤祖武，字允绳，祖籍苏州东山吴县，占籍六合县，诸生。

◎《吹映阁集》（佚）

◎《吹映阁遗稿》（佚）

《雍正六合县志》卷十二：汤祖武，字允绳，著有《吹映阁遗稿》。

《七十二峰足征集》卷三十：汤祖武，字允绳，占籍六合县。为诸生，与孙阿汇同笔砚，为文章原本经史，揣摩简练，屡蹶棘闱，乃弃去。以诗自鸣，每午夜独醒，诗辄与钟声相唤而起。居闲，著作甚富，而名噪词坛者《梅花诗》三十首，昔人称其意境如罗浮二山，以风雨幻离合先生高风远致，仿佛梅花，故其咏梅不过一枝拗铁 [1]，俯清泉自照，虽增一影子，实无二相也。嗣子沐梓而传之。

---

[1] 底本如此。

【按】汤祖武，乃汤有光（见前文）之子，其先祖籍苏州吴县，迁居六合，出身书香之家。其嗣子汤沐、侄子汤濩（见后文）亦均有文名。汤祖武的作品，明朱应昌《洗影楼集》附录的朱涛《鹿冈公笔记考注》记载有《吹映阁集》，而《雍正六合县志》记载为《吹映阁遗稿》，可见清代早期，汤氏作品就开始散佚，只有遗稿，后来全部散失。

吹映阁，当为汤祖武书室名。吹映，以口吹物发出的细小声音，喻微不足道。典出《庄子·则阳》："夫吹管也，犹有嗃也；吹剑首者，映而已矣。"清郭庆藩集释："映，小声也。"室名寓自谦之意。汤祖武现存诗23首（《金陵诗征》卷三十9首、《雍正六合县志》2首、《七十二峰足征集》卷三十12首）。

汪国渭

汪国渭（1610—1666），一作汪国淳，字大鲁，一字孝隐，六合廪生。

◎《汪国渭诗集》（佚）

◎《鹤来庄集》（佚）

◎《不夜吟诗集》（佚）

《顺治六合县志》卷十二：汪国渭，字大鲁，有诗集。

《顺治六合县志》卷十二：汪国渭，字大鲁，性疏放，工山水花木，险墨磊落，风格高举，外师造化，中得心源，至如山花园果亡不遍写，兴酣笔到，则又若张颠之濡发染毫，莫知所至矣。

《金陵诗征》卷三十二：汪国渭，字大鲁，一字孝隐，六合廪生，元哲子，有《鹤来庄集》。

《民国六合县续志稿》卷十五：汪国淳，《不夜吟诗集》。（雍正县志，《汪氏家乘》）

《六合汪氏家谱》卷一：［汪］国淳，字大鲁，善诗，著有《不夜吟诗集》。

【按】汪国渭，乃汪元哲（见前）子，又有孙汪士遇，字载西，工画花卉，饮酒赋诗，颇有文采。汪国渭，其名字或作"国渭"，或作"国淳"，《六合汪氏家谱》中亦有异文反复出现，《六合县续志稿》《江苏艺文志·南京卷》均作"汪国淳"，均因"渭""淳（湣）"形近致误，姑两存之。《民国六合县续志稿》说汪氏有《不夜吟诗集》，所据为《雍正六合县志》和《汪氏家乘》，查《雍正六合县志》不载，实出自汪昇远编《六合汪氏家谱》。汪国渭作品，《国朝金陵诗征》卷三十二存诗 3 首，《六合汪氏家谱》卷十录诗 12 首。

汪　铉

汪铉（1612—1702），字尔调，号耐庵，六合人，崇祯三年（1630）入邑庠补增广生。究心古学，长于史才，士林推之为冠冕，是《康熙六合县志》的主要编纂者。

◎《康熙六合县志》12 卷（存）

汪铉《六合续修县志跋》：修志者，最忌沿讹踵陋，杂越无章，私心曲笔，蒙犯清议，古人垂为炯鉴，铉知之病之久矣。兹焉何幸，恭遇令君洪老父母，为星江名宿，斗南一人，体具三长，胸函二善，昨岁累承宪檄，仰奉恩纶，汇纂《江南通志》，遂将本县所存丙戌（1646）重修旧本，命铉加意整辑，手授条纲，用是夙夜忧劳，矢公矢慎，业已补新黜谬，对扬隆休，事增于旧志十之四三，辞减于旧志十之七八，使人开卷展阅，心目了然，非敢窃比良书之称，或能稍免秽史之诮，顷谋授梓，生面重开，而工费不赀，事难猝办，令君为之屏营筹画，饮冰茹檗[①]，廉俸尽蠲，又且岁行荐臻，重用民力，于是齐心盬手，敬将兴朝革命，四[②]十年间六合世变[③]风移，所为政成于上，俗美于下，稽查册籍，博采里间，按序分门，先登梨枣，缀于旧本各款项之后，俾读者晓然知皇清九围式廓，轹汉逾唐。六合虽小邑穷乡，亦

---

① 檗：《雍正六合县志》卷十作"蘖"。

② 四：《雍正六合县志》卷十作"三"。

③ 变：《雍正六合县志》卷十作"易"。

迈性敏德，余仍旧贯，请俟将来。时康熙二十三年（1684）岁次甲子仲秋谷旦，邑庠生汪铉拜手谨跋。

汪铉《六合新修县志跋》：志亦史也，而其立意微有不同。孟坚本子长八书，改为十志，盖各指一事，非史家全体，谓心之所之谓之志也。志六合，则心之所之惟六合，赜博以示夸，影响以增重，皆非也。自先哲云，亡春秋之凡例不讲，听其残坠久矣。惟我令君抱海函地负之才，抚兹斗大邑，顾以纂修县志之役，委之小子铉，铉自知其才力精魄之不足以任矣，而又不敢以固陋辞，为屏营者久之。虽然有凡例具焉，有义存焉，循览旧志，以星野冠舆地是矣，而灾祥别序星野何以征？以疆域统山川是矣，而城池各陈疆域，何以守寺观？本非朝典，奈何与公署相联？科荐同是王臣，安得判勋封为二？若此凡例多与义妨，不揣固陋，僭列十门，门分几则。垦其荒杂，使就醇也；蒭其旁岐，使归一也；大书提纲，尚体要也；细注填目，备初终也；重出者多互文，避冗长也，传各冠以表，伸纸并观，了如指掌也。古则略，今则详，昭代秉权，当王者贵也。理有疑词，有缺如，其尽善以俟君子也。每门略置四言，每则无烦只字躁人，辞多剿袭取厌也。而尤有感焉，茸补遗编，则二代无征，空咨文献，缀属近事，则索居委巷，难冀采风。而且也克限浃旬，将伯谁助，罣一漏万，无所取裁，使后人复讯后人，则孙樵所谓其书皆可烧也，铉滋惧矣。

【按】汪铉是《康熙六合县志》的主要编纂者，县令洪炜《康熙六合县志序》曰："兹役也，实补本朝之未备。邑庠生汪铉，究心古学，长于史才，士林推之为冠冕，盖生实成之。"此志与《顺治六合县志》卷目相同，增补了顺治三年（1646）以后至康熙年间的资料。《六合续修县志跋》见于今传本《康熙六合县志》，而《六合新修县志跋》不见于传本，据考汪铉可能编撰有另有一版本《康熙六合县志》，未能刊行，具体考证见本书附录二。

◎《易经蠡测》16卷（佚）

◎《澄思堂集》（佚）

◎《吞海楼诗文稿》，一作《吞海楼稿》^(佚)

◎《耐庵文集》12卷，一作2卷^(佚)

《国朝金陵诗征》卷一：汪铉，字尔调，一字耐庵，六合人，有《澄思堂集》《吞海楼稿》。

《民国六合县续志稿》卷十二：汪铉，字尔调，号耐庵，诸生，母有疾，吁天刲股，愿以身代，与弟析产，一任所取。生平笃志于学，好积书，于经史理学，靡不究心，为文雄浑灏瀚，与上元朱嗣宗先生为友，与同邑袁汉推、朱阜公、汤天邑共结诗社，自己卯（1639）至戊寅（1698）六十年，所作诗千数百首。晚年杜门甘淡，方正自持。邑侯洪绳斋以铉长于史才，士林推为冠冕，聘修邑志，文核事该，名流首肯。年九十二卒，卒后，钱菊庵学师谥为懿孝。著有《易经蠡测》十六卷，《耐庵文集》十二卷，《澄思堂集》《吞海楼诗文稿》。

《六合汪氏家谱》卷一：[汪]铉，字尔调，工文善诗，著有《易经蠡测》十六卷，《澄思堂文集》《吞海楼诗文稿》，《耐庵文集》二卷，行世。

【按】汪铉乃汪一鸣长子，汪铉子汪惺（见后文），亦有文名。汪铉作品，今存诗20首、文3篇，见于《国朝金陵诗征》《康熙六合县志》《雍正六合县志》和《六合汪氏家谱》中。

李　敬

李敬（1620—1665），字圣一，号退庵，六合竹镇镇人。顺治四年（1647）进士，官至监察御史，巡按湖南。

◎《竹镇纪略》，一作《竹墩纪略》2卷^(存)

《民国六合县续志稿》卷十六：清李敬《竹墩纪略》二卷。（六合旧志。敬裔孙守淮钞本。敬《自序》云：原夫山川绮列，今古珠贯，名胜奥衍，舆图缀于职方，伟特雅懿，伦品陟于国乘，先生长老放失旧闻者盖寡，乃若地不逾户牖之响，人不加妇孺之辈，事瞀乎虽睫，时促乎驹隙，而偶然聚落，夫蚁封蛮触也者，其中可喜、可愕、可忧、可悲之事，颇能侑挥麈之清谭，蒐操觚之逸输者矣。常闻邱索之外，更多三神八纮之浩；几席之内，尚有四樽三爵之辨，骛于远者之远，亦犹眯于近者之近也。敬也不敏，生长镇，祖父累世于兹，见以析疑，闻以传信，博征流访，纪载约略，大旨荐土俗而谨灾祥，崇民行而志物产，俾文字肇荒沦之族，幽光阐混蒙之区，所繇补前贤以未备，诏后生而可述。《语》曰：十室之邑，必有忠信；《左氏》不辨菽麦为戒；诗人恭敬桑梓为

《竹镇纪略》书影（中国国家图书馆藏本）

讽，观风者其过而采览焉。又《后序》云：古者荐绅，多由通都巨邑。竹镇至僻，隘然列于士林，名所从来久远，第闻人缺焉。是以图籍用希，巴山王宏举进士，拔起草茅，中大节，燀赫意。闾巷米盐，细不足综耶。何文献无考也。敬不揣迷妄，记其山川人物如右，虽市侩丛谈，班班然矣。是编作于彊梧大渊献（丁亥，1647），历岁久，其间涉妖鬼茫昧，通识所不道，几废之，而故老指为俗，信有之，不可废也。于是复次序，以补巴山未逮，备图籍之后焉。）

【按】全国古籍普查登记数据库显示："《竹镇纪略》二卷，（清）李敬撰，清道光十一年（1831）戴文灿抄本。1册，国家图书馆。"《中国地方志集成·乡镇志辑》第五册有同治癸酉年（1873）吉霞轩张氏抄本，下卷有残缺。

◎《竹镇杂记》1卷（存）

【按】《竹镇杂记》1卷，见于1948年8月南京市通志馆文献委员会印

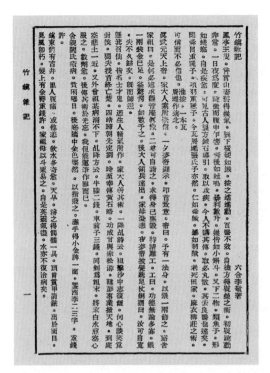

《南京文献》第20号《竹镇杂记》书影

行的《南京文献》第20号，可能是《竹镇纪略》抄写本所缺的"杂记"部分。

◎《湖南案稿》（佚）

【按】根据李敬存世作品分析，《湖南案稿》可能就是他《退庵集》中"奏疏"和"审录"部分，主要记录了他在湖南任巡按使时的一些请示和处理案件的文档。

◎《学诗录》12卷（佚）

【按】从李敬存世作品看，《学诗录》12卷可能就是《退庵集》中的"诗集"部分，正好也是12卷，基本是按时间顺序收录了他的诗作，作者自谦地称为《学诗录》。

◎《退庵集》21卷（存）

《四库全书总目提要》卷一百八十一集部三十四：退庵集，二十一卷，江苏巡抚采进本。国朝李敬撰。敬，字退庵，江宁人。顺治丁亥进士，官至监察御史，巡按湖南。是集诗词十二卷，奏疏及杂著九卷。诗集《自序》谓："必深知元气流行，使心口之间律吕相合，以适于喜怒哀乐之正，盖即白沙、定山之宗旨。"文集《自序》谓："按楚时，审录尽心，至于甘澍大降。死因为兵劫去，自请归狱。"亦未免好自誉矣。

柯愈春《清人诗文集总目提要》上册：《退庵集》二十一卷，李敬撰。敬生年不详，卒于康熙四年（1665）。字圣一，号退庵，江苏六合人。顺治四年（1647）进士，官至监察御史，巡按湖南。此《退庵诗集》十二卷、

《文集》九卷，康熙间刻，复旦大学图书馆藏。王士禛《渔洋诗话》载："退庵病中自订生平诗文刻之，戒其子庋阁二十年后乃可印行。今三十余年矣，索诸其子，至再不得。"此集印行当在康熙末年。民初徐世昌编《晚晴簃诗汇》时，称"惜全集之不传"，其余仅见中国国家图书馆藏有残本，此集稀见可知。

李敬《退庵诗集自序》：诗何为而作也？天无声以风雷声之，地无声以水声之，若婴儿之呱泣，鸟兽之鸣号，殆于自然者矣。圣人观之而作乐，因其声，求其志，因其志，求其

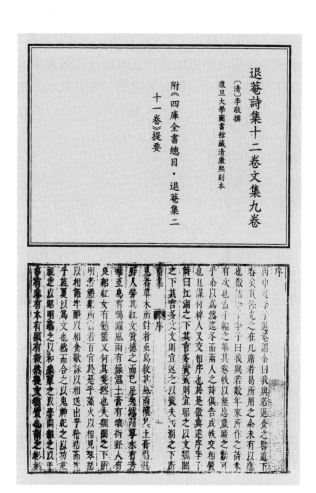

《退庵集》书影（上海复旦大学图书馆藏本）

辞，则诗生焉，贵得中声而已。故四声，和气者也；五音，应节者也；六义，赋形者也。先志后辞，辞之成也，取比而去奸，而诗道传焉。苏、李、《十九首》以下，至杜甫、元结之流，皆通其解矣。才如李白不免凌杂，况他人乎？非深知元气流行，使心口之间律吕相合，以适乎喜怒哀乐之正，则恶能与于斯哉？

宋征舆《退庵诗集序》：丙申（1656）夏，李子退庵谓余曰："我与若退食之暇，迫下春矣。其余光之在几席者，曷所用之？"余未有以应也。征诸李子，李子曰："我与若数年来所作之诗，未有次也，盍手编之，第其卷帙，以无忘岁时之勤，可乎？"余以为然。迄冬而两人之诗俱告成帙，交相

质也，且谋付梓人，又交相序也。于是征舆遂序李子诗曰：江湖之下，其言多质，质则宜昭之以文；魏阙之下，其言多文，文则宜返之以质。夫江湖之下所见者草木，所对者虫鸟，序其风雨，怀其土膏，唱其野人，劳其红女，质抒之而已足矣。然而草木有芳华，虫鸟有鸣跃，风雨有燥湿，土膏有坟衍，野人有良耜，红女有懿筐①，又何其斐然也。夫魏阙之下所明者礼乐，所富者百官，于是乎藻火以相见，琴瑟以相语，牢醴以相食，歌咏以相送，出乎裷裕而达乎旌夏以为文也。然而合之以鬼神，纪之以功业，视之以清明，听之以和乐，聚之以学问，离之以王事，有末有本，有显有微，然后文犹质也，谓之彬彬，嗟乎，我不敢谓江湖之下，无所谓斐然者，而不能不以彬彬者望我学士大夫，今获我李子而后喜可知也。夫李子之诗，大言中金石，小言中丝竹，奏之明堂秘宫，旋相生而旋相应，锵锵喤喤在韶夏间矣。然而精微根乎德，产事本系乎人伦，求乎上之所以化，下之所以风，如所谓达于事变，而怀其旧俗者，概无不有焉。夫然故有文有质，可以为学士大夫之诗也。彼江湖之人多余日，而魏阙之人无余日，如是则彼将日胜乎？请无以日竞而以心竞，则亦在乎勉之而已。在记有之：建邦能命，龟田能施，命作器能铭，使能造命，升高能赋，师旅能誓，山川能说，丧纪能诔，祭祀能语。君子能此九者，可谓有德音，可以为大夫，然则诗也者，学士大夫之职也。夫李子者，期不失其职者也，执鞭而从其后可也。云间宋宋征舆拜撰。

《乾隆六合县志》卷四之二：李敬，字圣一。其先吴县人。世居六合竹墩里。顺治丁亥（1647）进士，授行人，考选广西道御史，多所建白。出按湖广，兵燹之后，请免租税，改折黄绢，民皆便之。身至行间犒师。征贼有功，升太仆寺少卿，通政司左右使，宗人府丞，刑部右侍郎，转左，和衷详慎，出入称平，丁忧归以哀毁。卒之日，御赐祭葬。有文集《学诗录》《湖南案稿》。

王士禛《池北偶谈》卷十三"谈艺三"：六合李侍郎（敬），字退庵，顺治戊戌（1658）、己亥（1659）间，予在京师，辱忘年之契，论诗文一字不轻放过。其诗有云："酒醒亭午后，人忆秣陵西。""瓜步新添水，清明远送行。"此例数十句，唐人绝调也。有集二十卷，手自编刬，去留甚严。甫

---

① 筐：宋征舆《林屋文稿》卷五作"筺"。

刻成而病，临殁戒其子曰："我死后二十年始可行世。"今倏忽三十年矣，其集世竟无知者，实本朝一作手也。顺治辛丑（1661）过扬州，予造谒舟中。因论近日布衣诗，予举程嘉燧、吴兆公曰："终须还他邢昉第一。"

【按】李敬作品存世比较完整，只有少量奏稿散存在清宫档案中。《退庵集》包括《退庵诗集》12卷和《文集》9卷，现有清康熙刻本。原书藏复旦大学图书馆，齐鲁书社《四库全书存目丛书》集部第216册影印收录本书。中国国家图书馆有《退庵文集》刻本，残存7卷，即卷1—6和卷9。李敬诗文，《感旧集》（清王士禛编）、《晚晴簃诗汇》、《国朝金陵诗征》、《国朝文汇》、《江苏诗征》等有选录。

清宋征舆撰有《通议大夫刑部左侍郎退庵李公墓志铭》，述李敬生平颇详细，见宋征舆《林屋诗稿》卷九，《六合文征》有选录。

何　让

何让，字允恭，一字石江，清代六合人。生平事迹不详。

◎《雪香楼诗草》（佚）

◎《蕉桐集》（佚）

《诗乘初集》卷十二：何让，字允恭，江南六合人。著《蕉桐集》。

《国朝金陵诗征》卷二：何让，字允恭，一字石江，六合人。有《雪香楼诗草》《蕉桐集》。

《民国六合县续志稿》卷十五：何让《雪香楼诗草》《蕉桐集》。（《金陵诗征》。让，字允恭，一字石江，六合人。）

【按】何让，六合历代县志无其传。《江苏艺文志·南京卷》引说见《金陵艺文志》。朱应昌有与之唱和诗。《国朝诗乘》卷十二选其诗3首，《国朝金陵诗征》卷二选其诗2首，《江苏诗征》卷四十四选其诗1首。合并重复，存诗共4首。

袁逢诏

袁逢诏，字五裁，一字勖庵，清代六合人。康熙元年（1662）贡生，来安训导。

◎《勖斋小草》（佚）

◎《进修轩集》（佚）

《雍正六合县志》卷十：袁逢诏，字五裁，刻有《勖斋小草》《进修轩集》。

《雍正六合县志》卷六：袁逢诏。康熙元年（1662）岁贡，来安县训导。善诗，课士论文，振兴学校。

《国朝金陵诗征》卷五：袁逢诏，字五裁，一字勖庵，六合人，康熙壬寅（1662）贡生，来安训导。

【按】《道光来安县志》卷八记载，袁逢诏于康熙二十二年（1683）以岁贡任职来安训导。袁逢诏作品《雍正六合县志》载已刻，今不见传本。今存诗1首，见《国朝金陵诗征》卷五。

田　治

田治，字古田，清初六合人，布衣诗人。

◎《耕余堂诗草》（佚）

◎《兰扉集》，一作《兰扉诗草》（佚）

《雍正六合县志》卷十：田治，字古田，著有《耕余堂诗草》《兰扉诗草》。

《雍正六合县志》卷六：田治，字古田，书法浑古，有晋魏人风味。

《金陵诗征》卷三十二：田治，字古田，六合人，有《耕余堂诗草》《兰扉集》。

【按】田治，明末清初人，与江宁朱应昌友善，多有唱和。田氏存世作品1篇，见《金陵诗征》卷三十二。

袁逢恩

袁逢恩，字叔岐，清代六合人，布衣诗人。

◎《憩缘轩诗集》（佚）

《雍正六合县志》卷十：袁逢恩，字叔岐，著有《憩缘轩诗集》。

◎《医学鸿宝》（佚）

汪铉《袁淑岐隐君传》：六合淑岐袁先生，隐君子也。里之人无少长与之游，而家受其赐，交口誉之无异辞，为能以无隐为隐也。袁氏发源会稽之新昌，新昌诸袁噪天下，而公始祖移家六合，则自有明开国初年，五世而后得文溪公，文溪公生我山，以文学显，八世而得云衢、云川、云津、云郊，趾肩相望，亦皆以文学显。公之大父，伯仲也，公之大父为云石，当是时袁氏五云藉甚乡党间，独云郊以儒者兼医，云石尤精其艺，传其子肖石公嗣之，肖石生丈夫子四，而公之序三，讳逢恩，淑岐其号也，生而英敏绝伦，承其父若大父三世之业，饮水上池，挟肘后方治人病，病者一见霍然，而仆者起，迷者苏，沈绵卧褥者，且一旦泾泾然，而阳满大宅也，公之艺精矣。儒者有言，不为贤宰相，必为良医。公于《素问》《灵枢》及四大家所论，固已突入其阻，抉奥洞微，复旁及子史百家，广为证验，手著《医学鸿宝》一编，曰："医之妙不可言传，吾言其可传者而已。推此志也，于以燮理三辰，调和六气，相君之能事毕矣。医云乎哉。"公伯兄门之、仲兄际之、与五载季弟，各以经艺号召辞坛，试辄冠军高等，公视之意若蔑然，有所弗屑也者，自儒者存心济物，必于物图其有济，今物之待

125

济于我，视兄弟所得孰多，此肖石公所以爱其英敏绝伦，独授以三世之业也。公于曲艺，无所不精，寓物而不留物。碁视海内国手，相去止一二子间；诗则掏肾镂心，耻为庸格，士林宗之，诚袁氏之特也。今开之物故已久，际之则自毗陵博士挂冠，而五载方以老明经待选，公视兄弟所遇，颇萧散从容，不幸而捐馆矣，是可哀也。有子二：长绾，次授，与予为文字交，能承其考志，予乃得以一身论交父子间，备详其家世如此，故为诠次其懿行而归之。

【按】袁逢恩，文学之士而隐于医者，曾著《医学鸿宝》见于汪鋐所作《袁淑岐隐君传》，见于《康熙六合县志》卷十，但不见于《江苏艺文志·南京卷》。《国朝金陵诗征》卷二选其诗 1 首。

沈希孟

沈希孟，字子迁，六合庠生。

◎《云在斋集》（佚）

《国朝金陵诗征》卷一：沈希孟，字子迁，六合人，庠生。以孝旌门。有《云在斋集》。

《顺治六合县志》卷十二：沈希孟，字子迁，性喜摹画，不烦专授，辄能意在笔先，随意点染，情之所耽，丘壑具见，而继起者强子士颂也。

【按】沈希孟，以孝闻乡里。与孙汧如、朱胤昌等同学，工画善诗文。曾参与《顺治六合县志》的校订。存世作品有文 2 篇，见《六合文征》；诗 3 题 9 首。

沈氏六合望族，曾祖沈秉让始自吴迁六合，祖父名沈延祖。父沈启元，字端伯，天启中肄业南京国子监。叔父沈启明（见前文），弟希亮、希瀛、希尧、希濂、希颖，子沈玉符，均有文采。

朱　绥

朱绥，字安公，一字简庵，祖籍安徽歙县，六合布衣诗人。

◎《简庵诗存》(佚)

《国朝金陵诗征》卷五：朱绥，字安公，一字简庵，六合人，有《简庵诗存》。简庵父有定，字静之，歙县人，让产于伯兄，遂迁六合，明季民多流离，赖以存活者甚众，长洲尤侗为之传。

邓汉仪辑《诗观》二集卷十四：朱绥，安公，江南歙县人，家六合县。

【按】自《康熙六合县志》始对朱绥有记载，内容极简，谓"朱绥，字安公"，没有其他生平事迹。其父朱有定，《康熙六合县志》卷十有尤侗为之撰《朱征君传》，曾任六合县康熙十年（1671）乡饮宾。有弟朱绹（见后文），有文名。朱绥存世作品，邓汉仪辑《诗观》二集卷十四收13首，《国朝金陵诗征》卷五收5首，与《诗观》有重复。清彭廷梅辑《国朝诗选》卷一选录其诗3首，《江苏诗征》卷十八选其诗4首。

朱　绹

朱绹，字阜公，一字岳青，原籍歙县，侨居六合。康熙八年（1669）武举人。

◎《岳青堂集》(佚)

◎《黄山游草》1卷(存)

【按】《黄山游草》一卷，抄本，国家图书馆有藏本。刘家平、周继鸣主编《古籍珍本游记丛刊》影印时少一页。余宾硕作序，周斯盛跋。正文书名下题"旅堂朱岳青"。"旅堂"者言朱氏旅居堂邑（古代六合县名），周斯

《黄山游草》书影（中国国家图书馆藏本）

盛跋中有："甲戌（1694）四月七日阻风东沟，偶过东林，从故人笠公房快读点次，恨不能得其字句之瑕耳。"其中"东沟"亦为六合地名，可见朱岳青确为六合朱绂。

◎《骊珠集选》（佚）

◎《苍霞阁草》（佚）

◎《岳青堂诗抄》不分卷（存）

◎《棣华楼续诗选》不分卷（存）

柯愈春《清人诗文集总目提要》上册：《岳青堂诗钞》不分卷，《棣华楼续选诗》不分卷。朱绂撰。绂字阜公，安徽黟县人。康熙八年（1669）举人。所交如孙枝蔚、邓汉仪、曹溶、施闰章辈，皆一时名士。所撰《岳青堂诗钞》一册，清刻本，中国社会科学院文学研究所藏。又有《棣华楼续选诗》不分卷，钞本一册，安徽省博物馆藏。其诗深婉秀润，时露胸臆。《安徽艺文考》载，所著另有《苍霞阁草》《黄山游草》《岳青堂文集》，今皆不存。

《国朝金陵诗征》卷五：朱绂，字阜公，一字岳青，六合人，康熙己酉（1669）武举人，有《岳青堂集》《黄山游草》《骊珠集选》。纪映钟云："阜公以诗鸣江上，其气虚灵，其才浚发，不暴兀，不婥阿，能划然行，其意之所至，是今之笃古者也。"余怀云："阜公诗，清真浏亮，不染尘俗，殆李才江、张宛邱之流也。"僧不庵云："阜公孝于亲，友于兄弟，笃于友朋，诗一本于性情。"

《乾隆六合县志》卷四之三：朱弦，字阜公，康熙己酉科武举，原籍黟县，侨居六合。五言诗宗王孟，七言古体直逼陆务观，今其集虽不多见，而佳什犹在人口。游黄山作诗近六十首，搜奇选胜，若谢灵运之在永嘉也。

【按】朱絃，乃朱绥之弟，弟朱绣，均有文名。曾与汪铉、汤沐等人结诗社，时人对其评价很高。《岳青堂诗抄》《棣华楼续诗选》据《中国古籍总目》有存，未曾过眼。

其传世作品见于邓汉仪辑《诗观》二集卷十四，选录18题，《国朝金陵诗征》卷五选18首，《乾隆六合县志》选11首，去除重复共存诗36题45首。与泰州王令树（1657—1720）友善，其所著《映日堂诗》中有很多与朱弦唱和的诗作。清余怀有《同朱岳青登钟山绝顶作》诗。

汤　濩

汤濩，字圣弘，又字易庵，号昭夑，明诸生。明末清初六合人，原籍吴县（今江苏苏州）洞庭东山。入清隐居，徙寓江宁。

◎《读易考略》6卷（佚）

◎《春秋历补》（佚）

◎《测天杂说》（佚）

◎《六书集义》（佚）

◎《六书谱》（佚）

◎《音声定位图》（佚）

◎《言树堂集》（佚）

◎《测天历补》（佚）

◎《韵学》（佚）

◎《说文部叙》（佚）

◎《香草堂集》（佚）

◎《青霞馆集》（佚）

◎《楚辞古韵》4卷（佚）

◎《测天新说》6卷（佚）

◎《石鼓文诠》3卷（佚）

◎《历朝大节录》20卷（佚）

◎《湖上集》（佚）

◎《秋怀集》（佚）

◎《金陵名胜集》（佚）

◎《雁字唱和集》（与弟汤沐合撰。佚）

　　《同治苏州府志》卷一百三十六：汤濩《读易考略》六卷，《春秋历补》《说文部叙》《六书集义》《六书谱》《音声定位图》，《楚辞古韵》四卷，《测天新说》六卷，《石鼓文诠》三卷，《历朝大节录》二十卷，《湖上集》《秋怀集》《金陵名胜集》《雁字唱和集》（字圣宏，一字昭夔）。

　　《雍正六合县志》卷十：汤濩，字圣弘，号昭夔，著有《言树堂》诸集，《读易考略》《测天历补》《韵学》。

　　《乾隆六合县志》卷四之三：汤濩，字圣弘，原籍吴人，居六合，与弟汤沐俱以诗名，唱和数百首，尤精天文算法。是时言算法者有宣城梅氏、大兴何氏、王氏，皆未兴而濩独为之先，亦特立之士。

《七十二峰足征集》卷五十：汤濩，字圣弘，一字昭夔，允绳犹子。天资敏悟，向学精专，于书无所不读，而寻源竟委，探微索隐，不肯一字放过。弱冠，补博士弟子员。家有藏书数万卷，丹黄评骘，日以为事。尝与金陵丁菡生、黄俞邰订古欢社，十日一集，互为主客。集之日，各挈一笈，各出所得，为何书所搆，为何义所论，定为何事，赏奇质疑，其学益进。晚年，尤精易理，旁及天官、历算、星数、筮法、韵学诸书，下帷纂述，相与讨论者桐城方密之、宣城梅杓司、昆山顾宁人、山阳张力臣数人而已。时方举博学弘辞，以无相知有气力者荐之于朝，遂终老牖下，士林惜之。其刊行者，有《湖上秋怀》《金陵名胜》《雁字倡和集》《香草堂稿》，其已削稿而未刻者，《读易考略》六卷，《春秋历补》二卷，《楚辞古韵》四卷，《测天新说》六卷，《石鼓文诠》三卷，《历朝大节录》二十卷，《说文部叙》《六书集义》《六书谱》《音声定位图》数卷，弟沐志铭中载其目。

《国朝金陵诗征》卷四十一：汤濩，字圣宏，一字昭夔，又字易庵，六合人，震泽籍。祖武长子，庠生，有《青霞馆》《言树堂》《香草堂》等集。圣宏少师事朱嗣宗先生，与丁雄飞、黄虞稷结古欢社于长干，尤精天文、六书，桐城方以智、山阳张弨往复商订，有《春秋历补》《测天杂说》《说文部叙》《六书谱》《音声定位图》《读易考略》。读书天性孝友，不以学辩胜人，粹然有德有言之儒者也。

【按】汤濩的父辈汤祖武（见前），弟弟汤沐（见后），均有文名。《清儒学案》卷三十七载汤濩之名。李赞辑《顾炎武旅沃诗文暨译注》中说："《为顾宁人征天下书籍启》署名者，除已见《同志赠言》外，尚有王猷定、毛骙、顾有孝、顾梦麟、陆圻、吴炎、杨彝、汤濩、万寿祺、杨瑀、王锡阐、方文、丁雄飞、吴任臣，则正皆其同辈之至好者。"可见他与当时名流多有往还。汤濩的学生中有著名的方中通（1631—1698），字位白，号陪翁，清初著名数学家、天文学家。汤濩作品现存诗1题4首。《明诗纪事》辛籤卷三十一收其诗2首。

汪 瑊

汪瑊（1624—1676），字珏玉，号朴庵，六合县廪生。

◎《史目汇函》（佚）

◎《易经讲义》（佚）

◎《诗文我筏集》（佚）

◎《太上感应篇广义》（佚）

《民国六合县续志稿》卷十五：汪瑊《史目汇函》。（《汪氏家乘》。按：瑊，号朴庵，邑廪生，为文古雅简洁，日可十余篇，卒数奇不中，人咸惜之。）

《六合汪氏家谱》卷一：瑊，字珏玉，为文古雅简洁，著有《史目汇函》《易经讲义》《诗文我筏集》《太上感应篇广义》。

【按】《民国六合县续志稿》录《汪氏家谱》始有汪瑊传。《江苏艺文志·南京卷》说他是清顺治间人，所列书目亦不全。

释大健

释大健（1629—1695），字蒲庵，清初六合人，宏济寺诗僧。

◎《花笑轩集》不分卷（存）

柯愈春《清人诗文集总目提要》上册:《花笑轩集》不分卷，释大健撰。大健字蒲庵，安徽和州人。弘济寺僧。此集一册，宋琬选，清初刻本，南京图书馆藏。《清诗别裁集》选其《登钟山》诗一首。

杜濬《花笑轩诗序》：禅可以为诗也，而不可以为诗也。禅可以为诗者，诗中有悟境；而不可以为诗者，诗中有禅障也。唐之诗人深于禅者，最推王维、柳宗元，然二子之诗高洁明秀，其言外之意不着色相，此所谓语境也，挽末言诗者，或初翻教典，或新事参学，则经论成语、五宗公案，葛藤满纸，此所谓禅障也。蒲庵和尚具正知见，其于为诗亦复净扫游氛，以归于潋霁之景，吾定其精炼之语直逼有亟峻峭之格，不下愚溪，而究其所以得力，在于以诗为诗，而不以禅为诗也。夫以诗为诗而禅存，以禅为诗而诗亡，唐人知之，是以诗禅两盛，而宋元以来，浸失其指也。和尚超乘而上，妙与唐人合，用能有其悟境而无其禅障，岂不伟哉？余固亟称之久矣。近得山左守荔裳臬宪与余同好，因相与怂恿授梓，以教世之学禅以及诗者，和尚亦顺应之，爰各为之序。弟黄冈杜濬撰于燕子山房之雪窗。

周亮工《花笑轩诗序》：金陵梵刹多天下高流，道侣每每托迹，而弘济蒲公尤为杰出。予尝邂逅于灵谷空响中，一见契合，不独文士浮华之会，至蒲公而尽。即一切竖拂称尊，鼓弄声闻伎俩，诩诩见之眉宇者，均不可测其涯涘。余所恃为洪钟之叩，慈航之引，时时相得以忘言，将在斯人，岂暇于人世诠谛文字因缘中，以庶几其一遇耶？然公诗名已藉藉，吾友宋荔裳、杜于皇皆极口称其诗，时犹未得尽读之也。庚戌（1670），余杜门谢客，落落穷巷中，世缘都尽，蒲公始以一帙来质。余见其留连光景，标举兴会，拱揖陶、韦、储、王诸公于含毫拂索间，与向之所见何异？若另一蒲公淋漓歌笑而前者，予因静念其所以。夫云山川古今所同咏，而高人以成名胜之章，故同一音响，而属听有浅深，共此意言，而会心有灵滞。由蒲公之诗以印蒲公之所得，吾恶知裁云之句，不自掩关面壁，时触悟而融耶？则蒲公之诗乃蒲公之真禅，何俟竖拂始可明宗，而又岂一切文士可望尘而至者哉？知有蒲公，俯仰于江光浩荡间者远矣。虽然远公缁流之冠，靖节犹不轻一往，而荔裳、于皇与蒲公称莫逆，则蒲公之为人可知。又时时以诗歌相响答而切磨之，宜其诗推作者哉。康熙辛亥（1671）孟夏，栎下周亮工题于恕老堂。

王泽弘《花笑轩集序》：庚戌（1670）冬，余以北上泊燕子矶，见有新构兰若，层台杰阁，与老树茂木参错于高峰绝壁之下，余怡然往过，其门馆肃肃，洒扫洁除，知必有高僧居其中也。已而蒲庵和尚出迎，促席深坐，知为浪老人入室弟子，因留诗为赠，蒲庵亦次韵惠答，出《花笑轩集》属余序。余思韩退之谓作诗为余事，后此有志学道及经世大业者，皆以余力作韵语，而未肯竭精劳神于其间也。诗岂足以见蒲庵哉？惟蒲庵之躬修心悟，不可得见而姑见之于诗，则读之者亦得叹其诗之清思妙境，超然为不可及，而其躬修心悟，人固不可得见，即蒲庵亦终不能举以示人也。余忆甲戌（1634）秋，先太史由淮安司李内补馆职，而余奉先母归楚，道经燕子矶，过三台洞，一黄冠一老僧方班坐而饭，见人至，辄呼曰："非脱履勿入吾洞。"淮之旧役从余行者，疾趋呵斥，余力止之，因脱履而下，老僧以箸菜食余，余两手捧持之，黄冠曰："彼安知此味？"余依恋者久之，不忍去，是时方九岁，恒记忆不忘。至甲辰（1664）春，余得往访洞中，高下曲折，宛然如旧，其脱履茹菜处亦历历可指，而其人已亡矣。兹复再过，追忆甲戌至甲辰已三十年，自甲辰至今亦已七年，其去九岁时则已三十七年矣。自幼而少，少而壮，壮且将老，中间荣枯显晦生死离合之故，不知凡几，然则余之发白齿落，颜日以槁，而神日以颓也，在旦暮间耳，可不痛哉！余因序蒲庵之诗，牵连及此，以见世俗富贵名位犹轻尘之栖弱叶，而蒲庵弃氏毁发勇猛入道，可以发人之深省，而余犹浮湛世路，昏昏然不知所止。呜呼！其尤可悲也已，以若蒲庵之诗吾友宋荔裳、杜于皇序之审矣，余何能序君诗哉？康熙九年（1670）十一月廿五日，江安王泽弘撰于燕子矶舟中。

【按】本书有康熙十年（1671）序刻本，南京图书馆藏。

◎《北山诗集》(佚)

《国朝金陵诗征》卷四十八：大健，字蒲庵，六合人，宏济寺僧，有《花笑轩集》《北山诗集》。蒲庵尝立祠以祀少陵。

《民国六合县续志稿》卷十五：释大健，《花笑轩集》《北山诗集》。(光绪县志，《金陵诗征》。大健，字蒲庵，六合人，宏济寺僧。)

《江苏艺文志·南京卷》第三册：大健，字蒲庵。清六合人，江宁永济寺僧，浪老人入室弟子。与宋琬、周工亮、杜濬等交往甚密，曾建祠以祀少陵。工诗。周工亮评其"留连光景，标举兴会，拱揖陶、韦、储、王诸公于含毫拂素间"。杜濬云其"以诗为诗，而不以禅为诗"。卒年一百余岁。

【按】《民国六合县续志稿》始录其传。大健籍贯还有安徽和县说、南京江宁说，然僧人居无定所，此不足怪。其所住寺院"宏济寺"，原名"弘济寺"，因避清帝讳，改"永济寺"。

《国朝金陵诗征》卷四十八选释大健诗 15 首，《晚晴簃诗汇》卷一九六选其诗 2 首。

汤　沐

汤沐（1631—1700 后），字天邑，六合县岁贡生。

◎《未园草》，一作《未园诗》（佚）

◎《猗兰堂诗》（佚）

◎《响往集》（佚）

◎《遥和集》（佚）

◎《泽畔吟》1 卷（存）

柯愈春《清人诗文集总目提要》上册:《泽畔吟》一卷，汤沐撰。沐生于崇祯四年（1631），卒年不详。字天邑，江苏吴县人。此集顺治十七年（1660）猗兰堂刊，中国社会科学院文学研究所藏。康熙三十九年（1700）刻《未园诗》，时年七十。所著又有《猗兰堂近诗》《响往集》《遥和集》，未见。

◎《香草堂遗稿》（佚）

◎《来鹤庄唱和集》（佚）

◎《秣陵名胜咏》（佚）

◎《湖上秋怀》1册（佚）

◎《雁字唱和诗》（佚）

◎《猗兰堂别集》，一作《骈体别集》（佚）

◎《晏如斋稿》（佚）

◎《猗兰堂拟表》（佚）

◎《古今同姓名录》（佚）

◎《冶摄两山响往集》（佚）

《雍正六合县志》卷十：汤沐，字天邑，著有《香草堂遗稿》《秣陵名胜咏》《湖上秋怀》（一册）《雁字唱和诗》《晏如斋稿》《猗兰堂诗》《猗兰堂别集》《猗兰堂拟表》。

《同治苏州府志》卷一百三十六：汤沐《未园诗》《泽畔吟》《来鹤庄唱和集》《响往集》《遥和集》。（字天邑，承彝子。）

《七十二峰足征集》卷三十：汤沐，字天邑，允绳子，县诸生。少有文名，试辄冠军。与兄圣弘研席相依，严立程度，午夜分灯，洛诵悠然，命题搆义，各出心裁。议论证据，古今镕铸，经史雷同，剿说之流望而却走，时有难兄难弟之目。其传世者，有《五湖赋》《未园诗》《雁字诗》《泽畔吟》《来鹤庄倡和集》《响往集》《遥和集》等刻。

《乾隆六合县志》卷四之三：汤沐，字天邑，岁贡生，性好吟，诗格不越中唐而左右，采获极富，与兄濩作雁字诗各二十首，传诵士林，尤工骈体。祖骆丞、王勃而加以欧苏逸气，亦可名家。

陈作霖《金陵前明杂文钞》：汤沐，字天邑，一字天逸，六合人，濩弟，禀贡生。有《秣陵名胜咏》《湖上秋怀》《雁字诗》《泽畔吟》《未园诗》《冶摄两山响往集》《猗兰室近诗》《骈体别集》《唱和集》《古今同姓名录》。

天邑与兄圣宏俱余六世祖嗣宗公高弟，又与张盈令、叶玉森游，力学不倦，幼时其舅氏叶熙仲开社云西草堂，天逸诗有"日当停午方知霁，雪为辞冬不肯寒"句，众惊宿慧。晚年，文喜骈俪，为僧不庵作别，序云："已知万事之皆非，犹幸两人之俱在。"先迁甫叹赏不已，谓四明周证山曰："君作解嘲唱和，不可不至堂邑访汤君。"属其为小引，盖骈文能用缩笔，有逸气，不以丰缛见长也。天邑尝言，童子时，延师初至，酒酣，师谓科第之文不足毕力，当多读书为诗古文词，其父喜曰："儿辈得师矣。"详天邑自序。顾与治曰："诗有其理，以理求之，则离而不合；诗有其学，以学求之，则芜而不治；诗有其才情，以才情求之，则荡而不归，故纸中自觅生活不得，独予与天邑能知其深云。"

【按】汤沐，乃汤承彝子（《七十二峰足征集》卷三十载，其"字禹传，允绳弟，有《青霞馆草》"），汤祖武（见前，字允绳）嗣子，汤濩（见前）之弟。汤沐著述颇多，但均未见传世，现存仅《泽畔吟》1卷，清顺治十七年（1660）猗兰堂刻本，中国社科院文学所图书馆有藏，笔者未过目。散见存世作品，《乾隆六合县志》收其诗 31 首，《国朝金陵诗征》卷二选其诗 34 首。

汪 玙

汪玙（1631—1675），字韵夫，六合县诸生，善琴书画。

◎《鹤来庄归风琴谱》（佚）

《民国六合县续志稿》卷十五：汪玙《鹤来庄归风琴谱》。（《汪氏家乘》。按：玙，字韵夫，邑诸生，为人呐呐①不多言，而静气可掬。工着色花卉草虫，琴解新声，兼存古调。）

《六合汪氏家谱》卷五：玙，国湄子，字韵夫，治书，顺治十二年（1655）入邑庠，为人呐呐不多言，而静气可掬。画工着色花卉草虫，琴解新声，兼存古调。著有《鹤来庄归风琴谱》。

---

① 底本如此。

【按】汪琤，汪国渭子，字韵夫。不见于民国前县志。

董　勋

> 董勋，字世安，清代六合名医，精幼科。

◎《痘症溯源》_{（佚）}

《雍正六合县志》卷六：董勋，字世安，精幼科。子其升，字裔安，世其业。刻有《痘症溯源》书行世。

【按】董勋著作曾有刻本，惜不见传世。"痘疹"一般属幼科，《江苏艺文志·南京卷》谓其"善医，尤工外科"，不知何据？

叶灼棠

> 叶灼棠，字函公，一字嵩巢，清初六合人，祖籍苏州吴县。顺治八年（1651）拔贡，补中书舍人。康熙十八年（1679）荐博学鸿词科。从征福建有功，擢巡福建兴泉兵备道。

◎《兴泉政略》，一作《泉州政略》6卷_{（佚）}

◎《嵩巢诗集》_{（佚）}

◎《京稿》_{（佚）}

◎《西清六子稿》_{（佚）}

◎《庸行录》_{（佚）}

◎《心学宗元》（佚）

◎《四图说》（佚）

◎《庚辛涉笔》（佚）

◎《学古编》（佚）

◎《志行草》（佚）

◎《燕山草》（佚）

◎《存余稿》（佚）

◎《平海吟》（佚）

《同治苏州府志》卷一百三十六：叶灼棠《庚辛涉笔》《学古编》《志行草》《燕山草》《存余稿》《平海吟》（号嵩巢）。

《雍正六合县志》卷十：叶灼棠，字函公，号嵩巢，著有《京稿》《西清六子稿》《心学宗元》《兴泉政略》《嵩巢诗集》《四图说》《庸行录》。

《乾隆六合县志》卷四之二：叶灼棠。字函公，顺治辛卯（1651）副榜试博学鸿词科，补中书舍人，从征闽海有功，擢巡福建兴泉兵备道，首捐俸煮粥以活饥民。时盗贼

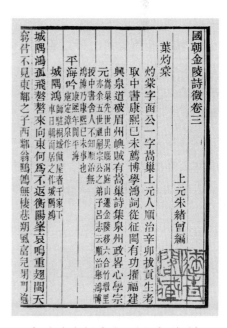

《国朝金陵诗征》卷三选录《平海吟》

充斥，民无完户，灼棠细按贼窟，尽得其名，出兵四捕，获其渠数十人骈戮。以狗相缓急，筑汛海滨，日饬战具，治军书不假手胥椽，是以谍者罔知虚实。寇甫登岸，我兵已至眉[①]州屿，有屯贼五千人，灼棠与督镇将夜击之，斩俘千余级，余党解散。兴泉两都遂定，执法严正，创治人[②]不避权贵，台省信而重之，所著有《嵩巢诗集》《兴泉政略》《心学宗元》等书。

《乾隆泉州府志》卷三十二：叶灼棠，字函公，江宁六合人。顺治十二年（1655），以中翰随定远大将军征闽，委署兴泉道事。时疮痍未起，灼棠务与民休息。未几，还京改授。十五年（1658），复为泉兵备。谢绝竿牍，饮水茹檗。值岁饥，煮粥以啜饥民。盗贼充斥，灼棠领卒搜捕元丑数十人，骈戮以殉。戊午（康熙十七年，1678年）五月，"海寇"连数十艘迫犯内港，灼棠督师夹山而阵，城阃不闭。寇知有备，越日解去。寇复潜窥上游，逼湄洲屿，灼棠侦知，预请督、镇檄调兴化舟师截其后，自以泉标千人乘夜击之，斩俘甚众，两郡遂定。因条陈安泉十要禁、除四害，皆悉中时弊。巡按成勇备疏入告，允行。他如恤铺行、精谳鞫、修雉堞，美不胜书。暇则课试多士，亲定甲乙，膺识拔者如登龙门。逾年，丁父艰。郡人投柜，一日满百金，固却不受，留赈贫民。自衰经扶杖行，民携老幼，怀酒核追，送数十里。著有《兴泉政略》六卷。（《乾隆晋江县志》记述与之同。）

【按】叶灼棠先世由吴县洞庭山迁金陵，后移六合竹墩里（今竹镇镇）。尝从朱胤昌学，同学有李敬、汤沐等人。《同治苏州府志》所载叶灼棠《庚辛涉笔》《学古编》《志行草》《燕山草》《存余稿》《平海吟》等作品，《江苏艺文志·南京卷》不载。

叶灼棠作品存世者有《乾隆六合县志》收诗1首、赋4篇，《国朝金陵诗征》卷三收诗27首，《乾隆晋江县志》存文1篇。李渔《资治新书二集》中录文10篇，胡衍虞撰《重订居官寡过录》存文1篇。文见《六合文征》。

叶芳棠

叶芳棠，字岩庵。叶灼棠弟，六合布衣。

---

① 眉：《乾隆泉州府志》卷三十二作"湄"，当从。

② 底本如此。

◎《叶茇棠诗集》^(佚)

《国朝金陵诗征》卷一：叶茇棠，字岩庵。六合人。甘棠，字飓公；起棠，字又生；皆茇棠兄弟。

《金陵通传》卷二十：叶灼棠弟茇棠字岩庵、甘棠字飓公、苹棠字憨公、寿棠字介公、起棠字又生、澍棠字荫公，皆有诗集行世。

【按】叶茇棠兄弟，乃叶熙仲家族中人，熙仲世居竹镇，为当地望族，是李在公（李敬祖父）的外戚。叶氏家族多出才人。叶茇棠传世作品有诗 1 题 4 首。

谈慎修

谈慎修，字叔敬，康熙九年（1670）贡生。

◎《谷似堂春秋稿》^(佚)

《康熙六合县志》卷十二：谈慎修，字叔敬，康熙九年（1670）贡。有《谷似堂春秋稿》。

《顺治六合县志》卷十二：谈慎修，字叔敬，体韵道举，风彩^①飘然，微仿梅花道人用笔，以骨梗为奇，鄙于综彩，师心独见，盖自创品格者。

【按】谈慎修，曾参与《康熙六合县志》的校正，但非主要编撰人员。《国朝金陵诗征》卷五选其诗 1 首。

田淑江

田淑江，附贡生，清代六合医家。

---

① 底本如此。

◎《灵素集解》_(佚)

《光绪六合县志》附录：田淑江，附贡生，工医，著有《灵素集解》。

【按】《江苏艺文志·南京卷》第三册"田淑江"条中认为他是"明六合人"，但是光绪以前的《六合县志》均不见田氏传记，将其定为明代，不知所据。《民国六合县续志稿》和李云主编《中医人名辞典》均将本书归入清代作品。

田　杜

田杜，字树芳，六合监生，医学训科。

◎《伤寒论辨》_(佚)

《光绪六合县志》附录：田杜，字树芳，监生，医学训科，著《伤寒论辨》。杜子本德、本良、本泰，皆知医。

【按】田杜，乃田淑江（见前）之子，田氏世代为医。

叶甘棠

叶甘棠，字飏公。叶灼棠弟，六合布衣诗人。

◎《叶甘棠诗集》_(佚)

《金陵通传》卷二十：叶灼棠弟茇棠，字岩庵；甘棠，字飏公；苃棠，字憩公；寿棠，字介公；起棠，字又生；澍棠，字荫公，皆有诗集行世。

张体仁

张体仁，字恭如，一字孝如，六合庠生。

◎《静观楼集》（佚）

《乾隆六合县志》卷六之六附录上：张体仁，字恭如，与弟广仁皆庠生，俱工诗画，尤工隶书。有《静观楼》及《青草山房吟稿》。

《国朝金陵诗征》卷六：张体仁，字恭如，六合人，庠生。有《静观楼集》。

【按】《乾隆六合县志》卷六中，张体仁、张广仁（见后文）兄弟合传，作品也合在一起罗列，现根据《国朝金陵诗征》卷六记述，将他俩的作品分别列出。清李浚之编《清画家诗史》乙上有传，内容与《乾隆六合县志》和《国朝金陵诗征》基本相同。

叶苕棠

叶苕棠，字憩公。叶灼棠弟，六合布衣诗人。

◎《叶苕棠诗集》（佚）

《金陵通传》卷二十：叶灼棠弟芰棠，字岩庵；甘棠，字飏公；苕棠，字憩公；寿棠，字介公；起棠，字又生；澍棠，字荫公，皆有诗集行世。

【按】《江苏艺文志·南京卷》言《国朝金陵诗征》卷三收叶苕棠诗1首，经查原书有叶灼棠、叶芰棠、叶寿棠、叶澍堂等兄弟诗，未见叶苕棠诗。

田　椿

田椿，字锡龄，六合县监生，医学训科。

◎《灵素校注》（佚）

《光绪六合县志》附录：田椿，字锡龄，职监生，医学训科，著有《灵素校注》，生平作字不苟，立方必楷。

【按】六合田氏，医学世家，代有传人，人有专著，蔚然成风。田椿子亦业医，见后文。

叶寿棠

叶寿棠，字介公。叶灼棠弟，六合布衣诗人。

◎《田居诗［集］》（佚）

《金陵通传》卷二十：叶灼棠弟芟棠，字岩庵；甘棠，字飔公；茚棠，字憩公；寿棠，字介公；起棠，字又生；澍棠，字荫公，皆有诗集行世。

【按】《金陵通传》言叶寿棠有诗集，但未记述诗集之名，《金陵朱氏家集·洗影楼集》卷末有言叶寿棠诗集名《田居诗》。《国朝金陵诗征》卷三收叶寿棠诗1题2首。

张广仁

张广仁，字敷德，张体仁弟，六合庠生。

◎《青草山房吟稿》（佚）

《乾隆六合县志》卷六之六附录上：张体仁，字恭如，与弟广仁皆庠生，俱工诗画，尤工隶书。有《静观楼》及《青草山房吟稿》。

《国朝金陵诗征》卷六：张广仁，字敷德，体仁弟，有《青草山房吟稿》。

【按】清李浚之编《清画家诗史》乙上有传，内容与《乾隆六合县志》和《国朝金陵诗征》基本相同。

叶起棠

叶起棠，字又生。叶灼棠弟，六合布衣诗人。

◎《叶起棠诗集》（佚）

《金陵通传》卷二十：叶灼棠弟芰棠，字岩庵；甘棠，字飏公；苕棠，字憩公；寿棠，字介公；起棠，字又生；澍棠，字荫公，皆有诗集行世。

清凉也

清凉也，字德人，康熙间六合诗僧。

◎《茶亭诗存》（佚）

《金陵通传补遗》卷三：清凉也，字德人，六合人，见楚攸彭廷梅《诗选》，似是隐逸之士，或曰道士。工诗。

【按】清凉也，原名不详，似为明末清初遗民，或隐于道而不仕者。《茶亭诗存》书名，《江苏艺文志·南京卷》言载于《金陵通传补遗》卷三，经查《金陵通传补遗》、彭廷梅《国朝诗选》均没有此诗集的记载，故此书出处待考。《金陵诗征》卷四十四录其诗 1 首，可见隐者之意。

叶澍棠

叶澍棠，字荫公。叶灼棠弟，六合布衣诗人。

◎《叶澍棠诗集》（佚）

《金陵通传》卷二十：叶灼棠弟莅棠，字岩庵；甘棠，字飏公；苿棠，字憨公；寿棠，字介公；起棠，字又生；澍棠，字荫公，皆有诗集行世。

【按】《国朝金陵诗征》卷三选叶澍棠诗 1 首。

汪 宇

汪宇，字于四，号松轩，六合太学生。

◎《绿筼楼集》（佚）

◎《深柳读书堂诗》（佚）

◎《新柳庄诗》（佚）

◎《六峰倡和集》（佚）

《雍正六合县志》卷十：汪宇，字于四，号松轩，著有《绿筼楼集》《深柳读书堂诗》。

《雍正六合县志》卷六"尚义"：汪宇，字于四，号松轩，太学生，于前任知县吴移建学宫，倡首捐金，屡次修建桥梁道路，叠施米粟棉衣。

《雍正六合县志》卷六"例监"：汪宇，字于士，号松轩，详见"尚义类"。

陈作霖《金陵前明杂文钞》：汪宇，字松轩，江宁人，家凤凰台下，辟新柳庄于六合，与诸文士流连宴会，有《新柳庄诗》《六峰倡和集》。

【按】汪氏乃六合望族，家道殷实，而重学有文，颇多修桥赈济义举。汪宇是六合著名词人汪世泰（见后文）的高祖，其世承关系为汪宇→汪明颉→汪懋垲（？—1774）→汪修镛→汪世泰。

袁 绂

> 袁绂，字方来，号石支。康熙十一年（1672）科副榜。

◎《七书翼注》，一作《武经翼注》(佚)

《雍正六合县志》卷十：袁绂，字方来，著有《七书翼注》。

《雍正六合县志》卷六：袁绂，字方来，号石支。康熙壬子（1672）科副榜，著有《武经翼注》行世。

【按】《雍正六合县志》记录袁绂的著作有《七书翼注》，或作《武经翼注》，其全称应该是《武经七书翼注》。《武经七书》是北宋朝廷官修兵法丛书，乃我国古代第一部军事教科书集，由《孙子兵法》《吴子兵法》《六韬》《司马法》《三略》《尉缭子》《李卫公问对》七部著名兵书汇编而成。《武经七书翼注》有刻行，但未见传本。

吴怀凤

> 吴怀凤（1638—1719），女，字梧阁，号栖梧阁主人，安徽桐城人，六合诸生汪渭继配。能诗，工书法。

◎《秋鸿集》(佚)

《国朝金陵诗征》卷四十七：吴氏，号栖梧阁主人，桐城籍，六合汪某室，年二十五而寡。好读历代史传，有通人之识，工书法，著有《秋鸿集》。

◎《栖梧阁［诗］集》，一作《栖梧阁诗草》（佚）

◎《栖梧阁懒吟》（佚）

◎《栖梧阁北鸿吟》（佚）

◎《泣玉集》（佚）

◎《梧阁诗余》1卷（佚）

　　《民国六合县续志稿》卷十五：闺秀吴怀凤《栖梧阁北鸿吟》《懒吟》《泣玉集》《梧阁诗余》一卷。（《汪氏家乘》）。按：怀凤，字梧阁，桐城人，邑诸生汪渭继配。湘潭陈恪勤公鹏年任江宁府时，序《栖梧阁集》云：富贵福泽，人之所艳也。造物者视之，直以为世所应得，独于才颖，秘惜若怃不轻予，至拳拳然，若万不获已，乃强以畀人者。故受之者弥厚，其困顿茕孑也必极，人世之所难堪，而于闺秀为尤甚。如三百篇中二姜之诗，宛转流动，最为新警矣。两汉诗人不敢苟下字，如《怨歌行》《白头吟》《悲愤诗》皆妙绝千古，故其所遇亦往往与二姜相颉颃。嗟乎！造物妒才，一至于此哉。予读延陵女史诸体，思深而幽，气浑以厚，窃高其操与才，而未尝不叹其所遇之穷悲哉。女史既早失所天，茕茕与一孤女相依，女亦才矣，又得一才，偶是万万不幸之中赖此共朝夕，相唱和，犹可以少舒其郁悒愤懑怆怏无聊之况，乃未几而婿女溘然并逝，其女史又将何以自遣耶？其诗

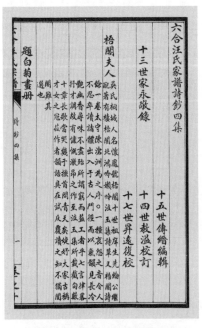

《吴怀凤诗稿》书影（南京图书馆藏本）

愈工，其境愈苦，亦何乐乎？其能诗也，虽然境愈苦，诗愈工，女史其又将藉是以传，与二姜诸媛后先辉映也。又安知造物之不可以妒之者，而成之也哉。沈德潜《国朝诗别裁集》选吴氏《咏史》诗云："以女子能组织史事，殊为难得，于《诗观》中录之。"《金陵诗征》吴氏小传云："氏号栖梧阁主人，年二十五而寡。好读历代史传，有通人之识，工书法。"《汪氏诗钞》评孺人诗云："一种哀怨之音，令人不忍卒读，诸体出入于古人门径，而以气韵见长，冷艳幽香，厚味不尽，殆所谓穷而益工者乎？七言律略抒才调，故有慷慨激昂之作。至《泣玉集》所载截句数章，长歌当哭，几于骚首问青天矣。婕妤、大家古称才女之冠，兹作者韵语具在，试反复读之，知不独闺阁难具选也。

《民国六合县续志稿》卷十二：闺秀吴氏，名怀凤，字梧阁，桐城籍。六合诸生汪渭之室，年二十五而寡。工诗善书，好读历代史传，有通人之识，有女一谢受适辽东李仲宣，亦能诗，未几婿女俱亡，怀凤益无聊赖，愈穷而愈工，所著《栖梧阁集》，湘潭陈恪勤公鹏年序之谓"其思深而幽，气浑以厚，与二姜诸媛先后辉映。"长洲沈德潜选《别裁集》，录怀凤咏史诗数首，叹其以女子组织史诗为难，得怀凤之诗，出入于古人门径，以气韵见长，冷艳幽香，寻味不尽，殆近世才女之冠也。著有《栖梧阁北鸿吟》《懒吟》《泣玉集》《梧阁诗余》。（采《国朝诗别裁集》《金陵诗征》《汪氏诗钞》）

《六合汪氏家谱》卷四：（汪渭）继配吴氏，为桐城宦族女，能诗，著有《栖梧阁诗草》，陈沧洲先生为之序，时因贫未梓，稿半失。道光辛丑（1841），上元朱孝廉绪曾选《金陵诗征》，得孺人诗，读之击节，集中收录极多。吴氏葬曾家山祖茔西小洼之东。

【按】《民国六合县续志稿》中言吴氏"所著《栖梧阁集》，湘潭陈恪勤公鹏年（1663—1723）序之"，汪昇远纂修《六合汪氏家谱》卷八［民国十三年（1924）石印本，南京图书馆藏本］，陈序原题为《先纶汪公继配吴夫人栖梧阁诗序》，但查阅陈鹏年撰《陈恪勤集》和《道荣堂文集》均未见收录，或为其逸文。

清陈芸（1885—1911）《小黛轩论诗诗》卷下咏吴氏有"白头谁识栖梧阁，只博人传咏史才"。注中说："吴氏，号栖梧阁主人，早寡，著《栖梧阁诗集》，已佚，所传惟金陵咏史数律而已。"所言吴氏有《栖梧阁诗集》，与

《国朝金陵诗征》言《秋鸿集》，及民国续志稿所载《栖梧阁懒吟》《栖梧阁北鸿吟》《泣玉集》等，可能俱是其诗集的别称，或一书中的不同篇章，且很早就亡佚了。

吴怀凤作品早佚，《六合汪氏家谱》收其诗75首，《国朝金陵诗征》收其咏史诗4首，《小檀栾室闺秀词钞》收其词1首。《六合文史》第四辑有刘荣喜辑《吴怀凤集》。

汪　惺

汪惺（1651—1734），字立方，号醒斋，六合庠生。

◎《岭云草》（佚）

刘岱《醒斋汪公岭云草诗序》：诗以道性情，固也。然人之性情见于诗者有二：或邻于卑鄙者有之，或邻于拘滞者有之。求其高远超脱，飘飘乎有凌云之概，恒不多觏。若我学长醒斋汪先生，赋性孤高，故其发于诗者如置泰山之巅，寄情超远，故其形于言者，如游太虚之上，名之曰《岭云草》，殆高超之谓也。今读其诗，无论其览名胜，纪物候，咏花鸟，托物以言志，即事以写心，足以适如其性，而曲肖其情。即偶尔闲吟，亦俱有悠然旷世之致于其间。且其词滔滔不竭如川澜之奔腾，滚滚不穷如风雨之骤至，非其学之有年，养之有素，曷克臻此？而要皆率其性之自然，情之所至云耳。曾有一即于卑鄙，沦于拘滞者乎？是殆传之百世，可歌而可诵耳，垂之千载，可法而可传也。拟之唐宋诸诗人，后先相望，何多让焉？是为序。（选自《六合汪氏家谱》卷八）

汪炜《岭云草跋》：予素归故里，得与大坂诸本族盘桓最久，见其衣冠古处，彬彬尔雅，有考亭之遗风焉。予宗伯醒斋立品砥行，好学深思，依然古坂家风。近读其《岭云草》，温厚和平，饶有风人之致，殆年近大耋，格调更古，而立意弥高，少陵云"老至渐于诗律细"，吾伯有焉。

◎《覆瓿草》（佚）

◎《鸡肋草》（佚）

◎《息静草》（佚）

◎《梅轩新草》（佚）

◎《纪年诗》（佚）

◎《花癖吟》（佚）

◎《憎虫诗》（佚）

◎《虚名诗》（佚）

◎《科岁两试诸游草》（佚）

◎《铁云轩草》（佚）

《民国六合县续志稿》卷十二：汪惺，字立方，号醒斋，亦诸生，性严正，不与外事，惟事吟咏，著有《岭云草》《覆瓿草》《鸡肋草》《息静草》《梅轩新草》《纪年诗》《花癖吟》《憎虫诗》《虚名诗》《科岁两试诸游草》，凡六百余首。

《六合汪氏家谱》卷十：惺，号醒斋，工诗，著有《铁云轩草》《覆瓿草》《鸡肋草》《息静草》《梅轩新草》《纪年诗》《花癖吟》《憎虫吟》《虚名诗》以及《科岁两试诸游草》。

【按】汪惺乃汪铉（见前文）次子，多次参加科举，终未得功名，终老乡里。《国朝金陵诗征》卷六选其诗1首。《六合汪氏家谱》卷十录其诗18首。

李之端

李之端，字季冲，六合竹镇镇人。教习知县。

◎《欲曙楼集》^(佚)

《雍正六合县志》卷十：李之端，字季冲，著有《欲曙楼集》。

《乾隆六合县志》卷四之四：李之端，字季冲，侍郎敬之少子，教习知县。尝割股以愈亲疾全，乡民林氏之节还夏姓鬻子之金，每岁于除夕前，出粟以给里之穷乏者，乡里重之。

【按】李之端，乃李敬（见前文）的第三子。《国朝金陵诗征》载："李之端，字季充。"与县志略有不同，"充""冲"音近，《国朝金陵诗征》可能误写。李之端现存诗 1 首，见《国朝金陵诗征》卷十三。

陆世忱

陆世忱，字葵心，号约庵，六合庠生，究心濂洛关闽之学。

◎《就正录》1 卷^(存)

陆世忱《就正录序》：袁子武若，大名豪杰士也。于今春三月间，来游棠邑，寓准提静舍。余友李子叔静识之，交渐笃。一日谓余曰："有袁子者，北方佳士，曷往晤之？"余因叩其为人，叔静曰："其人谦而和，爽而毅，且时时以不昧自心为志。"余跃然曰："是学问中人也。"于是即偕叔静往晤之，且以生平管见就正，谬蒙许可，每日夕，即造与谈。袁子曰："大丈夫居世一番，须有是大学问，惜某目下琐琐，不及尽请益，奈何？"余因反复请证。袁子益喜曰："俟某归，得稍宁息，即事此言。"十余日来，余以午节返山中，而袁子亦以羁旅事不暇，遂致暌隔，方切怀思，忽袁子告别，于次日返里。余低徊久之，愧无以赠，且恨心期未尽曝，而性命之计，未尽发明，恐辜千里同心之义，敢略举平日所见，草述之，以就正有道云。时康熙戊午（1678）五月六峰弟陆世忱拜书。

【按】陆世忱《就正录》有《古书隐楼藏书》本和《道藏续编》本。胡道静等主编《藏外道书》第 10 册有《古书隐楼藏书》（巴蜀书社 1992 年 8 月版）。

◎《与林奋千先生书》1 卷（存。有《古书隐楼藏书》本和《道藏续编》本）

◎《圣贤原委便幼》（佚）

◎《语录质疑八篇》（佚）

◎《天壤旷观记》（佚）

◎《遗书九编》（佚）

《雍正六合县志》卷九：陆世忱，字葵心，著有《就正录》《天壤旷观记》《遗书九编》。

《棠志拾遗》卷上：陆世忱，字葵心，号约庵，邑庠生，究心濂洛关闽之学，尤遂于《易》，从游者日益众。居邑西之龙山，故人称为"龙山先生"。尝与李叔静同往准提静舍，访大名袁君武若，晨夕造谈，以道德相砥砺，时康熙十七年（1678）四五月也。所著有《圣贤原委便幼》《天壤旷观记》《语录质疑八篇》，今已散佚，其刊以传世者，仅《就正录》及《与林千奋书》二册而已。卒年五十有二。（采《古书隐楼藏书》"弁言"及《就正录》"序"。）

《乾隆六合县志》卷四之三：陆世忱，字葵心，庠生。究心理学，与张竹涧、李淑静互相砥砺，瓣香在象山、新建之间，兼治诸经，尤邃于易。

《雍正六合县志》卷六：陆世忱。字葵心，为邑诸生，天资颖悟，究心理学，幼承庭训，与张竹涧、李淑静互相砥砺，及长，□□人之蕴，穷易象之源，主静存诚，惺惺不昧，瓣香在象山、新建之间，尝语学者，认喜怒哀乐未发前，景象稍能领取者，亦欣然有得，四方留心学问之士咸就正焉。年六十余卒，学者称"葵心先生"云。

【按】陆世忱，是我国古代著名道教学者之一，著述颇多，但传世者只有两种，而且篇幅均不长，无法反映他的学术思想。现存诗1首，见《国朝金陵诗征》卷三。

汪佃民

> 汪佃民（1659—1731），字永思，号述庵，康熙四十四年（1705）举人，四十八年（1709）进士，五十八年（1719）除山东费县知县。

◎《塞上运米纪略诗钞》2卷（佚）

汪佃民《塞上运米纪略诗钞序》：仆江右迂儒，山东拙宦，谬叨甲第，十年重沐君恩。初仕阳城两载，实沾宪德，常思报称，会值军需分运之时，不揣庸愚，愿尽臣子效忠之谊。今奉大人提命，复承同列维持王事，云劳何惮，拂风沐雨，臣躬尽瘁，讵辞戴月披星，行见士饱马腾，克期奏捷。伫见金鸣镫响，指日凯旋矣。第长驱万里，亦属壮游，亲历百蛮，尤称仅事，高山旷野，见造化之无穷，白草荒烟，识人间所未有，行惟坐地，恍如太古遗踪，饮酪烧羊，别是近今风味，边雾塞月，时牵游子之情，吹角鸣笳，每助征人之感，鸟兽草木俱堪收入奚囊，雨石风沙亦可载归梦笔，运思马上，顿忘行路之长，觅句车中，暂解睡魔之渴，逐种记去，无非边地情形，信纸书来，只是眼前光景，因之记事，或可存焉。若以言诗，实兹愧矣。（汪昇远纂修《六合汪氏家谱》卷八）

◎《闺词集句》（佚）

汪佃民《闺词集句小序》：五伦，皆情也；五伦，皆钟情之地也。臣钟情于君，即为忠臣；子钟情于亲，即为孝子；兄弟朋友，彼此钟情，即为贤兄弟良朋友。第此四伦，犹有粉饰，独至夫妇男女之际，其情最密，其钟情亦最真。月下花前，一堂聚首，山高水远，千里相思，甚至寄怀于无何有之乡，幻想于不可知之境，所以古人才士，于臣子弟友间有难以显言者，类托兴于闺词，以思妇劳人，缠绵恺恻，慷慨悲歌，言之者无罪，闻之易入耳。予为是集，虽一时寻章摘句，消遣情怀，尤愿世之读者，能移此情于子臣弟友间，即为五伦中全人矣，闺词云乎哉？（汪昇远纂修《六合汪氏家谱》卷八）

汪佃民《闺词集句跋》：仆少攻书史，性实疏慵，长忝科名，心耽吟咏。寻僧访友，年年爱逐湖山，度景留题，处处追寻花鸟。自去家南浦，千里携装，迨寄宦山东，一行作吏，琴闲鹤冷，终朝悉念民瘼，燕去鸿来，镇日惟忧政拙。情诇同夫王粲，笔久谢夫江郎。幸地僻俗醇，案无沈牍，刑清讼简，室有余功。淡食粗衣，寒士之家风未坠，调脂弄粉，狂奴之故态复萌。袖抱清风，常萦怀于北阙，坐同明月，恒怅望于南天。不识感从何生，挑灯夜坐，只觉情难自已，把笔朝吟。爰于退食之余，博览前贤之什，采芳撷秀，戏成少妇之词，贯玉联珠，聊发羁人之感，用稽颠末，以志岁时。（汪昇远纂修《六合汪氏家谱》卷八）

◎《聊存诗集》（佚）

《六合汪氏家谱》卷一：佃民，字述庵，事见邑志事功传中，善为诗，著有《聊存诗集》《塞上运米纪略诗钞》二卷、《闺词集句》。

《民国六合县续志稿》卷十五：汪佃民《塞上运米纪略诗钞》二卷、《闺词集句》。（雍正县志，《汪氏家乘》）

《雍正六合县志》卷十：汪佃民，字永思，号述庵，著有出塞诗文二卷。

《雍正六合县志》卷六：汪佃民。字永思，号述庵，康熙乙酉年（1705）五名经魁，己丑（1709）进士，任山东费县知县，爱民减耗，修筑湖堤，刻期奏绩，运粮塞外，议叙军功，费人立有《端方仁爱碑记》。

《金陵通传》卷二十一：汪佃民，字永思，号述庵，康熙四十四年（1705）举人，四十八年进士，除费县知县，爱民减耗，修筑湖堤，运粮塞外，皆有成绩。著有《出塞吟》《集唐》。

【按】汪佃民，乃汪元哲（见前文）之孙，汪珹（见前文）四子，汪悍

（见前文）从弟。《光绪费县志》卷三职官表康熙五十八年（1719）载"汪沺民，江南六合进士"，"沺""佃"形近误刻。

《雍正六合县志》言"出塞诗文二卷"，《金陵通传》言"《出塞吟》"，《民国六合县续志稿》言"有《运米纪略》"，均当为《塞上运米纪略诗钞》的简称。《金陵通传》中的《集唐》当为《闺词集句》的简称。

汪佃民存世作品，《六合汪氏家谱》卷十录其诗 52 首，《国朝金陵诗征》卷十存其诗 3 首，《雍正六合县志》存去思碑文 1 篇，《民国六合县续志稿》存序文 2 篇。文见《六合文征》。

刘可斗

刘可斗，字子先，号澹园，布衣诗人。

◎《浪游草》（佚）

《雍正六合县志》卷十：刘可斗，字子先，号澹园，著有《浪游草》。

【按】刘可斗，除《雍正六合县志》有片段记载，他志均不载，生平事迹不详。《江苏艺文志·南京卷》言其"附贡生"，不知所据。

龚 宏

龚宏，字石盟，布衣诗人。

◎《来鸥轩诗》（佚）

◎《过江吟》（佚）

《雍正六合县志》卷十：龚宏，字石盟，刻有《来鸥轩诗》《过江吟》。

戴 钰

戴钰，布衣诗人，生平不详。

◎《南薰楼集》（佚）

《雍正六合县志》卷十：戴钰，字侯章，著有《南薰楼诗》。
陈作霖《金陵前明杂文钞》：戴钰，字侯章，六合人，有《南薰楼集》。

【按】戴钰作品有诗1首，见于《国朝金陵诗征》卷三。

夏 历

夏历，字子年，一字纪村，六合布衣诗人。

◎《江麓草堂诗集》（佚）

◎《雨香斋稿》，一作《雨香斋草》（佚）

《雍正六合县志》卷十：夏历，字子年，号纪村，有《江麓草堂诗集》《雨香斋草》。

《国朝金陵诗征》卷三：夏历，字子年，一字纪村，六合人，有《江麓草堂集》《雨香斋稿》，纪村诗画俱称能品。弟昉，亦以诗名。

【按】《金陵通传补遗》卷三、李浚之编《清画家诗史》乙上有夏历传。其传世作品有诗1首。

刘 冕

刘冕，字延武，康熙四十七年（1708）六合县岁贡生。

◎《周易补注增删》（佚）

◎《藜光斋诗》（佚）

《雍正六合县志》卷十：刘冕，字延武，号岱岩，著有《藜光斋诗》《周易补注增删》。

汪应㘅

> 汪应㘅（1666—1737），字豫答，号雪林，又号独耕老人。喜古玩彝器，工篆刻书画。

◎《雪林印薮》，一名《雪林汪公篆草》（佚）

《民国六合县续志稿》卷十五引贺鸣谐《雪林印薮》：韩子送赠高闲，极赏其书法之工，而推本于机，应于心，不挫于气，是盖韩子养气之功，直接孟子，故一物一名，必究极本原，而智巧在心，务求全此刚大之气以运之，所谓艺也，而道寓焉矣。余尝执是以概古今才人，若屈原、司马之文，太白、子美之诗，书法中之二王，画家之米顾，类皆具有不可一世之气，而或则郁积愤发，托物寄志，或则魁梧奇伟，闲假翰墨，以见厥能，或又飘飘然遗世独立，而兴之所会，往往动与古俱，此皆前之人心精默运，故随事具有大本领在，而今乃动以游戏效之，甚或借以干名誉，丐缙绅。呜呼！是何怪以今摹古，百不及一，而千不及一也。雪林先生，高韵越俗，醇古淡泊之气，得于天者全矣。自少阅老，链户养高，一切世俗名利，未尝少蒂于怀，而时以长吟短咏，发其幽思，时以摹山仿水，抒其清兴，间有暇者，更复觅佳石，奏笔刀，以上求之汉而骋其嗜古爱奇之思，于单词只句，雕刻摹画间，即今者衰集之《印薮》是矣。然要其薄蚀擅奇，苍秀蔚起，皆其醇古淡泊之气，不可一世者之为之也。是帙也，成自先生既殁之二年，乃两嗣君次山、衷丹重其为先君子手泽之遗，而萃之成帙者。次山昆仲与余交皆称极善，故得先片羽之呈，而特援韩子之说，以为先生过其全体若此，然世有假

158

篆刻以糊口四方，亦^①或市井小儿将借此以文其伪饰，其陋者得勿睹余言而重诧，以为是说也，果何为欤？

张简《雪林汪公篆草序》：往时栎园周先生有图书癖，蓄金石甚富，海内之士挟技来游者，凡数十辈，而于穆倩程丈则首屈一指，以奄有众长，朴茂苍古，如商彝周鼎，位置在秦汉上，非耳目近玩所得拟其品概也。数十年来，流派各别，或美秀而文，或倔强而肆，或剥蚀以擅奇，或清峭而见赏，心之竞尚，并号尚家，而我友雪林先生则独运匠心，睥睨一切，蹑前人之武，而汇其成，直与穆倩分镳并辔，惜不令栎园先生见也。平生雅自矜重，不苟落墨，即朋好搆求，亦或动经逾载，若当窗明几净，花香茗热时，兴辄一来，又日可数刻。然褱之什袭，藏之巾笥，非其至好，不轻相示。夫岂时俗之士，借以干谒当世者，所可语哉？其嗣名次山昆仲，能世其学，因为裒辑《印薮》以垂永久，雪林可谓有子矣。然雪林善画，次山昆仲工文章，又不独秦汉一灯未泯^②于汪氏堂构间也。（《六合汪氏家谱》卷八）

戴之泰《雪林汪公篆草跋》：伯岳雪林先生既殁之二年，次山、衷丹两尊舅裒集其前后手篆，叙次成帙，持以示泰。泰捧而珍之，如纵观商彝周鼎暨秦汉间法物，欧阳公若在，《集古》目录当又添一种矣。夫自世俗日溺于呫哔章句中，求一深心嗜古者，曾不一见，即间有之，而嗜非真古，不足当大方家一噱。况虫书鸟迹，代异其文，五筯悬针，各殊一体，苟非实克餍饫古人精神命脉之所注纵，极意摹画，其曷有当焉？我伯岳高致越俗，杜门淘汰于古凡数十载，而篆刻一道，尤为贯串诸古人而集厥成，故任笔所之，罔不自成一子，李斯、程邈可作，应与把臂也。兹帙一出，其有真能嗜古者，相与爱玩，而宝贵之，当复何如哉？（《六合汪氏家谱》卷八）

《民国六合县续志稿》卷十五：汪应秚《雪林印薮》。（《汪氏家乘》）

《六合汪氏家谱》卷五：[汪]应秚，云露次子，字豫答，号雪林，又号独耕老人。喜摩法帖，耽玩古器，工篆刻，兼写山水，得倪黄笔意。为人厚重不妄交，晚筑寿砚斋以自娱。

【按】汪应秚，汪国聘（见前文）孙，汪云露次子。从贺鸣谐之《雪林

---

① 底本如此。下同。

② 底本如此。

印薮序》可知，汪应尉当为清初书画篆刻名家。《六合汪氏家谱》卷十录其诗 3 首。

唐士贤

唐士贤，字孔游，号东山，康熙五十七年（1718）贡生。

◎《唐士贤诗集》（佚）

《雍正六合县志》卷十：唐士贤，字孔游，著有诗集。

吴以诚

吴以诚，字思立，雍正元年（1723）拔贡。

◎《诗学博依》12 卷（佚）

《乾隆六合县志》卷四：吴以诚，字思立，雍正元年（1723）拔贡，喜经学，受业望溪方氏之门。望溪邃《周礼》《春秋》，而以诚独喜治诗。居会城乌龙潭，与上元程锦庄廷祚、江宁戴粒民潧切劘经义，著有《诗学博依》十二卷。戴为之序，以为白云许氏之亚也。今其书现藏白下陶孝廉湘家。

《国朝金陵诗征》卷十五：吴以诚，字思立，六合人，雍正癸卯（1723）拔贡。思立师事方望溪于乌龙潭，独喜治诗，有《诗学博依》十二卷，戴雪村为之序，以为白云许氏之亚。

【按】为《诗学博依》作序者，根据《乾隆六合县志》记载的语气当为戴潧（字粒民），而《国朝金陵诗征》言为"戴雪村"，则为戴瀚（1686—1755，号雪村，戴潧之兄），有待更多资料辨正。《国朝金陵诗征》卷十五选其诗 1 首。

戴之泰

戴之泰（1706—?），字连茹，号静溪，雍正十三年（1735）拔贡，乾隆三年（1738）顺天乡试，考授内阁中书。

◎《周礼集解》（佚）

《乾隆六合县志》卷四：戴之泰，字连茹，雍正乙卯（1735）拔贡，乾隆戊午（1738）中顺天乡试，考授内阁中书，为诸生时，勤学好问，手不停披，试则冠其曹，文望甚著。及在内阁，梁尚书治、卢学士文弨皆同僚，相与切劘，以文章道义业益进，大学士鄂公、史公皆以大用期之，数年，卒于官，所著有《周礼集解》等书。

【按】根据《乾隆戊午科乡试录》记载其出生时间为"丙戌年（1706）九月一日"。《六合汪氏家谱》有戴之泰作《雪林汪公篆草序》1篇。《国朝金陵诗征》卷十八存其诗1首。

汪思训

汪思训（1713—1773），字衷丹，一字淡泉，又字梅冈，乾隆二十六年（1761）恩贡生。

◎《研北余事集》，一作《砚北余事吟诗草》（佚）

◎《集传汇参》（佚）

《国朝金陵诗征》卷二十二：汪思训，字衷丹，一字澹泉，又字梅冈，六合人，乾隆辛巳（1761）恩贡生，有《砚北余事集》。

《民国六合县续志稿》卷十五：汪思训《集传汇参》。（《汪氏家乘》。按：汪思训，号澹泉，乾隆间恩贡，考授教谕。为人守正不阿，善书画，工诗。）

《六合汪氏家谱》卷一：思训，字衷丹，精鉴赏，工诗，著有《集传汇参》《砚北余事吟诗草》诸种。

《六合汪氏家谱》卷五：思训，应魁次子，字衷丹，号淡泉，又号梅冈。治春秋。雍正十三年（1735）入邑庠，乾隆七年（1742）食廪饩，二十六年恩贡，考授教谕。公在廪多年，守正不阿，取与不苟，人敬惮之。善书画，工诗。生平著述有《集传汇参》《砚北余事吟诗草》诸种，惜力绵未能付梓。

【按】《金陵通传补遗》卷三载："汪思训，字衷丹，一字淡泉，六合诸生。著有《砚北余事集》。宗人杰，字人英，辑有《汪氏诗略》。"汪思训的同宗后人汪杰（见后文）所辑《汪氏诗略》当为汪氏族人作品的选集，不是汪思训的个人作品集。《六合汪氏家谱》卷十录其诗19首。《国朝金陵诗征》卷二十二选其诗2首。

夏致态

夏致态，字著诚，六合廪生。

◎《石帆山人稿》（佚）

《光绪六合县志》卷五之四：夏致态，字著诚，性耽吟咏，好游山水，吴县沈文悫（即沈德潜）重之，著有《石帆山人稿》。

《国朝金陵诗征》卷二十二：夏致态，字著诚，六合廪生，有《石帆山人稿》。长洲沈文悫公云：夏石帆，棠邑佳士也。性耽诗，复耽游，游览之作隽而雅，蒨而深，澹泄而和平。

【按】夏致态自号石帆山人，取六合地名而来。据《顺治六合县志》卷一记载，石帆山"在县城东南四十里，高九丈，广半里，距瓜步，矗起江中。山无草木，通体皆石"。相当于现六合区龙袍镇境内，曾临江屹立，状如船帆，据传乃"长江七十二矶"之一。石帆山如一片帆插在江中，因此得名。又因山石色如白矾，故又称"矾山"。新中国成立后，"大跃进"时期建电灌站时因采石而炸毁。

夏致恭存世作品，《国朝金陵诗征》卷四十七选其诗 5 首。

贺鸣谐

贺鸣谐（1717—1769），字铎夫，号崒禾。乾隆元年（1736）举人，二年成进士，初授山东泗水县知县，再任陵县知县。秩满里居，晚年自号"练峰"，闭门著书，训徒课子。

◎《春秋三传集解》10 卷（佚）

◎《四书正义》20 卷（佚）

◎《乡党备考》2 卷（佚）

《嘉庆新修江宁府志》卷五十四：贺鸣谐《四书正义》二十卷、《乡党备考》二卷、《春秋三传集解》十卷。

◎《读史偶评》4 卷（佚）

◎《练峰文集》6 卷（佚）

【按】以上见《嘉庆新修江宁府志》。所载《练峰文集》六卷，《光绪六合县志》《民国六合县续志稿》载有《练峰时文古文集》《练峰古文集》，疑为同书别名。

◎《离骚直解》2 卷（佚）

◎《乡党注释辨疑》（佚）

◎《学庸讲义》_{（佚）}

◎《练峰时文集》_{（佚）}

◎《练峰古文集》_{（佚）}

《民国六合县续志稿》卷十五：桐城方望溪苞与留少宰札略云："贺生成进士后，作散体古文，笔甚爽健，世兄辈若欲延师，能调其职，兼代笔札。"鸣谐子淳刻《练峰古文集》冠以方札，跋之云："昔方望溪先生刻《时文集》，因未得索侯高公之序，乃刻高公手札于前，藉以作序，重师谊也。淳父受业于望溪先生，前乙丑（1745）刻《时文集》，先生曾序而刊之，其时古文尚未成集，先生于荐留少宰札已极称道焉，今遗稿散失，淳仅裒辑得数十篇，梓以公世，亦将先生手札冠之简端，遵先生札以代序之例，淳谨识。"

◎《评注唐宋八大家文》_{（佚）}

《民国六合县续志稿》卷十五：贺鸣谐《练峰古文集》《离骚直解》《评注唐宋八家文》。（光绪县志）

《乾隆六合县志》卷四之三：贺鸣谐，字崒禾，自号"练峰学者"。乾隆丁巳（1737）进士，授山东泗水县知县，再任陵县知县。性敏决，所至有声。幼读书无底滞，成进士甫逾冠，尤专精四书，文宦成后，犹苦心营构，江宁秦学士称其文"奥衍闳肆，不可以场屋之文目之"，非阿好也。

《光绪六合县志》卷五之三：贺鸣谐。字铎夫，号崒禾，乾隆丙辰（1736）举人，丁巳（1737）成进士，初授山东泗水县知县，胥吏以其少也，易之，既乃大惮服。逾年，邑大治，以卓异荐加升衔，再任陵县。县有三生，素恣横，尝以事殴典史张某，某以闻于上，将严治。鸣谐阴为申救，具酒明伦堂酌某，亲扑三生以谢，事解，三生感泣，卒为改行。教党马朝柱者，某邑逸犯也，陵东乡马氏，三四百户，邑人某与马世雠，阴谋中伤之，流言谓："朝柱匿马氏村，有异图。"邑人惶骇。鸣谐召马氏长老至，诘得雠陷状，为之剖雪晓喻^①，事遂白。马氏尸祝之时生子者，名曰"贺生"。秩满陈情归，邑人为建"去思遗爱碑"。里居，日闭门著书，训徒课子，见者不知其尝为官也。晚爱练山幽静，自号"练峰学者"，称"练峰先生"。著有《学庸讲义》《乡党注释辨疑》《离骚直解》《评注唐宋八大家文》《练峰时文古文集》。

【按】贺鸣谐，《乾隆六合县志》言其"成进士甫逾冠（即20岁）"，贺氏"乾隆丁巳（1737）进士"则其当生于1717年，但《江苏艺文志·南京卷》载其出生于1712年，不知何据？《光绪泗水县志》卷三"职官志"载其于乾隆十二年（1747）任知县。

贺鸣谐曾参与《雍正六合县志》的校对，因非主要编纂人员，《雍正六合县志》不列入贺氏书目中。《江苏艺文志·南京卷》载有《评注唐宋八十家文》，言出自《光绪六合县志》，经核当为《评注唐宋八大家文》。

贺鸣谐有子贺澻（音同"法"）、贺淳、贺沅，及贺沄子贺廷寿，均有文名，且有文集，见后文。贺鸣谐传世作品有文4篇，文见《六合文征》。《国朝金陵诗征》卷二十选其诗1首。

杜肇镛

杜肇镛，字心华，六合佾生。摄理医学训科。

◎《灵素类述》（佚）

◎《验方杂志》（佚）

《光绪六合县志》附录：杜椿子肇镛，字心华，佾生，摄理医学训科，著有《灵素类述》《验方杂志》。

【按】杜肇镛为六合佾（yì）生。佾生指考秀才虽未入闱但成绩尚好者，

选取充任孔庙中祭礼乐舞的人员。获得佾生资格则下次考试不必参加县试、府试，只参加院试即可，俗称"半个秀才"。杜肇镛后以医学谋生，合乎古代儒生"不为良相，当为良医"的处世理想。

释修道

修道，字友仙，一字解我，六合僧。

◎《石樵集》（佚）

《国朝金陵诗征》卷四十八：修道，字友仙，一字解我，六合人，有《石樵集》。

【按】历代《六合县志》未有释修道传，《国朝金陵诗征》收其诗 4 首。

胡 珆

胡珆，字蕴高，乾隆十七年（1752）举人，钦赐国子监学正。

◎《禺山文稿》（佚）

《乾隆六合县志》卷四：胡珆，字蕴高，乾隆壬申（1752）举人，辛卯（1771）会试恩给国子监学正职衔，珆以老贡生举于乡，憔悴专一者已数十年，为文自辟町畦，不肯依傍前人，单微沉冥，磅礴直达，俗子罕所津逮，实近时举业家特立之士，有《禺山文稿》行于世。

《国朝金陵诗征》卷十九：胡珆，字蕴高，六合人，乾隆壬申（1752）举人。钦赐国子监学正，有《禺山文稿》。禺山老于文律，壬申至癸卯（1783）困公车二[①]十年，以耆儒受职，称宿学焉。吕《府志》误作胡怡。

---

① 二：根据文意当为"三"。

【按】《国朝金陵诗征》卷十九选其诗 1 首。

秦 澎

秦澎，字汇东，一字飞泉。六合诸生。秦澎有子秦维楫、秦维果，亦有文名，道光初曾主六合文庙移建西城。

◎《汇东诗钞》（佚）

《光绪六合县志》卷五之三：秦澎，字汇东，年十六补诸生。闭户著书，不履城市，著有《汇东诗钞》，录入《湖海诗传》。

《同治续纂江宁府志》卷十四：秦澎，字汇东，一字飞泉。六合人，为诸生日有名，闭户精学者四十年，而卒困于场屋，著有《汇东诗钞》，《湖海诗传》选入之。

【按】秦澎，字汇东，一字飞泉。所著有《汇东诗钞》，《同治续江宁府志》卷九、《金陵艺文志》均误作《淮东诗钞》。《光绪六合县志》《同治续纂江宁府志》均说秦澎有诗入选《湖海诗传》中，查王昶编《湖海诗传》并无秦澎作品，不知何故？《国朝金陵诗征》卷三十选其诗 1 首。

彭克惠

彭克惠，字迪庵，清六合人。乾隆三十六年（1771）举人，曾任浙江建德县知县。

◎《味兰轩百篇赋抄》4 卷（存）

《乾隆六合县志》选举表卷五之三：乾隆三十六年辛卯（1771）科。彭克惠，顺天乡试候补中书，浙江建德县知县。

《味兰轩百篇赋抄》书影（南京图书馆藏本）

【按】乾隆三十年（1765）彭克惠与江浦张世耒同学于钟山书院。《味兰轩百篇赋抄》为彭克惠与江浦张世耒合编，有乾隆三十五年、三十八年等多个刻本传世。书首有彭克惠和张世耒序各 1 篇。南京图书馆有藏。据《光绪严州府志》卷十一"官师"记载，彭克惠于乾隆四十六年至四十八年署建德知县。

杜 崑

杜崑，原名遐，字蓉庵，一字玉樵，乾隆五十七年（1792）六合岁贡生。

◎《晚香楼近诗》，一作《晚香楼近稿》（佚）

《国朝金陵诗征》卷二十四：杜崑，原名遐，字蓉庵，一字玉樵，六合人，乾隆壬子（1792）岁贡生，有《晚香楼近诗》。

《金陵通传》卷二十九：杜崑，字蓉庵，号玉樵，诸生，乾隆中与修县志。著有《晚香楼近稿》。

【按】杜氏乃六合望族，代有人才，其传承关系为：杜文焕→杜镳→杜崑、杜嵩、杜岩、杜峚→杜琦（崑子）、杜璜（岩子）→杜濂（琦子）、杜沅（琦子）、杜淦（璜子）→杜蕙（沅子）。

《乾隆六合县志》记载，杜崑曾参与乾隆五十年（1785）《六合县志》的校对，当时为廪膳生。《金陵通传》卷二十九选其诗 13 首。

汪　杰

汪杰（1738—1792），字人英，号爨堂，六合监生。

◎《汪氏诗略》_(佚)

《国朝金陵诗征》卷二十六：汪杰，字人英，六合监生，有《汪氏诗略》。

《民国六合县续志稿》卷十五艺文志上：《汪氏诗略》。（《金陵诗征》。按：《汪氏家乘》，杰作樑，字人英，号爨堂，性恬淡，不妄求，与物无竞，工诗书，毅然独修数十年中断之家谱，有功汪氏者甚大。）

【按】《汪氏诗略》今不传，但其内容应该被民国时期汪昇远辑入《六合汪氏家谱》卷十《六合汪氏家谱诗钞》中。《金陵通传补遗》卷三载汪杰传，附于同族先人汪思训（见前文）后。其存世作品，《国朝金陵诗征》选其诗1首，《六合汪氏家谱》卷十录其诗3首。

夏　员

夏员，字镜川。乾隆三十九年（1774）举人，就职太常寺博士，大挑任用为知县，改教职，摄通州、如皋学官，选授安徽宿州学正。

◎《诗经辑解要选》_(佚)

◎《种心堂文稿》_(佚)

◎《种心堂古今体诗》_(佚)

《光绪六合县志》卷五之三：夏员，字镜川，之瑚子。乾隆甲午（1774）举人，就职太常寺博士。品端学邃，善诱掖后学，士林推重。性慷慨好义，赒孤寡，惠贫穷，尝修冶浦桥及城市大道，以利行人，大挑用知县，改教职，摄通州、如皋学官，选授安徽宿州学正，勤于课士，一时庆得师焉。著有《诗经辑解要选》《种心堂文稿》《古今体诗》录入《江左诗钞》。

【按】据《光绪通州直隶州志》卷八"秩官志上"记载，夏员于乾隆五十三年（1788）署通州训导，时间很短，未及一年，即同年转任如皋训导（见《嘉庆如皋县志》卷十二"秩官"，同年后有继任者，可见时间不长），五十四年调升宿州学正（《光绪宿州志》卷十三"官爵志"有载，但未注明具体任职时间，介于乾隆三十一年至五十七年之间）。夏员有胞夏宾"文名卓著，兼娴武艺，精岐黄"，有文入选《江左诗钞》，兄弟二人先后解职归隐，世以"二疏"称之。夏员还曾参与《乾隆六合县志》的编撰，任董事，时为拣选知县。夏员之孙夏璋亦有文名，有文集，见后"夏璋"条。

叶 煌

叶煌，字木斋，一字中燨，六合诗人。

◎《木斋诗草》（佚）

◎《款秋轩近存稿》（佚）

◎《异苔同岑集》3卷（佚）

【按】异苔同岑，典故出自晋郭璞《赠温峤》诗："人亦有言，松竹有林，及余臭味，异苔同岑。"不同的青苔长在同一座山上，比喻朋友志同道合。《异苔同岑集》3卷，曾有嘉庆十一年（1806）北屏山堂刻本，可惜今不传。本书当为同道唱和诗合集。

◎《碧梧轩诗稿》（佚）

《光绪六合县志》卷五之六：叶煌，字木斋，候选从九品，以子觐仪贵，晋二品封。性嗜学，工吟咏，喜蓄书籍，与同邑杜岩友，辄夜谈不倦，有疑义必考究，为人急公好义。时六合卫务最为疲累，快众船多，丁贫费重，各快丁每因签报贴，畏累轻生。煌悯之，援江宁府及上江两邑成案，筹捐生息，抵费免运，经营数载，快累得以永除，至今快丁犹称感云。其他诸善举，多所经画，著有《木斋诗草》《款秋轩近存稿》录入《江左诗钞》，及《异苔同岑集》《碧梧轩》诸诗稿。

◎《同人持赠初集》（佚）

【按】清朱绪曾《北山集》卷二有《题叶木斋先生〈同人持赠初集〉（令嗣棣如太史典试四川）》诗 2 首，称赞叶煌之作，“公卿日下争揩眼，词客江东竞耸肩”。《同人持赠初集》可能是《异苔同岑集》3 卷早期版本，或另有同人唱和诗集。

叶煌弟叶鼎，子叶觐仪，均有文名，见后文。《国朝金陵诗征》卷二十四收叶煌诗 1 首。

陈作珍

陈作珍（1746—1817），字价南，号香亭，一作芗亭。乾隆四十四年（1779）举人，署四川松潘同知，摄新都县事，迁梓潼及安县。

◎《云鹤诗钞》2 卷（存）

柯愈春《清人诗文集总目提要》上册:《云鹤诗钞》二卷，陈作珍撰。作珍字价南，号芗亭，一作香亭，又号云鹤，江苏六合人。乾隆四十四年（1779）举人，大挑授四川松潘同知，改任新都、梓潼知县。所撰《云鹤诗钞》二卷，嘉庆间刻，南京图书馆藏。有嘉庆十九年（1814）朱实发、厉柏等序跋。

朱实发《陈芗亭诗序》：今夫无江山之助者，不可以骋奇怀，无泉石之娱者，不可以抒逸兴，故夫灵运宦游永嘉之诗乃作，渊明归去柴桑之咏为多，何者？话[①]发于因时，情生于伫兴，盖意匠之经营，本心声为酬献

① 话:《云鹤诗钞》作“语”。

矣。然综其大端，厥有二弊：夫其拔薤伸威，投甌告密，有心钩距，而赪鱼已伤，无意怜牟，而害马先见，本非慈惠之师，难语文章之治，若是者固无论矣[1]。即或悬镜为明，鞭丝见智，而簿书迷闷，则神明易湮，耳目回皇，则语言亦瘖，昔人所谓一行作吏，此事遂废者，其弊一也；及其解组辞荣，抽簪遂志，而或恃其巧宦，藉为里魁，由径登长吏之庭，借箸与[2]公家之事，联荐绅之会，而市侩亦列于筵，贬士夫之尊，而吏[3]胥时引于室，无复子弟之鹄，竟同阳鱬之鱼，欲使诗[4]心入云，书眼敌[5]月，以著屐斜簪之致，耐搜萤剔蠹[6]之功，窃恐才尽江淹，学惭[7]高适，金针失绣，铜钵[8]无声，其弊二也。今观吾芎亭先生而知其过人远矣，先生少掇巍科，旋膺赤紧[9]，历甘水苦水之乡，展风弦雅弦之奏，方其龙庭不靖，蚁贼纷驰，先生凿出凶门，传来吉语，墨磨盾鼻，曲唱刀头，温太真办贼之时，啸歌不废，陶士行从军之日，著作尤[10]工，官好能诗，仕优则学，迨夫宦途既谢，乡趣弥深，鱼鸟亲人，图书伴我，日以讴吟为事，心惟文字能娱，古调独弹，群鸥不去，佳句忽得，一鹤恰来[11]，出亦徒行，不知从大夫之后，居仍自课，依然作秀才之时，前则宦稿已多，后则山吟不少，向所讥为二弊者，先生微之，亦可谓风雅无乖，出处均适者矣。发与先生谊本[12]世姻，交同小友，谈艺则时推襟[13]抱，拾欢亦屡奉裀凭，兹授予全集读之，命缀序言[14]，漱齿三复，字尽[15]生香，抱膝高吟，墨皆入古，所愧方心不转，呫舌难调，有负左思，

---

① 矣：《云鹤诗钞》作"已"。

② 与：《云鹤诗钞》作"预"。

③ 吏：《云鹤诗钞》作"史"。

④ 诗：《云鹤诗钞》作"文"。

⑤ 敌：《云鹤诗钞》作"若"。

⑥ 剔蠹：《云鹤诗钞》作"映雪"。

⑦ 学惭：《云鹤诗钞》作"人非"。

⑧ 钵：《云鹤诗钞》作"盏"。

⑨ 旋膺赤紧：《云鹤诗钞》作"既膺紧望"。

⑩ 尤：《云鹤诗钞》作"偏"。

⑪ 恰来：《云鹤诗钞》作"来听"。

⑫ 本：《云鹤诗钞》作"忝"。

⑬ 襟：《云鹤诗钞》作"雅"。

⑭ 命缀序言：《云鹤诗钞》无四字。

⑮ 尽：《云鹤诗钞》作"亦"。

难为元^①晏，惟就倾^②倒之怀，聊作喤引之响，使世之读者知先生之诗，由先生之遇得之，而先生之遇则先生之学为之，是则本性情方术之酝酿而成，而非从风云月露^③之摭拾而得也^④。（《尺云轩文集》卷上）

《光绪六合县志》卷五之五：陈作珍，字价南，号香亭。乾隆四十四年（1779）举于乡，大挑得知县，分发四川，署松潘同知。时白莲教倡乱，匪徒蜂起，松潘为川省边地，贼踪出没，尤难稽察。作珍明斥堠，练士卒，贼寇境，屡击却之，旋摄新都县事。新都居要冲，作珍知贼必来争，练民勇，立垛夫，贼攻城辄败去。黜贼之未至新都也，作珍听乡民徙入城，赖以全活者无算。迁梓潼及安县，上元董文恪教增称其"以才居官而政事办举，以学修心而文章宏达"。未几乞归，惟与同县厉柏相唱和，著有《云鹤诗钞》。

【按】陈作珍曾参与《乾隆六合县志》的编撰，任董事。后入仕途，《嘉庆安县续志》卷二十四"职官"记载陈作珍以知县补用于嘉庆元年（1796）六月署安县知县。《民国新都县志》第二编"职官"载陈作珍，嘉庆五年（1800）任新都县知县。晚年自辑《云鹤诗钞》，有嘉庆十九年（1814）朱实发、厉柏序刻本，南京图书馆有藏。《棠志拾遗》卷下存其诗2首。

关于陈作珍的生卒，历代没有明确记载。结合其诗集作简要考述如下：（1）关于去世的时间。《云鹤诗钞》卷下有《哭程仲弢》诗，其自注文有"乙亥周鱼门来棠，云公于癸酉年身故"，可见陈作珍乙亥年尚生，为嘉庆二十年（1815），而董教增的《云鹤诗钞》序署嘉庆丁丑（1817），中言"芗亭虽已往"，可见陈氏已去世，可见陈氏去世时间当为1816年或1817年。陈氏另有《和杜若洲五十自寿诗原韵》，杜氏生于1767年，五十岁时乃1817年，由此可见陈作珍当去世于此诗作后不久，即1817年。（2）关于出生的时间。程虞卿在《云鹤诗钞》序中有"癸亥（1803）后先生解组归田"，而陈氏在《遣怀》诗中也说"松州广汉又安州，七八年来不系舟"。则可知陈氏从六合启程赴蜀的时间为1796年左右。经过近一年的行程，陈氏有《丁

---

① 元：《云鹤诗钞》作"分"。

② 倾：《云鹤诗钞》作"颠"。

③ 风云月露：《云鹤诗钞》作"月露风云"。

④ 末署时间为"嘉庆甲戌春三月既望饭石弟朱石发拜手"。

巳（1797）元旦过保县途中遇雪》诗，此时作者还在入蜀的途中。在蜀中，陈氏有《曲江女至以小照索题图绘工部夜宴左氏庄景渠步少陵余慕太白其旨趣实同爰赋七古一章以赠》诗，中有"余年五十宦万里"句，则可知陈氏出生于1746年。后陈氏还有《盼家书不至》也说"五十年来余短发"，此时他已经五十多岁了。

叶　鼎

叶鼎，字禹湖，六合布衣诗人。

◎《玉韫斋诗集》（佚）

《光绪六合县志》卷五之六：叶煌弟鼎，亦能诗，著有《玉韫斋诗稿》。
《国朝金陵诗征》卷二十四：叶鼎，字禹湖，六合人，有《玉韫斋诗》。

【按】叶鼎，陈作霖《金陵前明杂文钞》作"叶世鼎"。《国朝金陵诗征》卷二十四叶煌传后言："煌，字木斋，一字中爔，六合人，鼎从弟。"与《光绪六合县志》记载叶煌为叶鼎之兄不一致，今从《光绪六合县志》。

叶鼎诗集名，各书记载略有不同，今从《同治续纂江宁府志》卷九作《玉韫斋诗集》。其存世作品有诗1首，见于《国朝金陵诗征》卷二十四。

杜　华

杜华，字雪樵，乾隆间六合监生。善绘画，精篆刻。

◎《丰乐亭醉翁亭印谱》（佚）

《光绪六合县志》附录：杜华，字雪樵，监生，善绘，精篆刻，所镌《丰乐亭醉翁亭印谱》，乾隆间进呈，赐有碧玉龙章，文曰"御赏"。

徐世清

徐世清，字冰阳，号石根，乾隆间六合县诸生。

◎《夜吟轩集》（佚）

《光绪六合县志》卷五之二：徐世清，字冰阳，号石根，诸生。性至孝，家贫，游山东作《陟屺图》以见志，自题其上，语意真挚，末句云："愿化疾鸟兮度重关，飞集中庭兮我母扶杖增欢颜。"又有《东道篇》云："黄尘滚滚入东道，六月炎天禾尽槁。江南此时暑气多，我母眠食今如何？东道友朋互征逐，珍馐罗列醁醽绿。我本江南寒薄儿，家有老母还啜菽。有扇不能为母挥，有食不能为母遗，远道之苦苦如此，母兮生我欲何为？妇亦能将母何如？我进酒，孙亦善扶持，何如我应手！嗟乎！愁莫愁于作客身，危莫危于白发亲。每逢欢场泪暗滴，知我心曲能几人。"未逾年即归，母年八十，犹矍铄也。其诗名《夜吟轩集》。

【按】徐世清今存诗 9 首，见于《国朝金陵诗征》卷三十七中。

孙延昌

孙延昌，字桦村，一作画村，一字禹敬。乾隆四十二年（1777）拔贡，候选教谕，授徒为生。

◎《漱石轩文集》，一作《漱石斋集》（佚）

《同治续纂江宁府志》卷十四之八：孙延昌，字桦村，乾隆丁酉（1777）拔贡，束身古训，为文发挥义理，不貌为彪炳之观，以炫异于末俗，一时士人翕然称颂之。其课徒必本己所致力曲折层累之数以诏示，以故出其门下如郑孝廉德昌、沈明经允恭，咸循其矩矱，其植品方而有矩，其处家严而不可犯，后子虽贵仕而懔懔于过庭之训者，若命提之时在左右，盖延昌以身教者也。子贻谋令汤阴，思亲不置，迎延昌至署，延昌行视其行政，曰："吾恐子之不亲民事而来，尔既留意民瘼，吾何求？且吾少寒素，居署中忘吾蔬食饮水之风，是失故吾矣。不可久留。"甫逾月即束装归。著有《漱石轩文集》。

《光绪六合县志》五之三：孙延昌，字桦村，乾隆丁酉（1777）拔贡，习经学，为文具有根柢，其课徒必本己所致力曲折层累之数，以为诏示门下，如郑孝廉德昌、沈明经允恭，咸循其矩矱，持家严峻，教子必以正。子贻谋，令汤阴，迎养任所，谓之曰："吾恐汝不亲民事而来，汝既留意民瘼，吾何求？且吾家世寒，素居官舍，弗乐也。"遂归里。著有《漱石轩文集》。

《国朝金陵诗征》卷二十一：孙延昌，字禹敬，一字画村，六合人，乾隆乙酉拔贡生，著有《漱石斋集》。

【按】孙延昌曾参与《乾隆六合县志》的修纂，任董事。有子孙贻谋，有文才，见后文"孙贻谋"条。《国朝金陵诗征》卷二十一选其诗1首。

朱本福

朱本福，字豫堂，一作寓堂，一字万同。廪贡生，乾隆四十四年（1779）官淮安训导，迁铜山教谕。

◎《谦堂游草》（佚）

◎《管窥楼诗钞》1卷（存）

柯愈春《清人诗文集总目提要》上册：《管窥楼诗钞》一卷，朱本福撰。本福字履亨，号谦堂，安徽黟县人。善鼓琴，尝游武林山阴间。奏《绿水湘妃》诸操，使闻者如在松风泉石间。此集乾隆五十二年（1787）刻，中国社会科学院文学研究所藏。又有《谦堂游草》，今未见传。

【按】《管窥楼诗钞》，据《中国古籍总目·索引》第三册著录有乾隆五十二年（1787）刻本，现藏中国社科院文学所图书馆。

◎《扪虱斋稿》（佚）

《国朝金陵诗征》卷二十一：朱本福，字豫堂，六合人，官淮安训导。有《管窥楼诗钞》《谦堂游草》。

《光绪六合县志》卷五之四：朱溁，……子本福，廪贡生，历署淮安府学及铜山训导。性慷慨，乾隆五十年（1785），出重赀助赈贫乏，协修县志，戴正学称其"品学兼优，不愧父之子"。著有《管窥楼诗钞》《谦堂游草》等集。

《金陵通传》卷三十五：朱本福，字寓堂，六合人，父溁，少孤，事母以孝闻。本福有学行，由贡生除淮安训导，迁铜山教谕。遇寒儒辄资以膏火，乾隆五十年（1785），岁荒，捐资振贫。又尝协修县志。著有《管窥楼诗钞》《谦堂游草》《扪虱斋稿》。

【按】朱本福，《光绪六合县志》有传，然柯愈春《清人诗文集总目提要》上册载其为"安徽歙县人"，结合其字"寓堂"，可知其先人可能是安徽歙县人而寓居堂邑（古代六合称谓）。《道光铜山县志》卷十记载，朱本福于乾隆四十五年（1780）任铜山训导。他曾参与《乾隆六合县志》撰修，并捐资助刻。《国朝金陵诗征》卷二十一收其诗 3 首。《江苏诗征》卷十八有"朱福，字万同，号寓堂，六合诸生，著《扪虱斋未定稿》"，并选录《京口晚眺》诗 1 首，据其字号里籍，朱福当即为朱本福。

厉　柏

厉柏，字默庵，六合诸生，世居冶浦。

◎《默庵诗存》（佚）

◎《乐天斋旧诗忆录》（佚）

◎《冶浦集》（佚）

《国朝金陵诗征》卷二十六：厉柏，字默庵，六合增生，有《乐天斋旧诗忆录》《冶浦集》。

《光绪六合县志》卷五之四：厉柏，字默庵，诸生，世居冶浦，善诗，工琴，足迹不入城者十年。性爱兰，春夏时，芬芳入室，或有劝其寄诗随园评阅者，柏怫然曰："吾诗岂借人传耶！"平日以卖字、卖药为生，遣嫁女孙，仅一琴一婢，其高致如此，著有《默庵诗存》。

【按】厉柏作品见载于《同治续纂江宁府志》卷九。他一生隐居不仕，多与乡里名士如陈作珍、朱实发、杜岩等交往，互有酬唱。陈作珍《云鹤诗钞》卷下有《厉四默庵以近作见示依韵赋答》诗5首，又有《和厉默庵除夕感怀原韵》诗2首等；杜岩《旅次怀人》中第一首即怀厉柏；朱实发《尺云轩诗集》卷二《怀友诗》第一首也是怀厉柏1首，可见厉柏在当时的影响。《国朝金陵诗征》卷二十六选其诗2首。

杜 崟

杜崟，字石逸，六合增生。

◎《饫经堂集》4卷（佚）

《国朝金陵诗征》卷二十四：杜崟，字石逸，六合增生，有《饫经堂集》。

【按】杜崟，《同治续纂江宁府志》和《民国六合县续志稿》作"杜钦"。杜崟乃陈作珍（见前文）之妹婿，陈氏《云鹤诗钞》中有《杜石逸妹丈见余和唐石卿忆城西老梅诗，过蒙奖许，因次韵以答之》诗1首。

杜崟存世作品有《饫经堂集》四卷，刻行于1797年，见载于刘声木纂辑《续补汇刻书目》。《国朝金陵诗征》卷二十四存其诗3首。

杜崟有《饫经堂集》，杜岩有《饫经堂若洲诗稿》，可见"饫经堂"当为杜氏家族的祖居或堂号，结合杜鉴、杜崑、杜岩、杜嵩名字都有"山"字头，他们当为同门兄弟辈。可惜杜氏家谱和《杜氏家集》未见传世，无法了解其家族成员的情况。

孙有智

孙有智，字星珠，号雪堂，六合县廪贡生，署桃源教谕。

◎《孙有智诗稿》（佚）

《光绪六合县志》卷五之四：孙有智，字星珠，号雪堂，廪贡生，署桃源教谕，遇士温恭有礼，性友爱，昆弟四人。有智嫡而长，三庶弟少不治生产，赀财荡尽，多逋负，有智为之偿。工诗，尤善作擘窠大字，嘉庆初元（1796），县令举有智孝廉方正，辞不就。晚年，耽吟咏，与邑诗人厉柏等相唱和，《诗稿》经乱皆焚毁。

贺　法

贺法，字魏观，号幼峰，中嘉庆十二年（1807）副榜贡生。

◎《幼峰诗存》（佚）

《光绪六合县志》卷五之三：贺法，字魏观，号幼峰，幼颖悟，八岁能诗，性刚直，胸无城府，好面折人过，人有善亦称道不置，乡里以"王烈"目之。亲族中有三人同谋讼陷，几坏其家，其后三人者贫不能自存，法犹时周恤之。三人殁，贫无以敛，法复为之殡葬焉。乾隆五十一年（1786），岁大祲，鬻腴田数十亩，得值供食指外，余悉以分给邻里之贫乏者。中嘉庆丁卯（1807）副车，著有《幼峰诗存》。

【按】贺法乃贺鸣谐之子，与兄弟贺淳、贺沅，均有文名。

徐　鉴

徐鉴（1748—1799），字藻亭，号远村，六合县廪膳生。

◎《远村诗钞》（佚）

《民国六合县续志稿》卷十五：徐鉴《远村诗钞》。（光绪府志。按：鉴，字远村，邑廪膳生。）

《光绪六合县志》选举表卷六之五：徐鉴，以孙（徐）鼐贵，赠中宪大夫。

徐鼐《王父远村府君暨姚何汪两太恭人墓碑文》：府君姓徐氏，讳鉴，字藻亭，号远村，佩苍公之长子也。幼与诸弟受业于李先生德淳，独诚笃，能传所学。诸城刘文正公统勋以憨直谪知江宁府，岁试童子，见公文大赏之，谓可比先辈任兰枝。旋入学，补廪膳生，与同邑名宿孙君延昌、汪君鹤举、常君鈢、朱君实发、唐君湘、妹夫孙公永清为文燕之交。会王父佩苍公下世，家难作，公痛己不能感乎骨肉，绝意进取，竟郁郁成疾，年五十二卒。所著《远村诗钞》若干卷，暨藏书数千卷，并毁于咸丰癸丑（1853）四月粤匪之乱。元配何太恭人，生显考轶陵府君、从父玉麟。继配汪太恭人，生从父梦麟、厚麟、炳麟、仁麟。侧室周孺人，生从父敏麟。伯姑适岁贡生陈君淖，何太恭人出也。仲姑适嘉庆癸酉举人刘君维桐，叔姑适太学生余君濯江，汪太恭人出也。季姑适王君某，周孺人出也。公卒于嘉庆四年（1799）九月初一日，葬于邑西乡萧家涧保朴家松园之□，两太恭人祔焉。（《未灰斋文集》卷五）

【按】徐鉴乃清代著名史学家徐鼐（见后文）的祖父。与当时同邑名宿孙延昌、汪鹤举、常鈢、朱实发、唐湘、妹夫孙永清等常有文酒之会。

徐氏亦六合望族，代有名人，其传承关系为：徐必纯→徐鉴→徐石麟→徐鼐→徐承禧、徐承祖、徐承礼。

常鈖

常鈖，字玉辉，一字水南，乾隆五十四年（1789）岁贡。

◎《枥下吟》（佚）

◎《水南诗集》（佚）

《国朝金陵诗征》卷二十四：常鈖，字玉辉，一字水南，六合人，有《枥下吟》。

《民国六合县续志稿》卷十五：常鈖《枥下吟》。（《金陵诗征》，《光绪府志》。按：鈖，字水南，乾隆间贡生，《金陵通传》云著有《水南诗集》。《诗征》《府志》作《枥下吟》，未知是一是二。）

《光绪六合县志》卷五之四：常鈖，字水南，乾隆五十四年（1789）岁贡，性豪放，工诗，喜于秦淮烟月中啸咏，每得一诗，人争传诵，谓有晚唐风韵。

《棠志拾遗》卷上：常鈖，字玉辉，一字水南，乾隆五十四年（1789）岁贡，为人襟怀旷达，博学多能，棘闱屡试不售，遂绝意功名，筑楼三楹于滁河之滨（在今净明寺旁），号水南读书楼，日吟咏以自娱，曾题梅花诗百首，风骨清丽，远追晚唐，时称杰作。从子恬，字引轩，居南郭外，亦能诗，好游山水，读书自乐。（清《府志》及《常氏家谱》）

【按】《金陵通传》卷三十五常鈖传在"徐必纯"条下，言其字玉辉，有《水南诗集》。《国朝金陵诗征》卷二十四收其诗12题16首。

孙贻谋

孙贻谋（1757—?），字仲如，一字竹隐，号岳岚，乾隆五十四年（1789）拔贡，任河南汤阴县，迁郑州。

◎《岳岚诗集》，一作《岳岚集》 _(佚)

《光绪六合县志》卷五之三：[孙] 贻谋，字仲如，乾隆己酉（1789）拔贡生，廷试用知县，任河南汤阴县，迁郑州。耿介不阿，以忤上官意被议，引疾归，囊橐萧然，有"莼鲈偶触思乡梦，瑟鹤相随返棹时"之句，著有《岳岚诗集》。

《同治续纂江宁府志》卷十四之八：孙贻谋，字仲如，乾隆己酉（1789）拔贡，廷试优等授汤阴知县，居汤水之阴，宜师沟之阳，府属漕粮受兑处也。称不易治，贻谋处之裕如，旋擢牧郑州，去省才四十里。冠盖一二十辈，去来无虚日，然亦贤不肖，粗杂参半也。贻谋或有亢隶气，以故忤上官，遂挂冠归。汤阴、郑于豫为沃壤，乃其归而囊橐如治瘠薄者，时人比之一琴一鹤，盖用延昌之教也。因此始终于儒素。著有《岳岚诗集》。

《国朝金陵诗征》卷二十七：孙贻谋，字仲如，一字竹隐，六合人延昌子，乾隆己酉拔贡生，汤阴知县。有《岳岚集》。

【按】孙贻谋，孙延昌之子，能承父志，为官廉介。《国朝金陵诗征》卷二十七收其诗1首，《嘉庆涉县志》卷四记载孙贻谋曾于乾隆五十九年（1794）任涉县（今属河北邯郸市）知县，卷八载孙延昌、孙贻谋诗各1首。

厉克宽

厉克宽，字拙庵。乾隆五十五年（1790）恩贡。

◎《西湖游草》 _(佚)

◎《拙庵诗文全稿》 _(佚)

《民国六合县续志稿》卷十五：厉克宽《西湖游草》《拙庵诗文全稿》。（《厉氏家乘》。克宽，字拙庵。乾隆五十五年恩贡。）

陆玉书

陆玉书，字笨田，乾隆五十七年（1792）举人，官富阳、钱塘知县，玉环、处州同知。

◎《陆玉书诗》（佚）

◎《政余偶钞》1卷（佚）

《光绪富阳县志》卷十七：陆玉书，字笨田，江宁人，道光三年（1823）至任。有干济才，不屑俗吏补苴之为，而先事用其惩劝，谓“劝善莫难于妇人，而表名未及于苦节，非教也”。乃访诚乡嫠居之合年例者，凡百四十人，罗册入请，俞旨至，涓吉日，治盛筵，大会于邑之社庙，命其孺人揄狄象服，率以谢阙，然后出就主席，俟其以次坐定，手玉斝，斟黄流，为众嫠妇寿。宴毕，各赠金花红绫二端，手书四字匾额，仪从鼓乐，导送归家，观者美之，以为官之善为劝也。每岁孟夏，鲥鱼至，群聚观山麓之澄潭，若以时朝严祠也者，乃勒碑于祠下潭上，曰“子陵先生垂钓处”，盖欲为有志者劝也。旧时渔人首获鲥，必献之官，凡官中人市鱼半民间给钱，谓之官价，至此胥吏因缘为奸，并半价不易给之。玉书廉，得情既却所献鱼，又欲为无耻者惩也，出示禁之，而官价买鱼之弊除。一日坐堂皇，逻卒捕乡民至，谓之“私枭”，视之则老人也。初，县内贫民例得如数贩盐，谓之十八老小匾挑，有碑立观山之麓，已而商匿其碑，遂指贩盐者为私逻卒，甚或通人担盐入富家而讹诈之，是民失盐利，且受盐殃矣。玉书素知之，问曰：“汝孤弱一人，何敢为此？”对言：“同事十数人皆逸，吾慢走，故至此。”曰：“汝走，奚若试复为之。”老者走躩如，曰：“汝走盘桓，何时得出，直奔则免耳。”老者径趋出，逻卒哗然，怒曰：“汝等放私枭十数人，我独不得放老年一人乎？勿多言，我不为汝主。”下使隶逐之去，闻者快之，以为官之大能惩也。其他尚多美政，不备书，凡有关于惩劝者已述之于诗，有《政余偶钞》一卷，载《艺文》中。（新纂）

《光绪处州府志》卷十三：陆玉书，字笨田，六合人，道光间知府事，多惠政，风标潇洒，和厚宽平，而御下独廉，胥吏敬惮。喜画竹，风梢雨箨，擅美一时，民间得之如珍宝。

《光绪六合县志》卷五之五：陆玉书，字斈田。乾隆五十七年（1792）举于乡，选授浙江富阳知县，有馈生鱼者，挥弗受，富阳市鱼，例有官价，玉书革之，发奸摘伏，若有神明。（尝坐廨中，有犬从外来，状若有所求，问曰："尔有冤伸耶？"犬叩首三，即命吏随犬所之，行二十里，犬拨土得断尸，吏祝曰："尔能知杀人者否？"犬回行四五里，至古庙前，有丐五六人聚饮，一丐貌狞恶，犬啮其身，吏捕诣县，研鞫伏罪。先是，丐豢此犬数年，一日将杀之，以燕其党，适布贩见而悯之，启箧与丐钱三千，免犬死。丐见箧有赀，尾布贩至僻处，杀而夺其赀，此犬所以报也。）转钱塘知县，迁玉环同知，任处州知府，所至以敦崇风化为务。尝采贞婺事实得百有四人，为请旌于朝，涓日设筵，令其妻执觞以宾待诸妇，宴毕，鼓乐导归，观者咸知节妇荣。玉书为人持廉不苟取，制事以诚，公余不废吟咏，尝仿香山体作《新乐府》八篇，见"艺文志"。

《国朝金陵诗征》卷二十九：陆玉书，字斈田，六合人，乾隆壬子（1792）举人，官富阳、钱塘知县，玉环、处州同知。时称循吏，簿书之暇不废吟咏，尤工画竹。

《玉环县志》（1994年）：陆玉书（生卒年不详），字斈田，江苏六合县人。清乾隆五十七年（1792）举人。历任浙江富阳、钱塘（杭州）等县知县。道光年间，先后两次任玉环厅同知。吏治尚宽，不轻鞭挞，待下独严。后升处州知府。陆平素能诗善画，公余之暇，常与文士作诗唱和，或出城游览，随处留题，每多佳作。《玉环厅志》载其诗30余首，其中"四叹"，较为真实地反映了广大贫苦农民、盐民、渔民及轿夫的艰苦生活，至今被人称道。陆尤擅画竹，他在《玉环杂咏》中写道："讼庭无事公门敞，写竹由他百姓看。"所画竹，颇有新意，得之者视为珍品。

【按】陆玉书曾两次出任浙江富玉环县令，道光二年（1822）任钱塘县令，道光三年任富阳县令，每任有循声。陆玉田在玉环离任时有《留别学中多士》："我亦寒窗诵读人，斯文骨肉易相亲。砚田每垦终逢岁，艺苑频探自有春。笔墨论交情缱绻，酒杯惜别意殷勤。明年桂子飞香日，伫看群英贡席珍。"表达自己读书和为官的志向。他的诗是否编集，没有记载，今从《江苏艺文志·南京卷》作《陆玉田诗》。现存诗共60首，《光绪六合县志》收陆玉田《新乐府》8篇、诗1首;《国朝金陵诗征》收其诗4首;《光绪玉环厅志》收其诗29题47首。陆玉田还有《太常仙蝶图》《玉成观碑记》等书画和碑刻传世。

唐 湘

唐湘,字西湄,一字潇南。乾隆五十九年(1794)举于乡。

◎《采芝山房文稿》4卷（佚）

《光绪六合县志》卷五之三:[唐]湘,字西湄,性端严,临事无苟,为文渊雅雄迈,原本经术。乾隆甲寅(1794)举于乡,著有《采芝山房文稿》四卷。

《金陵通传》卷三十五:唐湘,字潇南,品学兼粹,临事不苟。乾隆五十九年(1794),举于乡。著有《采芝山房文稿》。

【按】唐氏乃六合望族,其传承关系为:唐廷绅（弟唐廷夔）→唐湘（兄唐潮）→唐肇元（兄唐肇瑛）→唐嘉德（兄唐嘉会、唐嘉书）→唐毓庆、唐毓和。

姜本礼

姜本礼（1758—1836）,字兰石。嘉庆五年（1800）举于乡,曾任翰林院典簿。

◎《表海堂心存文集》（佚）

《光绪六合县志》卷五之三:姜本礼,字兰石,国绶子。嘉庆庚申（1800）举于乡,就职翰林院典簿,以子士冠官封赠如其职。性质朴纯厚,与人处无机械心。居家以孝友称,生平殚心学业,时俗嗜好无所染,邑明经朱实发赠诗有"除却诗与书,百事都不省"之句。好阅史鉴,究心古今得失成败之故，凡加丹黄者数四，读书有得，辄录置简端，久而成帙。其课徒讲画不倦，屏绝世俗肤陋之文，一以先正为矩镬。尝训孙辈由轼等曰："我生平无他长，惟存心忠厚，宁人负我，我无负人，汝辈勉之。"著有《表海堂心存文集》。士冠宰浙之缙纭调兰溪，迎养官舍，本礼曰："我字兰石，往则石沉于溪矣。"未几，果卒。年七十有八。

【按】关于姜本礼的生卒，《光绪六合县志》载其78岁时死于其子姜士冠在兰溪任上。查《光绪兰溪县志》卷四载，姜士冠于道光十五年（1835）任知县，十六年离任，则姜本礼当死于姜士冠因守制而离任的道光十六年，前推78年，则其当生于1758年。

《国朝金陵诗征》卷三十选姜本礼诗1首。同邑朱实发《尺云轩诗集》卷二《怀友诗》有姜本礼诗1首。

杜　嵩

杜嵩，字山甫，一字蘅江，号少室山樵。乾隆四十二年（1777）举人，考授太常寺博士，历任山东文登、栖霞、乐安县事，升曹州府同知，旋署曹州知府。

◎《以我集》（佚）

【按】以我，典出《孟子·梁惠王上》"有以教我"，希望别人指点教导自己，是一种谦逊的说法。

◎《鸣秋集》（佚）

◎《东道集》（佚）

◎《霞山集》（佚）

◎《浣花集》，一名《浣花轩集》^(佚)

◎《乐安［诗］集》，一名《乐安迭韵集》^(佚)

《光绪六合县志》卷五之五：杜嵩，字山甫，乾隆丁酉（1777）举人，考授太常寺博士，大挑山东知县，历任文登、栖霞、乐安县事，升曹州府同知，旋署曹州知府。所至有声，尤重学校，凡书院暨养济各善举，悉捐廉修之。著有《鸣秋》《东道》《霞山》《乐安诗集》。

《国朝金陵诗征》卷二十四：杜嵩，字山甫，一字蘅江，自称少室山樵，六合人，乾隆丁酉（1777）举人，栖霞知县，有《以我》《鸣秋》《霞山》《浣花轩》《东道》《乐安迭韵》等集。

【按】《光绪六合县志》记述杜嵩事迹颇令人费解，本传中说他任"文登、栖霞、乐安县事"后，"升曹州府同知，旋署曹州知府"。而在其弟"杜岩传"中却说，"兄嵩令山东栖霞县，卒于官，岩亲往以丧归，为诗纪其事，悱恻动人"。另据《光绪栖霞县续志》卷五记载，杜嵩于乾隆五十六年（1791）任知县。至于任文登、乐安两县知县，未见于两县的县志，或为记述有误，存疑待考。

杜嵩作品由于不同文献记载多用简称，故书名略有差异。《棠志拾遗》《国朝金陵诗征》卷二十四选其诗28首。其所作《棠川杂诗》组诗多记六合地理人文。

杜 岩

杜岩（1767—1830），字鲁望，一字若洲，杜嵩弟，六合廪生。

◎《若洲诗草》，一作《饫经堂若洲诗稿》^(佚)

《国朝金陵诗征》卷二十四：杜岩，字鲁望，一字若洲，六合廪生，有《饫经堂若洲诗稿》。

《民国六合县续志稿》卷十五：杜岩《若洲诗草》。（光绪府志。按：志云，岩诗有录入《江左诗钞》者，《金陵诗征》中选录极多。上元刘孝廉绍曾题《杜若洲集》云：我年三十六，甲寅（1794）方出世，不图先生诗，始自甲寅岁，造物岂偶然，因缘在文字，开卷见先生，心血透纸背，我与先生交，闻声久相契，可怜病笃时，见面才一次，扶杖出花前，握手眼垂泪，付以古锦囊，自为名山计，良玉本无瑕，攻错突所事，誰逶苦谆谆，此诺心尚记，风前时一读，顿觉高牙慧，有若婆人不，宝山供游戏，珊瑚杂然陈，目眩心已醉，又若饥来时，大嚼过屠肆，肥甘快所欲，食焉鲜知味，沈酣弥月余，寝食与俱废，欲书混沌眉，常恐失词费，昨宵山月高，把卷不成寐，忽然心神开，妙解得曾未，先生诗骨清，落笔见音致，矫如孤鹤翔，天远露秋霁，能以性灵语，道彼眼前意，著作等身高，欲去每难置，酸咸非不调，所好有偏嗜，一诺重生前，临文焉敢讳，彼沙金愈出，得鱼筌可弃，删竹去其繁，清风自然至，顾我亦何人，臆见送私智，贻讥大雅林，恧然适滋愧，吟魂倘归来，再拜向空际。）

《光绪六合县志》卷五之四：杜岩，字若洲，邑诸生，镰幼子。天性友爱，好吟咏。兄嵩令山东栖霞县，卒于官，岩亲往以丧归，为诗纪其事，悱恻动人。与人交有肝胆，遇事指陈，侃侃谔谔。晚岁闭户自养，益究心性命之学，颜其室曰“遣余年”，著有《若洲诗草》，内有选入《江左诗钞》者。兼通医卜星命，及青乌家言，无所不究览。《六十自寿诗》有云：“休言心计老尤贪，屈指余年算再三。”年六十有三，果以无疾终。子璜，邑诸生，亦以诗名，著有《幼若诗钞》四卷。孙淦，事亲尽职，由内阁供事议叙县丞，捐升知县，历署义乌、东阳、武义诸县。义乌值军务倥偬，募勇守城，捐赀筹饷，昼夜不懈。邑民素好械斗，淦躬亲劝谕，旧俗以除。任武义时，寇乱初平，淦殚意抚绥，心力俱瘁，遂遘疾，卒于官。

【按】关于杜岩的生卒年，刘绍曾在《题杜若洲集》诗中有“我年三十六，甲寅方出世”，即刘氏于乾隆甲寅年（1794）出生，他久闻杜氏大名，直到 36 岁时，才有机会前去拜访杜岩，可惜杜氏已经是“病笃时”，“见面才一次”，杜氏就“付以古锦囊，自为名山计”，将自己的作品托其整理，不久就去世了。因此杜氏的去世时间为 1830 年或略后，《光绪六合县志》言其寿六十三，前推可知其出生时间为乾隆三十二年（1767）。

杜岩存世作品，《国朝金陵诗征》卷二十四选其诗颇多，有 16 题 35 首，《光绪六合县志》存 3 题 4 首，去除重复者，共有 37 首诗。同邑朱实发《尺云轩诗集》卷二《怀友诗五篇》中有怀杜岩诗 1 首，陈作珍《云鹤诗钞》卷下有《和杜若洲五十自寿诗原韵》诗 8 首。

孙 韡

> 孙韡（1768—?），字棣英，号漱石，又号怡堂（一作怡云）。工书善琴，精弈和篆刻。

◎《竹根印谱》2 册不分卷，一名《孙怡堂竹根印谱》《漱石印存》（存）

《广印人传》卷五：孙韡，字棣英，号漱石，又号怡堂，六合人，尝得《宣和印谱》原本，简练揣摩，技遂大进，有《漱石印存》二卷，皆竹根印也。为人伟岸有奇气，负经济才，工书善琴，韵语绝佳，弈品第一，为李书年、张古余所称赏。

张敦仁《寄题孙怡堂竹根印谱》：孙君弈品可第一，尤擅硬笔篆刻工。青田花乳制不足，寒云独剧幽篁丛。竭来临汝半载住，鹤头鸦嘴提筠笼。倚邪方整随意致，环桥瓦纽兼磨砻。镌成焜黄杂老绿，贻我数箧云锦重。摩挲把玩不释手，令人拨蜡忘煎铜。疏帘清簟罢赌墅，从容更出竹根谱。片片符繻筠叶文，斑斑血渍湘妃雨。苍雅颇逼程穆倩，旁纽仍严许实父。大小缪篆诸体备，左右蟠萦匠心取。乃知能事有专功，君于此道折肱股。哀然大帙映缃几，好与桃花泉作伍。竹风花雨昼长宜，乞我作序兼签题。匆匆未暇鄱阳去，我亦黄檗□之湄。山城无事日吟咏，数方幸得缥囊携。蛮笺芸□印来好，用久已滑黄流璃。感君意重怀君切，序仍未作先以诗。宫亭湖接庐峰紫，日揽山绿清柱颐。似闻落拓益耽酒，一斗一石聊自寿。文章愧说雕虫技，罢楸闲却谈锋手。壮夫三十尚飘零，绝艺空群复何有。细思尘世难青眼，惟有醉乡堪白首。弈谱印谱且莫开，巴州注子兰成杯。（巴州竹根注子为时珍贵。"山杯捧竹根"，庾子山句也。）凭将酒谱搜遗事，迟尔东湖竹叶醅。古余张敦仁稿。此余戊午（1798）十月在江西铜鼓营时为怡堂作也。会怡堂返

189

六合，不果寄。辛酉（1801）孟秋，相遇广陵。因拣旧稿为录诸编首。诗不足存，聊以志吾两人离合之迹云耳。是岁十一月十一日，敦仁识。（选自郁重今编纂《历代印谱序跋汇编》）

李宗传《怡堂印谱序》：孙君怡堂积数十年之功力，摹刻印章，成谱数卷。夫自隶书行而篆籀废，存古法者，惟印章。是赖刻印，虽小技，而为之有难焉者。古人作一字，其纵横曲直，有子有母，相衔而生，秦汉至今，其体屡变，而失为此者，必观理结字，然后成章，故六书不精，而欲奏刀如笔，不可得矣。六书精矣，得其体而不得其意，得其意而不能自行其意，犹然不工甚矣。其难也，秦汉人之刻，寓巧于拙，藏正于奇，其高古出于自然，宋元以来渐趋研靡，至明而盛。国朝周栎园云："此道与声诗同，宋元无诗，至明而诗始可继唐；唐宋元无印章，至明而印章始可继汉。今之业此者，皆以秦汉人为宗，规橅古人奇字，以相矜炫，袭其貌而失其神，往往失于粗硬，久而厌之者，变为离奇，又久而厌之变为婉秀，而离奇流为怪僻，婉秀流为纤弱，又往往不免焉。盖自文寿承、何长卿、刘渔仲、程穆倩、顾元方、邱令和之徒，屡变风气，树名一时，外此若朱修能、黄济叔、顾云美、徐士白辈，各擅绝技，无虑数十家。古无印谱之名，惟宋有宣和四卷，近世印薮、印谱诸书，纷纷继出，试返诸苍颉、史籀之所造，李斯、李阳冰之所述，不知其离合何如耳！怡堂生而嗜古，工诗，尤精于篆刻，博通六书之旨，广搜金石之文，心摹手追，尽得诸家体势，森严而不窒，动荡而不佻，使笔劲健，出以和平，大小方圆，各极其趣，每一章成，古雅秀润之致溢于方幅之外，可谓得古人之意，而又能自行其意者矣。余尝谓文字至今日，苟简极矣，而篆刻之道，又未尝不以复古为工，士大夫得一佳石，必求善摹秦汉章者，镌姓名于其上，虽余好尚亦然。嗟乎行能学术，百不求似古人，独思自古其姓名于片石之上，余不知其何心也。然可见篆刻之工，人所同嗜，美斯爱，爱斯传，怡堂虽欲不著名于世也，得乎？十年前，怡堂属余为序，诺之未成也。今怡堂艺益精，人之求于怡堂者日益众，怡堂无以应，辑印谱以示之，观于谱，可以见怡堂之用心矣。是为序。（选自李宗传《寄鸿堂文集》卷二）

邵自悦《竹根印谱跋》：六合孙君漱石，以善弈名。余遇诸章门，复会于昭武，善弈者与之弈，莫能雁行随也。意漱石固一其巧智于弈，将以终其身，名后世耶？然漱石好读书，多闻强识，兼工篆刻。一日谱其所作，出以相示，规摹秦汉，酝酿卷轴。噫！漱石固学问中人，以善弈名，何耶？夫士抱颖异之才，抑郁无聊，每借片长薄技以自娱，见者辄相惊赏，称为绝艺，而其人之人品学术，亦遂湮没而不彰。昔之人，或良于医，或神以卜筮，以一技之长，掩生平之大端者，可胜道哉！漱石年方壮，充其巧智，当必有大者远者以终其身名后世，弈固不足论，即篆刻亦岂足以涵漱石乎？余方有厚望焉。同学愚弟析津邵自悦拜题。（选自郁重今编纂《历代印谱序跋汇编》）

《光绪六合县志》卷五之四：孙韡，字棣英，诸生，捐职布政司理问，性颖悟，善弈棋，九岁称国手，工吟咏，与上元诗人马棣原暨本邑朱实发相唱和。子彭年，阖门殉难。

《金陵通传补遗》卷四：孙韡，字怡云，六合人，工奏记，有诸侯让客之称，性好游，豪于诗酒，与人交有侠气，运使王凤生深重之，年九十余。

【按】孙韡的名"韡"，他的好友王凤生《感逝草》中作"韡"，字形相近，可能误刻。《竹根印谱》，民国时期著名印人、西泠印社创始人之一王福庵（1880—1960）在《鲁盦藏印谱简目》卷三中有著录，此书上海图书馆有咸丰八年（1858）钤印本。2016 年 11 月 27 日荣宝斋秋季拍卖会上有《孙怡堂竹根印谱》出现，郭若愚旧藏，由其家属提供，此可能为孙氏印谱的另一个版本，可惜笔者未见。

关于孙韡的生卒年龄。郁重今编《历代印谱序跋汇编》中收录有张敦仁（1755—1833）作于嘉庆三年（1798）《寄题孙怡堂竹根印谱》长诗，其中有"壮夫三十尚飘零，绝艺空群复何有"，这一年孙韡正好 30 岁，依此推算，孙韡当生于乾隆三十三年（1768）。至于其去世的时间，如果采信《金陵通传补遗》"年九十余"的话，则当卒于咸丰八年（1858）或略后，结合其存世印谱上钤印的时间，正是他去世的当年或略前。但是他的好友王凤生《感逝草》有专门怀念他的诗一首，《国朝金陵诗征》卷四十六引此诗并附《孙怡堂传》说："孙怡云上舍，名韡，六合人，工奏记，遨游为幕府上佐，性好游，且豪于诗酒，与人交有侠气。囊予官浙时，每遇清暇，辄与载酒登临于西湖山水间，鸿迹几遍，当时酒酣耳热，议论风生，迄今犹可想见也。年未六十，卒于家。"如此推算则他去世时间当为道光八年（1828）前，则存世印谱就不是他生前亲自钤印，而是他去世后，后人为了保存遗迹而印行。不知孰是孰非，有待进一步资料印证。

贺　淳

贺淳，字劬庵，号遂初，六合优廪生。嘉庆十五年（1810），曾参与《嘉庆重刊江宁府志》，任六合采访。

◎《秦中先生正言行录》（佚）

◎《关中闻见随笔》（佚）

◎《潼关建置考》（佚）

◎《幕府末议》（佚）

《光绪六合县志》卷五之三：贺淳，字劬庵，号遂初，邑优廪生，性孝友，事兄法如严师，江宁秦承恩巡抚关中，淳居幕中，凡所建议，悉中机宜，嘉庆十五年（1810），重修府志，淳任六合采访，节妇、贞女，甄录无遗，著有《秦中先生正言行录》《关中闻见随笔》《潼关建置考》《幕府末议》诸集。

【按】贺淳作品存世者只有他在其父贺鸣谐《练峰古文集》后的跋语1则，载于《民国六合县续志稿》"艺文志"，见前文"贺鸣谐"条下。贺淳可能是《嘉庆六合县志》的参与编撰者之一，具体考证参见本书附录一。

杜　璜

杜璜，字雨仲，一字小箸，或字幼箸，六合布衣诗人。

◎《幼箸诗钞》4卷（佚）

《光绪六合县志》卷五之四：杜岩，……子璜，邑诸生，亦有诗名，著有《幼箸诗钞》四卷。

朱绪曾《题杜小筈璜集兼赠巴种芝光诂》：（其一）栖霞山送渡江船，迎我灵岩笑辗然。更喜文章披武库，棠川今有杜樊川。（小筈出《杜氏家集》《棠川耆旧》，凡一百四十余家共读。）（其二）六朝人物推王鉴，自此名流偻指多。鸡树馆中枝乘秘，烦君金薤好搜罗。（明孙伯观著《棠邑枝乘》。）（其三）春寒檐溜响潺潺，旅馆钞诗自闭关。却笑人心多望蜀，挑灯夜雨忆巴山。（明王巴山先生名宏，著有全集未见。）（其四）第一功名只赏诗，归装瑶笈灿珊枝。乌衣子弟惊相视，争欲扬帆访种芝。（朱绪曾《北山集》卷二）

◎《浣花轩诗》（佚）

《国朝金陵诗征》卷三十七：杜璜，字雨仲，一字小筈，六合人岩之子。有《浣花轩诗》。

【按】杜璜，乃杜岩（见前文）之子。朱绪曾《题杜小筈璜集兼赠巴种芝光诂》诗中说"出《杜氏家集》《棠川耆旧》"，均当为杜氏自著或家藏作品。《国朝金陵诗征》卷三十七收其诗 8 题 9 首。

杜 鹤

杜鹤，字希原，一字兰厓，嘉庆九年（1804）六合岁贡生。

◎《希原诗集》（佚）

《光绪六合县志》卷五之四：杜鹤，字希原，嘉庆九年（1804）岁贡，潜修敦行，学宪旌以"璧水抡英"匾额，著有《希原诗集》。

【按】《国朝金陵诗征》卷三十选杜鹤诗 2 首。

朱 鹭

朱鹭，六合岁贡生，生平不详。

◎《管窥楼藏书目》4卷（佚）

朱方《曝书》（先君子编《管窥楼藏书目》四卷）：牙签锦轴标题好，家有曹仓足揣摩。十斛芸香防老蠹，藏书功比读书多。（《国朝金陵诗征》卷三十一）

《金陵通传》卷三十五：朱鹭，性亦孝，父病亲尝汤药，蹀躞床前，阅四年如一日，父卒，哀毁几至灭性。乾隆五十七年（1792），修葺学宫，捐资完筑，易栅以墙，至今仍之。

【按】朱鹭，乃朱本福之子，朱方之父。朱鹭《管窥楼藏书目》一书，见载于《国朝金陵诗征》卷三十一所收朱方诗《曝书》的小注中，他说"先君子编《管窥楼藏书目》四卷"。历代县志无朱鹭传和作品著录，今补之备考。

朱 方

朱方，字以知，一字闲庭，一字京江，嘉庆十二年（1807）举人，署通州学正，除金坛教谕。与弟京、亮、奕、襄皆以诗名。

◎《〈文选〉集句五律》（佚）

《金陵通传》卷三十五：朱方，字以知，一字闲庭，号京江，性淡适，好学工诗，嘉庆十二年（1807）举于乡，候选中书，大挑得教职，署通州学正，除金坛教谕，勤于课士，士有小过，孜孜开导，使自悟。寻乞养归，不数载，母卒，言及辄呜咽。著有《自适其所适斋集》《文选集句五律》。方妻陈天香、妾鑫鬐，妹癯仙，皆能诗词。

朱京《题闲庭兄集（集文选）》：幸承光诵末，投怀授往篇。五难既洒落，还得静者便。艳阳桃李节，容色更相鲜。斯言岂虚作，陈诗愧未妍。（朱京，朱方之弟。）

朱襄《题闲庭兄集（集文选）》：（其一）咏歌盈箧笥，绮缟何缤纷，观者咸称善，生平未始闻。（其二）言笑吐芬芳，胸中去机巧。所托声与音，异代可同调。（其三）广厦构众材，珍裘非一腋，化为绕指柔，安期炼五石。（其四）逶迤自相属，五色一何鲜，我欲竟此曲，微芳不足宣。（朱襄，朱方之弟。）（以上选自《国朝金陵诗征》卷三十一）

【按】《同治续纂江宁府志》卷九载"朱方《自适其所适斋集》《〈文选〉集句稿》"，《民国六合县续志稿》亦言《文选集句稿》，而《金陵通传》卷三十五所言《〈文选〉集句五律》可能是《〈文选〉集句稿》中的一部分。

朱方的《〈文选〉集句稿》是摘录《文选》中的句子，按照五律诗的要求，组合成诗，是一种特殊的集句作诗的方法，可见他对《文选》的熟悉程度，《国朝金陵诗征》卷三十一收有他的诗8首，其中有"集《文选》"的诗就有4首，可能就是出自此书。其弟朱京、朱襄、朱亮均善于集《文选》句作诗。

◎《自适其所适斋集》（佚）

《国朝金陵诗征》卷三十一：朱方，字闲庭，一字京江，六合人，嘉庆丁卯举人，金坛训导加中书衔，与弟京、亮、奕、襄皆以诗名。有《自适其所适斋集》。

《光绪六合县志》卷五之三：朱方，号以知，鹭长子。嘉庆丁卯举于乡。大挑用教职，候选内阁中书，历任通州学正，金坛教谕。勤于课士，士有小过，孜孜开导，使自悟。去官时，诸生攀辕泣挽者，至数百人，事母以孝闻，既辞官归，苟可以娱其母者，必竭力劝为之。数岁母方卒，方以侍奉日浅，语及辄悲涕。

【按】朱方乃朱本福（见前文）之孙，其夫妇均能诗，实所少见，可谓书香满门。《光绪金坛县志》卷五秩官"国朝训导"条下有"朱方"，但未标注籍贯和任职时间。

朱 亮

朱亮，字寅轩，六合诸生。

◎《寅轩诗草》（佚）

《金陵通传》卷三十五：朱亮，字寅轩，性诚厚，人有欺之者不校也。潜心学业，往往经旬不出，以诸生终。著有《寅轩诗草》。

【按】朱氏为六合望族，多有才人，其传承关系为：朱濂→朱本福→朱鹭→朱方、朱京、朱亮、朱襄、朱亦→朱廷硕（京子）、朱学诗（亮子）→朱逢咸（廷硕子）。

朱亮传世作品只有《题闲庭兄集（集文选）》诗一首，见前文"朱方"条下，载《国朝金陵诗征》卷三十一。

释定志

释定志（？—1842），字旅树，号鹰巢。六合僧人，主讲江宁承恩寺。

◎《鹰巢诗集》2 卷（存）

柯愈春《清人诗文集总目提要》中册：《鹰巢诗集》二卷，释定志撰。定志字旅树，号鹰巢，江苏六合人。堕地为人拾嗣，将十岁出家为僧，从石塘祖游。年二十四忤众被摈，石塘寄其于石头城畔乌龙潭上。晚年主金陵承恩寺。善画。所撰《鹰巢诗集》二卷，道光间刻，中国国家图书馆藏。有"严启丰印"。前有道光十年（1830）自识，述其生平。诗共二百篇。《咏道上流民》云："背负者小儿，怀抱者小儿。前提者小儿，后携者小儿。哑哑诸小儿，嘻笑如平时。"杨香池《偷闲庐诗话》谓，"此诗可称创格，妙在末后两句，言外有余意"。与同邑朱实发交。实发《尺云轩文集》有《与鹰巢上人书》，称"昨奉手笔，并示新诗，宏响振积，深情溢墨"。

释定志《鹰巢诗集自序》：身俯仰旦莫之寄也，而淑慝悠忽之名生焉，身也，名也，振古所宝也。诗云乎哉。顾余堕地发未燥，为人拾嗣，父母族里无闻焉，仰嗣祖母黄以活。祖母虑家人之基余也，将十岁，命薙染从承恩寺石塘祖游，梦寐犹呼祖母也。石祖钟爱，书塾归，指试字句不少假。

长命习内典，性婞直，年二十四，忤众被摈，祖寄余于石头城畔乌龙潭上，戒曰："静肄之，无他往。"既闻以诗交也，驰书责曰："恶用此！"诗云乎哉。肥水方孩上人有聪明错用之嗤，江右周子着乃有光阴迅速之叹，余心折焉。既晤楚中雪岛大师，有契，数十年来负愧多矣。诗云乎哉。是役也，吾徒顾堂葆忱辈为之，抑亦太清中之飘忽野马耳。诗云乎哉。入《据梧集》者不出兹二卷，殆二百章。道光庚寅（1830）长至日鹰巢定志自识于竹香楼下。

【按】全国古籍普查登记数据库显示："《鹰巢诗集》二卷（清）释定志撰，清道光十年（1830）江东释定志刻本。1册，国家图书馆。"《清代诗文集珍本丛刊》第377册有本书影印本。

◎《承恩寺缘起碑板录》1册，附《承恩寺诗存》1卷（存）

释定志《承恩寺诗存序》：前明制：各大寺，皆设公学，俾行童游习，至年二十，赴礼部试，以八事能一，授之"度牒"，否则人其人。后他寺皆废不讲，吾寺至今循之，以故操觚者间有之。然语言文字，不甚爱惜，泯灭者多。数年前，石塘老祖命辑寺中逸诗，编而成，仅百数十章。今石祖弃养，抚卷泫然，因以己所记忆者附之，盖舍识之夕。平日稿本，命委诸火，余不在侧，罪又焉辞？今辑寺中缘起碑板，承成命也。忆孩稚时，灯前月下，引塾中课，指试甚严。及长，则又命读内典，毋他习，忽忽五十余矣，负愧良多。定志识。（选自释定志《承恩寺缘起碑板录》）

《承恩寺缘起碑板录》书影

【按】《承恩寺缘起碑板录》不分卷，道光年间刻本，全一册。承恩寺位于南京三山街，是明代太监王瑾的宅邸，王瑾去世后，由其朋僚奏请改为寺院，明代宗敕赐"承恩禅寺"额。该寺规模较大，自明至清，历朝碑刻颇多。住持鹰巢和尚唯恐风雨侵蚀碑文，使后人不能再识，故而一一拓抄，刊印成书，以广流传。鹰巢又将寺中历代僧人所吟诗句辑成《承恩寺诗存》，附印于后。南京出版社《南京稀见文献丛书》收录此书整理点校本。

◎《竹香楼集》1卷（存）

《晚晴簃诗汇》卷一九七：定志，字鹰巢。主讲江宁承恩寺。有《竹香楼集》。

【按】中国人民大学图书馆藏有《竹香楼稿》，为清嘉庆江宁顾晴崖刻本，当即《竹香楼集》。

◎《据梧集》（佚）

《莫愁湖志》卷四《金陵同人姓名录》：承恩寺方丈定志，号鹰巢，善指头墨戏，工诗，刊有《据梧集》，又《承恩寺诗存》。

《江苏艺文志·南京卷》第三册：释定志，清六合人，晚主金陵承恩寺，通经能文，戒行卓绝，善画，每与士人雅集，共作诗画以为乐。

【按】释定志，字旅树，号鹰巢，江苏六合人。十岁出家于承恩寺，跟随石塘长老学习儒典、佛学，兼工于诗书。年二十四，因忤逆寺中僧众而被摈，寄居城西乌龙潭畔，静修梵旨，有所颖悟，后归寺住持。鹰巢擅长"指头墨戏"，仿张旭草书，生气远出。喜与文人士大夫交游，吟咏颇多，有《鹰巢诗集》2卷行世，收诗200余首。《皇清书史》《正雅集》《偷闲庐诗话》《尺云轩文集》《莫愁湖志》等书对鹰巢均有评赞，足见他在当时的文名。据汤贻汾《琴隐园诗集》卷二十七所"挽鹰巢定志上人"诗，可知其卒于道光二十二年（1842）。释定志与六合朱实发有书信往来。朱实发有《与鹰巢上人书》，见于《尺云轩文集》卷下。

汪世泰

汪世泰（1770—？），字履清，一字紫珊，一字子山，清代著名诗人、诗评家袁枚的女婿。河南候补同知、候选知府。汪世泰性好施，家居筑绿净园，宴集当代名流于其家，文酒之盛称于一时。

◎《七家词钞》7种10卷（清）汪世泰辑（存）

杨文荪《七家词序》：夫东笙西颂，奏韶乐而同音，圆璧方珪，本黄钟而合度，盖尺寸所积，铢黍必侔，清浊自分，宫商终协，自来汇集，咸此肇端，爰逮倚声，厥有同揆，匹如七襄之锦，纂杂组以相鲜，四照之花，发骈枝而益艳，此汪紫珊太守《七家词钞》之所为刻也。太守抱兰茝之怀，深烟霞之契，幽复独诣，芬芳自标，夙于歌词，尤所笃嗜，作东泽绮语，悦魄动魂，畅南宋宗风，超心结绪，固已胗饰琴雅，耀艳词坛矣。兹复合朋簪之近制，作箫谱之新编，载酒题襟，不尽渔樵之侣，寻烟狎月，大都山水之乡，东南胜流，约略具是，徽徽乎众美臻焉。间考诗变为词，先传兰畹，词总为集，首著花间，下逮曾惜雅词，黄升妙选，草堂则调分长短，梅苑则录收宋唐，周草窗之采掇菁华，朱竹垞之甄综繁富，皆备历代之遗音，未标一时之雅范。今观是集之成，洵是后来居上，至其词或极要眇缠绵之致，或托夷靡案衍之音，或秀出梅溪，神超意象，或痴同竹屋，语感情灵，体物则精思冥搜，写春融冶，赋景则孤怀递触，梦雨萧聊，皆可作温李之嗣音，循晏张之逸轨，读者自能领之，无俟余之赘述尔。七家者，阳湖刘芙初，钱塘袁兰村，无锡顾兰塘，上元汪邺楼，仪征汪竹素，金匮杨浣艻，及太守之作也。嘉庆己卯春三月海宁杨文荪拜序。（上海新文化书社《随园全集》第27册）

【按】嘉庆二十四年（1819），汪世泰编刻《七家词钞》，包括阳湖刘芙初《笋船词》1卷、钱塘袁兰村《捧月楼词》2卷、无锡顾简塘《绿秋草堂词》1卷、上元汪邺楼《玉山堂词》1卷、仪征汪竹素《崇睦山房词》1卷、金匮杨浣艻《过云精舍词》2卷及他自己的《碧梧山馆词》2卷，海宁杨文荪作序，今有天津图书馆藏清乾隆嘉庆间刻本，《随园三十种》和《随园三十八种》等刻本。

全国古籍普查登记数据库显示:"《八家词钞》八种（清）汪世泰辑,清嘉庆刻本。4册,首都图书馆。"笔者未见。这里的"八家"较前文多出一家,可能为纳兰性德《饮水词钞》二卷。

◎《碧梧山馆词钞》2卷（存）

《碧梧山馆词》（刘荣喜藏本）

吴焘《碧梧山馆词序》:余尝评吾友汪紫珊太守之词曰:"思态逸研,音律中雅,语出于性情,旨归于忠厚。"船山以为知言,兹于所刊《七家词》中,又获观其与妇弟袁兰村赠答倡酬之作。盖兰村以名父之子,旷代之才,评量风月,睥睨坛坫,弟视灌夫,儿呼德祖,杰作之悬,一字不易,久要之践,千金屡散。虽复荜下名震,叨国士之知,户外车满,尽长者之辙,而萝屋倚卖珠之补,葛帔鲜赐袍之恋。峻嶒傲骨,乃甘鹤瘿,跌宕仙心,但夸蝉化,其不凡可贵已。既且不卑小官,肯习吏事,未及中年,胜气已敛,即涉歧路,初服不渝。听鼓应官,无妨于清才,入幕司笔,那掩其豪态。是以二十年中,翟公之宾,或有盛衰,孝标之论,遂分寒暑。遭时白眼,知我贵希,结契青云,有人可久。盖惟兰村之吟情,未减于初,亦惟紫珊之友谊,不漓夫古也。且夫桐鱼石鼓,千里相求,镆铘干将,两美必合,况乎君子之交?申以姻娅文章之道,贯于金石者乎?紫珊之于袁氏,冰玉之映,列在甥馆,骚雅之授,兼以师门。感晏殊之知人,幸东坡之有子,羊昙扣扉,未忘谢安,阮瞻鼓琴,专对潘岳,如橘合柚,俨柏悦松。于是本风人之旨,为净友旨言。名节砥砺,誓以岁寒,功业期许,忧其时迈,故能芊绵妙绪,横生于敛袂之余,慷慨遥情,叠发于推襟之暇。史家所称扶存以忠诲,劝慕以前良者,宁逾此哉?吾前所以许紫珊之词者,正在此。今海内工诗余者，家谷人师、杨蓉裳、汪剑潭、郭频伽四君，与袁氏皆敦群纪之交，并具成牙之赏，请以质诸，或谓余之不失听也。嘉庆十有四年（1809）青龙己巳招摇指亥，全椒吴蕭题。

【按】《碧梧山馆词钞》今有嘉庆刻本，《随园全集》第28册民国排印本，台湾新文丰出版公司印行《丛书集成三编》第64册影印民国排印本等多种版本。

《光绪六合县志》卷五之六：汪世泰，字履清，河南候补同知，候选知府。父修镛，字在东，贡生，由知县累升至广西桂林府知府，署盐法道，所至皆有惠政，桐城姚鼐为之传。世泰性好施，邑中善举侠助不少吝，西乡阳都诸桥，岁久且圮，捐赀独修之，家居筑绿净园，当代名流如洪稚存、孙渊如、张船山诸公，暨世泰妇翁袁简斋太史常讌集其家，文酒之盛称于一时，著有《碧梧山馆词钞》。

【按】汪氏是六合望族，汪世泰是汪宇（见前文）的四代孙。汪世泰传世作品只有词集《碧梧山馆词》二卷。他与当时名流如洪亮吉、孙星衍、张问陶、吴蕭等多有交往，常有诗文酬唱。据记载他当还有诗集，由张问陶为之编订，但未见传世。另有一些零散的诗文见于友人文集之中。

汪世泰出生时间，据他的记室（相当于秘书）陆筱云（1758—1805，名应宿，字昆圃，小名筱云，钱塘人，著有《筱云诗集》)《筱云诗集》卷二所收《九日绿净园作，时紫珊归自都中，将赴补大梁》一诗注中说："君（即汪世泰）生于尊人杞县官署。"据此笔者查阅乾隆五十三年（1788）刊《杞县志》，书中卷九《职官志》"知县"条下有汪世泰父亲任职记载，"汪修镛，江苏江宁府六合县人，由捐贡三十六年（1771）自虞城县调任。"由此我们可以推断，汪世泰出生的时间可能应在乾隆三十六年（1771）左右。能让我们明确考订汪世泰生年的重要材料，是清代著名官员江都人史致俨在其《樗寿山房辑稿》卷四中的一首诗《寿汪子山五十》，诗中说："我生六十已华颠，君正峥嵘半百年。"可见本诗写作时史致俨60岁，而汪世泰50岁，相差10岁。史致俨出生时间为乾隆二十五年（1760年，见徐嘉《未灰斋文集》卷五《诰授光禄大夫太子太保经筵讲官刑部尚书史公神道碑铭》)，因此可以推知汪世泰当出生于乾隆三十五年（1770）。

至于汪世泰的去世时间，清人丁绍仪《听秋声馆词话》卷十二"汪世泰词"条中说："道光中（1821—1850），余晤其弟世泽于楚，知已作古，家亦落矣。"由此可知，他去世的时间最迟也在1850年之前，取道光年间的中位，大约在1835年前后，由于缺乏可靠的史料记载，具体时间尚无法确定。

徐石麟

徐石麟（1772—1840），字穆如，号轶陵，廪贡生试用教职，曾任邳州学正，宿迁、仪征训导。

◎《四书广义》（佚）

◎《轶陵诗文钞》（佚）

《光绪六合县志》卷五之三：徐石麟，字穆如，号轶陵，廪贡生试用教职，以子鼐贵晋四品封。幼失恃，祖以家孙钟爱之。比长，学益进，年十八补诸生，明年食廪饩。壮岁病目几盲，遂不能治举子业，以教职用，历邳县、宿迁、仪征学官。以继母命与诸弟析爨，其壮丽室屋悉推以与诸弟，石麟独取马厩圊溷数十间，改葺为授徒家塾。平居肆力经史，读《通鉴》至十数通。论诗不取晚唐，而独嗜陆务观诗，著有《四书广义》《轶陵诗文钞》各若干卷。

【按】徐石麟，乃六合著名历史学家徐鼐（见后文）的父亲。徐鼐《未灰斋文集》有徐石麟行述（见《六合文征》），记载其事迹颇详细。《民国宿迁县志》载，徐石麟嘉庆十一年（1806）署宿迁训导。

夏竹饮

夏竹饮，名佚，字莲峰，号竹饮。喜游览，遇山水佳处，辄形诸吟咏。

◎《旅游诗草》8卷（佚）

　　《六合县续志稿》卷十五：夏竹饮《旅游诗草》八卷。（见袁天球《西园丛话》。按：竹饮，佚其名，字莲峰。傲岸不羁，尝以诗词自娱。家本富饶，携一妻一子遍游南北，遇山水佳处，辄形诸吟咏，阅十余年，五岳五湖，两粤八闽，足迹几遍。归制壮游图，当道名士题咏数十人。邑人朱实发为作《壮游图序》。

　　【按】夏竹饮事迹唯见《民国六合县续志稿·艺文志》。朱实发《夏竹饮壮游图序》见于《尺云轩文集》卷上，《六合文征》有选录。

朱实发

　　朱实发，字饭石，一字泉树，嘉庆癸酉年（1813）举拔萃科。善诗画，工篆刻。

◎《尺云轩诗略》5卷（存）

　　【按】《尺云轩诗略》有道光六年（1826）刻本，上海图书馆藏。《诗略》，可能就是《尺云轩诗集》的早期刻本。

◎《尺云轩全集》（存）

　　柯愈春《清人诗文集总目提要》中册:《尺云轩集》九卷，朱实发撰。实发字树泉，号饭石，江苏六合人。嘉庆十八年（1813）举人，以诗画知名于时，为文䩮门人。此《尺云轩集》九卷，计诗集四卷、秋窗叠韵诗一卷、文集二卷、文续编一卷、尺牍一卷，道光十四年（1834）其子谷昌刻，北京师范大学图书馆藏。南京图书馆藏光绪十四年（1888）朱端重刻木活字本。别本《尺云轩文集》三卷、《续编》四卷，道光四年（1824）刻，中国国家图书馆藏。生平有诗近三千首，存六百七十首。诗有嘉庆十八年（1813）

《尺云轩全集》书影（南京图书馆藏本）

自序，又道光六年（1826）辛从益、徐熊飞序。其诗笔触清新，往往于淡泊中抒发真情。甘泉李周南序其文集，谓"其文清而不薄，华而不缚，无笔不转，著语皆灵"。仪征张安保序其尺牍，称其"骈集隽语，飘飘意远，落落情深"。

辛从益《尺云轩诗集序》：六合朱饭石明经，以才名闻江南北者，数十年矣。愿见末由，每以为憾。令子稻生，余乙酉（1825）所拔士，顷来谒，出《尺云轩全集》索序，受而读之，始偿积愿。饭石幼负异禀，有经世远略，久不得志于有司，遂绝意进取，一肆力于传世之业。家故丰于赀，多藏异书古籍，性喜结纳，倒屣倾箧，久而不恹，而一时远近才杰之士，皆乐就之游，故其根柢渊醇，意识卓越，发为文章，有前无古人，后无来者之概。家中落，遂橐笔出游，北极燕东，穷吴越，凡所经涉，皆人文山水奥区，呼吸光景，涵濡元素，故其兴寄清旷，情颖超眇，发为文章，有振衣千仞冈，濯足万里流之概，其诗不事规儗剽剥，务在推陈出新，一字一句，千锤百炼，从一线单微中掉运灵光，缒幽凿险，乃穿天心，破月胁而出之，而复酝酿以性情，藻绘以卷轴，故能奇而不诡于正，丽而不逾于则，镂刻而不伤碎，曼衍而不失烦，不受古人牢笼，而往往暗合古法，骈体诸篇则取径于三唐，采韵于六季，泽以骚雅之膏，鼓以左史之气，意之所到，才足辅之，闳而肆，婉而达，曲而有直，体近今妃俪家，罕觏其匹，披览再四，如入波斯藏中，奇珍异采，多耳目所未经，意测所未及，如在山阴道上，回峰复岫，层出不穷，应接不暇。又惟恐其尽可谓极才人之能事，泄两造之魁奇者矣。饭石阅历于穷达之间，落拓于迟暮之际，论者多深惜之，然数寸书具有千秋较，纡金曳紫，炊桂馔玉，没世而人不复识其名氏者。天之厚之为何如饭石，固不屑以彼易此也。况稻生才器和夷，能世其家学，饭石更可无憾矣。而余终憾束缚簿领，笔砚久疏，未获与饭石商榷古今，抗揖风雅，稍吐其胸中之所症结，聊志数言，以补此阙云尔。道光六年（1826）仲春筠谷辛从益序。

徐熊飞《尺云轩诗集序》：嘉庆丙子（1816）冬，余自扬州旋里，访明府林公于前溪官署，始与六合朱饭石定交。署故有东堂，为宋毛泽民公余咏啸处。是日，置酒堂中，申论风骚以降源流正变之故，至日暮忘返。后余以目疾养疴海上，饭石亦转客广陵，常寄书问讯，所以嗟叹慰藉者甚挚。盖交深于谋面之先，谊笃于既见之后，故同心之契，不以遐迩久暂殊其臭味也。今年冬，从邗上寄余书，自言

《尺云轩诗集》书影（南京图书馆藏本）

比岁以来，连遭骨肉之戚，加以疾病侵寻，偏枯謇涩，有难以去体者。绎其词，沈痛凄怆，无异卢升之自序所云也。呜呼！天之困厄贤士遽至此哉。饭石诗不名一格，以清新渊雅为宗，数十年来，海内称诗之士矜才力者，多近轻率，求工丽者，流于纤媚四始六义之旨，或背而驰焉。饭石冥搜孤诣，穷奥窔而穿溟涬，又能涵澹蕴藉以出之，故文情相生，邈然莫究其端绪，岂非一唱三叹，嬗有群雅之长者与？前溪旧有孟东野宅，及姜尧章白石洞天，岁久各迷其处，饭石劝林公葺乌回山佛屋，为贞曜先生祠，复设栗主于计筹山升元观，摹白石道人画像悬之，春秋修祀，士流群集，陈祭者但颂林公扬清激浊之功，不知皆饭石赞襄力也。嗟夫！以饭石学术之宏富，性情之恺悌，使其致身通显，必抽沉掇沦，无一士不得其所，即穷而在下，亦不失为风雅总持，乃幽忧哀戚，病废不能振，岂文人九命之阨，信不诬与？抑身与名势难并，泰士之贤且才者，类皆然与。余读饭石诗，不暇自悲，而悲造物所以穷饭石者又如此其甚也。饭石诗多至二三千首，其门人黄君又园，已先刻什一问世，兹复邮寄全稿索序，回忆定交以后不过十余年闲，而人事不常已如此，更数十年来，知存亡聚散复何如也。序其诗，不禁感慨系之。道光六年（1826）岁在丙戌腊月既望，吴兴愚弟徐熊飞撰。

《尺云轩秋窗叠韵诗》书影（南京图书馆藏本）

朱实发《尺云轩秋窗迭韵诗自序》：岁甲戌（1814）薄游前溪，与邑孝廉孙君晓墀订文字交，苔岑合并，诗歌间作，推襟送抱，相得甚欢。今年秋赋，属以事羁，不得归试，瓠落萍飘，客怀佬憻，少得萧暇，辄就晓墀谭艺，晓墀作先字韵七律一首见投，予既次韵报之。不半炊许，晓墀诗复和到，于是驱役性灵，腾召烟墨，前于后喁，殆无虚夕，间有怀人望远，感遇思乡，以及咏史之篇，缘情之作，胥归一致，不涉他岐，自七月至九月得诗若干首，而吴羲池、苏花农两广文，暨陈石琴、张梅崦、马棣原诸君子，以予与晓墀角胜词场，蝉联不已，或两家骑驿，通彼我之怀，或各出偏师，为掎角之势，又复各有赓和，有来斯应，同调不孤，日月既积，楮墨遂伙，惟才苦谫陋，兼为韵缚，且乘人斗捷，急行复无善步，自非兼人之勇，难成一家之言矣。只以朋交所投，精神所寄，不忍废弃，又晓墀与予皆远皋先生门人也，念商赐可与言诗之意，故钞而存之，既志一时笔墨之缘，且为他日爪泥之印，诗无甚佳，情有独至，质之大雅，得毋笑其刺刺不休乎。嘉庆丙子（1816）岁冬十月秒饭石朱实发识。

李周南《尺云轩文集序》：周南曩受教于安定山长王少林，先生云："四六法门以清转华妙为无上妙谛，此刘圊三司空掌教书院时之言也。"周南敬志不敢忘，阅全椒汪存南先生所批《四六法海》，大旨亦复如是。又云："死事活用，熟事生用，以虚对实，以熟对生，皆四六文不传之秘。"吴山尊学士选《八家四六》及曾宾谷师《国朝骈体文》无不奉是为圭臬。近人以骈体擅场者，无过彭甘亭、吴巢松数家。读饭石年丈《尺云轩集》，有过之无不及矣，其文清而不薄，华而不缛，无笔不转，着语皆灵，循环雒诵，悉如吾意之所欲言而口不能言，作者独畅言之，繁简浓淡，俱到恰好地位，所谓"增一分太长，减一分太短，施朱则太赤，施粉则太白"，其斯文之谓欤。

诗具众妙，无美不备，才气横溢，咄咄逼人，而一出于至性至情，无堆垛之习，无浮曼之响，不必辨其孰为唐，孰为宋，而直炉锤鼓铸为一家，是真可以登作者之堂，而高踞一席矣。周南学殖荒落，曾学涂鸦，妄灾梨枣，对此大著，能无恧然汗下耶。谨识数语，以志倾佩。道光五年（1825）秋七月朔日，甘泉年愚弟李周南拜序。

张安保《尺云轩尺牍序》：若夫马鸣笳奏，如闻秋声，莺飞草长，善状春景，言愁则芳树阴叶，论欢则寒谷飞葭，文字之缘，其感深矣。况复苔岑间隔，重有十年之

《尺云轩尺牍》书影（南京图书馆藏本）

思，云树苍茫，迫以两地之嘅，此饭石先生尺牍所由存乎。先生五际穷经，九能作赋，淘元浴素妃白抽黄，固宜九华，庄语春殿，从容而乃十稔，强台秋风，氍毹青毡一片，弥勤焠掌，黄竹十箱，益富等身，玉层所霡，碎金斯在矣。乃者刊行全集，列为外篇，凤已备夫九苞，麟尚矜其一角，萍水离合，蝉联清思，朵云往还，骈集隽语，飘飘意远，落落情深，匪第夸目尚奢，抑亦惬心贵当也。安保寸阴知惜，咫闻是惭，幼无凤毛之才，壮悔雕虫之技，期期不吐，咄咄空书，睹兹全集，横绝一世，分其末技，足了十人，虽萧大圜之尺牍自擅专家，然刘道民之百函究属余绪云尔。道光甲午（1834）夏六月仪征张安保谨叙。

【按】《尺云轩全集》共9卷，含《尺云轩诗集》4卷，《尺云轩文集》2卷，《续编》1卷，《尺云轩外集》1卷（即《尺云轩尺牍》），《秋窗叠韵诗》1卷。出版时间先后不一，从道光六年到十四年（1826—1834）刻成。美国哈佛大学汉和图书馆、上海图书馆有、南京图书馆、复旦大学图书馆、中国科学院图书馆、国家图书馆等多处有收藏。

《光绪六合县志》卷五之四：朱实发，字饭石，幼颖异，九岁即善属文，弱冠游邗上，以诗画知名于时。嘉庆癸酉^①举拔萃科，入都应廷试，公卿以下皆倒屣迎之，觞咏无虚日，著有《尺云轩诗文集》六卷行世。

《广印人传》卷三：朱谷昌，字饭石，六合人，曾为周兰渚沈莅泉作《合刻印谱序》，内数语云："凌纸怪发，触目采腾"，"洒露垂之字，润遍云根，行风运之斤，镂开山骨"，"雕今润古"，定此石交，怀瑾握瑜，互从心证，知其工刻印也。

【按】《广印人传》此文中"朱谷昌"当为朱实发，谷昌乃其子。朱实发曾为周兰渚、沈莅泉作《合刻印谱序》，见于《尺云轩文集》上卷。同治《续纂江宁府志》称其"文辞瑰丽，尤长于诗"。其弟朱实稟、子遐昌均有诗名，见本书后文。

姜士冠

姜士冠，字春帆，嘉庆十五年（1810）举顺天乡试，以教习考满，选浙江缙云县，调兰溪，历直隶容城、玉田知县，摄滦州知州，迁大兴知县，擢顺天府南路同知。精医，善诗文。

◎《灵岩山房诗集》（佚）

《光绪六合县志》卷五之五：姜士冠，字春帆，（姜）本礼子。幼聪颖，童试至江宁，秦文慤阅其文，许为大器，以女妻之。嘉庆十五年（1810）举顺天乡试，以教习考满，选浙江缙云县，缙云武生娄某多年逞强窝盗，士冠侦知巢穴，身带器械，率勇冒夜摛之，自是地方安静。调兰溪，清釐积案，多所平反，以父忧归。服阕，历直隶容城、玉田知县，摄滦州知州，迁大兴知县，擢顺天府南路同知，勤慎供职，宽猛兼施，以不能媚长官引退。素精医，寓京师，公卿延之无虚日。惠亲王赠以诗有"自是天生医国手，罢官犹

---

① 嘉庆癸酉：底本作"癸丑"。查嘉庆年间无癸丑年，据《光绪六合县志》卷六《选举表》当为嘉庆癸酉。

活万千人。"之句。年八十三卒，著有《灵岩山房诗集》。

《光绪缙云县志》卷六：姜士冠，字春帆，六合举人，由景山教习选授知县。时有恃势积窝群相侧目者，廉得之即时捕治，阖邑称快。又有无赖轻生累民，辄至罄产，士冠重坐轻惩，此风遂息。暇即亲课生童，凡城乡有诗文就正，无不立为评骘，其勤敏类如此。曾议重修邑志，以调署兰溪不果。

【按】据《光绪缙云县志》卷六"职官"记载，姜士冠于道光十四年（1834）六月任知县，十五年六月离任。《光绪兰溪县志》卷四载，姜士冠于道光十五年任知县，十六年离任。

姜士冠名其诗集为《灵岩山房诗集》，见载于《同治续纂江宁府志》卷九，盖因六合有灵岩山，而不忘故土也。传世作品只有《鸣和汪公墓志铭》1篇，见于《六合汪氏家谱》卷八。

姜氏为六合望族，其传承关系为：姜国绶→姜本礼（弟姜本禧）→姜士冠→姜由轼、姜由范。

朱实栗

朱实栗，字竹门，六合布衣诗人。

◎《竹门诗钞》2卷（佚）

◎《西湖秋唱》1卷（佚）

《光绪六合县志》卷五之四：朱实发，……弟实栗，字竹门，亦工诗，著有《竹门诗钞》二卷、《西湖秋唱》一卷。

【按】朱实栗，乃朱实发弟弟。《国朝金陵诗征》卷三十四收其诗1首。

秦维楫

秦维楫，字济川，一字江亭，举道光元年（1821）孝廉方正。

◎《江亭诗钞》(佚)

《光绪六合县志》卷五之三：秦澎，……子维楫，附贡生，就职按察司经历，性孝友，好行善事。道光初元举孝廉方正。著有《江亭诗钞》。

《同治续纂江宁府志》卷十四：秦维楫，字济川，一字江亭，与弟维果皆诸生。维楫经理家政，笃于孝友，以赀为按察司经历，好施予，后举道光元年（1821）孝廉方正。著有《江亭诗钞》。

【按】同治《续纂江宁府志》卷九和《国朝金陵诗征》言秦维楫"有《淮东诗钞》"，误。《淮东诗钞》当为"汇东诗存"，实为其父秦澎作品，见前文。秦维楫现存作品诗2题5首，在《国朝金陵诗征》卷三十四中。

戴文灿

戴文灿（1784—1848），字云轩，世居六合东乡新篁巷。道光元年（1821）举于乡，未仕，课徒终身。

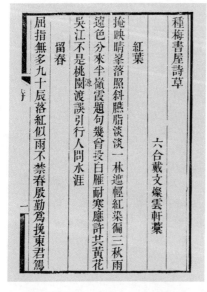

《种梅书屋诗草》书影（刘荣喜藏本）

◎《种梅书屋诗草》1卷(存)

【按】《种梅书屋诗草》为木刻本，一册，不分卷，刘荣喜藏，未见各地图书馆有藏。半页8行，行21字，黑口左右双边单鱼尾，全书无序跋，结合作者诗文及版本风格，刊刻时间当在清道光中期。府县志记载其著作均藏于家，没有刊印，《种梅书屋诗草》可能是他唯一付梓的作品。《种梅书屋诗草》共有诗98题，古今体未分类排列。根据诗的内容看，大致应该是按照创作时间编排，居前者多为早年触景生情的吟咏风月花草之作，居后者随着交游增多，以唱和、题画之作为主。本书书名当取自宋代诗人刘翰的《种梅》诗句"惆怅后庭风味薄，自锄明月种梅花"。刘翰，字武子（一说武之），湖南长沙人，宋光宗绍熙中在世。久客临安（今浙江杭州市），布衣终身。戴文灿的身世经历与刘翰颇有几分相似，爱其诗句，名其书斋或授徒馆舍为"种梅书屋""锄月种梅花馆"，名其诗集《种梅书屋诗草》，名其赋文《锄月种梅花馆赋钞》。

◎《锄月种梅花馆赋钞》（佚）

◎《子史韵编》（佚）

◎《竹斋印谱》（佚）

◎《石城游记》（佚）

◎《听鹂馆试帖》（佚）

　　《光绪六合县志》卷五之三：戴文灿，字云轩，世居邑之东乡。九龄作蝇头书即工善，好抚印章，随父廷楷寓维扬，日与诸名流游，学益进。道光辛巳举于乡，以父年老，不赴春官试。父没后两遇大挑，亲友劝之入都，文灿悯然曰："夫人求禄仕，欲以博父母欢耳！吾失父母，安用是？"卒不往。课徒终其身。生平所读书甚众，尤致力声音训诂之学，著有《石城游记》《子史韵编》《锄月种梅花馆赋钞》《种梅书屋诗草》《听鹂馆试帖》，藏于家。

　　《同治续纂江宁府志》卷十四：戴文灿，字云轩，世居六合东乡新篁巷。性孝友，好施予，嗜古工书。父廷楷尝侨寓扬州，文灿得与其地名士游，学益进，安定书院山长全椒吴薾赏异之。道光元年（1821）举于乡，以父年迈不应礼部试，父没后遇大挑，亲友劝行，潸然曰："人子读书，所以求禄仕者，欲博父母欢耳。今二亲俱逝，何志于此耶？"卒不赴。居恒博览群籍，于声音训诂致力尤深，善谈名理，而束身甚严，无晋人放达气习。著有《石城游记》《竹斋印谱》《种梅书屋诗草》。

李祖望《二知老人传》：二知老人云轩先生，晚年自号也。先生姓戴氏，讳文灿，字云轩，行谊已著志传中。号二知者，义取知止知足。夫以先生含英咀华，肴馔百家，白首不券，青灯自焚，其皇然不自止有如此者，何况一字之误，讨论思适一义之疑，虚衷集益，其窘然不自足，又有如此者，且《说文》止字注云，下基也，象草木出有址，故以止为足。案止云下基，见学问无不于下，即君子无所不用其极，而止于至善，得止在知止，始所谓自下上，上其道大光也。象草木出有址者，盖草木初生为中，草木滋长为止，草木益大为出，止之象在下，有引而上之者。试观正字，其重文从一足，足亦止，尝疑一当即上字，由止以几于上，所谓下学上达也。足字注云人之足也，在体下，从口从止。《说文》无趾字，人之体至足而止，故以足为止。足字口在体上，由下体之止，举口以包之，所谓君子上达也。或言知止不殆，知足不辱，于传有之，讵知不殆不辱即寡尤寡悔之，谓寡尤寡悔未有不下基于多闻多见、慎言慎行者。若夫《魏略》有知足传，《晋书》《宋书》《梁书》有止足传，其人类皆远引高蹈，轻世肆志者流，倘以先生举于乡，公车未尝一上，遂疑先生淡于荣遇，恐浅之乎测先生也。（《锲不舍斋文集》卷四）

【按】戴文灿，字云轩，号蔚华。《江苏艺文志·南京卷》称：他"又号二知，取知止知足之义，清李祖望《锲不舍斋文集》卷四有《二知老人传》"。戴文灿作品"藏于家"，《锲不舍斋文集》乃其孙收集于民国时期刊行。戴氏关心乡邦文献，曾抄录乡贤李敬《竹镇纪略》，使之留存。

余 溶

余溶，字汇南，道光元年（1821）恩贡生。

◎《周易辨注》（佚）

◎《尚书离句辨注》（佚）

《光绪六合县志》卷五之四：余溶，字汇南，道光辛巳恩贡生，家贫力学，言笑不苟，著有《周易辨注》《尚书离句辨注》。

【按】《尚书离句》原书 6 卷，为清钱在培撰。钱在培，字苍益，浙江仁和（今浙江省杭州市）人，生平事迹不详。书首有雍正八年（1730）张廷璐序，序文中说："大夫于年终时考视其业，而先之以离经。离经者，谓离析经理，使章断句离也。"离句，即句读文章，分析注释文意，正如《韩非子·扬权》所言"彼自离之，吾因以知之"。《尚书离句辨注》当为余溶对钱氏著作的再次辨析和注释。

董翊清

> 董翊清，字鉴潭，六合县增生。

◎《乡党图考详说》4 卷（佚）

《光绪六合县志》卷五之四：董翊清，字鉴潭，邑增生，幼颖悟，七岁知解《论语》，中年闭户著书，不与外事，著《乡党图考详说》四卷。生平书稿编次盈架。四十生辰，题联云："四世清贫惟有此，一生苦志竟徒然。"家人谓其语不祥，未几，以用心过度，呕血疾而卒。

【按】《乡党图考》为清江永（1681—1762）所撰，原书 10 卷，是对《论语·乡党》篇名物制度的专门研究著作。《乡党图考详说》当为董翊清对江著部分内容进行增加补充、详细解说。

沈永恭

> 沈永恭（？—1858），字文庵，六合岁贡生。

◎《鹿城山房诗集》（佚）

《光绪六合县志》卷五之四：沈永恭，字文庵，岁贡生，学养醇粹，能文工诗。嘉庆十九年（1814）旱灾，二十五年蝗灾，永恭均劝捐助赈，亲往邻境购米，以拯灾黎。道光纪元，移建学宫，分督工程，不辞劳瘁，经理积善堂诸务，百废俱修，同事倚重之，著有《鹿城山房诗集》。

《金陵通传补遗》卷四：沈永恭，字文庵，六合岁贡生。急公好义，著有《鹿城山房诗集》。子蕃实，合家殉咸丰八年（1858）之难。

【按】沈永恭弟沈恂，字云洲，亦善书工诗，闻名一时。

沈 科

沈科，字盈川，号金书，六合县增生。

◎《盈川诗稿》（佚）

《光绪六合县志》卷五之四：沈科，号金书，字盈川，邑增生。善诗赋，邑人陆玉书出宰浙江，重科品学，延之授子弟读，襄校书院课卷，正课外，更以诗赋课之。僻陋小邑，往往进彬雅，科与有礼焉。尝和玉书诸乐府诗，著有《盈川诗稿》，待梓。

【按】沈科，与陆玉书（见前文）友善，多有唱和。《国朝金陵诗征》卷二十九选其诗1首。

朱鹏翥

朱鹏翥，字筠坡，道光元年（1821）岁贡生。

◎《漱云山房诗钞》6 卷（佚）

◎《惜阴堂文集》4 卷（佚）

《光绪六合县志》卷五之三：朱鹏翥，字筠坡，岁贡生，性醇粹，与物无竞，少嗜学，夏夜篝灯帷帐中读书，帐尽墨，生平不入公门。邑令云公茂琦故理学儒者，雅重鹏翥，尝夜造其庐，漏数下始去，善诱掖后学，门下知名者数十人。著有《惜阴堂文集》四卷、《漱云山房诗钞》六卷。年八十，选授沭阳训导，而鹏翥已前卒矣。

【按】朱鹏翥，终生授徒为业，其学生中著名者有叶觐仪、张鹏程、巴光诰等。直到 80 岁才选授沭阳训导，可是此时他已经去世。与邑人程兆寅、朱遐昌、厉式珀等多有唱和。《国朝金陵诗征》卷三十九存其诗 1 首。

杜　濂

杜濂，字云楣，道光二年（1822）优贡，考取正红旗教习，官詹事府主簿。

◎《十三经精义》（佚）

《光绪六合县志》卷五之四：杜濂，字云楣，道光壬午优贡，考取正红旗教习，官詹事府主簿，究心性理之学，以直方励俗，不苟言笑，后进见之肃然。居京师十余载，从学者众。尝馆某贵戚家，敬偶衰，即辞去，拜留之不可。著有《十三经精义》。

《金陵通传》卷二十九：杜濂，字云湄，以优贡官詹事府主簿。性方直，不苟言笑。著有《十三经精义》。

【按】杜濂，乃杜崑（见前文）之孙，由优贡曾官景山官学教习。

沈　穆

沈穆，字粒民，号石樵，道光二年（1822）岁贡生。

◎《桐轩诗稿》（佚）

《光绪六合县志》卷五之六：沈穆，字粒民，号石樵，岁贡生，力学不倦，事继母以孝闻，教两弟成立。岁荒歉，赒恤贫乏，乡里义之，著有《桐轩诗稿》。

陈朝仪

陈朝仪，道光八年（1828）优贡生。咸丰六年（1856）至十年任南汇训导。

◎《紫藤花榭吟草填词》2卷（佚）

《光绪六合县志》卷五之三：[陈]朝仪，岁贡生，砥节励行，有父风。咸丰三年（1853），粤贼躏邑境，以团防功选南汇训导，莅任后，殷殷以品学为诸生勖，自署楹联云："偶锄茂叔窗前草，也种安仁县里花。"可想见风采，著有《紫藤花榭吟草填词》二卷。朝仪子庆生，字谷原，廪贡生，性敏能文，工书法，入都应京兆试，有声成均。庆生子继曾，亦纯笃嗜学之士。

【按】陈氏为六合望族，诗文传家。其传承关系为：陈森→陈鸿业、陈鸿翥→陈朝仪（鸿翥子）→陈庆生→陈继曾。陈朝诰（见后文）乃陈朝仪族弟。见同治《续纂江宁府志》卷十四之三"人物"。

《民国六合县续志稿》卷十五有《紫藤花树吟草填词》二卷，书名中的"树"，当为"榭"，形近误抄。

陈朝诰

陈朝诰（1787—1858），字少堂，道光八年（1828）岁贡生，咸丰六年（1856）选丰县学训导。咸丰八年（1858），积劳卒。

◎《十三经经解》（佚）

◎《味书轩诗钞》（佚）

◎《地理要解》2 卷（佚）

《光绪六合县志》卷五之三：陈朝诰，字少堂，岁贡生，性严毅而接物宽恕，工为文，兼善天官家言，尝自绘天文图悬座右。又益讲求训诂，治许氏书，撰经解若干卷，《味书轩诗钞》，藏于家。晚选丰县训导。咸丰八年（1858），贼围县城时，朝诰在任所，夜观乾象曰："吾邑其不守乎！"亟作书示子庆荣、庆华，勖其大义，已而城陷，妻与二子及冢妇皆殉焉。是时，捻贼南扰，丰亦戒严，朝诰佐丰县令，登陴扞御，二孙随侍，皆御贼死。朝诰亦以积劳遘疾，卒于官。

《金陵通传》卷三十四：陈朝诰，字少堂，性严毅，而接物宽恕，博学工文，兼精推算堪舆之术，及许氏训诂，尝绘星躔图悬座右，朝夕玩之。以岁贡生选丰县训导。咸丰八年（1858），粤贼围六合，朝诰夜观天象，曰："吾邑殆不守矣。"亟作书，勉二子庆荣、庆华以忠义。庆荣，字鞠原，恩贡生；庆华，县学生；俱守六合东北城，贼将至，母汪病，兄弟将奉以就医，母止之曰："吾病易愈，而守城大事也，不可去。"既而得其父书，志愈坚，城陷，皆巷战死。母汪惊逝，庆荣妻徐亦自缢以殉。当是时捻逆南窜，丰亦戒严，朝诰佐知县登陴，二孙皆战死。俄而，朝诰以积劳卒，年七十二。著有《十三经经解》《味书轩诗钞》。

【按】《地理要解》一书，陈朝诰诸传不载，《同治续纂江宁府志》卷九著录此书。

陈氏现存诗2首，见于《棠志拾遗》卷下，谓录自《味书轩诗钞》，可见其诗集民国时期尚有存世。

朱遐昌

朱遐昌（1788—1843），原名谷昌，字稻生，亦作稻孙，道光五年（1825）拔贡生。

◎《拙修吟馆诗存》4卷（存）

《拙修吟馆诗存》书影（中国国家图书馆藏本）

柯愈春《清人诗文集总目提要》中册：《拙修吟馆诗存》四卷，朱遐昌撰。遐昌生于乾隆五十三年（1788），卒于道光二十三年（1843）。原名谷昌，字稻生，亦作稻孙，江苏六合人。实发子。道光五年（1825）拔贡生。寓京都，漫游四方，穷途以死。此集道光五年刻，南京图书馆藏。又有《朱稻孙诗钞》一卷，黄锡麒辑入《蔗根集》，道光间刻，南京图书馆藏。

《光绪六合县志》卷五之四：[朱]遐昌，原名谷昌，能传其家学，工诗画，精篆刻。道光乙酉拔贡生，寓都中，名公卿赏其诗，以为玉川、昌谷之亚。后橐笔游四方，遇益穷，诗益工，著有《拙修吟馆[诗存]》四卷。

《民国六合县续志稿》卷十五：朱遐昌《拙修吟馆诗存》四卷。（朱氏刻本。）

朱遐昌《拙修吟馆诗存自叙》：谷年过三十始学为诗，间有所得，复散佚不自收拾，存者十五六耳。客居多暇，检行箧略加编次，起癸未（1823）至乙未（1835）都为一集。诗不足存，而中年游历，与夫家庭欣戚之故，朋侪聚散之感，藉以志梗概，留岁月，固不欲拉杂摧烧之也。忆曩时侍先君子，窃窥先集，四寸许，丹黄点窜，卓然炜然，心雅好之，以方事帖括，未暇请业也，谓并力于彼，冀得当耳。今发已种种，落拓如故，先君子复弃不肖，问道无从，是此十余年，徒殚精于无益之地，而忽忽者两失之也。偷息视荫，能无慨然。道光丙申（1836）三月望日，稻生朱谷昌识。

陈孚恩《拙修吟馆诗存序》：古以诗世其家者，如曹氏、谢氏，父子兄弟，一门竞爽。唐以诗取士，三百年间诗人尤众，而父子以能诗著者不少概见。惟少陵之先，厥惟审言；樊川之后，乃有荀鹤，则甚矣。诗学难，以诗为家学，而世世克继之，为尤难也。六合朱稻生与余同举乙酉（1825）拔萃科，自弱冠入庠，为根柢有用之学，间以余事为诗。既屡试不售，遂绝意进取，薄游邗上，益肆力于诗，所得多而所存甚约，其后家人哀刻遗集，仅为《拙修吟馆诗存》四卷。先是，君之尊甫饭石先生，精研声律，名满大江南北，著有《尺云轩诗集》，传诵一时。君诗渊源家学，不染时俗，亦不受近世人牢笼，一句一字，锤炼生新，而气之劲健峭厉，词之高奇旷朗，与《尺云轩集》如骖之靳，神似非貌似焉。盖探源于玉川、昌谷，于宋之范石湖、元之杨铁厓，尤为相近，视迩来海内操觚家，袭取糟粕，奄奄无生气者，相去不可以道里计矣。顾君诗益工而穷益甚，与饭石先生并以明经终，垂老奔走四方，栖栖靡定，读其晚年诸作，有足感者。欧阳子云"殆穷者而后工"，其信然欤！君之从子麟祺，能承其家学，少年连得科第，观政西曹，适余忝长秋官，以年家子而联僚属，乃携所刻君诗集来谒，求为之序。余于诗未尝肆力，而回思同谱之谊，曷可以辞？且念君两世明经，怀才莫试，而子侄辈禀承家训，自今隆隆日起，则所以大其门而食其报者，其亦有所待耶？是在后起者，益加勉焉。而君与饭石先生，则皆可以无恨矣。道光庚戌（1850）季春，东兴年愚弟陈孚恩拜撰。

【按】《拙修吟馆诗存》，道光五年（1825）朱氏刻本，南京图书馆、上海图书馆有藏。

◎《碧峰草堂诗稿》（佚）

【按】朱遐昌，乃朱实发（见前文）之子。清人黄锡麒编《蔗根集》卷十三厉式珬《怀朱稻生》诗原注云"稻生著有《碧峰草堂诗稿》"，此或为朱氏诗集的别称，或为不同时期作品结集。朱遐昌作品被他书选录者有：黄锡麒《蔗根集》卷七收朱氏诗1卷83首，《国朝金陵诗征》卷三十八选其诗8首，清代黄奭《端绮集》有其唱和诗6首，《湖海诗传》中选其诗1首，《光绪六合县志》录其赋1篇。

李志鹏

李志鹏（1788—1863），字云槎，道光二十六年（1846）岁贡生。教读为生，因功选官宿迁训导，年七十五卒于任。

◎《崇正堂文集》（佚）

◎《养蒙集》（佚）

◎《庆余堂诗赋草》，一作《庆余堂诗赋稿》（佚）

◎《教学详箴》（佚）

《民国六合县续志稿》卷十五：李志鹏《崇正堂文集》《庆余堂诗赋稿》。（光绪府志、县志）

《光绪六合县志》卷五之三：李志鹏，字云槎，岁贡生，性朴厚严毅，笃孝友，同胞弟四人，俱早逝，志鹏抚犹子如己子，乡党称之，课徒历四十年，教人读书，为有用学，不仅以文艺见长，故所造就者，多纯品。咸丰中，在籍以劝捐团练功选宿迁训导，莅任后，帮办防剿，时已积劳成疾，犹勤课士，学校一新，漕帅吴敏惠契之，保升知县，辞不就，年七十有五，卒于官。著有《崇正堂文集》《养蒙集》《庆余堂诗赋草》《教学详箴》各若干卷。

【按】李志鹏因在籍修筑城池、劝捐团练有功，于同治二年（1863）选任宿迁县学训导（《民国宿迁县志》卷十二《职官上》），同治三年另有人接任。《光绪六合县志》言其"卒于官"，则去世时间当为同治二年。

李氏乃六合望族，为书香门第，其传承关系为：李苾→李本仁→李瀚→李志鹏（弟志蘧）。

李志蘧

李志蘧，字瑗伯，六合诸生，布衣诗人。

◎《修竹轩诗草》(佚)

◎《宝善语录》(佚)

《光绪六合县志》卷五之六：李志蘧，字瑗伯，诸生，嗜学，好行善，董理积善堂事，悉著清正。道光二十六年（1846），澄清巷街道失修，志蘧倡捐督修，至今行人便之。著有《宝善语录》《修竹轩诗草》。

朱 积

朱积，号蕉窗，六合布衣诗人。

◎《蕉窗诗存》(佚)

《光绪六合县志》卷五之六：朱积，号蕉窗，工诗，善书法，聘妻曹姑玉枝，姑以孝烈，身代父死，积义之，终身不娶。著有《蕉窗诗存》，刊入《蔗根集》。

【按】朱积工诗善书，关心地方文化，尝欲编集乡贤诗为《棠川耆旧集》，惜书未成而逝，厉式琯在汪国聘《简斋诗集》序文中说："予友朱布衣蕉窗，尝欲搜辑诸前辈诗，刊为《棠川耆旧集》，所志未就遽，没于水，艺林惜之。"《光绪六合县志》言朱积《蕉窗诗存》"刊入《蔗根集》"，查《蔗根集》中无其作品，可能是将朱实发误为朱积。

汪经球

汪经球（1799—？），字昆圃，咸丰元年（1851）贡，能琴工诗。

◎《白云轩稿》，一作《白云轩诗草》(佚)

《民国六合县续志稿》卷十二：［汪］铉族裔孙经球，字昆圃，咸丰元年（1851）贡，天怀超淡，亦喜吟咏，嗣宗裔孙绪曾，尝渡江来访，与订通家之好焉。（《金陵通传》谓经球犯粤寇之难，误。）著有《白云轩稿》。

《六合汪氏家谱》卷一：经球，字昆圃，能琴工诗，著有《白云轩诗草》。

【按】汪经球，汪传薪次子，居六合鹤来庄。同治间，因避乱卒于杭州旅次。《国朝金陵诗征》卷三十七存其诗1首。

秦淳熙

秦淳熙（？—1846），字介庵，号莲溪，世居邑西乡莲花里。道光五年（1825）举于乡，十五年（1835）成进士，授庶常，散馆改知县，授浙江龙游县。在官六年，卒于官。

◎《凫山课艺》(佚)

◎《木天清课》(佚)

◎《最乐编》(佚)

《光绪六合县志》卷五之三：秦淳熙，字介庵，号莲溪，世居邑西乡莲花里。性质简重，学术亦邃。道光乙酉（1825）举于乡，入都，肄业金台书院。所为文，人传诵之。乙未（1835）成进士，授庶常，散馆改知县，丁母忧，主讲旌德之凫山书院，奖进士类，多所成就，所刊《凫山课艺》称

222

于时。服阕，授浙江龙游县。龙游自国朝以来鲜有领乡荐者，淳熙首捐廉创立书院，与诸士子讲论文艺，人文以是日盛。余孝廉恩镖、余庶常撰皆其所奖成者。在官六年，不事催科，而民自税课，最称第一。后卒于官，龙游民为之罢市巷哭，诸生奉木主祠之书院中，著有《木天清课》《最乐编》。

《同治续纂江宁府志》十四：秦淳熙，字介庵，一字莲溪，道光五年（1825）举于乡，十五年（1835）进士，选庶吉士，散馆授湖北兴国知县，旋改浙江龙游知县。丁母忧归，主讲旌德凫山书院。服阕赴官，以龙游久无科目，创建书院，厚给膏火，公余与诸生讲艺，由是士兴于学，未几王日宣、余撰俱官翰林，皆淳熙门下士也。在官六年，每届征收期，乡民赴柜完纳，不立比簿，数月竣，事课常最。俄而有疾，诸生日问视，执弟子礼甚恭。卒于官，士民有泣下者，著有《木天清课》及《最乐编》行世。

《民国龙游县志》卷十三：知县秦淳熙，字介庵，雄州人（案：道光三十三年[①]《缙绅录》并《吴梅坪诗稿》则称淳熙为六合县人）。进士，道光十九年（1839）任。首捐廉倡建凤梧书院，筹款至万余金，建屋一百余间，并置田亩若干，以充膏火及修理之费。陶成后学，曲尽提撕，复以民间呈报请旌之案甚少，乃选举董事，遍加采访，一切费用悉其捐廉，并购置建坊石料，将于治内建节孝总坊，以病请开缺，未果。（按：建节孝总坊，曾有部议颁行，惟淳熙此举在未颁行之先，且捐俸颇多，故为叙入。）二十六年（1846）五月去官。淳熙素廉洁，身后无余财，其子孙流寓龙游，至贫不能自给，论者以为天道之难知也。

【按】六合秦氏，据今人秦立科考证，言系宋代著名词人高邮秦观的后代。秦淳熙，乃秦澎（见前文）族人。道光十九年调浙江龙游县令，曾任浙江省乡试主考官，县志载其"一生廉洁，身后无余财"。《同治续纂江宁府志》言其"卒于官"，据《民国龙游县志》载，他道光十九年（1839）任龙游县令，在官六年，"（道光）二十六年（1846）五月去官"，可见他去世于离职当年，即1846年。

秦淳熙作品今存文《凤梧书院碑记》1篇，诗2首，均见于《民国龙游县志》卷三十六。

---

① 道光三十三年：清道光年号至三十年结束，此处底本显然有误。

释绪宏

绪宏，字巨灯，一字螺庵，六合人，承恩寺僧。

◎《巨灯诗集》（佚）

【按】释绪宏诗集名见载《金陵艺文志》。《江苏诗征》卷一八二选其诗1首，《国朝金陵诗征》卷四十八有其小传："绪宏，字巨灯，一字螺庵，六合人，承恩寺僧。"并选其诗3首。

汪传缙

汪传缙（1800—1868），字笏斋，一字子绶，又作紫绶，号敦复，亦号瘦峰。六合县增生。

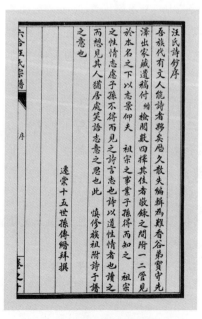

《汪氏诗钞》书影（南京图书馆藏本）

◎《汪氏诗钞》4卷（存）

《民国六合县续志稿》卷十五：汪传缙《汪氏诗钞》四卷。（《汪氏家乘》附刻本。……《诗钞》传缙序云："吾族代有文人，能诗者伙矣。历久散失，编辑为难，香谷弟宝守先泽，出家藏遗稿付缙，检阅数四，择其佳者敬录之，间附一二管见于本名之下，以志景仰。夫祖宗之事业，子孙得而知之，祖宗之性情志虑，子孙不得而见之，诗言志也，诗以道性情者也，读之而想见其人犹居处笑语志意之思也，此慎修族祖附诗于谱之意也。"）

【按】《汪氏诗钞》4卷，汪传缙编辑，见于汪昇远编撰《六合汪氏家谱》卷十，分为初集 12 人、二集 16 人、三集 12 人、四集梧阁夫人 1 人，共计 300 多首，是汪氏家族文人作品精选集。特别是第四集吴怀凤，清初女性诗人，其作品存世极不易，独辑一卷 70 多首，十分珍贵。

◎《晴雪楼集》（佚）

◎《瘦峰轩集》，一作《瘦峰草》《瘦峰诗草》（佚）

《六合汪氏家谱》卷一：先王父笏斋公讳传缙，潜精宋儒之学，事载府志文苑，邑志儒林传中，著有《敦复自省录》《瘦峰轩》《晴雪楼》《养和山馆诗草》。

◎《养和斋语录》（佚）

◎《养和山馆诗文辑存》2 卷（存）

柯愈春《清人诗文集总目提要》中册：《敦复自省录存》一卷，《养和山馆诗文集辑存》二卷，汪传缙撰。传缙约生于嘉庆十五年（1810），卒于同治九年（1870）。字笏斋，一字子绥，又作紫绥，号敦复，别号瘦峰，江苏六合人。增生。咸丰间避兵时所作诗及《瘦峰轩集》《晴雪楼集》《养和山馆集》诸作，其孙昇远编为《敦复自省录存》一卷、《养和山馆诗文集辑存》二卷，辑入《汪氏遗著》，民国九年（1920）石印，南京图书馆藏。

《民国六合县续志稿》卷十五：《养和山馆诗文辑存》二卷。（汪氏钞本。按：光绪府志、县志均载《瘦峰诗草》，今佚。……《诗文辑存》传缙孙升远后序略云："先大父生平作诗甚多，有《瘦峰轩》《晴雪楼》《养和山馆》等集，自清咸丰戊午仓皇避乱，荡然无存，所遗散乱诗稿数十首，今乃稍稍整次，并辑其遗文数篇，以附于后，仍颜之曰《养和山馆》，从其最后诗集之名名之也。"

◎《敦复自省录存》1 卷（存。以上两种合称《汪氏遗书》）

《民国六合县续志稿》卷十五：汪传缙《敦复自省录存》一卷，汪氏抄本。按：光绪府志、县志均载《养和斋语录》，则原名《敦复自省录》。传缙孙昇远后序略云：先大父自道光癸卯设为自课自励之法，案置一册，日日笔记，凡识力之所到，会晤之所及，或片语短章以括之，或长篇累牍以书之，要皆于身心性命关切，而总名之曰《敦复自省录》。迨戊午避乱，付诸劫火，是册乃在泰兴黄桥时所书，虽其全帙不可得见，然发愤致力之初，与夫逢源有得之候，均可略窥一二，如云"不在慎独上做工夫，总不是真君子。""一言不照察一言有失，一事不照察一事有失。"皆刻苦中体验之语，如云"入手枝枝节节为之，嗣后要打成一片"，"存养之功熟，自然吟平躁释"，"扫去尘情俗虑，便觉心境广大，光明洞洞然、惶惶然，此乐难以语人。"皆纯熟后悟道之语。又尝与友人书云"存养之法在朱子，则由功夫做到本体，象山阳明即以本体为功夫，而无毫发差别者，则惟慎独。"故其实践躬行，近于程朱一派，而无朱派末流排斥陆王之习，岂非近世之纯儒，卓然能步先贤之后者与？

◎《汪氏遗书》，一作《汪氏遗著》（存）

王震昌《汪氏遗著叙》：岁庚申（1920）夏五月，政争轩起，畿辅骚动，狂潮所激，震撼江淮，余既悄然忧之。同年汪子鹄飏以其大父笏斋先生所著《敦复自省录存》一卷、《养和山馆诗文辑存》两卷，将付剞劂，而属序于余。余惟天下之至变者政，而不变者学。政之起伏也，千回万折，常随时势以为转移，学则导源于天，植根于性，大本大原之地，主宰不摇，至变而至不变，故常为政之母，而能进退补救其所不及。伊古以来，治天下者未有用此而不治，背此而不乱者也。宋以后讲学之风盛矣，虽缙绅先生常訾议之而矣。闽濂洛诸子义理相承，流风互扇，群贤登进，则海内想望太平，儒者之效，灿然可睹；有元鲁斋崛兴，草庐静修，继之夷风狂俗，日益变革；明季姚江学派，传衍愈宏，伟烈丰功，照耀史册；清之中叶，湘湖将帅，戡平大难，海内清夷，当是时倭艮峰相国讲学于朝，罗罗山中丞讲学于野，用能豪杰代兴，人才辈出；曾文正以艰苦之力，居高明之地，提倡整率，振起程朱之绪，群贤赴义，如众水之归壑，而无所淳止，率平祸乱，再措之安，讲学之稗于世道人心者，彰彰如此。先生生当道咸间，刻苦自励，虽未克与罗、曾诸公同见施行，然所学一以主敬，慎独为归，读其语录，平易切实，语语皆可见之躬行，措之当世诗文亦多见道语，于古之格律义法，尤能不失累黍，暗然绩学，有道君子也。鹄飏继承家学，跬步必遵法度，虽老不衰。回忆十年前，与鹄飏同官京师，文酒之会，谈宴之乐，日常三四举，年皆少壮，兴致甚豪，时国家承平久，文醉武嬉，百政渐弛，而欧风东渐，青年学子，破觚为圆，搥提绝灭古圣昔贤之礼法以为快，朝廷无纪纲以纠正之，辄相与执手太息，叹祸至之无日，而犹不料其一发而不可救至今日也。呜乎！举国之人不励于学，横流所届宁可知？因读先生书，复与鹄飏追记之，瞻乌爰止于谁之屋？世变之慨，其能已乎！庚申（1920）夏五年再俚阜阳王震昌孝起甫序于淮上寓庐。

【按】汪传缙作品曾散失，后经其孙汪昇远收集整理，而成《汪氏遗书》，包括《养和山馆诗文辑存》二卷和《敦复自省录存》一卷，有1920年石印本传世，南京图书馆有藏。

◎《研北琐谈残稿》1卷（存）

【按】《研北琐谈残稿》收录于民国卢前主编、南京通志馆编印的《南京文献》第二十四号中，多记六合传言琐事，语多不经。

《光绪六合县志》卷五之三：汪传缙，字笏斋，增生，性刚直无依阿，有所不合义，勃勃见眉棱，然自诫敕亦严峻，如张汤之治狱。书所言论行事，夕必绳于功过格，比附轻重，有失而入，无失而出，心与意辨诘蜂起，自性细勘之，而条其失得，以赏罚于衾影之际，盖三十余年无少懈也。设教重忠孝，敦善行，上者覃思于性理，时则有比部朱麟祺，服膺师说，而卓然表大节于天下者也。复城后莫祥芝来治六合，延传缙兴复集善诸堂，善举赈粥给药，琐琐躬亲，仍是求不负初心之志，以自儆惕云。著有《养和斋语录》《瘦峰诗草》。

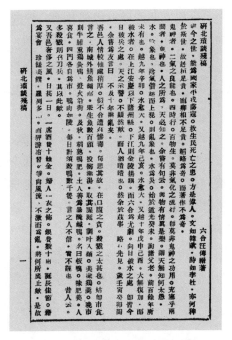

《南京文献》第24号书影

《同治续纂江宁府志》卷十四之八：汪传缙，字笏斋，六合增生，性刚直无依阿，有所不合，义勃勃见眉棱，然自诚敕亦严峻，如张汤之治狱。书所言论行事，夕必绳于功过格，比附轻重，有失而入，无失而出，心与意辨诘蜂起，自性细勘之，而条其失得，以赏罚于衾影之际，盖三十余年无少懈也。设教重忠孝，敦善行，上者覃思于性理，时则有比部朱麟祺，服膺师说，而卓然表大节于天下者也。复城后莫祥芝来治六合，延传缙兴复集善诸堂，善举赈粥给药，琐琐躬亲，仍是求不负初心之志，以自儆惕云。著有《养和斋语录》《瘦峰诗草》。

【按】汪传缙，汪辛元长子，汪昇远曾祖。汪氏有零散诗作4首，见于《国朝金陵诗征》和《棠志拾遗》中。

张鹏程

张鹏程，原名李，字又莲，居六合县程驾桥。道光十四年（1834）举于乡，二十年（1840）成进士，历任雄县、望都、正定、安平知县。

◎《斯未信轩纪事偶吟》1卷（存）

【按】全国古籍普查登记数据库显示："斯未信轩纪事偶吟一卷（清）张鹏程撰，清刻本。1册，国家图书馆。"笔者未见。

◎《张又莲诗集》（佚）

徐鼒《张又莲诗集序》：又莲居邑西之程驾桥，去敝居二十里，以故家居时不相闻。丙申予来京师，与又莲相见于客邸，见其人胸怀磊落，有丈夫气，或同人宴集，酒酣耳热，又莲则脱帽狂呼，横笛歌诸杂曲，意气闲逸若不可一世，而其牢骚不平之气，每托之于诗，时而拔剑咤叱，击唾壶作壮士吟，时而呢呢作儿女子语，不屑屑于汉魏唐宋名家之迹，而其即景寓情，自抒怀抱，渊乎莫测其中之所止焉。予始恨知又莲晚，而益怪又莲有才如此，而未尝以诗名也。今夫寒士处山林枯槁之中，裹其不可一世之才，而无由见知当世。杜少陵客严武幕中，李义山为令狐记室，往往托迹公卿之门，思附青云以自显，以太白之雄才逸气，其与韩荆州书几类于乞怜者之所为，岂非自怀其才，冀于流俗中有所遇邪？今又莲馆大司寇史公家，众方谓又莲遇合自兹始，而又莲决然辞归，不少依回，是又莲之高世绝俗，有非古人所及者，而诗之名不名又非又莲所屑计也。然则予虽知又莲晚，而能知又莲之心者，莫予若也。于其归也，赠以诗，酌酒以告之曰："君所居多豪于酒者，又其地舟车辐辏，多丝竹管弦之胜，君得弃尘世事风流，笑傲其间，隐于才不才之间，以全其天，或风晨月夕远念劳人，因取入都来所得于朝廷之政事典故，以及二千里之名山大川无不发之于诗，则他日之裒然成集者，虽欲不以诗名，岂可得乎？"又莲曰："善。"因书其言以弁诗首焉。（《未灰斋文集》卷七）

徐鼒《题张又莲诗草即以志别》：斫地王郎本少年，不甘学宦不逃禅。醇醪一盏诗千首，原是前身力谪仙。三影三中绝妙词，风流吾友亦吾师。如何识面他乡始，才读君诗又别离。翩翩裘马气雄豪，有眼难于若辈遭。谢绝侯门归故里，羞他摩诘郁轮袍。客邸凄凉一碗灯，侵晨檐外两如绳。蓴鲈风味家乡好，羡杀秋风张季鹰。（《未灰斋诗集》）

◎《斯未信轩文集》（佚）

《光绪六合县志》卷五之五：张鹏程。原名李，字又莲，幼有至性，稍长工技击，喜诗酒。道光十四年（1834）举于乡，二十年（1840）成进士，历任雄县、望都、正定、安平知县。鹏程居官不避权贵。某邸有宠奴某，怙势作威福，鹏程履任时，发其罪，吏不敢捕，鹏程亲谒某邸获之，置于法。时直省多盗贼，鹏程亲往捕之，每出，以兵器自随，夜巡，日出始反，历两载无倦，境内肃然，居官清洁，卒之日，囊橐如洗，同官代殓葬之。著有《斯未信轩文集》。

【按】张鹏程世居程家桥，少师从朱鹏鬐，与同邑徐嘉友善。徐嘉为其诗集作序，盛赞其"胸怀磊落，有丈夫气""高世绝俗"。《民国望都县志》载，张鹏程"庚子（1840）进士，道光二十一年（1841）任"望都知县。

释修尧

> 修尧，字耕野，一字柏亭，六合人，承恩寺僧。

◎《耕野诗集》（佚）

【按】释修尧诗集见载《金陵艺文志》。《国朝金陵诗征》卷 48 有小传："修尧，字耕野，一字柏亭，六合人，承恩寺僧。"并选录其诗 2 首。

叶觐仪

> 叶觐仪（1801—1851），字棣如，六合人。道光十二年（1832）北闱举人，十三年（1833）进士，选庶吉士，授编修。历充四川、云南乡试主考，提督云南学政。复典江西乡试，得士称盛。中间入直上书房，直文渊阁事。迁国子监祭酒，累擢至内阁学士。精医善画，有名于时。

◎《东园杂咏》1 册（存）

【按】全国古籍普查登记数据库显示："《东园杂咏》，（清）叶觐仪等撰，清种移堂稿本。1 册，湖南省社会科学院图书馆。"笔者未见。

◎《陈勉斋德政谱》1 卷（叶觐仪辑，存）

《光绪六合县志》卷五之三：叶觐仪，字棣如，煌子。性敏达，亦平易近人，尤能急人之急，少博学，所精艺文辄成妙谛。乡前辈奇之。道光戊子（1828），以优行贡成均文刊《金台课艺》。壬辰（1832）中京兆试，癸巳（1833）成进士，散馆，授编修。甲辰（1844）考差，其试帖有云："素抱为霖志，常怀捧日心。"宣宗成皇帝召见，勉曰："异日，其无负诗中寄托！"盖圣眷深矣。历典四川、云南正考官，寻提督云南学政差，旋复典江西乡试，所至皆拔抑搜遗，以伸士气，创立云南五华书院，蕴崇经史，课诸生以根柢学，三年立教隆焉。初入直

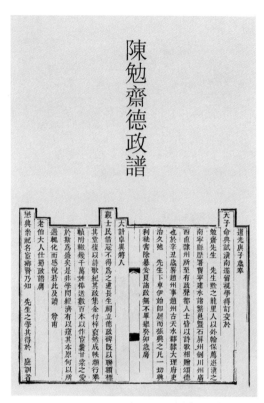

《陈勉斋德政谱》书影（中国国家图书馆藏本）

上书房，累擢直内阁学士，莅官凡十八载，慎勤无间。年五十卒。

《民国新纂云南通志》卷一百八十一："叶觐仪，字棣如，江苏六合人。道光癸巳（1833）进士，改庶吉士，授编修。二十一年（1841），任云南学政，课士惟严，崇实学，正文体，杜绝苞直。考试之余，恒以敦品励行训迪诸生，一时士习文风为之丕振。"

【按】《陈勉斋德政谱》一书编撰于清道光二十三年（1843），刻本 1 册，主要收录有关陈步贤（1774—？，号勉斋，贵州龙里人）的事迹。2003 年出版的国家图书馆分馆编《中华历史人物别传集》第四十册有影印本书。叶

觐仪另存文《红蕉吟馆诗存序》1篇，见《六合文征》；存诗《道光己亥典试四川李让泉以诗见贺即步其韵》4首，见《国朝金陵诗征》卷三十七。

徐 鼒

徐鼒（1810—1862），字彝舟，号亦才，道光十五年（1835）举于乡。道光二十五年（1845）成进士，改庶吉士，散馆授检讨，考取御史。咸丰三年（1853），粤贼陷金陵，六合戒严，鼒方假归，与办团练，以保城功加赞善衔。旋奉命以知府用。咸丰八年（1858），授福建福宁府知府，以积劳卒。博通群籍，著述丰富。

◎《敝帚斋遗书》4种（存）

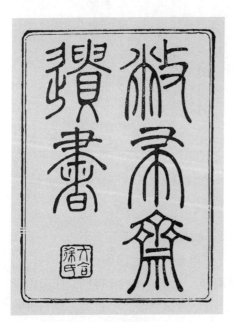

《敝帚斋遗书》书影（美国哈佛大学汉和图书馆藏本）

【按】《敝帚斋遗书》四种含《未灰斋文集》8卷、《未灰文外集》1卷（含《敝帚斋主人年谱》1卷）、《读书杂释》14卷和《小腆纪年附考》20卷，有清咸丰十一年（1861）刻本，光绪三年（1877）六合徐氏刻本。中国国家图书馆藏《敝帚斋主人年谱》书首有《敝帚斋遗书》已刻《总目》和《未刻》书目。已刻《总目》包括《未灰斋文集》8卷、《未灰斋外集》1卷、《读书杂释》14卷、《小腆纪年》20卷共4种，其中《未灰斋外集》中可能包括《敝帚斋主人年谱》1卷，《补》1卷，为同治十三年（1874）刻本。《未刻》书目有《周易旧注》12卷、《礼记汇解》《月令异同疏解》《四书广义》《说文引经考》

《小腆纪传》《明史艺文志补遗》《延平春秋》《徐氏本支世系谱》1卷、《度支辑略》10卷、《未灰斋诗钞》4卷，共10种。未刻部分，其中《周易旧注》《小腆纪传》《度支辑略》《未灰斋诗钞》后来另有刻本或排印本，具体刊刻情况见各书目下。

◎《周易旧注》12卷（存）

徐承祖《周易旧注跋》：右《周易旧注》十二卷，先大夫纂辑未成之书也。先大夫于道光己亥馆扬州史氏，治《周易》，谓韩、王、程、朱之说虽纯驳不一，而外象数以言性命，终非圣人作易之旨，取明何氏楷，国朝惠氏栋、张氏惠言、姚氏仲虞之书参考之，将为《周易旧注疏证》，乃详稽孟京以下诸儒，

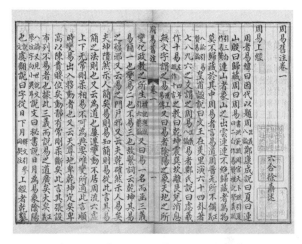

《周易旧注》书影（中国国家图书馆藏本）

迄于干宝，辑旧注若干卷。未几，闻先大夫病革，遂匆匆卷箧归，追入直史馆，又有《小腆纪年》之作，是稿仅付钞胥录成帙，而未暇为疏证也。今距先大夫捐馆已二十余年，钞本藏庋笥中，几遭蠹蚀，承祖惧其久而散佚，爰于奉使之暇，雠校付诸剞劂。原钞未分卷次，别签卷第几于眉上，是否当日手定，抑及门诸子所分，不可详，今仍之为十二卷。其中有未注明所引何书者，疑系传钞时漏落与蠹简脱字，并从阙疑，不敢妄补，以俟他日校正云。光绪十二年（1886）岁次丙戌秋九月男承祖谨志于日本东京使署。

【按】《周易旧注》有清光绪十二年（1886）徐承祖日本使署刻本，上海图书馆有藏。《四库未收书辑刊》第8辑第1册有影印。

◎《小腆纪年附考》20卷（存）

《小腆纪年附考》自序：世运治乱之大小，人心之邪正分之也。《易》之占曰："坤变乾至二成《遁》，为子弑父；至三成《否》，为臣弑君。"《洪范五行传》之言天人感应也，曰："彝伦攸叙，彝伦攸斁。"彝伦叙，则人心未死，天理犹存，兵戈水旱之灾，人力可施其补救；彝伦斁，则晦盲否塞，大乱而不知止。孔子之作《春秋》以讨乱贼，所以明君臣之义，正人心而维世运也。两汉近古，气节未尽泯亡，其祸变亦数十年而即定。自魏、晋、南北朝以及隋、唐、五代之季，人心波靡，伦纪荡然。或一人而传见两史，或一官而命拜数朝；荣遇自夸，恬不知耻。故其间篡弑相仍，两千年中可惊可愕绝无人理之事，层见迭出。盖人心之变、世运之穷极矣！朱子忧之，作《纲目》一书，以昌明孔子之教，踵事《春秋》，而义例较浅显，稍识文字者能读之而知其说。于是愚夫妇亦晓然于君父之义，怵然于名节之防。故自南宋后七八百年中，有递嬗之世，无篡立之君。极微贱之人，知节义之重；则圣贤正人心而维世运之明效大验也。臣鼐恭读《纯庙实录》及《御制胜朝殉节

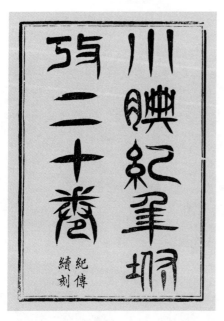

《小腆纪年附考》书影（南京图书馆藏本）

诸臣录序》谓："史可法、刘宗周、黄道周为一代完人，其他死守城池、身陷行阵，琐尾间关，有死无二，在人臣忠于所事之义，实为无愧。朕深为嘉予，不欲令其湮没无传。下及诸生、韦布、山樵、市隐之流，慷慨轻生者，亦当令俎豆其乡，以昭轸慰。"凡赐谥者千六百余人，入祀忠义祠者又二千余人。命儒臣于《通鉴辑览》之末，附纪福王年号，撮叙唐、桂二王本末，铨次死事诸臣。又命史馆编明降臣刘良臣等百二十余人为《贰臣传》，吴三桂等二十余人为《逆臣传》。煌煌圣谕，至再至三。盖以前圣人公天下之心，

行后圣人正人心之教，大中至正，超越千古。而史臣惑忌讳之私，稗史习传闻之谬，漏略舛错，不可究诘。臣蕙仰遵纯庙附书之谕，窃取《春秋》《纲目》之义，原本正史，博采旧闻，为《小腆纪年附考》一书。考而知其梗概者，则王鸿绪《明史稿》、温睿临《南疆绎史》、李瑶《绎史撷遗》、黄宗羲《行朝录》、谷应泰《明史纪事本末》、杨陆荣《三藩纪事本末》也；参考而订其谬误者，甲申三月以前，则吴伟业《绥寇纪略》、邹漪《明季遗闻》、李逊之《三朝野纪》、文秉《烈皇小识》、钱𫓧《甲申传信录》、陈济之《再生纪》、某氏《国变难臣钞》、戴田有《桐城子遗录》《保定榆林城守纪略》暨《国子监进士题名碑》《贡举考》也；福王南渡事，则顾炎武《圣安本纪》、黄宗羲《弘光实录》、李清《南渡录》《三垣笔记》、夏允彝《幸存录》、文秉《甲乙纪》、许重熙《甲乙汇略》、应廷吉《青磷屑》、戴田有《伪东宫伪后事略》、某氏《弘光大事纪》《金陵剩事》《扬州殉难觚》《福人录》暨各省郡县志、诸家诗文集也；唐、桂二王事，则钱秉镫《所知录》、瞿昌文《天南逸史》、闽人《思文大纪》、刘湘客《行在阳秋》、沈氏《存信编》、鲁可藻《岭表纪年》、冯苏《劫灰录》、某氏《南粤新书》《粤游见闻》《东明闻见录》、范康生《仿指南录》、何印甫《风倒梧桐纪》、杨在《纪事始末》、邓凯《滇缅纪闻》《遗忠录》《求野录》《也是录》、黄晞《江阴城守纪》、某氏《赣州乙丙纪略》、徐世溥《江变纪》、沈荀蔚《蜀难叙》、郑元庆《湖录》暨闽、广各志书也；鲁监国及赐姓成功事，则冯京第《浮海纪》、鲍泽《甲子纪略》、陈睿思《闽海见闻》、汪光复《航海遗闻》、某氏《江东事案》《江南义师始末》《鲁乘》《舟山忠节表》《江上孤忠录》、黄宗羲《朱成功始末》、江东旭《台湾外纪》，暨台湾、厦门志，海外诸遗老诗文集也。臣蕙入史馆后，始创是书。壬子（1852）冬，乞假归觐，奉命办理团练，扞搛之暇，发家藏稗史，参互推勘，五历寒暑。每月夜登坤与诸同事相劳苦，辄举书中忠义事，口讲手画，环而听者，咸感喟不能自已。戊午（1858）春，扬州官军移营浦口，士民额手相庆。臣蕙亦解团练事，需次入都，属门下士汪达利缮写成帙，方冀故乡友朋参订讹阙，乃五载金汤，一朝瓦碎，向时家藏之书毁焉，无复存矣。登坤听讲之人，较书中死事之人为更惨矣！独臣蕙以孑然之身，远窜数千里外，烽烟未息，羽檄交驰，脱并是书灰烬焉，则臣蕙所以仰遵纯庙圣谕，窃取《春秋》《纲目》之义，汲汲以正人心，维世运之愚衷，与不才之躯同忽焉没矣。是则梓而存之之意也夫！咸丰十一年

（1861）岁在辛酉秋八月，六合彝舟甫徐鼒自叙。

【按】《小腆纪年附考》有咸丰十一年（1861）六合徐氏刻本，复旦大学图书馆藏；光绪四年（1878）北京龙威阁刻本，北京师范大学图书馆藏；光绪十二年扶桑使廨铅印本，华东师范大学图书馆藏；清方氏碧琳琅馆抄本，上海图书馆藏；1957年中华书局《中国史学基本典籍丛刊》王崇武点校铅印本；1962年《台湾文献丛刊》本等。

◎《小腆纪传》65 卷，《补遗》5 卷，《补遗考异》1 卷（存）

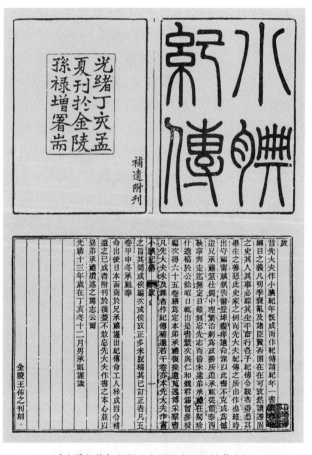

《小腆纪传》书影（中国国家图书馆藏本）

徐承祖《小腆纪传跋》：昔先大夫作《小腆纪年》既成而作《纪传》，谓"《纪年》一书取《春秋》《纲目》之义，凡明季衰乱及诸臣贤否固在在可考；然读迁、固之史，其人其事必综其生平言行，各予纪传，令观者得悉其毕生之善恶。"此史家之例，而先大夫《纪传》之所由作也。维时出守福宁，贼氛告警，登埤尽瘁；遗命深以此书不克成为憾。迨兄承禧筮仕闽中，理繁治剧，为政务所迫；承祖从节泰西，鞅掌奔走，迄无定日，虽无忘先志而皆未逮。弟承礼在闽，珍什遗稿，于公余暇日，辄出是书厘次，与仁和魏君锡曾参校编次，得六十五卷，缮为定本。弟承礼复搜遗搜逸，博采群书，凡先大夫未及录者，作《纪传补遗》若干卷，亦本先大夫作书之旨，其间或俟编次，或俟考正，多未脱稿。其已订正者，凡五卷。甲申（1884）冬，承祖奉命出使日本，函商于兄承禧，谨出《纪传》，命工人梓成，因令《补遗》之已成者附刊于后。盖不敢忘先大夫作书之本心，并以勖弟承礼缵述之笃志云尔。光绪十三年（1887）岁在丁亥冬十二月，男承祖谨识。

【按】《小腆纪传》有清六合徐氏未灰斋抄本，国家图书馆藏；光绪十三年（1887）金陵王佑之刻本，北京大学图书馆藏；清光绪十四年六合徐氏金陵刻本，南京图书馆藏；清末大兴傅以礼长恩阁抄本，无《补遗》，南京图书馆藏；1958年中华书局铅印本；1963年《台湾文献丛刊》本；《续修四库全书》史部第332册影印本；2018年中华书局点校本等。

◎《敝帚斋主人年谱》1卷，补1卷（存，徐承禧等注补，敝帚斋遗书本）

徐鼒《敝帚斋年谱自序》：
昔灵均赋骚，纪庚寅之降，渊明自祭，编甲子之诗，台卿志圹，元凯沈碑，类皆叙述修能，发摅怀抱，其不自菲薄，一息千古之心，非苟焉已也。仆生长童土，浮沈债台，传舍寄如秦赘，囊栗饥于侏儒。艺海千寻，饮鼹鼠之勺水，冰署十载，滞鲇鱼之竹竿，鲐仲之生也，无益敬叔，则丧不如贫，计惟荷埋人之锸，高没字之碑，幻身世于浮沤，溷先生于乌有，呼牛呼马，听客所为，曰龙曰蛇，匪贤胡厄，无咎

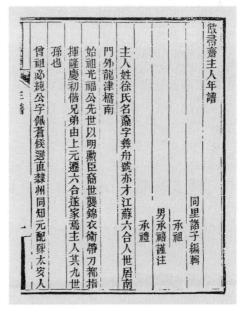

《敝帚斋主人年谱》书影（南京图书馆藏本）

237

无誉，不识不知，庶邓禹不至笑人，魏收可以藏拙，而欲画混沌之眉目，纪蠛蝼之春秋，则我学山鸟自呼其名人，食蛤蜊不知许事矣。然而生当圣代，家世业儒，溯弧矢于厥初，惟门户之所寄，风前鬈髦，摩顶犬子之呼，雪夜横经，提耳鲤庭之训，睢言杯棬，敢委逝波？十二而识金镮，弱冠而游黉序，言了家禽，技逞磔鼠，誉之者，决为破浪，恶之者嗤为偾辕。既登贤书，始观上国宠吏部高轩之过，当陆机入洛之初，刘毅乞炙未冷牛心，江式谈经不辱狗曲，经瑣闱之三黜，迨阆苑之初游，鸦涂或弃于法家，驴券或呼为博士，簪毫东观，修先皇实录之书，需次西台，劳御笔屏风之记。当夫诟逋人去，问字酒来，猿击铁以倾壶，鹤开笼而验客，笋冠狂脱，搜秦碑汉碣之文，蔗杖欢呼，半日下云间之选，亦复硕人自誉，先生解嘲，无何黄巾贼起，皂帽人归，飞燕矶头，鼓声沈雨，佛狸祠下，篍吹呼风，醉兵狂舞于荻船，有女化离于菢谷，缚裤作桓公急装，操杯与樊哙为伍，书生叩马，乞渡河苍兕之师，炎帝驷虬，流王屋赤乌之火，令我至今心悸，此事乌可不传。又况江国陆沈，故人慷慨，怒伤猿鹤，耳叫鸺鹠，西台朱鸟之吟，谢翱痛哭，北方赤狐之惧，宋玉招魂，即或劫灰幸免，畏垒僦居，而生者吹吴市之箫，逝者赋山阳之笛，望灵修其不见，吹参差兮谁思，黄祖论心，多蜮射鸩媒之惧，健儿把臂，杂鸡鸣狗盗之雄，鹏赋自嗟，鸮音日瘁，溺人必笑，伤如之何。又复小草出山，苦匏求济，梁鸿之热灶因人，范叔以绨袍赠我，息壤在彼，芜蒌曷忘，至于阿软题诗，玲珑遣唱，感半出于沦落，事不接于风流，问影问形，或歌或泣，冀同伯玉之知，非窃仿门律之自，序知交好事，谱叙成书，见之汗颜，弃之可惜，以志吾过，何恤人言，加我数年，再增一卷，若逢日者，算磨蝎以占，余为告巫阳早灵龟之舍尔。岁在戊午冬虎丘舟中作。

◎《度支辑略》10 卷（存。清抄本）

【按】《度支辑略》有台北《近代中国史料丛刊三编》影印清抄本。

◎《读书杂释》14 卷（存）

【按】《读书杂释》有清咸丰十一年（1861）福宁郡斋刻本，光绪十二年

（1886）扶桑使廨铅印本，光绪刻敝帚斋遗书本，1914年《金陵丛书》排印本，1997年中华书局点校本等。

徐鼒《读书杂释自叙》：汉初，说经守师法。人治一经，经治一说，无一人兼治数经，一经兼治数说者。自东京修明经术，鸿生巨儒，负帙来远方者，兰台、石室之书多于天禄之旧，班固综其异同，作《白虎通义》，自后许氏之《五经异义》、郑氏之《驳五经异义》并尊于世。唐《艺文志》别之为经解类十九家，盖躧刘向《五经通义》之书而为之也。宋以后，著录之书多于前代，理学家凿空之谈无复说经之法矣。国朝巨儒辈出，阮氏《经解》中所列若干家，又《经解》未列而书可传者亦十余家。然遵用古学则

《读书杂释》书影（南京图书馆藏本）

语多雷同，旁及类书则义嫌琐屑，又近儒之通弊焉。鼒幼从先大人治经，好涉猎，有所疑，辄以私意志之眉额。先大人始怒诃之，继而笑曰："任汝所为，胜饱蠹鱼耳。"久之，自觉蹈雷同、琐屑之弊，而家藏之书点污已遍矣。戊子己亥，馆扬州史氏，治《月令》，见高、蔡之义间优于康成，作《月今旧解异同》，读洪兴祖《楚词补注》，作《楚词校勘记》。未卒业，而闻先大人疾革，匆匆卷箧归，柢稾①散失过半。癸丑四月，粤匪犯六合之南关，藏书毁焉。就行箧所遗留者，录鄙说而覆勘之，不复觉为雷同、琐屑。盖向时因学而知其不足，今废学则自忘其丑。则即是害之既弃之而复取之者，亦可见予学之不殖将落乎！然以是志先泽焉，则固当过而存之矣。

---

① 底本如此，相当于"底稿"。

◎《未灰斋文集》8卷，《外集》1卷（存）

《未灰斋文集》书影（南京图书馆藏本）

徐鼒《未灰斋文集自叙》：《隋志》曰："灵均以降，属文之士众矣，后之君子欲观其体势而见其心灵，别聚焉名之为集，词人景慕，并自记载以成书部。"盖《西京》前以集名者，皆后人集之；自为文而自集者，其起于建安诸子乎？《隋志》著录四百三十七部，《唐志》七百五十部，宋元踵而增焉，至《明史·艺文志》，一代之集多至千一百八十八部、集，至是而极盛，文亦至是而极衰矣。鼒从先大人问业，间学为古文词。先大人曰："古文以意为主，文成法立，无一定之体格也。归震川、方望溪、姚姬传皆近代作家，论者犹谓有时文气，骈俪文以藻炼为上。袁枚之浮嚣、吴锡麒之靡弱，不足学也。业非专治必不精，汝亲老家贫，不得不业制举文以糊口，兼而治之则卤莽灭裂，以为亦卤莽灭裂以报藏拙可也。"咸丰癸丑（1853），奉命留籍办理防堵事宜，凡移置将帅、指陈战守之事多与当事驰书辨认，见者或诧为能文，遇地方有大营建及忠孝节烈事，交口属为碑志。始赧然惭，皇然辞，既而幡然改，曰："将帅战守、地方营建之事，事之可传者也，忠臣孝子、义夫节妇之人，人之可传者也。事可传，人可传，敢以吾不文而不之传乎？"谨志之以俟虞初之采，是吾责矣。戊午（1858）八月六合之变，故居毁于火，向所为制举文及酬唱赠答之篇灰为，独是稿随行箧获存，意者其事其人之不可不传，冥漠中有主持之者乎？事不灰、人不灰而吾之文亦因以未灰乎？爱者取而集之，卤莽灭裂之讥，吾其不敢避矣。咸丰十一年（1861）岁在辛酉九月朔，六合彝舟甫徐鼒自叙。

【按】《未灰斋文集》有清咸丰十一年（1861）福宁郡斋刻本，上海图书馆藏；光绪间《敞帚斋遗书》刻本，美国哈佛汉和图书馆藏；《清代诗文集汇编》第635册有清咸丰十一年福宁郡斋刻本《未灰斋文集》八卷、《未灰斋文外集》一卷影印本；2009年刘荣喜《未灰斋诗文集》点校本。

◎《未灰斋诗钞》1卷（存）

【按】《未灰斋诗钞》，《未灰斋主人年谱》著录为4卷，但今传本只见广东省中山图书馆藏光绪十二年（1886）扶桑使廨排印本，只有1卷，2009年，刘荣喜据此点校收入《未灰斋诗文集》中。《清代诗文集汇编》第635册有此本《未灰斋诗钞》1卷。

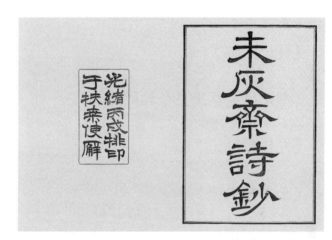

《未灰斋诗钞》书影（广东省中山图书馆藏本）

徐鼒《未灰斋诗钞序》：仆所学以诗为最浅，乱后存稿亦以诗为最少。一行作吏，笔墨俞疏，检拙著付梓人，不欲留诗，福州林香溪致书谓"君诗佳者，虽梅村、仲则不能过之，请留之以雪言朴学者不能诗之耻"。因检存稿录示门人李孟丞，属其校对讹误，他日留覆酱瓿也。咸丰己未（1859）仲冬彝舟自志。

◎《楚词校勘记》（佚）

◎《楚词札记》1卷（佚）

◎《尔雅校勘记》（佚）

◎《毛诗校勘记》，一作《毛诗注疏》（佚）

【按】见于《敝帚斋年谱》"道光二十二年（1842）"条。《清史列传》本传作《毛诗注疏》。

◎《礼记汇解》（佚）

◎《戴记吕览蔡氏月令异同疏解》，一作《月令异同疏解》（佚）

◎《左传校勘记》（佚）

◎《公羊校勘记》（佚）

◎《老子校勘记》（佚）

◎《淮南子校勘》（佚）

◎《四书广义》，一作《四书广义补》（佚）

【按】《未灰斋文集》卷七《书四书拾遗后》云："鼐将治《论语后疏》，因集近儒说经之书，为《四书广义》。"《清史列传》本传作《四书广义补》。

◎《说文引经考》（佚）

◎《明史艺文志补遗》1 卷（佚）

◎《延平春秋》(佚)

【按】《延平春秋》见《敝帚斋年谱》"咸丰九年（1859）"条，云"著《延平春秋》未成。延平者，纪朱成功（即郑成功）始末也。"

◎《徐氏本支世系谱》(佚)

【按】以上诸书见载于《敝帚斋年谱》中，或未成书，或成书后焚毁，或战乱中散失，或部分内容选入《未灰斋文集》中。

◎《务本论》2卷

【按】《务本论》各种书目均认为已佚，但笔者认为此书就是徐鼒《未灰斋文集》卷三所载的《务本论》上下篇。徐鼒在其《年谱》"道光二十九年（1849）"条说："时连岁饥馑，度支告匮。廷臣有开矿、折漕、捐输之议，主人谓：银非耕织所出，求之末而忘其本，非计也。著《务本论》二卷。"他的儿子在按语中说，"辛丑（1841）夏，英夷犯广州，御史某请开矿助饷，府君以为国用之不足非银少也，恃银以为用之弊也。拟上《谏开矿封事》，其略曰'今之筹国用者，

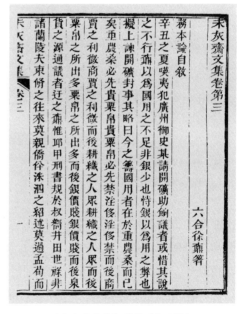

《未灰斋文集》所载《务本论》

在于重农桑而已矣，重农桑必先贵粟帛，贵粟帛必先禁淫侈，淫侈禁而后商贾之利微，商贾之利微而后耕织之人众，耕织之人众而后粟帛之所出多，粟帛之所出多而后银价贱，银价贱而后泉货之源通'云云。"徐鼒的《谏开矿

封事》见于《未灰斋文集》卷一，提出了务本重农桑、轻商禁开矿的建议。为了更加详细地申明自己的主张，徐鼒又有"《务本论》之作"，并"就前说罄其辨、条其法也"。查《未灰斋文集》卷三，全载《务本论》一文，分为"上下篇"，列"罄辨篇"九则，"条法篇"十四则，正与记载相吻合。

◎《未灰斋诗文集》1 册（刘荣喜点校，巴蜀书社）

《未灰斋诗文集》书影

《光绪六合县志》卷五之三：徐鼒，字彝舟，石麟子。垂髫时受书，日诵千言，为文有奇气。道光乙未（1835）举于乡。乙巳（1845）成进士，改庶吉士，散馆授检讨，考取御史。咸丰三年（1853），粤贼陷金陵，六合戒严，贼前后屡犯境，时鼒方假归，与办团练，以保城功加赞善衔。旋奉命以知府用。八年，授福建福宁府知府，莅任后修文庙，瘗暴骨，捕海盗，益整饬书院，捐廪俸购书数十种，立读书门径七则，读书功候八则，自是诸生得肆力根柢之学。是年秋，六合城陷，乡人避难往者百数十人，鼒计口授食，内署资用为绌。时会匪粤匪出入闽浙之交，福建巡抚徐公宗干檄鼒治粮台，并办防剿事，以积劳卒。事闻诏赠道衔，荫一子，赐葬祭如例。逾年以闽绅请入祀名宦祠。鼒既负懿才，所为诗及骈文皆抗志希古，已乃一意治经。自少游维扬，其后走京师，遍交当世通才硕彦。大司寇江都史公致俨藏书称极富，鼒馆其家，益博通群籍，以淹雅著称。所著多至十数种，其已行世者有《读书杂释》十四卷、《小腆纪年》二十卷、《未灰斋文集》十卷，别有《周易旧注》十二卷、《度支辑略》十卷、《明史艺文志补遗》一卷，未刊。其《礼记汇解》《小腆纪传》《说文引经考》并未卒业。又尝补《毛诗尔雅注疏》，参以陈起源、段玉裁、王念孙、臧琳、邵晋涵、郝懿行、阮文达诸家之说；校公羊左氏传，则以孔广森、顾栋高、刘文淇诸家之说；读《老子》疑河上公注为伪作，参考王弼注本著《老子校勘记》，并《淮南子校勘记》；病王逸注《楚词》自《天问》以下颇凿空，参以洪兴祖《补注》、朱子《章句》著《楚词校注》，皆未及梓行。其《小腆纪年》纪明福、唐、桂三王事本，胜国诸家稗史，参互推勘，五历寒暑，尤生平精力所注云。

【按】徐鼒是六合古代文人中存世作品最多的，大多有单行本，由于其作品的史学文学价值较大，部分书籍已有现代点校本。特别是《小腆纪年》《小腆纪传》《读书杂释》曾多次整理出版，前两种还是研究南明史的经典必备著作，流传非常广泛。徐鼒当年还写有大量日记，在《年谱》咸丰七年（1857）末说："自戊午（1858）元旦以后，主人以将宦游乃日记其事，容续辑另为一卷焉。"徐承禧补辑年谱时曾引日记文，因其日记未成书，故不入书目。

叶庆荪

> 叶庆荪，字亦才，道光十七年（1837）岁贡生，晚年习岐黄和堪舆之学。

◎《敬业斋课艺》(佚)

《光绪六合县志》卷五之四：叶庆荪，字亦才，岁贡生，弱冠即健为文，天性浑璞，与人交不设城府。喜论文，遇佳处辄掀髯鼓掌，抗声急读，以尽其妙。善奖掖后进，及门多知名士，附近州郡有闻风负笈来者，一时门下称极盛云。晚年习岐黄，兼青鸟家言。著有《敬业斋课艺》，校订未刊。

董　筹

> 董筹（？—1858），字鹤田，六合增生，布衣诗人。

◎《音韵丛录》8卷(佚)

◎《大有山庄词》2卷（佚）

◎《三榆轩启蒙草》2卷（佚）

《光绪六合县志》卷五之四：董翊清，……子董筹，郡增生，读书求解，能继父志，辑有《音韵丛录》八卷，《大有山庄词》二卷，《三榆轩启蒙草》二卷。

《光绪六合县志》卷五之一：董筹，字鹤田，郡增生。尝奉檄治团练水坝，八年（1858）率属会西团迎战于葫芦套，北贼拥至，筹奋呼曰："兵以气胜，并力向前，无法也。"寻殁于阵。

【按】董筹，乃董翊清（见前文）之子，死于咸丰之役。

陈　灏

陈灏（1811—1893），字让泉，道光十七年（1837）拔贡，后二年举顺天乡试，咸丰三年（1853）挑用教职，选长洲教谕。光绪十七年（1891），重游泮水，年83卒。

◎《灵岩山馆诗稿》2卷，《词稿》2卷（存）

《民国六合县续志稿》卷十五：陈灏《灵岩山馆诗稿》二卷。（陈氏抄本。灏，字让泉，道光己亥（1839）举人，官长洲教谕。灏自序云：古人作诗，所以怡情，非以求名也。《三百篇》及《古诗十九首》初无作者姓名，余少时只习试帖，道光丁酉（1837）入都，始习古今体，阅沈归愚《古今诗话》《说诗晬语》、袁子才《随园诗话》，稍知作诗蹊径，每想正学乃有正路，苦心孤诣，用之小技何益？海内士大夫及山林逸士，呕心耗血，欲以诗传，或请名流冠序卷首，一意表扬，转眼无存，良可慨也。余年逾八十，亦常常为之，虽系见猎心喜，不过消遣光阴，《随园诗话》述江宾谷自序其诗曰："予非存予之诗也，譬之面然，予虽不能如城北徐公之面美，然予宁无面乎？何必作窥观焉。"温明叔葆深序伊兄翰初《肇江诗文集》云："是集之梓也，非欲流传海内，而邀誉士林也，亦借作家乘之传，使世世子孙奉为几座之铭而已。"噫！可谓得怡情，而不求名之本旨矣。拙作何敢步宾谷、翰初后尘，惟作诗与存诗之意则俱不甚相远云尔。

《民国六合县续志稿》卷十二：陈灏，字让泉，道光十七年（1837）拔贡，后二年举顺天乡试，咸丰三年（1853）挑用教职，选长洲教谕。在任时奖掖后进，捐廉创设季课，长洲人咸礼爱灏。同治末，邑通江集将坍入江，灏恻然伤之，谓孙鹤笙曰："集坍入江，田地已矣，人民可内徙，独累累义冢忍听其葬鱼腹中耶？"相与谋迁葬，以购地事委孙，而已担任筹款，不十年，集没入江，义冢卒赖保全。灏生平敦品立学，尝作《向道箴言》二十章，其略曰：完尔性天，洁尔心地，返璞归真，巢仁伏义，保尔精神，寡尔嗜欲，世事弹棋，光阴转烛，勿务虚名，假公济私，指示其严，鬼神鉴之，勿假道学，矜己凌人，水不择流，山不让尘，凡此箴言，功基慎独，诚之于思，成于所忽。光绪十七年（1891），灏重游泮水，年八十三卒，著有《灵岩山馆诗稿》二卷。

【按】全国古籍普查登记数据库显示："《灵岩山馆诗稿》二卷、《词稿》二卷，（清）陈灏撰，清陈星昭抄本。2册，苏州图书馆。"《民国六合县续志稿》只记载了陈灏的《灵岩山馆诗稿》二卷，未提及《词稿》二卷。苏州市图书馆藏本为清陈星昭抄本，王季烈录词稿并有跋语。《江苏艺文志·南京卷》第三册，只著录有《灵岩山馆诗稿》二卷，并言"集部别集类，佚"，当为编者失考。

◎《陈让泉先生杂著》10种（存）

《督察采访纪略》1卷、《古唐诗选》1卷、《光绪禀启要稿》1卷、《客窗杂录》1卷、《灵岩山馆诗草》1卷、《世故杂录》1卷、《诗余摘录》1卷、《同治禀启存底》1卷、《艺苑指南》1卷、《鱼雁递传》1卷。

【按】全国古籍普查登记数据库显示："《陈让泉先生杂著十种》十卷（清）陈灏撰，稿本，22册，苏州图书馆"陈灏生平和著述，《民国六合县续志稿》和《江苏艺文志·南京卷》第三册，只著录有《灵岩山馆诗稿》二卷。《江苏艺文志·南京卷》并言"集部别集类，佚"，当为编者失考。陈灏作品现存颇多，有诗集、词集、杂著等10多种，有待发掘研究。陈灏还曾与潘遵祁一道编写有《紫阳书院课艺六编》《紫阳书院课艺七编》，清光绪六年（1880）刻本，见邓洪波主编《中国书院文献丛刊》第1辑第23—24册。

查《光绪六合县志》有两个"陈灏"，一为卷五之六《义行》所载："陈灏，监生，好施与，乾隆五十年（1785），大饥，捐赈银一千两。"二为卷六《选举表》所载："陈灏，（道光）己亥（1839）恩科，顺天榜。""陈灏，（道光）丁酉（1837）拔贡。""陈灏，由举人官长洲县教谕，加内阁中书衔。"另外，卷六之五《荫袭》记载："陈怀珠，以子（陈）灏贵赠文林郎。"两人生活时间没有交叉。有著作号让泉者当为后者。

另查《道光丁酉（1837）科明经通谱》记载有六合"张灏"，从其记载的有关信息，如"号让泉""己亥（道光十九年，1839）举人""父怀珠"以及籍贯等来看，与《民国六合县续志稿》记载的"陈灏"完全一致，应当为同一人。《道光丁酉科明经通谱》可能是误刻，抑或陈灏曾经过继张姓人家而后又归族。《通谱》记载张灏出生时间为"嘉庆辛未年（1811）八月十一日"，与《民国六合县续志稿》所载"光绪十七年（1891），灏重游泮水，年八十三卒"，基本吻合。

厉式琯

> 厉式琯，字紫筠，世居东城外冶浦桥。幼劬学，居邑香积寺，潜心经史者十余年。道光己亥（1839）乡试中举。

◎《紫筠诗文集》（佚）

《光绪六合县志》卷五之四：厉式琯，字紫筠，世居东城外冶浦桥。幼劬学，居邑香积寺，潜心经史者十余年。邑侯云公茂琦、朱公恭寿皆激赏不置。寿阳祁相国案试江南，知为名宿，特礼遇之。登道光己亥（1839）贤书，所撰《紫筠诗文集》，朱比部麟祺题其首云："巨灵劈山山势矗，冯夷吹海海水立。欹崎峭拔笔一枝，烟云落纸鬼神泣。"盖极为倾倒云。

【按】厉式琯，据《光绪六合县志》"程兆寅传"下载："与邑诗人朱鹏翥、逞昌叔侄暨黄鹤楼、厉式琯相唱和"，可见厉氏与时人的交往。厉式琯作品集没有传世，但清道光年间清美堂刊黄锡麒编《蔗根集》卷十三中选其诗1卷38首，《国朝金陵诗征》卷三十八录其诗1首。

唐嘉德

唐嘉德，字用修，一字薇斋，号薇阶。道光二十四年（1844）举于乡，咸丰六年（1856）成进士，改庶吉士，散馆授江西吉水知县。同治三年（1864），调贵溪，未上，李鸿章督师河南，檄往办营务，累功擢道员，署湖北盐法道，旋司宜昌盐税。精中西算法。

◎《微言追录》1卷（周寿祺辑，佚）

《民国六合县续志稿》卷十五：周寿祺《微言追录》一卷。按：光绪府志误作"《绪言录》十卷"，县志误作"二卷"，"寿祺"均误为"恒祺"。今观湖北原刻本，书止一卷。寿祺，长沙举人，先是邑人唐薇斋先生嘉德督办宜昌盐局，寿祺为属吏，师事先生，最相得。先生卒，寿祺仿马氏《元城语录》例，就频年与先生问难者，编记之名曰《微言追录》。前载先生小传，书中述先生言，"居家不可不严肃，然太过则无伦常情分矣；处身不可不俭约，然太过则鄙吝之心生矣。待人不可不宽和，然过宽则不免优柔养奸，流于糊涂矣。"又述先生精于《易》，谓"《易》之道不可以言语形容，视其所得之浅深，以见通之大小"又尝曰："做州县官，要将日行事逐一做去，振刷精神，始终如一。"观此数则，可想见先生居家居官之梗概矣。

《光绪六合县志》卷五之三：唐嘉德，字用修，号薇阶，肇元子。嘉德性严毅，自少时不为苟言戏论。道光二十四年（1844）举于乡。咸丰六年（1856）成进士，改庶吉士，散馆授江西吉水知县。断狱明决，案无冤滞，县白沙都张姓，与雩都人累世械斗，以距城远，历任不能治。嘉德募卒训练，亲往督擒，置首犯于法，余众慑服，两邑之衅以平。江西折漕，浮冒甚者，每石至万钱，而吉水以土瘠，每石折征不及他之半。大吏为平漕之议，以昭画一时，新政甫行，当事者持法严，吉安府县方以阻扰获咎，嘉德奋然曰："平漕以苏民困也，今限以成数，是他邑减而吾邑增也，吾不能肥己以重困吾民。"毅然上请，得末减，遂著为例。其他惠政及民者，皆捐廉为之。同治三年（1864），调贵溪，未上，钦差大臣李（鸿章）督师河南，檄嘉德往办营务，累功，擢道员，署湖北盐法道，旋司宜昌盐税，光绪二年（1876），西人创立宜昌码头，为众所扰，官民相持，衅且不测，嘉德非有司官而在宜昌，久得民心，亟往晓谕，事遂定。在宜昌凡五年，洁己，恤商务，持大体，耻言利。既没，几不能归其丧。精中西算法，尝谓："西法实自吾出。"深于礼，不专主汉说，好学。虽在官，不废披诵，许氏《说文》、梅氏算书尤究心焉。有简要钞本，附以己意，未及成书而卒。既卒，湖北周恒祺述其生平，绪论为书，曰《微言追录》二卷，刻之。

【按】《微言追录》乃唐嘉德死后由湖北周寿祺，仿宋代马永卿《元城语录》，就多年与唐氏问难言论编辑而成，首载唐氏小传。《民国六合县续志稿》言编者亲见湖北刻本，认为本书 1 卷，光绪间刻，并说《同治续纂江宁府志》卷九载本书作"《绪言录》十卷"误。不知此书现有无传本。唐嘉德在工作之余，究心许氏《说文》、梅氏《算书》，对它们有简要钞本，附以己意，可惜未及成书而去世，未能传世。

刘承炳

刘承炳（？—1858），字紫渠，道光二十六年（1846）举于乡，拣发广西知县。咸丰三年（1853），太平军兵起，协办筹防局。八年，城破而卒。

◎《冰雪集诗》2 卷（佚）

《民国六合县续志稿》卷十五：刘承炳《冰雪集诗》二卷，见陈灏《灵岩山馆诗》注。承炳，字紫藻（编者按："藻"，根据《光绪六合县志》当为"渠"），道光丙午举人，光绪志有传。

《光绪六合县志》卷五之一：刘承炳，字紫渠，道光丙午（1846）举于乡，拣发广西知县。性刚直，厉风节，不谐于俗，生平好赋诗，常铮铮作金铁声。咸丰三年（1853），兵事起，温壮勇檄办筹防局，不避劳怨。八年八月，贼攻城急，承炳恐贼由地道入，议以火箭尽烧城外民居，俾知贼地道所向，水灌之以破其计，议格不行。承炳知事不济，率弟训导荣炳、子簪桂，夜哭于明伦堂，题绝命诗有"一家赢得姓名香"之句。城陷偕子簪桂，仗剑学宫前，大骂贼，贼斫之。荣炳至，贼又斫之，家属殉焉。

【按】刘承炳诗文集见载于《民国六合县续志稿》卷十五引陈灏《灵岩山馆诗稿》注。他曾与徐鼐（见前文）等一起董理六合团防筹饷局，后六合城破而殉国。

张遐龄

> 张遐龄，字星南，光绪十二年（1888）乡举，设馆于南京城南，授徒为生。

◎《集贤山馆文钞》(佚)

张通之《趋庭纪闻》：先父平日著述极多。幼年随父母避洪杨乱。到处皆有纪载。且甚详，橐笔稍长入营。与江宁高屿卿同幕。曾著有《论兵刍言》。乱定归金陵，对于农桑亦各有详述。至若个人之诗文，及与友朋论学之书牍，亦均存稿，共有一小洋铁箱一箱。老父殁后，先兄锁于厨中，将请先父朋辈整理。清末张勋兵入金陵城，忽大抢劫，此洋铁箱为一兵挟之而去。乱定，予兄弟在旧书摊寻觅，竟未得片纸。嗣就趋庭时，听先父所尝诵之七截，忆得若干首，及为人题画，与他处县志及诗话所纪载者，又得若干首，合而刊为《集贤山馆诗钞》一卷。同时亲友又送来先父所作寿序，及他人家谱中所作传志，合书院卷中所作论说，与为人诗文集所作弁言，共得若干篇，正拟刊为《集贤山馆文钞》。前年金陵战事发生，予弟兄匆匆离京，未及藏好，又尽遗失。今作此追忆，我父从前亲笔之所述，是如何文字，能耐人久读，岂若小子之信笔而写，不能及其万一。是至惭愧，亦至为痛恨焉。(卢前主编《南京文献》第23号)

◎《集贤山馆诗钞》1 卷（存）

柯愈春《清人诗文集总目提要》中册:《集贤山馆诗钞》一卷，张遐龄撰。遐龄字星南，江苏六合人，居南京。光绪十四年（1888）举人，授徒为生。所著诗文甚丰，清末张勋兵入金陵，书稿被抢散佚，其子通之兄弟辑为《集贤山馆诗钞》一卷，民国八年（1919）古棠张氏铅印，南京图书馆藏。张通之《趋庭纪闻》称，又有《集贤山馆文钞》，未印遗失。

卢前《娱目翁传》:翁张氏，讳葆亨，字通之，籍六合县。考遐龄，有《集贤山馆诗集》。

【按】张遐龄，乃张通之（见后文）之父。授徒城南，多出才俊，著述颇多，惜与太平天国运动中散失。张通之曾辑佚稿编为《集贤山馆诗钞》和《集贤山馆文钞》，今唯有诗集存世，1919年古棠张氏排印本，南京图书馆藏。张南星殁，夏博言为之作墓志铭。

何　衔

何衔，字号生平不详，六合诸生，工诗，善文。

◎《咏梅轩寒碧山房集》（佚）

《光绪六合县志》卷五之四"隐逸":何衔，工诗，善文，著有《咏梅轩寒碧山房集》。

姜由轸

姜由轸（1820—?），字玉曾，号恤民，道光己酉（1849）拔贡。历署淮安府学，泰州、宿迁、桃源、通州等教谕，加五品衔。

◎《光绪六合县志》8 卷（存）

【按】姜由轸及其家族情况见国家图书馆藏《道光庚戌（1850）科朝考等第齿录》，记述颇详。《民国宿迁县志》载其于同治元年（1862）署宿迁训导，《光绪丰县志》载其于光绪十年（1884）任丰县儒学训导。他是《光绪六合县志》的主要编撰人员之一，曾分纂县志人物志中的儒林、文苑、义行等内容。

夏　璋

夏璋，字号生平不详，六合县增生。夏员（见前文）之孙。

◎《延山楼诗草》（佚）

◎《锦弹草堂诗文稿》（佚）

《光绪六合县志》卷五之三：夏员，……孙［夏］璋，邑增生，性敦厚。嗜学，寒暑无间，著有《延山楼诗草》《锦弹草堂诗文稿》，待梓。

陈　煜

陈煜，字东生，咸丰五年（1855）恩贡生，授徒以生。曾游幕江西。

◎《居家求是录》（佚）

《光绪六合县志》卷五之三：陈煜，字东生，恩贡生，性端直，家贫力学，工行楷书，教授生徒，首以植品勖之。咸丰三年（1853），温壮勇延煜督程驾桥团练，以防滁、来、全西路之贼。煜竭力防御，不避艰险，暇即默坐，晏如也。时训导瞿公福田，分带团勇，每过从，尤深契之，游幕江西，当道钦重，著有《痛定思痛琐言》《居家求是录》。

◎《痛定思痛琐言》（佚）

《民国六合县续志稿》卷十五：陈煜《痛定思痛琐言》。（光绪府志、县志。按《府志》作《六合兵事琐言》，"陈煜"误作"成煜"，今从县志。）

【按】《痛定思痛琐言》，《同治续纂江宁府志》卷十四"人物"作《琐言》，卷九"艺文志"作《六合兵事琐言》，且"陈煜"作"成煜"，《民国六合县续志稿》卷十五已辨其误。

孙崇晋

> 孙崇晋（？—1900），字鹤笙，咸丰六年（1856）贡生。

◎《光绪六合县志》（存）

《民国六合县续志稿》卷十三：孙崇晋，字鹤笙，幼学于邑中汪筦斋先生，先生故理学儒者，事在府志《文苑》、邑志《儒林》中。崇晋从游最久，笃守师训，于经义外以身体力行为主，少有文誉，屡荐不售，以岁贡终，而从游者日益众。咸丰间，避乱至吴会，迁宝应，江淮间从学者著录数百人，其后大半联翩捷春秋以去。崇晋尝曰："士生今日，舍科目无以进身，然致用之方，立身之本，固自有在。"每举《近思录》《呻吟语》《大学衍义》诸书，时时令弟子服习，以故弟子之才而贤者，卓然表著于当世，次亦不失乡里令名。崇晋性刚直，淡于嗜欲，生平不作诙谐语，友朋酬酢，间论是非曲直，有面折而无腹诽，人亦多乐从之。治家严而有恩，事兄崇礼终身恭谨无间，于三鄣亲属，尝赒恤之，岁暮集赀为粥以饷饿者，邑中穷釐月给钱若干缗，以赡其生，其他施药材，修义冢，一切诸善举，罔不勇于为之，而尤留心忠孝节义事，积年采访，手自甄录，汇册白之当道，先后蒙旌表者千余人。邑中旧有救生局，经兵燹毁废久矣，崇晋规复旧制，而增益之，积赀至二万余金，厥后崇晋卒，邑中筹款兴学，毕赖局款补助，则崇晋之遗泽也。初崇晋与仪征陈六舟彝为布衣之好，及彝抚院，有故人子需次皖垣，求函介

254

绍，崇晋情不忍却，既思向不干当道请托，邻私卒婉言谢之，其毅然守正类如此。有子二：长锡第，官编修，嗣兄崇礼；次锡恩，举人，官沭阳训导。锡第，字吉芝，年十三充县学生，十八举于乡，三十一成进士，改庶吉士，散馆，廷试第一，授编修，充国史馆协修，洊至总纂。锡第幼嗜学，不屑屑与群儿戏，昏后犹执经问难，读书常逾夜半，与朋友言志，慨然慕曾文正之为人。中日之战，供职京师，朝士多惶惧，锡第言及战事，激昂慷慨，若不可遏，寻疏陈管见请重用提督聂士成，召提督董福祥而善用之，以原疏留中，其详不可得知焉。光绪十四年（1888），邑大旱，锡第养疴家居，条陈救荒数事，邑令纳其说，见诸施行，是岁也，饥而不害。锡第既父崇礼，而母叶宜人所以孝，事嗣父母者与本生父母无稍异，尝刲臂疗叶宜人疾，秘之不令人知。通籍后归省，骤患肝疾，时发时愈，其后历丁外内艰，与本生父母艰，均忧毁尽礼，而病亦缘此而深，不得竟其用于当世，邑人惜之。（孙氏行述）

【按】孙崇晋乃孙叠波（见后文）的父亲，孙为霆的祖父。曾参与《光绪六合县志》编纂，分纂《人物志》中的"烈女门"。并曾参与《光绪续纂江宁府志》的纂修，分任总采访。

杜 林

杜林，字献白，江苏六合人。同治间官江西福安县知县，署安义县知县，蓝翎同知衔。

◎《同治安义县志》16 卷（存）

杜林《安义县志序》：尝考邑之有志，犹国之有史。志也者，志也。举凡县中之山川人物、沿革废兴与夫文章风俗、户口徭役，无不备载而毕志，上以备輶轩之采，下以立官师之程，志之所系大矣哉。安义自建邑以来，前明督学宪副周公曾委司训陈士瑞、黄生昌宗、张生欢肇，修志乘而未就绪。迨嘉靖己未（1559）高宾之明府知县事，谋集邑之名宿，开局纂订，志之规模始粗具焉。至国朝康熙十二年（1673）癸丑，陈侗庵明府慨志残

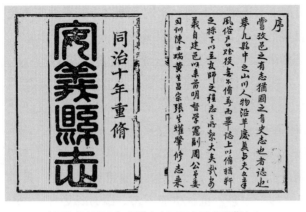

《同治安义县志》书影（中国国家图书馆藏本）

缺，与沈懋赓学博共纂之；嘉庆二十三年（1818）戊寅张西屏明府莅任，重为修辑，惜甫脱稿，未及付梓，遂解组去，迄今世远代湮几及二百年之久，其间人才丰啬，物产盈虚，民俗朴华，庶务损益，几至厘订难周。况值兵燹之后，地方之完敝，军务之始终，以及草野忠贞，闺门节烈，义夫孝子，奇才异能，若不访查撰述，既无以光泉壤，而慰忠魂，亦不足以昭慎重，而资考核。同治庚午（1870）余承乏来兹，适大府刘中丞奏请纂修《江西通志》，刊发章程，通饬各属，一体遵办，履任后进邑人士而商之，佥谓当务之急。爰于季夏之六月开局纂辑，汇为十集，分为十六卷，阅八月而告成。今而后条分缕晰^①，纲举目张，于地理则因革可悉，于建置则城廨井然，于食货则征役已均，于学校则伦常以叙，于武备则军制独严，于职官则政治足法，于选举则登进有阶，于人物则名实相称，于艺文则文献有征，于杂类则祥异悉载，志之所系诚大矣哉。余之序之，亦欲使后之君子知志成于百数十年废阙之余，视往昔为信难，其一切偏徇之私，游移之见，师心之智，皆务绝去，罔或苟且附会，欺后人耳目也。是为序。时同治十年（1871）岁在辛未孟春之望，知安义县事金陵杜林谨识。

《光绪六合县志》选举表卷六之三：杜林，江西福安县知县，署安义县知县，蓝翎同知衔。

【按】杜林任安义县知县期间，曾主持修纂《同知安义县志》。此志由杜林修、彭斗山纂，有清同治十年（1871）木活字刻本，国家图书馆、上海图书馆有藏。

---

① 晰：疑为"析"。

周长森

周长森（1824—？），字莲叔，咸丰初以廪贡生宸办本邑团练，叙劳奖训导。同治元年（1862），投效曾国荃营，金陵复，保知县，分发江西历摄崇义、进贤、安远、弋阳、上饶、永兴等县篆。后居金陵，以诗酒为乐。

◎《甘菊簃文集》5卷（佚）

◎《甘菊簃诗集》8卷（存）

柯愈春《清人诗文集总目提要》中册:《甘菊簃诗集》八卷，周长森撰。长森字莲叔，江苏六合人。咸丰初年以廪生办本邑团练，同治元年（1862）投曾国藩营，保任江西崇义、进贤、安远、上饶等县知县。晚居金陵，与名流往来。此《甘菊簃诗集》八卷，同邑汪世泽为之序，光绪十二年（1886）禾阳署斋刻，中国社会科学院文学研究所、广东中山图书馆藏。又有《甘菊簃文集》五卷，佚而未传。

《民国六合县续志稿》卷十五:周长森《甘菊簃诗集》八卷,《文集》五卷。（周氏抄本。邑人汪世泽《诗集序》云：人无真性情、真学问、真才力，遇风雅坛坫，分韵赋五七言诗，有时思涩肠枯，犹未能畅所欲言，章妥句适。况乎遭逢时变，城邑则邱墟矣，井庐则荆榛矣，家人骨肉则风流云散矣，身外无长物，昼伏夜窜，奔走四方，耳之所闻，目之所见，足之所经历，饥寒劳顿，悲忧惊恐，愤闷抑郁，填塞胸中，当是时也，方救死幸生之不暇，而何暇为诗哉？即暇为诗，亦必思涩肠枯，不能畅所欲言，章妥句适也。而又安望其诗之惊心动魄，可传后世无疑哉，而抑知不然不见吾友周君莲叔之诗乎？君以名秀才当飞黄腾达之时，展骥足，奋鹏程，扶摇直上，指顾间事耳。一旦发逆起粤中，窜扰江浙，所至破碎六合，尤当其卫君奉亲避乱，一子陷贼中，历险阻艰难无虞数十次，可谓否困之极矣。而君抒其生平之所蓄，遇事触发，作为歌诗，动天地，感鬼神，前无古人，后无来者，直欲自成一子。今统观其诗，驱役经史，斟酌时势，发言微中惬心，贵当具工部吏部之体势，盖有真学问者也。思挟风霆，笔摇山岳，有转无竭，叠出不穷，具谪仙坡仙之风调，盖有真才力者也。至于骨肉离合之间，朋侪赠投之际，肫诚恳至，沥血披肝，忧乱登楼之作，感时按剑之吟，慷慨悲歌，握拳透爪，则又真学问、真才力而出之以真性情者也。予读近今诗人诗多矣，徐伯舫、张功甫、姚梅伯、何廉舫而外，未有如君之惊心动魄，可传后世无疑者。君之军功得县令，十年沈滞，听鼓章门，郁郁不得志，同人无不为君惜，而予以为无足惜也，有此大业，胜一官一邑远矣。遽援笔而为之序。

【按】《甘菊簃诗集》周长森刻于光绪十二年（1886）禾阳署斋，广东省社科院文学所图书馆有藏。禾阳，乃江西省吉安市永新县的别称，明末进士刘光震《偶题二首》中有"禾阳生民瘁，横政无所避"，即指此地。《江苏艺文志·南京卷》第三册说："民国六合县续志稿卷十五著录《甘菊簃诗集》八卷《文集》五卷，谓有周氏抄本。抄本今未见。"复旦大学古籍部有周长森《甘菊簃诗集》八卷抄本，1函2册，为清孙祚、民国孙为霆合抄本（孙为霆题诗并跋），如此则《甘菊簃诗集》应有三个版本传世，可惜均未能一见。

◎《崇义县新志补遗》3卷（佚）

◎《北上日记》2册（存）

【按】《北上日记》2册，抄本，复旦大学图书馆藏，未署作者。起于同治六年（1867）4月16日，止于同年9月18日。原书未署作者名，据日记内容考知，作者系江苏六合瓜埠人，早年从江阴何栻（字廉防，号悔余）问学（见《北上日记》1867年5月14日记载），咸丰、同治年间曾任官江西南昌，并三度受命押解固本军饷北上京师。又据日记载："盖先严自咸丰九年（1859）寓居无锡，四月间小病，遂至不起。时森远游江右，含殓未亲。今萍梗一官，室家完聚，而先严独不能享一日安闲之乐。"（《北上日记》1867年9月2日）可知日记作者名中有"森"字。据此知日记主人应为周长森。其任官崇义县时，撰有《崇义县新志补遗》三卷，稿未及刊，已佚。

《北上日记》中所存诗作多有收入《甘菊簃诗集》者，亦可确证此日记出自周长森之手。《北上日记》所载内容，乃作者于同治六年（1867）第三度奉命押解固本军饷，自南昌至京师往返途中的所见所闻。今有卢康华整理《蟫庐日记（外五种）》点校本，收录于江苏古籍出版社出版的《中国近现代稀见史料丛刊》第三辑中。

◎《莅官日记》(存)

【按】《莅官日记》，稿本。日记起于清同治八年十一月三十日（1870年1月1日）到江西省崇义县任知县，止于同治十年五月二十六日（1871年7月9日）离任。该稿本不分卷，四册一函，用工整小楷抄写。日记无封面签题，无扉页。正文首页起题"莅官日记"四字，下署"甘菊轩主人手编"。参照《崇义县志》有关记载，并稽考日记内容，可知作者应为周长森。《莅官日记》的记载，为我们了解和研究近代中国基层政权机构的职能、权限、运转机制、官场内幕，以及同治时期中国地方社会民情的珍贵史料。

《莅官日记》现有点校本，收入《姚锡光江鄂日记（外二种）》中。点校者称《莅官日记》稿本藏于首都图书馆。而《江苏艺文志·南京卷》著录本书稿本藏南京图书馆，不知孰是孰非，或有两个抄本乎？

据周长森《六合纪事自序》，他有记日记的习惯，曾有日记仿唐代封演《见闻录》和李翱《南来录》体例，杂记太平天国时期六合时事，开始于咸丰三年（1853）正月，终于八年八月，在《北上日记》《莅官日记》之前，可惜均不传，部分内容为《六合纪事》所采用。

◎《六合纪事》4卷(存)

周长森《六合纪事序》：山水之佳，觞咏之乐，见闻之异，一名一物之珍奇，好事者传之，遂为故实，吾不知其于人心风俗有补否耶？古今之事迹可以炳天壤而垂不朽者，莫大于忠义，史册传之，志乘载之，虽贵贱不同，时地有别，其为忠义一也。故史之目十有三，而传记为一类。传记者，所以补史乘之缺，历代之史，网罗散佚，往往求其人不得，则取之诸家碑志，因以立传。宋司马温公纂《通鉴》一书，泛览百氏，旁采小说，非务博也，其

《六合纪事》书影（南京图书馆藏本）

意亦主于阐扬大节云尔。我朝定鼎之初，传记杂出，在江左者，如《南疆绎史》《南渡录》《幸存录》《扬州殉难甗》《十日记》《江阴城守纪》《嘉定屠城录》《金陵剩事》之类，明知为稗官野史，无当于著作家，而感事抚时，详叙本末，非好事也，谓忠孝节义或借是以传也，则传记不可废也。森童土鳅生，寡闻鲜见，自束发后，窃喜读史，家贫鲜藏书，又时值兵燹，学殖遂废，然遇可惊可喜之事，辄援笔记之，若自忘其陋。咸丰癸丑（1853），粤逆窜踞金陵，桑梓孤危，力图保卫。于时变故蜂起，耳目日新，登陴之暇，仿封氏《见闻记》、李氏《南来录》之例，起是年正月甲子，至戊午（1858）八月，为日记六卷，及贼逼县城，仓猝召团练，城陷付之一炬。然记丑而博，无裨时事，弃之亦宜。独念蕞尔之区，支持六载，枕戈待旦，投袂兴师，即至兵尽矢穷，死守一月，官绅士庶，如百万枵蒲，拼命一掷；今则沧桑更变，蔓草荒烟，凭吊遗墟，将疑将信，即殉难者之子孙，询其祖父之情形，有茫然失据者。然则传与不传，殉节者不计也，而不可不传，不忍听其不传，人心天理之公也。天下之大，从古至今皆如是也。邑志修于乾隆甲寅（1794），今且百年，乱后之有无不可计，而今而后，将使忠义诸公，上之国史而不详，登之志乘而失实，其安乎？或谓子之纪，一似专为温都转发者，众人其附见也。曰："然。"曰："温都转往矣！当日奉令承教者，翳岂无人，何子独汲汲焉，将借是以报知己乎？"曰："否。虽然亦有说焉。夫名公巨卿，声施炫赫，当其在位时，奔走名利，踵门委赘者，莫不谆谆然赞扬功德，一旦时易势殊，声闻顿寂，而所赖以传诸不朽者，乃在一二有心世道之人，所谓'莫为之后，虽盛弗传'也，此即众人为之，犹当各抒所见，而况乎时事茫茫，晨星落落，如今日哉！是乌可以藏拙也。抑此编之缘起，不至毁于敝簏者，则尤有说。"咸丰戊午（1858）冬，舟泊兰溪，霜寒月皎，闻谯楼鼓吹声，潸然泪下，其时殉节诸君，夜辄入梦。明年冬，游万安，亦如之，乃追叙旧事，灯昏漏永，执笔欷歔，稿成藏诸行箧。同治甲子（1864）春，归金陵，谒中丞沅甫曾公于军次，公询六合事甚悉，爰呈此稿。旋以军事赴海陵，九月归，不敢以琐琐者请，同事某君忽出以见示，曰："中丞复金陵之前二日，移驻城东，将行，检以属我，且谆谆曰：'是有苦心，其归之毋失。'"明年乙丑（1865），抵星沙，今赣南观察辅卿文公时与黄观察南坡公同管硙务，黄公夙与温都转善，研询往事，娓娓不倦，爰再以此稿进，两公皆恻然，亟命别录一通，将上之两江节相，已而节相移镇淮北，乃达之金陵采访局中。夫此一小说耳，而诸公眷眷如是，非以忠义不可没，文不足重，而重在事耶？呜呼！当都转公之莅六合也，森以肄业诸生，过蒙甄识。军事起，无役不从，暇则追述生平勤苦状，曰："人能自立，必不诡随流俗，盖期以远大也。"丙辰（1856）夏，或以森家贫亲老，请改学博为他禄秩者，公怫然谓徐侍御曰："是读书不懈，当以科第显其亲，胡屑屑为末吏计升斗也。"呜呼，公知我矣！庸讵知事与愿违，浮沈冗俗，一至是乎？今发且种种矣，微论负知己之恩，乏尺寸之效，即往日同袍同泽诸君，交勉于夕烽夜堠中者，不可复得矣。滩声汩汩，山色苍苍，东望白云，故乡何在？昔之患难师友，六年心力，徒付劫灰，犹幸有此一编，异日史乘家或因以考其生平，附诸简册，则其事虽往，其人如在也。是则区区之意也夫。九京有灵，尚其鉴我。同治七年（1868）戊辰夏四月，周长森莲叔自序，时舟次西昌早禾市。

【按】《六合纪事》有多种版本：同治七年（1868）刻本，国家图书馆、南京图书馆等有藏。同治十一年（1872）刻本，上海图书馆、吉林省图书馆、福建省图书馆、北京师范大学图书馆等有藏，学苑出版社《中国华东文献丛书》第82册有影印本。光绪十年（1886）重印本。宣统三年（1911）铅印本，国家图书馆、辽宁省图书馆、南京图书馆有藏。《中国野史集成》排印本，其中第三卷被删未收。《中国近代史资料丛刊·太平天国（六）》排印本，上海人民出版社、上海书店出版社2000年版等。

◎《温壮勇公（绍原）六合殉难事略》1卷（存）

【按】《温壮勇公六合殉难事略》现有光绪间铅印本，国家图书馆藏，

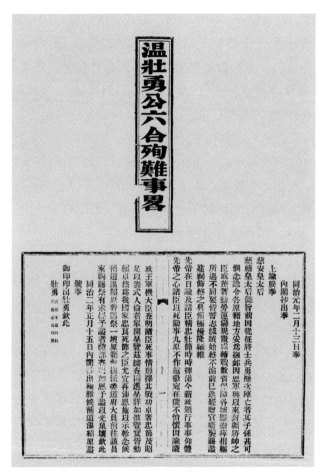

《温壮勇公六合殉难事略》书影
（中国国家图书馆藏本）

《中华历史人物别传集》第 45 册有影印。本书记述六合县令温绍原在太平天国运动中，死守六合县城的事迹。

◎《两图征诗合刻》1 卷（存）

◎《禾阳咏事》1 卷（存）

【按】以上两书有清光绪十二年（1886）禾阳官廨合刻本，北京师范大学图书馆藏，笔者未经眼。

◎《恬园唱酬集》2 卷（存）

【按】本书乃周长森、俞敦培校订，清同治十年（1871）刻本，上海图书馆、南京图书馆、内蒙古自治区图书馆有藏。

◎《江南会馆义园征久录》10 卷，首 1 卷，末 1 卷（存）

【按】本书有清同治十三年（1874）南昌江南会馆刻本，北京大学图书馆有藏。2015 年凤凰出版社《江苏近现代社会救济与慈善文献丛刊》有影印。

《民国六合县续志稿》卷十二：周长森，字莲叔，咸丰初以廪贡生宸办本邑团练，叙劳奖训导。同治元年（1862），投效曾忠襄营，金陵复，保知县，分发江西历摄崇义、进贤、安远、弋阳、上饶、永兴县篆。后居金陵卒。其在崇义也，地居万山中，风气朴塞，下车始即整顿书院，招生徒，肄业其中，由是彬彬多文学士。光绪二年（1876），会进贤大有地名下五坂者，濒湖灾尤重民流离，无以存活，长森面禀上官假仓谷赈之，大府以地广未允，长森再四力恳，卒得谷六千石，民赖以苏。已而捐廉建仓廒，为长久之计。安远毗连广东，民好械斗，有欧阳、唐、杜三姓，世相仇杀，动辄死数十人，长森集三姓年长者，多方开导之，三姓感悔，为置酒订约刊石立县庭。长森居官尽心民事，每莅一县，积案为空，称能吏焉。后任永新，与某绅不相能，遭飞语失职。侨寓金陵与二三名流日以诗酒为乐。著有《六合纪事》四卷、《甘菊簃诗集》八卷、《文集》五卷。（采周氏事实册）

【按】周长森的生年可以结合其《莅官日记》考订。《莅官日记》有言："（同治九年四月，1870）十四日。……读《船山诗集》。船山先生生于乾隆甲申（1764），前予六十年，其宦迹终于莱州知府。"由此可知周长森生于道光四年（1824），去世时间不详。周长森文集和部分日记均有佚，有零散诗文，见于《棠志拾遗》中。

徐承禧

徐承禧（1832—?），字心燕，以监生应京兆试。报罢，以布政司经历补缺浙江，因功奖知县留福建补用，历任光泽、连江、长乐、古田、莆田、福安等县。光绪甲申（1884），以平定地方有功，迁知州，再升知府，历著绍武、延平两府，均有善政，卒于闽。

◎《敝帚斋主人年谱》1卷，补1卷（存）

《民国六合县续志稿》卷十二：徐承禧，字心燕，灏子，以监生应京兆试。报罢，灏莅福宁任，承禧以布政司经历需次浙江，会金钱会匪陷福宁，郡城戒严，承禧省亲福宁，闻警投袂起，曰："男儿生际承平，以文章笔国幸也，不幸逢时变，效命沙场，亦可建树不朽，安能一官浮沉终老乎？"请于父，别募一军御匪。克福鼎，入平阳，乘胜压贼巢，歼之。粤贼犯瑞安，势将入闽，承禧往援，伤于矛，卒奋勇争先，破贼于平阳之金角山，合诸路援军，大败贼于马屿。叙功奖知县留闽补用，左文襄督闽，委办福清榷务。粤匪肃清，请撤局卡，以舒民力，文襄题之。历委崇安、水口、管头、汀洲榷务，后任光泽、连江（编者注：光绪元年，1875年任）、长乐、古田、莆田、福安（编者按：光绪六、七年任，九年回任）等县。长乐、福安在十闽以难治闻，承禧性刚正，丰采严峻，尝以事争于上官，言论侃侃，而与侪辈处，则和翕有容。莅事敏捷能断，长蒲风气素悍，不相能辄械斗，动杀伤多人，承禧曰："失在而民不知畏，有司之不职也。"值两造矢石，雨发时往，以诚感之，以威慑之，各悦服而罢。长乐陈塘港、严公湖久淤塞，豪强占种，承禧参稽志乘图经，知水原有堑，集近湖数十村民挑浚，告之曰："毋豪强是畏，躬循阡陌，督理其于莆田、南安、陂沟、尾河、三汲浪、石堰次第修浚，亦如之。又增书院膏火，葺新文庙祠宇，凡所莅邑，兴革利弊，皆此类也。光绪甲申，以绥靖地方功迁知州，又以前军莆田时捕盗功擢知府，历著绍武、延平两府，均有善政，卒于闽。（采江春霖徐公行状）

《民国长乐县志》卷二十一：徐承禧，字心燕，江南六合监生，光绪二年（1876）权县事。有干济才，县陈塘港东西湖资以溉田者二百余村，道咸以来，水道日缩，旁成沃壤可稼穑，乡民攘而艺之，因以构讼。承禧慨然曰："水利不修，狱讼繁兴，此有司之过也。"躬诣履勘，以陈塘港迂曲易淤塞，于是相形势，购民田，而改浚之。工竣，继修西湖，其被侵为田者悉清复之，并规画善后事宜，以绝争端。东湖已克日鸠工矣，旋卸篆莅，官五载，百废俱兴，凡筹款增吴航书院膏伙[①]，修各庙宇，置祭享田业，靡不悉心经画，期于民不扰而事举。濒行，犹以东湖未浚为憾，士民怀其德，而祠祀之。

【按】徐承禧乃徐鼒（见前文）长子，曾根据徐鼒日记，与弟承祖、承礼等补辑《敝帚斋主人年谱》1卷。史载福建江春霖曾为之作有徐承禧行状，但查江春霖所著《梅阳山人集》和后人编纂的《江春霖集》（朱维干、林锃编纂兼点校，马来西亚兴安会馆总会文化委员会1990年印行）均未见此行状。

张　颐

张颐（1833—1863），字朵山，布衣诗人，早卒。

◎《逋逃草》（佚）

张官倬《六合张氏二山诗稿合编序》（节选）：癸巳（1953）冬，炳若侄书来，言予精力尚健，曷不剩（乘）此时辑《二山诗稿》而并为之序乎？此则予久蓄此意而未及形诸楮墨者。今老矣，不可缓矣，遂作而言曰：所谓二山者，即本生祖朵山公及先君子后山公也。朵山公丁洪杨之役，流离奔走，身无长物，鬻琴书以糊口，由六而镇、而苏、而杭、而赣、而闽，途中所经之地辄有诗以纪其事，诗多婉约清新而不怒，深得三百篇之遗。寓闽之年，先君子才十一耳，在叔祖石琴公官廨时，手不释卷，与诸同乡戚友以诗相唱和，或偶有所触，虽病中犹讽咏不衰，此先君子在世时尝与予小子言者。惜仅三十，咯血而殁，长吉呕心，景仁短命，呜呼伤已！寓闽

---

① 底本如此。

诗稿今已散佚无存，予小子所及见者，仅咸丰戊午（1858）、己未（1859）、庚申（1860）、辛酉（1861）四年诗稿，百有十首而已，即所称《逋逃草》也。……（张官倬著《亦园文钞》卷二）

【按】张颐，字朵山，张凤诰（见后）之父，其生平事迹见其孙张官倬著《六合张氏二山诗稿合编序》，因咯血病早卒，年仅30岁。张官倬搜集其诗110首，编为《逋逃草》，惜未刊印，《棠志拾遗》卷下录有其诗2首。

周 焯

周焯（1837—?），字月波，号鹤臞，光绪元年（1875）举人，授兴化教谕。

◎《光绪六合县志》（存）

【按】周焯，根据传世的科举齿录记载，他出生于道光丁酉年（1837）十月二十九日，字月波，号鹤臞，六合人，行一。光绪元年（1875）举人，授兴化教谕。曾参与《光绪六合县志》的编纂，分纂《选举表》，与唐毓和合纂《人物志·事功门》，与唐毓和、朱麟祉合纂《兵事考》等。他任兴化县教谕时，还曾倡修兴化县志，后因事未能成书。

汪达钧

汪达钧（1839—1901），字少浦，自号迂圃。光绪元年（1875）举人，就职拣选知县。

◎《日长山静草堂诗存》2卷《补遗》1卷（存）

柯愈春《清人诗文集总目提要》中册:《日长山静草堂诗存》二卷，汪达钧撰。达钧生于道光十九年（1839），卒于光绪二十七年（1901）。字少浦，号迂圃，江苏六合人。光绪元年（1875）举人。此集后附《补遗》一

卷，光绪三十一年（1905）杨士琦上海铅印本，上海图书馆藏。后其孙汪雨廷①获见原稿，重新校订。雨廷子为霆②将其父一九二四年精校本赠南京图书馆，以民国二十年汪雨廷③钞本赠中国国家图书馆。钞本前有王耕心、杨士琦二序，又有舒绍基跋及俞锡畴书后，又有汪为霆④题识及后跋。诗编年，止于光绪二十七年（1901）。

《民国六合县续志稿》卷十五：汪达钧《日长山静草堂诗存》二卷。（汪氏刻本。泗州杨士琦序云：古称诗能穷人，又曰穷而后工。唐人穷而工诗者，莫如孟东野，然东野之诗曰："我马亦四蹄，出门即无路。"工则工矣，其所以

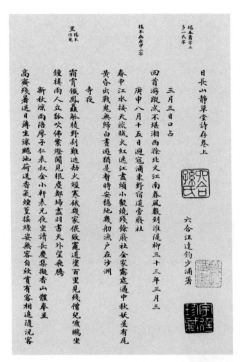

《日长山静草堂诗钞》书影（私人藏本）

自待者抑何薄也。观于吾友汪君少浦之诗，其遭际可谓穷矣，顾少浦穷于遭际，而其出处进退之间，常宽然若有余裕，其于亲戚故旧，往还酬酢之际，更蔼然若有余欢，是少浦所遭之时穷，而其志节行诸不与之以俱穷，所处之境与遇合俱穷，而其性情学养有非境遇所能穷，以视东野辈，干谒不遇，戆戆靡骋，辄奋其抑塞磊落之气，发为忧伤悲苦之词，其度量相越，抑何远也。论者称少浦之诗，出入放翁、少陵。顾少陵穷于唐天宝乱离之际，放翁穷于宋南渡偏安之世，而皆惓惓于君国，其忠爱之忱，不以穷而少替。少浦遭时多难，流寓播迁，世称其青驼寺题壁诗，可与少陵诸诗并传，而甲申、

---

① 其孙汪雨廷：当为"其甥孙叠波"。据《日长山静草堂诗》俞锡畴跋载："叠波为先生之甥，尝取杨氏印本，精校数过，讹者正之，阙者补之，后访求原稿于先生文孙，许参互考订，以成善本。"孙叠波乃汪达钧外甥，曾亲自审定精校抄录《日长山静草堂诗》，后影印出版。

② 雨廷子为霆：这里记述有误，应为"叠波子为霆"。雨廷，乃孙叠波儿子孙为霆的字，"雨廷""为霆"实为一人。

③ 汪雨廷：当为"孙叠波"。

④ 汪为霆：当为"孙为霆"。

甲午诸役感事述情，尤多杰作，其散见各篇者，如云"万方多难独忧时"，又云"羽书天外望飞腾"，又云"闻说朝京捷，阙门又济师"，又云"深入制敌命，庶几霍嫖姚"，又云"王师触热三韩路，会见天河洗甲兵"，又云"天王大白旗，会见麾扶桑"，如云"凭君细著斜川集，醉眼相携看太平"，又云"凭君早建平戎策，我即燕然勒石人"，悱恻缠绵，直与"王师北定中原日，家祭无忘告尔翁"之作意境相同。由是观之，少浦之遭际穷，而其志节行谊性情学养，不以穷而有所增损，然则诗能穷人，而独不足以穷少浦，而少浦之诗亦不以穷而后工，盖其诗之足传，固有在彼不在此者。后之论诗者，幸勿与东野辈等量齐观，可也。

王耕心《日长山静草堂诗存叙》：有先天之文，有后天之文。天秉至性，是为先天；勤记诵，薄性情，是为后天。上自至道，下及诸艺，其得失厚薄，莫不由此，而诗其一也。吾友汪君少浦，少敦孝友，长暅文辞，而为诗尤工。光绪二十七年（1901）秋，君既归道山，公子仲廉辈属余志其墓，所述君之行义已详，不具论。今复得绎其遗诗，则数十年之行藏出处，俨然具在，若再睹君之声音笑貌者。有是学，乃有是文，非一时所能袭取也。而别裁风雅之伦，犹谓君之诗不必果有得于先天之蕴，岂知言哉？君为诗，初学剑南，已而出入于辋川、杜陵诸家，其《青驼寺题壁》五首，以视杜陵诸将^①殆无愧色，此皆君之所自致，有非流俗所能厄者。然则太史公所谓托空文以见者，皆人也，非天也。今仲廉昆弟将刊君遗稿，复乞为喤引，余乃次其集，得若干首，且缀所知以归之。嘻！君往矣，君之性情学术，固未尝与之俱往也。世运推迁，君殆无如命何，而不朽之业，君且获其一，是世运亦无如君何也。世有悼君者，亦可以憬然悟矣。光绪二十九年（1903）春二月，正定王耕心撰。

俞锡畴《日长山静草堂诗存跋》：右《日长山静草堂诗》二卷，为六合汪少浦先生所著，而孙叠波亲家所手钞也。先生以名孝廉隐于幕僚，著述宏富，身后多散佚，仅诗稿尚完，泗州杨文敬公偕其弟杏城侍郎用聚珍版为之印行，始渐传于世。其诗由剑南以上规杜陵，多感事哀时之作，而温柔敦厚，悉本诗教，并世作者罕与抗手。叠波为先生之甥，尝取杨氏印本，精校数过，讹者正之，阙者补之，后访求原稿于先生文孙，许参互考订，以成善

---

① 将：疑为"诗"字。

本。庚午（1930）夏六月，手录一通，赠于闽侯赖君葆忱，即此本也。葆忱与先生为乙亥（1875）乡举同年，论姻则辈行居晚，曾乞先生诗于叠波，而叠波以所存为孤本，无以应之，遂于盛暑之日，录副以赠。不一月，而叠波遽作古人。哲嗣雨廷请于葆忱，思存手泽，葆忱立予之，并许为跋语，未脱稿而葆忱亦谢世。雨廷方友教于江淮间，乃节修脯之资，付之影印，一以传汪氏之遗诗，一以存先人之墨迹，一以副赖君归璧之盛心，一举而数善备，岂易觏之于晚近之士哉？昔《渔洋山人精华录》为弟子林吉人手书，艺林传为佳话，汪先生之诗足追渔洋。叠波以六十有八之年，犹能于酷暑作细书，刻日成册，方之吉人，过无不及，庶几并垂不朽矣。雨廷属识其缘起，爰为缀言于简末。辛未（1931）十月，濠州俞锡畴书后。

【按】本书存清光绪三十一年（1905）杨士琦铅印本，国家图书馆、南京图书馆、天津图书馆等多家有藏；1924年孙叠波批校本，藏南京图书馆；1930年孙叠波手抄本，藏北京图书馆；1931年六合孙氏影印本，藏南京图书馆。

《日长山静草堂诗存》始由杨士琦初刊于光绪三十一年（1905），但错误较多。六合孙叠波于1924年获见原稿，乃重为校定，此本藏南京图书馆，除版心外，原书封面、卷端均用红笔将"日长山静草堂诗存"校改作"绿静园诗存"，卷首跋、叙亦均改，自注云："依汪氏家藏本及原稿改正者用朱笔。"1930年孙叠波又抄了一本，次年其子孙为霆乃据钞本用石印法影印。影印本订正了杨氏刻本的讹误，凡杨本原误均分别注出，其篇序与杨本亦有不同。抄本后由孙为霆赠与北京图书馆。卷末有1964年六合孙为霆所写题记，记述本书版本流传经过甚详。南京图书馆藏本有孙为霆《跋语》："吾乡汪少浦《日长山静草堂诗存》二卷，泗州杨士琦一九〇五年铅印于海上，讹舛百出，先君叠波公校雠考订历二十年，于一九二四年访先生嗣孙金陵，获见原稿，始定，并为校记。一九三〇年夏应赖丈葆忱之请，录副以赠，时赖丈寓扬州，书到不一月，先君归道山。越半年，丈亦谢世。易箦前以先君钞本归余，余遂据以影印行世。今又三十四年矣，余衰病侵寻，不复能珍护先人手泽，因以先君一九三〇年手抄本赠之北京图书馆，而以一九二四年精校本及校记赠之南京图书馆。先君有知，当喜其得所。一九六四年九月十六日，六合孙为霆记。"

◎《批点杜诗镜铨》（佚）

【按】《批点杜诗镜铨》一书，见载于周采泉著《杜集书录》"内篇"卷九，编者认为汪氏批点"是用以教子弟者。所批多论词章，间有考据。……亦颇精细"。引汪氏自跋略云："凡读书加圈点评论，虽不得当，可免忽略之弊，以须字字留意也。读时有所见，辄书之为自课计，让、振不得出以示人。"文中"让、振"为其子汪思让、汪思振之名。汪氏批点内容曾为吴炳祥用红笔照录入他所抄录的《杜诗镜铨》中，并跋云："光绪十七年辛卯（1891）借六合汪少浦达钧孝廉评本，用红笔照录一过，时寓白下。"但不知此本尚存否。

《民国六合县续志稿》卷十二：汪达钧，字少浦，光绪乙亥举人。生七岁而孤，值粤匪乱，随母秦孺人及庶祖母任硕人避地于外，无何秦孺人卒，任硕人抚育之。及长，所以事任硕人者无不至，硕人疾，达钧奔走数十里，为求医药，硕人病中厌岑寂，为称说古今可喜可愕事以娱之，硕人病剧，达钧焚香祷天，愿灭年一纪，以续硕人寿，是时硕人年六十有五，既祷而疾瘳，后年至七十八乃终，适符一纪之数也。达钧为人不标帜道学名，而性行廉谨。客有以三千金寄存达钧所者，或劝以营市利，不应，数年客来索金，达钧举授之，尘封如故。达钧诗及骈俪文皆精，能绝俗。居南清河，以学行受知于南皮张文达、盱眙吴勤惠两公，而勤惠尤属望殷挚。勤惠薨，公子吉甫以按察司副使需次江宁，聘达钧参幕府事，以是交益密，及副使卒，达钧慷慨悲咤无聊赖，尝过吴氏玉延精舍，为诗以吊，见者莫不凄怆涕下，不二年亦卒。达钧之诗出入于少陵、放翁两家，而感事述情忠爱惓惓，绝不以身之穷困发为愤懑不平语，盖所养者深也。著有《日长山静草堂诗存》二卷。（采王耕心汪君墓志）

【按】汪达钧乃六合著名词人汪世泰（见前文）的孙子。笔者藏有1931年11月六合孙氏石印本，为孙叠波手抄誊清本，二卷一册。书首有商衍鎏题署《日长山静草堂诗钞》。书后附《日长山静草堂诗存补遗》一卷，及俞锡畴、孙为霆跋文各一。

吴希贤

吴希贤，字鹿伯，诸生。具体生平事迹不详。

◎《课余诗草》2卷（佚）

《民国六合县续志稿》卷十五：吴希贤《课余诗草》二卷。（吴氏抄本。希贤，字鹿伯，邑诸生。）

唐毓庆

唐毓庆（1840—?），字敬惺，一作景星，咸丰九年（1859）举人。屡试进士不中，捐刑部郎中，致仕归里。学识广博，医卜星命皆通。

◎《光绪六合县志》8卷（存）

《民国六合县续志稿》卷十二：唐毓庆，字敬惺，薇斋观察子也。幼敏悟，出笔迥不犹人。咸丰己未（1859），年二十，时江南陷于贼，朝廷借浙闱举行乡试，毓庆赴浙应试，获隽。同治改元（1862），大乱平，毓庆居京师，与钱塘汪柳门、丹徒戴子辉、江阴季士周辈结文社于宣南，世所传宣南登瀛社稿是也。已而诸公联捷春秋以去，而毓庆累绌春官，报捐刑部郎中，清制京员由捐纳进者叙补极难，毓庆既不得志于科第，又无补缺期身，复多病，久居京师，功名恬淡，遂致仕归。毓庆故精制义尝一长，江阴礼延书院教文士，经造就而发科名者颇众。逾年归里，地方公事绝不与闻，而亲友邻里有疾病者，就请诊视，应手辄效，不受馈遗，邑人皆知其深于医也。毓庆于学无所不窥，医卜星命皆精，尤邃佛理，谓与吾儒孔子之教名异实同。晚年月必持斋数日，与邻里妇孺及市井屠沽坐语，油油然不之忤，其学养之粹如此。与弟毓和始终友爱。

【按】唐毓庆，乃唐嘉德（见前文）之子，唐毓和（见后文）之兄。曾

任《光绪六合县志》的总阅者。

徐承祖

　　徐承祖（1842—？），字孙麒。以同知随陈兰彬出使美日秘等国，得奖特用知府。中法之役，条议中西利病入告，上纳之。光绪十年（1884）任驻日本公使，后以铜案被议罢职。

◎《美英条约》4册（存）

《美英条约》书影（南京图书馆藏本）

　　《民国六合县续志稿》卷十五：徐承祖《美英条约》四册，《条议存稿》一卷。徐氏扶桑排印本。承祖序略云：自道咸以来，五洲各国连樯请款，文语不同，情伪各异，时事之变，有非前人所及料，故于外国立约一事，无从取证。矧欧亚诸国，各出争雄，修好订约，尤视为重，如彼此土产进出口，说从不肯，此轻彼重，其定海则，恐沧海变迁，兼以经纬度数为准。盖各国持条约以通交际，已数百年，珠船玉敦间，实可取彼以证此，岂可谓他国约章于我无与乎？承祖于丁丑年（1877）随使赴美，取美国与各国所订条约，参考讨论，期于词意详明，顾其全书中互订条约者七十有二国，而于英独加详，盖美故英之属地，其北境与英属毗连，分疆定界，罢兵修好，诸约章无不详备。又美商贸易于欧非及亚之西南洋者，英之属地居多，其交涉视列邦尤繁，其条约亦视列邦尤备，承祖爰就二国约章译之，俾后之办交涉、修条约者，借以取证云尔。

◎《条议存稿》1卷，一作《徐孙麒星使条议》^{（存）}

《民国六合县续志稿》卷十五：徐承祖《美英条约》四册，《条议存稿》一卷。徐氏扶桑排印本。《条议存稿》承祖弟承礼跋云：仲兄于光绪戊寅（1878）随使节出游美利坚，归以所见闻中西利病，著为条议，献之阙下，朝旨嘉之，下直省督抚议行。迨甲申冬，兄衔命出使日本，疏请以承礼随轺东渡，始得卒读一再。夫今世建言之士，囿于见闻，泥古而不知通今，其流于近习者，则又竞尚泰西淫巧之法，穷力步趋，以自耗其物力，是作独能综中西之用，舍短取长，而其要尤在利国，用厚民生，切于事实可施行者为言，宜乎邀宸眷、膺使命，而为家国光也。

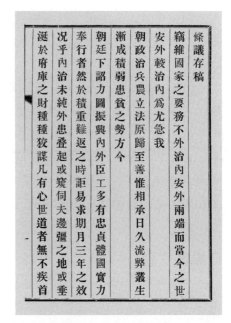

《条议存稿》书影（南京图书馆藏本）

【按】《条议存稿》南京图书馆藏有光绪十一年（1885）排印本，和光绪十二年活字复排本。《中国近代史资料丛刊·洋务运动》第一册《综合编》"咸丰十年十二月至光绪十九年上谕折片"中有《光绪十年闰五月初二日候选知府徐承祖呈》奏折，其内容即为《条议存稿》的内容，但两者文字有较大差异，可能是徐承祖在正式排印出版时对原奏折文字做了部分修改和处理。邑人骆远荣编著的《徐承祖与清末外交》一书有对徐承祖电稿、奏疏、文稿的收集整理，其文稿部分收录了《条议存稿》，未将《中国近代史资料丛刊·洋务运动》中的奏折本，与南京图书馆藏本进行校勘。

《民国六合县续志稿》卷十二：徐承祖，字孙麒，肃次子，以同知随

陈兰彬出使美日秘等国，得奖特用〔知〕府。中法之役，条议中西利病入告，上纳之，下直省督抚议行，未几驻日使臣黎庶昌归国，诏承祖加道衔充驻使。光绪二十年（1894），海军舰队至日本长崎登岸，与日警互哄，死八人，朝廷遣员，佐承祖与日人会议，加全权大臣与日廷订约，卒由日廷认偿恤银，事遂解。后以铜案被议罢职。

【按】徐承祖，字孙麒，乃徐鼒（见前文）次子。他是清朝任命的第五任，实际到任的第三任驻日本公使，赏二品顶戴以道员衔出任。任期为光绪十年八月十七日（1885 年 10 月 5 日），至光绪十三年十月二十一日（1888年 1 月 4 日）卸任。《美英条约》和《徐孙麒星使条议》，均为徐承祖出使欧美回来后所著，任日本公使时刊印，是当时了解国外发展形势，推动国内变革和洋务运动的重要文献资料。

汪振声

汪振声（1842—1913），字晓村，清末翻译家。由国学生报捐五品衔候选训导，曾就职江南制造局翻译馆，翻译大量西方著作。

◎《西征日记》1 册（存）

《六合汪氏家谱》卷一：振声，字晓村，通欧州[①]情势，与英士傅兰雅、美儒李佳白译工艺书甚夥。著有《西行日记》。（见《续金陵通传》）

《历代日记丛钞提要》:《西征日记》，清汪振声撰，清光绪二十六年（1900）刻本。汪振声，生卒年不详，事迹阙考。本书为清光绪二十六年（1900）庚子八月刻版印刷。古棠汪振声录，书口有"梦花轩"。作者幼年遭丧乱，游历五年，历经艰难，后归上海，遇知己冯卓儒先生。光绪三年（1877），冯卓儒先生请假赴丧，作者体其心意，慨然同往。三月初七日自上海吴淞[②]乘船出发至镇江，对沿途景色咏诗以赞。此后途经江天寺、瓜州、

---

① 底本如此。

② 底本如此。

扬州，游扬州天宁寺、二十四桥和第五泉等名胜古迹数日。四月十三日出扬州，途经泗源沟、黄天荡、莫愁湖并赋诗赞其美景。二十四日会合冯卓儒先生等人乘船出发，途经金陵下关、大胜关、芜湖、安庆、湖口、九江、瑞昌，对沿途名胜极尽笔墨。五月二十二日至襄阳。六月二十一日至霸桥。七月十三日由西安起程，月底至玉关。八月初一至兰州，冯卓儒先生接关外来信知其族叔沛卿已于伊犁运柩东返。先生遂于中秋日后出关相迎。作者居兰州以待。期间，会友人，游山水，记风土人情，所用笔墨颇多。十二月十三日冯先生扶柩归抵兰州，时左宗棠驻军兰州，重其孝而

《西征日记》书影（中国国家图书馆藏本）

赋诗以赞。次年正月十二日，由兰州扶柩东归。因路途遥远，至三月二十一日冯卓儒先生患病于浔阳。作者星夜以舟轮送至沪上。作者感其忠孝及沿途之美景而记之，以备史馆为之立传之用。

【按】《西征日记》，陈作霖《续金陵通传》、汪昇远《六合汪氏家谱》均误录作《西行日记》。国家图书馆、南京图书馆藏有清光绪二十六年（1900）刻本。李德龙、俞冰主编《历代日记丛钞》第九十一册影印收录本书。书中记录了作者陪同好友冯卓儒从上海出发，赴关外迎请冯父灵柩并返回的经历。时间起于光绪三年（1877）三月初七，途中经过江苏、安徽、江西、湖北、陕西、甘肃等地，对沿途名胜极尽笔墨，或赋诗记录感想，或记风土人情。直到第二年三月二十一日回到扬州，历时一年有余。全书文笔流畅，叙事或详或略，抒情感时伤世，颇为雅致。书中有《新疆咏事诗》8首，记述其新疆见闻，其中2首曾被民国徐世昌《晚晴簃诗汇》和郭则沄《十朝诗乘》误录为刘炳青《新疆纪事》诗，张国栋、高荣曾著文辨析。

◎《蠡测卮言》1册（存）

【按】《蠡测卮言》，今存，一册不分卷。南京图书馆有藏。署"六合汪振声录存"，为清末排印本，具体刊印时间不详，未见其他书籍著录。本书收录了作者论著六篇，分别为《禀南洋曾涤帅请建水师学堂议》《拟上督办新疆军务左季帅议开屯田书》《拟上合肥李相国防倭条陈》《中外各国刑律轻重宽严异同得失考》《中国富强之策宜推广西学讲求实际严祛欺蔽论》《问中国邮政应如何办法议》，均为论述时事政策的文章，说理翔实，颇切事实，是研究清末社会政治、洋务运动、西学东渐等问题的重要参考资料。

《六合汪氏家谱》卷二：汪振声，经桂次子，字晓村，工诗文，兼精绘事，由国学生报捐五品衔候选训导，充河运局文案，列保县丞分发山东。光绪初，就上海制造局翻译馆，所译西书甚多，其行世者有《公法总论》《开地道轰药法》《铸钱略论》等，所著诗文稿本均散佚。……卒葬丹徒县南门外竹林寺前山麓，配徐氏，继配萧氏。无出，以弟远焜长子纶瀛（1886—？）为嗣。

【按】关于汪振声的生平事迹，光绪二十六年（1900）出版的《西征日记》序中有"余幼遭丧乱，年十七大父见背"，后因生计入秦至京师"周游越五载"，回到上海，入江南制造局遇南海冯卓儒，后因"与同事者不合"离开，不久冯官苏松太道，汪在沅陵吴桐云观察处操练轮船，未能应冯聘幕，光绪三年（1877）随冯寻父。由此可知其前期的生活情况，他入江南制造局的时间当在清同治中后期，主要参与科技类书籍的翻译。其间他应该曾就学于上海广方言馆（其弟弟汪远焜在此学习外语），从事外语（英语、日语等）的学习。

汪振声在江南制造局翻译馆，翻译了大量国外名著，大抵以农业、兵书战策、格致化工、万国法典和时事政治为主。翻译方式是由西人口授，国人笔述，再经切磋润色，终成书稿。译书十余年，以民国草创而终。其生当乱世，自知国家贫弱，科技落后，希望通过科技教育，奋发图强，克成富国鸿业。特别是光绪二十四年（1898），汪振声与傅兰雅合译的《化学工艺》，书

中详细介绍硫酸工业、盐酸工业、勒布兰制碱法、新发展的索尔维氨碱法等，为我国近代化学工业起步之基础。他参与翻译或校对的作品根据记载，可考者共 19 种，罗列简述如下：

1.《行军铁路工程》，工程类，二卷附图八十三。[英]武备工程课则，傅兰雅翻译，汪振声笔述，一册，刊于光绪十二年（1886）。

2.《开地道轰药法》，兵学类，三卷附图一百十四。[英]武备工程学堂原著，傅兰雅口译，汪振声笔述，刊行于光绪十九年（1893），二册。

3.《营工要览》，兵学类，四卷附图一百九十。[英]武备工程课则，傅兰雅口译，汪振声笔述，二册。刊于光绪二十二年（1896）。

《营工要览》书影

4.《公法总论》，交涉类，一卷，[英]罗柏村原著，傅兰雅口译，汪振声笔述，一册。刊于光绪二十三年（1897）。

5.《化学工艺》，化学类，初集四卷，二集四卷，三集二卷，附二卷（含化学材料中西名目表一卷），附图七百十一。[英]能智原著，傅兰雅口译，汪振声笔述，徐华封校对，光绪二十四年（1898）刊，共十三册。

6.《意大里蚕书》，农学类，又称《意大利蚕书》一卷。[意]丹吐鲁原著，傅兰雅口译，汪振声笔述。赵元益校对，光绪二十四年（1898）刊。

7.《养蒙正规》，学务类，一卷。[美]秀耀春口译，汪振声笔述。刊行于光绪二十五年（1899）。

【按】此书曾发表于《万国公报》光绪二十五年（1899）第 121、122 期。

8.《取滤火油法》，工艺类，一卷附图十五。[美]日得乌特撰，卫理口译，汪振声笔述，光绪二十六年（1900）刊，一册。

9.《农务土质论》，农学类，三卷附图四十五。[美]金福兰格令希兰原

著，卫理口译，汪振声笔述。光绪二十八年（1902）刊，三册。

10.《铸金论略》，工艺类，六卷附图三百五十一。［英］司布勒村著，傅兰雅口译，汪振声笔述，光绪二十八年（1902）刊，六册。

11.《农学津梁》，农学类，一卷。［英］恒理汤纳耳原著，卫理口译，汪振声笔述，光绪二十八年（1902）刊。

12.《探矿取金》，矿学类，六卷附图三十四。［英］密拉撰，舒高第口译，汪振声笔述，光绪二十九年（1903）刊，二册。

13.《造漆法》，工艺类，一卷附图八。［日］田原良纯撰，藤田丰八口译，汪振声笔述，光绪二十九年（1903）刊，一册。

【按】以上 13 种为《江南制造局译书提要》和《江南制造局记》卷二"建置表"附录图书目录所著录者。

14.《西国近事汇编》，丁酉（光绪二十三年，1897）卷，（蒙古）凤仪译（六合）汪振声编；戊戌（1898）卷，（香山）杨召芬译，（六合）汪振声编。

15.《颜料篇》，工艺类，三卷附图。［日本］守谦吉郎编，藤田丰八译。汪振声重编，二册。刊行于 1909 年。

【按】以上 15 种，《江南制造局译书提要》一书著录。

16.《英国定准军药书》，兵学类，四卷、附图编附目录。［英国］陆军水师部编，舒高第口译，汪振声笔述，二册。民国元年（1912）刊。

【按】上一种见于霍有光著《西安交大馆藏江南制造局译印图书概貌及其价值》一文。

17.《埏纮外乘补遗》，［美国］卫理译，汪振声述。光绪二十七年（1901）刊，一说为"光绪二十八年（1902）刊"。

【按】以上 17 种作品为汪振声笔述主译者。

18.《考工记要》，工艺类，十七卷附图一百九十五。［英］玛体生著，傅兰雅口译，钟天伟笔述，汪振声校对，光绪二十年（1894）刊，8 册。

19.《交涉公法论初集》，四卷、《各国交涉公法二集》四卷、《各国交涉公法三集》八卷。［英］费利摩罗巴德原著，俞世爵翻译，汪振声校正、钱国祥笔述。刊于光绪二十年（1894）至光绪二十四年（1898）。

【按】以上 2 种见于《江南制造局译书提要》，为汪振声参与校对者。

汪远焜

汪远焜（1845—1890），字卓人，由监生肄业上海广方言馆，期满升送京师同文馆，习算外国语文，考试及格，奏奖国子监学正衔。深通外国语文，译著甚多。

◎《兵船炮法》（存）

◎《舢板炮法》（佚）

◎《兵船阵法》（佚）

◎《轻炮阵法》（佚）

◎《格林炮说》（佚）

◎《水师章程》（存）

《六合汪氏家谱》卷一：汪远焜，字卓人，深通外国语文，译著甚多，有美国《兵船炮法》《舢板炮法》《兵船阵法》《轻炮阵法》《格林炮说》《水师章程》等书行世。

《六合汪氏家谱》卷二：汪远焜，经桂三子，字卓人，由监生肄业上海广方言馆，期满升送京师同文馆，习算外国语文，考试及格，奏奖国子监学正衔。已而督练轮船，总办吴公大廷命译美国《兵船炮法》《舢板炮法》《兵船阵法》《轻炮阵法》《格林炮说》《水师章程》等书，刊发各兵船试演，经江督以译书出力奉请以府经历选用，嗣以海运出力经苏抚奏奖五品衔。光绪十二年（1886），充会勘吉林朝鲜界务，随员襄办图门江界址。十四年，应南闱试未售，郁郁不得志，兼以随勘边界积劳成疾，致不起。公秉性诚笃，不苟言笑，性孝友，持躬接物，一以肫诚，自矢御下无疾言遽色，族党多称道之。

【按】汪远焜译著传世极少，《家谱》所列书目目前存世的有《兵船炮法》和《水师章程》，清光绪间江南制造局刊排印，但均未署汪远焜名，不知何故？

唐毓和

唐毓和（1845—?），字佑惺，同治十二年（1873）拔贡，曾任苏州元和、吴县学训导。

◎《光绪六合县志》8卷（存）

《民国六合县续志稿》卷十二：唐毓和，字佑惺，同治癸酉（1873）拔贡，光绪庚辰（1880）选授苏州元和训导，苏故人文渊薮，而毓和负知人鉴，江太史标博极群书，于制义不措意，试辄劣等，人未之重也，毓和举其优行，已遂飞腾而上，曹太史元弼未贵时，毓和奇之，字以女，其奖拔人士皆此类也。丁艰回籍，襄办地方公事，洁己持平，服阕后，授吴县训导。国变前数月，辞官归里，人称之见几独早云。

【按】唐毓和参与了光绪县志的编写，与周焯合纂《人物志》中的事功门，与朱麟祉、周焯合纂《兵事考》等。

唐毓和在任元和（今苏州市）训导时，见曹元弼（1867—1953，民国著名学者、藏书家。著有《孝经学》七卷、《礼经学》七卷、《礼经校释》二十二卷、《周易郑氏注笺释》十六卷、《古文尚书郑氏注笺释》四十卷、《复礼堂文集》十卷、《复礼堂述学诗》十五卷等）试卷，心生佩服，遂将女儿唐淑贞许配于他，可见其爱才之心。

唐毓和还曾与潘遵祁一道编写《紫阳书院课艺十编》（清光绪九年[1883]刻本）、《紫阳书院课艺十二编》（清光绪十一年刻本）、《紫阳书院课艺十六编》（清光绪十七年刻本），见邓洪波主编《中国书院文献丛刊》第一辑第25、26、27、29册。

徐承礼

徐承礼（1846—1905），字乳羔，号小彝，徐鼐三子，由荫生随兄徐承祖出使日本，官神户理事，任满得奖知府。光绪二十五年（1899）十一月由定海厅补任浙江台州府知府，不久因事离任。光绪二十七年（1901）十二月复任。光绪三十一年（1905）病死任所。徐承礼能读父书，徐鼐所作《小腆纪传》未成而卒，承礼积生平功力续成之，梓以行世。

◎《小腆纪传》65卷，《补遗》5卷，《补遗考异》1卷（存）

◎《敝帚斋年谱》1卷，补1卷（存）

◎《日本辑要稿》1册（存，残本）

【按】南京图书馆还藏有徐承礼《日本辑要稿》一册，手钞稿本。封面署"日本辑要稿第二册"，可见本书应该有多册，可能是《日本识略》的初稿本或节略本。本册内容包括学校、饮食、服饰、宫室、婚姻、丧葬、仆隶、娼优、姓氏、文字、方言等很多方面，类似于旅游手册。

◎《日本识略》7册（存，残本）

【按】南京图书馆藏有徐承礼手钞本《日本识略》7册，为残本。此书当为徐氏撰著的有关日本历史文化类似地方志的书稿，全书几册不详，现存第一（表第一和第二）、第二（志第一至第三）、第三（志第四第五）、第五（志第八第九）、第六（志第十第十一）、第八（志第十四第十五）、第九（志第十六）共七册，中间缺第四、第七册，最后缺多少册，或是否完成，不详。本书每册的卷首署"日本识略卷""六合徐承礼小彝甫辑"，具体第几卷没有明确表明，可见此书还没有定稿。关于本书的写作时间，书中没有明确说明，但是清末傅云龙在陈家麟《东槎闻见录叙》中说："徐君承礼、王君肇铉皆有著稿，或未脱或未竟。"可见光绪十三年（1887）时，徐氏已开始动笔。

◎《学治书绅》2卷（存）

　　林启《学治书绅序》：自史部有政书之附隶私家著述，至今大备，为政者但取前人良法，通以地方所宜，已足以为治，无所用著述也。余始至杭州，困于吏事，无以尽知同官之贤，初见小彝太守，知为彝舟先生之嗣而已。既而前后数面，见其稠人广坐温温若不能言，及发于言，又若亲切有味，后以询诸人人，乃知太守旧治定海有声，至今善政犹在人口。盖政事之才，不必以言语见长，冉有、季路之业，非宰我、子贡所能堪也。余既从太守丐得尊甫先生旧著《小腆纪年》各书，太守又自出所录《学治书绅》，责序于余。篇中悉取古人吏治之书证以所施于地方者，分门别类，附以己见，分注于下，意甚恳恳，不欲以著述掩前人，其用心至深远矣。余向喜昆山顾先生之言，以为著书不如抄书，太守此编博收而约取，断以己意，亦犹昆山《日知录》之意，读其书，信其善政之及人远也。方今桀才辈出，或骋己见以矜才，或菲薄前人以为不屑，是编所录，余不敢要人人以强同，但吾自顾屡劣之躯，觉终身守此以为治犹有不能尽者，苟太守耳目所及，时时匡救余短，以敦朋友之谊，则尤区区所厚望者已。光绪丁酉（1897）侯官林启迪臣甫。

　　【按】书绅，典出《论语·卫灵公》，子张听了孔子关于"行"的教训，就把"言忠信，行笃敬"的信条写在大带上，以志不忘。后以"书绅"指记下格言或别人重要的赠言。故此《学治书绅》就是摘录前辈官员治学为官的经验。

　　全国古籍普查登记数据库显示："《学治书绅》二卷（清）徐承礼辑，清光绪铅印本，王舟瑶题记，1册，台州市黄岩区图书馆。"另外临海市图书馆也有收藏。《江苏艺文志·南京卷》载本书有清光绪二十三年（1897）铅印本，上海图书馆藏。另台湾林登昱主编的《稀见清代四部补编》第99册有影印收录《学治书绅》光绪二十三年铅印本。

　　《民国六合县续志稿》卷十二：徐承礼，字乳羔，萧三子，由荫生官日本神户理事，任满得奖知府，需次浙江署定海厅补台州府。承礼能读父书，萧所作《小腆纪传》未成而卒，承礼积生平功力为续成之，梓以行世。

【按】光绪三十年（1904），台州地区发生了王锡桐"伏虎会"反洋教起义，徐承礼坐镇宁海，调集台州、宁波府清军"并偕法国兵数十"，全力进行镇压。终因劳累过度，光绪三十一年病逝任所，终年59岁。按《台州府志》仅载徐承礼复任时间，不确。徐承礼去世时间，见载于王咏霓《研精覃思室日钞》，为光绪三十一年四月卒于官。

叶 琯

叶琯，字献白，同治五年（1866）江宁府学贡生。

◎《光绪六合县志》8卷（存）

《民国六合县续志稿》卷十二：叶琯，字献白，棣如阁学之犹子也。岁贡生，为人心气平和，笃于家族。堂嫂某氏已寡，有一子光弼，甫数龄，粤匪之乱，邑中妇孺咸徙避，某与子日夜啼泣无措，琯好言慰之，挈以转徙四方，已而遇贼离散，琯忧思万状，锐意寻访，奔走经年，得之于某粤人家，已收养为子矣。琯再三商之粤人，始赎回之。堂弟某，游荡不事生产，日食于琯家，琯戒之不悛，无何诬控琯于县，琯置之不辨，久之，某无所就食，复倩人向琯言，琯待之如初。晚年教授乡里，多所成就，有李生者，可造之材，非县籍而家贫，不能回原籍应试，琯虑其改业，为介于邑人士，邑中以琯故，无有攻讦之者，生卒入学，食饩以成名。当光绪中叶，学风渐坏，邑中有庆吊事，士人酬应不着冠服，脱略自便，琯往来亲友间，必礼服将事，令人想见古道可风云。

【按】叶琯，叶觐仪（见前文）侄子，分纂《光绪六合县志》的"建置志"部分。

贺廷寿

贺廷寿（？—1880），号静之，同治三年（1864）举乡魁。

◎《光绪六合县志》8卷（存）

◎《洁玉堂文稿》（佚）

◎《六峰忆草》（佚）

◎《抱瓮诗钞》（佚）

《光绪六合县志》卷五之三：贺廷寿，号静之，性敏嗜学，工诗文，知县云茂琦、朱恭寿极赏之，同治甲子举乡魁，文出，远近传诵，初以诸生避乱从戎，方伯吴公毓兰深为倚重，凡为贼胁而被获者，廷寿从旁解救，获全者数百人。同治三年（1864），归里。当事者延董集善种德两堂、积谷仓、忠义祠、卫务局、龙津桥诸善举，兼分修志书《兵事略》，稿成，以疾终，著有《洁玉堂文稿》《六峰忆草》《抱瓮诗钞》，待刊。

【按】贺廷寿，乃贺鸣谐（见前文）之孙，贺淳之子，是《光绪六合县志》的主要编纂人员，书稿成而病逝。贺氏主要分纂《兵事纪略》，纪事详细，保存了大量太平天国运动的史料。

贺氏去世时间，《江苏艺文志·南京卷》作"1884？"，根据《光绪六合县志》记载"稿成，以疾终"，考《光绪六合县志》稿成于1880年，刊刻于1884年，故贺氏卒年当为1880年。

贺氏传世作品有文《新建梁果老滩钟亭碑记》1篇，载《棠志拾遗》卷下。

李承霈

李承霈，字赓堂，六合廪生。曾参与《光绪六合县志》的分纂，主编《艺文志》部分。

◎《光绪六合县志》8卷（存）

沈　枟

沈枟，字兰如，副贡生，奖蓝翎候选教谕。曾负责《光绪六合县志》的《地理志》部分。

◎《光绪六合县志》8卷（存）

袁天球

袁天球，字星谱，诸生。

◎《西园吟草》2卷（佚）

◎《西园丛话》（佚）

【按】《民国六合县续志稿》卷十五在言夏竹饮《旅游诗草》时，提及袁天球《西园丛话》。但袁天球所著书目中，却没有提《西园丛话》，不知何故？"丛话"和"吟草"显然文体不同，当为二书。

黄之瀛

黄之瀛，字小涪，同治丁卯（1867）举人。

◎《一瓢集诗稿》（佚）

◎《觉我轩文集》_(佚)

《光绪六合县志》卷五之四：黄之瀛，字小涪，同治丁卯（1867）举人，生平勤慎，质直好义。兄弟间尤笃，友于好学不倦，潜心史籍，所授生徒均示以根柢学，著有《觉我轩文集》《一瓢集诗稿》。

王之垣

王之垣，字紫辉，军旅诗人。

◎《思云室诗草》1卷_(佚)

《金陵通传补传》：王之垣，字紫辉，六合人，父永胜见前传。之垣少有奇气，负大志，随父军营，兼理庶务。父没，以难荫选授湖南辰州府通判。辰州民情强悍，事多械斗，之垣兴复书院，与士绅讲求诗书，以化民俗。著有《思云室诗草》一卷。

【按】王之垣，乃六合著名将领王永胜次子，王之藩之弟。王永胜曾"统领淮军开字营，累功保记名提督，江西南赣镇总兵，并署九江镇总兵，赏穿黄马褂、花翎，议叙军功头等，世袭云骑尉，绷僧额巴图鲁"（《光绪六合县志》卷六之四）。

钱家麟

钱家麟，字玉亭，号淡菊山人。布衣诗人。

◎《淡菊山庄全集》58册_(存。稿本)

《淡菊吟》11卷、《淡菊山庄词选》6卷、《汇选词钞》6卷、《淡菊山庄诗选》16卷、《搜珠集》10册、《搜珠集补遗》2卷、《试帖诗》1卷、《淡菊山庄棒喝录》15 卷。

柯愈春《清人诗文集总目提要》中册:《淡菊吟》十一卷,《淡菊山庄诗选》十六卷,钱家麟撰。家麟字玉亭,号淡菊山人,江苏六合人。此二集辑入《淡菊山庄全集》,稿本,南京图书馆藏。同治七年(1868)作《淡菊吟自序》云:"余爱百花之中,惟菊最淡,淡而弥永。余之为人恬淡自居,与此花无异,余之诗亦如此花,平淡无奇,不足见赏,此之谓《淡菊吟》云尔。"分《闲云出岫》《青萍集》《山村闲咏》《平江泥爪》《浦东鸿雪》《江皖楚游草》《申江萍踪》《吴楚游踪》《游越新咏》《香草集》《淡菊山庄词钞》,共十一种。《淡菊山庄诗选》卷八为《楹联丛话摘钞》。

钱家麟《淡菊吟自序》:余爱百花之中,惟菊最淡,淡而弥永。花虽放于三秋,容不变夫九九,若夫名推第一,色号无双,亦不过藉春风嘘拂,艳称一时而已,较之经霜耐寒晚节犹香者奚啻霄壤耶。余之为人恬淡自居如与此花无异,余之诗亦如此花,平淡无奇,不足见赏,此之谓《淡菊吟》云尔。同治戊辰(1868)秋八月淡菊山人自序于申江榷署之寄足轩南窗。

钱家麟《平江泥爪自序》:余青灯自愿,黄卷无缘,因红巾之扰境,遂橐笔而依人,朝樯暮辙,历尽他乡世态,南航北马,徒嗟异地炎凉。虽到处联吟适志,竟不若家山隐迹逍遥自如也。自同治乙丑暮春,泛舟吴会,或与二三知己剪烛西窗,或与吟朋胜侣畅咏消愁,客邸羁栖,聊以自遣,计得诗三十首,自署《平江泥爪》。每遇闲窗雨坐,检阅一过,觉旧日游踪历历如见,亦聊以解乡愁而消离恨云尔。光绪甲申(1884)立冬前三日自叙于淡菊吟庐。

张华《淡菊吟序》:诗友钱君玉亭先生为学耽吟,孳孳不倦。壮多橐笔从戎,奔驰大江南北,虽车唇马背,不废吟哦,而月下花前,尤多感慨。今秋寄示诗草十余卷,洋洋洒洒,不下千言,其诗悉本性情,不假雕琢,颇近船山,格调非时下以浪墨浮词见长者所可同日而语。乃为之序,以副雅属云尔。光绪丙戌(1886)秋七月中浣醉墨词人心愚张华谨识。

【按】钱家麟,工诗文,有文名于江南,人谓其韵淡以远,其言明且清,诗自天性中流出。著有《淡菊山庄全集》,全书包括《淡菊吟》《淡菊山庄词选》《汇选词钞》《淡菊山庄诗选》《搜珠集》《搜珠集补遗》《试帖诗》《淡菊山庄棒喝录》共 8 种,分订 58 册,南京图书馆藏。书前有光绪十四年(1888)至二十六年间陈路、项森等撰序或题词,各种前又有同时人撰题词识语。其中《淡菊吟》11卷，又分《闲云出岫》《青萍集》《山村闲咏》《平江泥爪》《浦东鸿雪》《江皖楚游草》《申江萍踪》《吴楚游踪》《游越新咏》《香草集》《笠泽吟草》等11种各1卷。《淡菊山庄棒喝录》15卷，多录家训、格言、劝世诗文等。

徐致远

> 徐致远，原名徐承裎，字少芝，由附生随使日本，奖知县分发安徽试用。

◎《覆瓿诗存》1卷（佚）

《民国六合县续志稿》卷十五：徐承裎《覆瓿诗存》一卷。（徐氏抄本。承裎，字少芝，由诸生随使日本，得奖知县。）

《棠志拾遗》卷上：徐承裎，浙江县丞，奖升安徽候补知县。著有《覆瓿诗存》。

【按】徐致远，曾随族兄徐承祖一起出使日本，对流落海外的古籍书画文物非常关心，多有收藏。其中有一件藏于南京博物院的敦煌经卷《三弥底部论卷上写经卷》就是他从日本购回，上有多位名家题跋，其中孙嘉祤（1891—1938）跋云："唐人写经多藏海东，我国学者向有疑词，自近年敦煌发现大宗古籍，悉出唐贤之手，乃得证明不诬。此卷为芝孙先生尊公少芝前辈得自东瀛者，巨眼通识，不禁令人钦仰向往矣。民国十九年（1930）冬津门后学孙嘉祤敬题。"说明这卷经卷是徐少芝从日本带回的文物。著名古玩鉴定专家商衍鎏（1874—1963）的题跋云："六合徐彝舟太史（下脱'哲嗣孙麒观察'六字），闳博渊懿，于光绪中为日本公使，驻节东京。是时日本维新，古籍多散出民间，少芝先生为观察介弟，随节东瀛，时助搜讨，每有珍本为《古逸丛书》所未收者，故六合徐氏藏书闻海内。此卷唐人写经，得时尚在敦煌石室未发现之前，殆为日僧至唐归装之物，复为少芝先生所得者。书法为隋代气味，虽一鳞片爪，而颇足宝贵。芝孙兄上承家学，善继慎守，益可嘉矣。丁亥二月商衍鎏题于金陵。"跋文题于1947

年，对文献的流传历史作了进一步考证，对文献收藏者徐芝孙家传宝物的来龙去脉叙述详细，徐氏收藏时敦煌藏经洞尚未发现，证明此经卷为唐时直接传至日本。

朱麟祉

> 朱麟祉，字石仙，道光二年（1876）岁贡生，候选训导，历任丰县、邳县、清河、江都等州县学训导、教谕、学正等。

◎《光绪六合县志》8 卷（存）

◎《淮南游草》1 卷（佚，抄本）

《民国六合县续志稿》卷十五：朱麟祉《淮南游草》一卷。（朱氏抄本。）

【按】《淮南游草》有朱氏钞本，见于《民国六合县续志稿》卷十五，未见传本。朱麟祉，历任训导、教谕、学正等，关心地方文化设施建设，曾参与《光绪六合县志》修纂，分纂《人物志》中的"忠义""孝友"，与唐毓和、周焞合纂《兵事考》。同治九年（1870），曾与邑绅刘家善、周焞、巴明璧等一起，绘图建造六合学宫。光绪九年（1883），与邑绅姜士彬、周焞、巴明璧等提请复建太平天国运动中毁坏的万寿宫和武庙。曾参与《光绪续纂江宁府志》的纂修，分任总采访。

巴明璧

> 巴明璧，字易城。光绪六年（1880）贡生，候选训导。

◎《光绪六合县志》8 卷（存）

【按】巴明璧参与了《光绪六合县志》编纂，分纂《官师志》和《人物志》中的忠义、孝友门，又与唐毓和、周焞合纂《兵事考》。《棠志拾遗》

记载他曾于光绪七年（1881）书写《新建梁果老滩钟亭碑记》，可见其书法精湛。

张凤诰

张凤诰（1854—1911），字诏臣，六合诸生，布衣文人。

◎《后山文集》（佚）

◎《后山诗存》1 卷（存）

《后山诗存》书影（私人藏本）

张凤诰《后山诗存自序》：诗赋始于汉魏，而盛于六朝，至唐而极，曹魏萧梁骚人辈出，甚至父子帝王均以富于词藻称，呜呼盛矣！其中臣工号名家者，晋则有陆机、潘安、陶潜，宋则有谢灵运、傅亮、鲍照，齐则有王融、谢朓，梁则有任昉、江淹，他若周之庾信、陈之徐陵，莫不才华绮艳，彪炳一时。至唐沈佺期、宋之问，开律诗之光声，陈子昂、元结为古诗之正轨，最著则莫如杜甫之雄浑，李白之豪放，王维之冲和雅正，白居易之擅长乐府，李商隐之专美无题，即韦应物、张籍诸人不假雕琢之工，亦靡不儒伟佚宕，各极其致，而张说、苏颋称燕许手笔，更无论矣。宋则以欧、苏为最，虽杨亿、刘筠、郑条、宋郊诸人开其先，皆不逮欧、苏两家。元工词曲，诗落于柔脆薄弱，而轻倩纤巧处亦令人可爱。有明七子调高格响，无美不臻，虽王、李之肤廓，钟、谭之纤仄，学者病之，而二百余年间扬扢风雅者，亦不乏人焉。至我朝开国之初，王渔洋为一代正宗，独标神韵，笼盖百家，即乾嘉间，袁、赵、蒋、阮诸公亦能各适其性，成一家言。中兴以来，曾、左为天生伟人，诗之温柔敦厚，亦人所不能及。同光而后，欧风东渐，中国文学日就式微，清庙生民之作等于凤毛，阳春白雪之吟几同麟角，缅怀雅制，谁其嗣音？鄙人际兹时世，愧修名之不立，叹国粹之将亡，每于玩日愒月之余，为学舌效颦之举，自兹以往，苟能国学重光，词林蔚起，则区区之作为抛砖引玉之资，藉此豹窥一斑，蠡探一勺，木头竹屑，不弃于陶公，马勃牛溲，见采于医士，是鄙人模蠡铸岛之遗，为后生宷典涂诗之具，此则私心自冀者耳。虽明知徒钻故纸，无益时趋，而仰前人之掌故，名作如林，仿处士之别裁，寸心不死，世有酸咸同嗜，苔岑同契者乎。予铸金事之矣。宣统元年（1909）春王月，后山氏书于吟秋书屋。

吴放《后山诗存序》：戊午（1918）春暮，方君佛生远道贻书，郑重告余曰："君知六合有诗人张卓人乎？卓人性恬退，有花癖，艺菊别具心得，辟地为圃，凡铁如意、金络索、霓裳、玉蟹等佳种，世不多得者无不罗而致之，名之曰亦园。觞咏其中，晏如也。"方君端人，取友必端，余默识而心仪之，嗣后屡读卓人所为诗，清微淡远，其旨趣与渊明沆瀣一气，而其爱菊亦同。然余究不审卓人为何如人，生平出处或有合于彭泽之高洁否耶？今岁春仲，卓人以佛生为介入苔岑诗社，始以邮筒相往还，觉其人卓荦不群，风流蕴藉，每流露于字里行间。卓人之真乃稍稍见，而余之倾慕饥渴之心乃油然以生，与时俱积，猥以云山暌隔，迄未能一握手以为快，闻声相思，则固两地有同情也。近以其尊甫后山先生遗稿四卷嘱付剞劂，余不才谬与于校雠之役，因得尽读后山先生之诗，然后知卓人家学渊源有自来矣。先生幼聪颖，弱冠即有声庠序，两膺鹗荐，皆不得志于有司，由是淡于进取，以著述吟咏自遣，只以中年遘家不造，艰难困苦，萃于一身，生平蕴蓄未由展布，然境拂逆而诗乃愈工，一似天以此成其名者。稿已刊行，备详自序中，世之读先生诗者有目共赏，当知先生之为人，而卓人之立身行诣，继绳先志，传之无穷，亦可于此见一斑焉。抑吾闻之显亲扬名，孝之大者也，卓人刊其先人诗集，以传于世，亲名于以显扬，殆无愧古之所谓孝者欤。亟为之序，并余与卓人文字相交之颠末，以弁于简端。民国八年（1919）岁次己未秋七月，武进剑门吴放序。

【按】张凤诰，乃六合乡贤张颐（字朵山）之子，张官倬（字卓人，见后文）之父。他原著有《燃灰稿》《解嘲集》《落拓吟》《覆瓿草》四卷，后其子张官倬选 260 余首刊为《后山诗存》，1919 年刊行，书首有武进吴放、六合汪昇远及其自序各一篇。《江苏艺文志·南京卷》言"刻本今未见"，并标柱为"集部别集类，佚"，其实本书仍有存世，见藏于张卓人侄孙张文先之手。《文集》散佚，唯存文一篇《游独山记（宣统己酉秋八月作）》见于《棠志拾遗》，《六合文征》收录。

厉式金

厉式金（1858—1935），字荔青。光绪二十三年（1897）优贡，历任广东吴川、顺德、香山、曲江县事，代理岭南道尹。

◎《民国香山县志续编》16 卷（存）

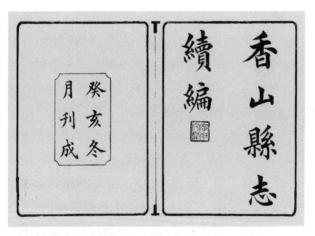

《民国香山县志续编》书影（中国国家图书馆藏本）

厉式金《续修香山县志序》：香山邑志纂修于同治癸酉（1873），番禺陈兰甫京卿为之发凡起例，至光绪己卯（1879）告成。迫授剞劂而校雠未精，图绘未竟，邦人士犹有憾焉。岁在乙卯（1915），予知邑事，邑中诸君以续修为请。予维地方经一变革，则文献之缺坠必多，久则不可问矣。因为之陈诸当轴，延邑绅汪君文炳、张君丕基总其成，纂辑搜采则诸君分任之。兹三十余年中制度之沿革，有由此而益扩者，有由此而告终者，靡不灿然具载，而前志之漏略承讹者，亦随类补正。诸君心力交劬，方冀事之速蒇也。迄丙辰（1916）乱作，中止者七阅月，汪君重理故业，而遽殁，予方再知邑事，乃请张君独任之。又以经费之绌也，复勉筹焉，事赖以集，书成得若干卷。乌虖！多闻阙疑，实事求是，缵前修，昭来叶，其在兹乎！予以谫陋，于书之体裁无能为役，幸与诸君子始终商榷，得以乐观厥成，亦足少慰汪君未竟之志也已。庚申（1920）夏月，六合厉式金序。

【按】《香山县志续编》，在厉式金的主持下，1915 年始修，1923 年成书，共 16 卷，有民国排印本，国家图书馆藏。厉式金，光绪四年（1878）任香山知县，1914 年及 1917 年两任香山县知事。此志的图和户役数比前志详细，采用二十万分之一的新图，并对当时全县各都的姓氏来源、人口数字逐一作了记述，对宋末遗臣马南宝倾家殉国的事迹亦作了搜集补充，纪事则较为简略。

辛亥革命后，厉式金弃官还乡潜心书画，尤以书作行世，与当时的六合书法家汪昇远、张莘伍齐名。曾任《民国六合县续志稿》征访处顾问，商定人物门，续立各传。

1920 年刻本《陈作霖哀思录》有厉式金挽联。

姜良桢

姜良桢（?—1890），原名良栋，嗣舅氏改名秦炽姜，字问松。光绪七年（1881）任直隶冀州吏目，以事忤长官，罢归。工诗，与吴汝纶、贺涛、王树枏诸人唱和。后归宗，改名良桢。

◎《春草堂诗集》2 卷（存）

柯愈春《清人诗文集总目提要》中册：《春草堂诗集》二卷，姜良桢撰。良桢字问松，江苏六合人。光绪七年（1881）任直隶冀州吏目，以事忤长官，罢归。与吴汝纶、贺涛等唱和。此集光绪二十四年（1898）其弟良材刻，中国国家图书馆藏。凡古今体诗百八十九首，有吴汝纶、贺涛、刘乃晟、范当世跋。又武昌张裕钊跋称，其诗"词不求怪丽，而气自清腴，意不求艰深，而韵自和雅"。

姜良材《春草堂诗序》：余年十二三，从先大兄读书，时先大夫权四川彭水县邑篆，一时幕中诸客皆豪于诗酒，而大兄尤喜为之，酒酣耳热，摊笺

《春草堂诗集》书影（中国国家图书馆藏本）

选韵，盖无一日不从事于诗也。后偕大兄随侍定远县署，公私事渐繁，凡遇巨细诸务，大兄以分居长，不得不强为应之，而诗兴始稍稍衰矣。岁在辛巳（1881），大兄由蜀改官来直隶，补冀州吏目，时冀州刺史为材受业师吴公挚甫，好诗古文，大兄初谒见，即以风雅士目之，继览所作，益加赞赏，每谓材曰："诗人每屈于下僚，唐之王龙标、常盱眙，其彰彰者，哲兄何以异是哉？幸无自薄古贤，不难企也。"材退告大兄，大兄益自奋发。每诗成，必命材就正吴师，积十年如一日焉。始犹稍加笔削，后五年，不过为加评点而已，盖知大兄之学已进也。嗟乎！如吾师之待属

吏，固近今所罕有，而如大兄之好学不倦，亦岂易得者哉？去岁，承上官命，权凤凰颈厘务局中，长夏无事，检理行箧，中得大兄手写《春草堂诗稿》三卷，删其重复者，订为上下两卷，虑其久而遗失也，爰命堂弟良骙校正，付诸手民，俾大兄半生之心血不致湮没，亦使子弟辈知作诗之甘苦焉。刻既成，因识数语。噫！青简犹新，而宿草已列，重抚斯编，不胜鹡鸰之痛也已。时光绪戊戌年（1898）中秋前三日，胞弟良材谨识于漕川舟中。

范伯子《秦昌五诗序》：往余初至冀州，而州牧吴公燕余，曰："居此乐也。"指而谓余曰："是州判张君，善藏金石文字。是吏目秦昌五，善为歌诗。"因与之还往，信然。盖吴公取其署之征徭所入而三分之，俾各享千余金，故皆得以无事而坐啸焉。昌五本姓姜而后于秦，江南旧族也，故其人有清才，而尤爱乐人士。吴公每试得州之奇隽子弟，则举以属之吾，昌五诚慕之。而从九末入需次于州者若年少而才堪读书，吴公则毕以属之昌五，曰："此以烦君教，勿相挠也。"常用此为笑乐。昌五之弟问桐亦问学于余，时与李刚己、刘乃晟共斋而读，昌五时来觐之，若津津乎有味于此也。如是四年，余南归省亲，吴公亦弃官而教授矣。及吾再晤吴公于天津，则知昌五已死，问桐已复姜姓，登贤书。及至去年，而问桐与刚己成进士，并来谒余于

天津，犹言其兄之殁于舟次甚惨。及是余来江宁问桐来，告以之官安庆，谋刻其兄之遗诗，且言吾兄不幸居末秩，而年又不永，所成就止于此，此赖先生与吴公传矣。嗟乎问桐，汝以吾与吴公为愈于昌五者耶，彼固一时之乐耳，今胡可以再得？今之世犹能以教授为生，而吾与吴公皆已皇皇不能自保，况乃至于年岁之后，衰老力尽，自顾百无一长，有求为人役而不可得，是其哀来安既哉！则吾未见昌五之不寿为可悲，成就之不多为可惜也。姑行子之意而已。光绪二十一年（1895）十一月。（清范当世著《范伯子诗文集》。秦昌五，即姜良桢。）

《民国六合县续志稿》卷十五：姜良桢《春草堂诗集》二卷。（姜氏刻本。良桢，出嗣舅氏，改名秦炽姜，官直隶冀州吏目。弟良材序略云：先大夫权彭水县篆幕中，诸客皆豪于诗酒，而大兄尤喜为之，酒酣耳热，摊笺选韵，无一日不从事于诗。辛巳，大兄改官直隶补冀州吏目，时冀州刺史吴公挚甫为材受业师，好诗古文，大兄初谒见，即以风雅士目之，经览所作，益加赞赏，每谓材曰："诗人每屈于下僚，唐之王龙标、常盱眙其彰彰者。"大兄闻，益奋发，每诗成，必命材就正，吴师始犹加笔削，后不过为加评点而已。去岁检理行箧，中得大兄手写《春草堂诗稿》三卷，删其重复，订为上下两卷，命堂弟良骖校正，付诸手民，伸大兄半生心血，不致湮没，亦使子弟辈知作诗之甘苦焉。

【按】《春草堂诗集》有清光绪二十四年（1898）六合姜氏刻本，国家图书馆藏。原稿3卷，后经其弟姜良材删订为上、下2卷，线装1册，卷末附吴汝沦、贺涛、范当世、张裕钊等人评语。陈红彦、谢冬荣、萨仁高娃主编《清代诗文集珍本丛刊》第541册有影印。

姜良材

姜良材（1860—？），原名良金，字问桐。幼随父宦四川，读书颖异，回里改名咸。补博士弟子员，试南闱不中，应顺天试中光绪十五年（1889）举人，光绪二十一年（1895）进士，以知县用。尝办安徽运漕厘税，非所长，三月而罢。性不宜官，需次安徽，未及补官而卒。性嗜酒，酒后辄吟咏。

◎《寄影斋杂记》2卷^(佚)

◎《景坡山房词集》10卷^(佚)

◎《景坡山房诗集》10卷^(佚)

　　《民国六合县续志稿》卷十五：姜良材《景坡山房诗集》十卷、《词集》十卷、《寄影斋杂记》二卷。姜氏抄本。江宁陆春官（1857—？）跋诗集云：余客京师，与问桐朝夕过从，问桐尝出诗四卷见示，余读之，大率近体则规摹剑南，七古寄兴深微，直入坡公之室。余学植荒落，又吟咏一道所得甚浅，不足以知吾问桐。顾尝窃好坡诗，谓其随意抒写，自然超妙，间有摹拟一二，未敢举以示人，读问桐诗，乃自愧弗如远甚。今年春，与问桐相遇于皖城，鬓斑白矣，而诗兴不衰，与余对榻谈诗，恒终夕不倦，余至是觅客中相爱之挚，未有如吾问桐者，既乃出其近作见示，披览一过，觉曩者犹有意摹仿，近乃纯任自然，其佳处可以上掩剑南，而其意思间过，复出入于陶、谢、韦、柳、白、苏诸家，盖其胸次高洁，颉颃诸贤，故其发为文章，乃不觉其沉灊如此，坡诗云"出处依稀似乐天"，以吾问桐身世阅历，其视苏陆两贤为何如也。余知问桐，不如问桐，自知是语也请还，质之问桐。

　　《民国六合县续志稿》卷十二：姜良材，原名良金，字问桐，幼随父宦四川，读书颖异，回里改名咸。补博士弟子员，试南闱不中，应顺天试中己丑（1889）举人，甲午（1895）成进士，以知县用。尝办安徽运漕厘税，非所长，三月而罢。良材长于诗文，兄良桢为冀州吏目，诣冀省兄，因受业桐城吴挚甫先生之门，先生为海内古文巨子，时牧冀州，见良材文，谓于古文不相近可不必学，学作应试文、古近体诗可也。良材遂专攻制义，日可十数篇，高华典赡，阅者击节叹赏，应六峰书院课，每前列数名，悉良材作，文名籍甚。诗学陆务观，兼出入陶、谢、韦、柳、白、苏诸家，多闲适之趣。性嗜酒，酒后辄吟咏，清狂脱略，不事修洁。与人交似无所择者，而实胸中自有泾渭，尝曰："狠毒人难交，模棱人尤难交，迂腐人讨厌，尘俗人尤讨厌，余生平不愿见此四种人。"观其言可以知其为人矣，良材性不宜官，需次安徽，未及补官而卒，著有《景坡山房诗集》十卷、《词集》十卷、《寄影斋杂记》二卷。

【按】姜良材乃姜良桢（见前文）弟。江庆柏著《清朝进士题名录》中册记载姜良材为清光绪二十一年（1895）乙未科三甲115名进士，并注为《碑录》云"补殿试"，可见姜良材光绪十五年（1889）举人，光绪十八年可以参加会试，会试通过后由于种种原因，未能参加殿试，于是光绪二十一年才补殿试。

陈家麟

陈家麟（1863—?），字轶士，号一士，光绪十一年（1885）拔贡。曾出使日本。

◎《东槎闻见录》4 卷（存）

徐致远《东槎闻见录叙》：中土郡县皆有志，统乎郡县者曰行省，有名省通志。天下者，直省郡县之所积也。国家幅员之广，为亚细亚冠，乾隆八年（1743）、二十九年（1764）先后诏儒臣编《大清一统志》，王者无外之规，远过汉唐，顾星野山

《东槎闻见录》书影（中国国家图书馆藏本）

川亘千古不变者也。疆域、田赋、户口、建置、制度、人物、风俗诸大端，历数世而一变，历数十世而又一变，沿革损益兴废盛衰之故，各省通志、各郡县志详载之，一统志则荟萃之，而挈其大纲，儒者分而考之，合而参之，

酌古准今，以抒经世之谟猷，非即以志书为图史哉，而第谓觇一道，同风之盛犹后也。日本与我同洲，立国二千余年，明治初年废封建为府三县四十有四，政治俗尚与其国往古异，与中土亦异，而郡县之制与中土秦以后略同，邦之人舍其旧而新，是谋以亚细亚而涂泽以欧罗巴，世局之变迁或有不得不然者欤。然吾观维新以前，享国久远，所以治其国者师周公仲尼之道乎，抑不师周公仲尼之道乎？则今所异于古者，正此邦一大关键，笔而识之，以入全国志，而沿革损益兴废盛衰之故，俾后人可考镜，固此邦士大夫责也。余于光绪十一年（1885）冬随节使是邦，公余采风问俗，求其全国志读之，弗得，求其郡县志读之，有得有弗得，欲揽其全，偏而不举，他如地理志、职官志、海陆兵制、刑罚录诸书，散见于各家著述，求其都为一书，如源光国之作日本史，上下两千年了然可睹者，卒莫之觏，邦人之憾亦游此邦者之憾也。余尝欲集同志数人，纂《日本通志》一书，以到此未两年，征文考献，犹有未周，载籍虽博，半皆其国之方言文字，非假以岁月翻译不为功，逡巡久之。同邑陈君轶士往年同受知于长乐林锡三师之门，先余一年来东，今于三年得得代，时出其所辑《东槎闻见录》付手民，征序于余，余惟轶士此书与余欲纂《日本通志》之见或不同，且名其书曰"闻见录"，则未见者固不能无遗，要其日积月累，裒然成集，实今之有心人也，贤于余有志未逮多矣。他日有才学识三长者欲纂《日本通志》，起而为之，是书有裨于采择者不少也。然则余虽不敢目闻见录与作通志同功，而谓即作通志之嚆矢，亦奚不可。时光绪十有三年（1887）孟冬之月，徐致远叙于日本东京使廨。

傅云龙《东槎闻见录叙》：光绪彊圉大渊献皇帝御宇十有三年（1887），云龙应游历试引见后派，偕顾刑部厚焜游历之国凡六，而以日本始，拟仿奉使高丽图经，作游历某国图经，史家纪事体也。再依编年体作图经余论，然闻黄君遵宪已著志而未见也。道出上海，姚君文栋视所著志第三册，艘发又未遑读。徐君承礼、王君肇鋐皆有著稿，或未脱或未竟。而陈子轶士以《东槎闻见录》问叙于云龙，方受读，客有言于云龙曰："有形势无沿革，有官矿无民况，类此毋乃漏欤？"曰："否否。不闻不见则不一录，此汉学家实事求是意也。黄漱[①]兰先生为轶士经师，守厥家法，此见一端。"时也日本一以西法为宗，几于尽弃所学，或呼六经为毒，吁甚矣！而守旧者又拘义牵

---

① 底本如此。

文，往往不识时务，非徇即迂，迂则动辄得咎，徇则中无所主，独日本云乎哉！独日本云乎哉！轶士不绮不矫，充其所学，精而益精，行将以经为史，以交为防，以阅历消息为控纵衡尺，所谓通儒非欤！云龙始游，不患无见闻，患无定见，以见所见，闻所闻也。闻不必己出，惟其是轶士其交勖之哉。德清傅云龙懋元叙于日本东京使廨，时冬十月二十日。

陈明远《东槎闻见录叙》：岁甲申（1884），明远赞使之日本，是冬六合陈子轶士亦随轺而东，始相识焉；其明年，轶士与余同归试，得膺拔萃选；又次年，余因公走京师，轶士亦回国应廷试，其间馆舍舟车，昕夕与共，每与盱衡时局，纵论古今，以共励所学，而交契亦因之而深。比及瓜期，轶士手是卷将付梓，示余索叙，因慨然曰："当今士夫守旧者众，语外事每格不相入；舍是而求习知者，乃皆志识浅陋，略通一语言、一技艺之末，遂自托洋务以炫人；降而下者，甚有饱食嬉戏，于中外交涉之故，漠不措意，即问以一名一物之微，亦鲜能对，徒招外人之笑而已。"于戏！斯三者乌足称哉。轶士有心人，居东三年，凡所闻见靡不笔而志之，纵不欲以文字见，而于日本政治、风俗，与夫今昔一切变更之不同，固已了然心目，而能权其轻重得失，归于一当者。夫日本在亚细亚，与我为同文同洲之国，宜同盟同心求其治，轶士有得于此，他日旧贡诸朝，出为世用，本其生平阅历，以任重致远，决异乎明远所谓无足称之三者。轶士年力富盛，锐于为学，一《闻见录》耳何足以尽我轶士，轶士知必有进乎此矣。光绪丁亥（1887）冬日海盐陈明远叙于日本使廨。

顾厚焜《东槎闻见录叙》：我朝与泰西通商以来，罔有内外，悉主悉臣，实开千古未有之局。至同在亚细亚洲之日本，则两汉时已通，中国皇朝龙兴辽沈，德威先慑旸谷扶桑三岛，睦邻修好，历有年所，近复款关求市，合约叠修，商舶络绎，朝廷以国隶同洲，书属同文，虽间龃龉，恒优容之，而闽广商贾设肆于长崎、神户、大坂、横滨、筑地、箱馆、新潟、夷港者，接踵麇至，乃简使臣，派参赞随员，以联邦交，复设理事，以卫商务，与泰西一视同仁，诚以柔远必以能迩始也。顾入境必思问禁，入国必先问俗，苟无专书以纪之，则天时地利之宜，风土人情之异，与夫古今之沿革，时局之变迁，无从了如指掌也。六合陈君轶士驻东三年，渔猎典籍，成《东槎闻见录》四卷，分六十部，都为一集，始光绪十二年（1886）十二月，讫十三年九月，凡十阅月而成，书藏诸箧笥，星使徐孙麒观察以活字版排印，俾欲先睹为快者，免钞胥劳，适傅懋元驾部偕焜奉派游历，航海来东，得观是著。往者阅五台徐松龛《瀛环志略》、侯官林文忠《海国图志》，皆能举外邦土俗，考核精详，足为采风者之一助。今喜彼书提其纲，君书更详其目也，时懋元撰《游历日本图经》，焜亦作《日本内政考新政考》，昼疲车马，夕对简编，方皇皇乎惧考据之失实也，读君书益滋惑已。光绪十三年（1887）岁次丁亥冬十月元和顾厚焜谨识。

【按】陈家麟生平历代记述极少，《江苏艺文志·南京卷》只标注"清六合人"4字。据《光绪乙酉科选十八省拔贡明经通谱》记载，陈家麟号一士，同治癸亥年（1863）出生。

陈家麟曾在李鸿章幕府做过幕僚。于光绪十年（1884）随驻日公使徐承祖去日本。在日期间，他将自己所见闻著成《东槎闻见录》4卷，光绪十三年（1887）由徐承祖在日本东京使廨排印出版，此版本南京图书馆、国家图书馆有藏本，《清史稿·艺文志》有著录。后又曾由上海著易堂于光绪十七年（1891）再版印行，即现在比较常见的《小方壶斋舆地丛钞》第十帙第五册中收录的不分卷本，去掉了原书的序文、凡例、图录等，只载正文。本书对后世人们了解日本很有帮助，蔡元培说本书"分五十八类，较《（日本）新政考》稍有条理"。

·民　国·

孙锡恩

孙锡恩（1863—1930），字叠波。光绪壬午（1882）中举，历署沭阳训导。曾出使日本，民国时期任中华民国第二届众议院议员。

◎《六合田赋汇考》1 卷（未刊，佚）

◎《棠川琐记》4 卷（未刊，佚）

《民国六合县续志稿》"六合征访员办事处题名"：孙锡恩，字叠波。征访员，税赋门田赋访稿二千言以上，旧录厘金事项一巨册，送处备采。又搜获乾隆旧志一部，送处备考。

《民国六合县续志稿》卷十三人物下：孙崇晋……次［子］锡恩，举人，官沭阳教谕。

《棠志拾遗》卷上：孙锡恩，光绪年间任沭阳训导，邑志作教谕。（沭阳志）

【按】孙叠波，乃孙为霆、孙雨林（见后文）之父，清末科举最后一位探花商衍鎏（1874—1963）

孙叠波遗像

的岳丈。《江苏艺文志·南京卷》对其生平记述极简，只言"清末民国间六合人"，笔者收藏有孙为霆等编撰的《六合孙叠波墓志铭祭文》一册，详载其生平事迹。

他生平非常留意保存地方史志，曾抄有《顺治六合县志》，并设法收集雍正、乾隆六合县志。今三志分藏北京图书馆和南京图书馆。孙叠波曾对乡贤汪达钧《日长山静草堂诗存》收集校订，批改缜密，订正原书刊误和补正原书事实者甚详，贡献甚大。详见"汪达钧"条。

汪昇远

汪昇远（1864—1936），字荷生，号鹄飏，光绪二十九年（1903）进士。选庶吉士，散馆授翰林院编修。曾任《大清德宗景皇帝（光绪朝）实录》协修官。主持《民国六合县续志稿》修纂，任六合征访处主任，备勤搜采，较前志既增新目，又复网罗旧闻，多所创见，体例更为完备。

◎《民国六合县续志稿》（存）

《民国六合县续志稿》"六合征访员办事处题名"：汪昇远，字鹄飏，征访处主任员，辑地理门山脉水道一卷、税赋门田赋一卷、学校门上下二卷、官师门传表合一卷、人物门补前志一卷续前志一卷、实业门农业、艺文门上下二卷、金石门一卷、前志校勘记一卷。

【按】《六合县续志稿》是汪氏主要传世作品。此志为续《光绪六合县志》而纂，记事止于清宣统三年（1911）。此志备勤搜采，较前志既增新目，又复网罗旧闻，多所创见，体例更为完备。特别是"艺文志"2卷，为我们提供了很多六合历代文人的作品存佚情况，为笔者本书的编撰提供了大量有用的资料。

◎《六合汪氏家谱》10卷（存）

【按】《六合汪氏家谱》十卷，汪昇远重修，有1924年石印本10册。现藏河北大学图书馆、南京图书馆等处。

汪昇远乃汪传缙（见前文）之孙，汪经铸次子，字荷生，号鹊陬，北京教习进士馆毕业。光绪二十九年（1903）中二甲第六十六名进士。选庶吉士，散馆授翰林院编修（见朱汝珍《词林辑略》卷九）。曾任《大清德宗景皇帝（光

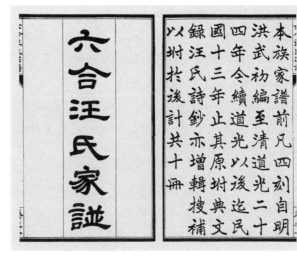

本族家谱前凡四刻自明
洪武初编至清道光以
四年令续道光以後
国十三年止其原圻典文民
录汪氏诗钞亦增辑搜
以圻抄後计共十册

《六合汪氏家谱》书影（南京图书馆藏本）

绪朝）实录》的协修官。汪氏注意收集保存前代县志，如《康熙六合县志》《乾隆六合县志》都曾由他妥善保管而传世，现分藏国家图书馆和南京图书馆藏。汪氏传世作品不多。现存文 7 篇，见《六合文征》；诗 1 首。

王桂馨

王桂馨（1874—?），字弌山，江苏六合县人。曾游学日本，任职六合学宪。

◎《民国六合县续志稿》（存）

《民国六合县续志稿》"六合征访员办事处题名"：王桂馨，字弌山，征访处帮稿员，辑地理门沿革表一卷，市乡风俗等一卷，赋税门户口一卷，厘税杂税等一卷，武备门上下二卷，实业门商工业。

【按】《民国六合县续志稿》乃郑耀烈修，汪昇远、王桂馨等同纂。王桂馨，字弌山。"留东，师范毕业，廪贡生"（《续志稿·学校下》），《江苏文库·史料编》所收《江苏留学同乡录》有载录，其他具体事迹不详，为《民

国六合县续志稿》出力颇多。

另《续修博山县志》卷九"选举志"有载"王桂馨,字一山。同治癸酉（1873）拔贡",并曾参与发起编修民国《重修芜湖县志》。应该与编修《六合县续志稿》的王桂馨不是一人,因为汪昇远在《六合征访员办事处题名》中说:"不书里居者,皆邑人,不书职衔者,已见科贡表或仕宦表也。"二人籍贯不同,且《续修博山县志》所载王桂馨生活时间,与六合同名者不符合。

达浦生

达浦生（1874—1965）,阿訇,原名风轩,字浦生,经名奴尔·穆罕默德,是一位杰出的少数民族人士、著名学者、教育家、社会活动家,是辛亥革命以来我国内地回族穆斯林中享有盛名的四大阿訇之一。

◎《中国伊斯兰六书》6卷（存）

《伊斯兰六书》书影

水献之《伊斯兰六书序》:世间学说普通列为三种:（一）神学,（二）哲学,（三）科学。科学家认哲学为虚理,认神学为迷信;哲学家认科学为单调,认神学为迂远。纷纷聚讼,莫衷一是。究其实,皆非探源之论。夫神学者,各学之源也;哲学,神学之中干也;科学,神学之末节也。欲求科学之当然,不可不研究哲学;欲求哲学之起脉,不可不研究神学。此儒者所谓道之大原出于天,而伊斯兰教真主所降之《古兰经》,实一部神学,而哲学、科学无不包孕其中也。当欧洲之驱逐土耳其也,十字军十起十仆,不知牺牲多少头颅，糜费多少财产，结果一败涂地，丧气垂头。说者谓有相当之代价在即，将土耳其声电化之学，日历星算之技，由此输入而产生物质文明焉。夫土耳其，完全崇拜神学之国也，而哲学、科学亦随之产生，此非明效大验乎？查伊斯兰教立于天地未成之先，全于耶佛已定之后。封印至圣穆罕默德奉真主之景命，集诸圣之大成，文教武功，彪炳一世。哲学、科学大开门径，迄今风靡新旧两大陆，泽及东西亿兆众。惜乎真精神多未阐出，精奥义未能畅达，奉正朔各国尚然如此，而我国尤瞠乎其后，以致亘古之正教，唯一之真传，遭无谓之打击，受莫大之污蔑，良可浩叹。近今邪说横流，甚于洪水猛兽，伊斯兰教立于风雨飘摇之地，愁云四布之场，非有黄帝之指南车，而蚩尤之邪氛莫散，非有温峤之犀角烛，而牛渚之妖魔难照，汉译各经，种类亦多，惜其卷帙浩繁，或偏于理论，或侧重方法，总有一偏之弊，且于现代新学说未能双写夹义，或出或入，不能在词坛上争胜负，亦大憾事。今达君明之持《伊斯兰六书》序及目录，辱以示余，披阅一通，及 [①] 其令尊浦生阿訇所纂集。浦生阿訇，为现代伊斯兰教中最大学者，经汉双通，新旧兼贯，参政中枢，名扬四海，《六书》之原文虽未及先饱眼福，而其各种德目亦披览无遗，顾名思义，非常完整，熔新旧于一炉，抉奥义于无遗，是书一出，真如日月经天，江河绕地，岂仅如散邪之指南车，照妖之犀角烛乎？余不禁手舞足蹈，而预贺焉。是为序。民三十四年（1945）元月，中州水献之序于河南省立开封师范学校。

【按】《中国伊斯兰六书》，中国伊斯兰教义学著作，成书于1945年，全书约30万字。本书最初曾连载发表于1995—1996年的《中国穆世林》杂志上，2003年4月由宗教文化出版社出版单行本。本书论述了伊斯兰教基本精神，是介绍伊斯兰教学理和宗教知识的专著。其主要内容包括伊斯兰教的教义、教法、教理、教制宗旨和功修规定，以及伊斯兰教的伦理思想与道德修养。同时还涉及不少现代科学、哲学、人类学、宗教学的相关知识和对自然现象的分析与描述，从而凸显了伊斯兰教的宇宙论、创始论、因果论等。该书系作者于1939—1942年在甘肃平凉私立伊斯兰师范学校兼授伊斯兰教义学课程时所编写的讲义。历时4载撰成4卷，复增写后两卷，遂成体系。

---

① 及：疑为"乃"。

1945 年 4 月脱稿后，作者仍觉"草率成编"，终未付印出版。《伊斯兰六书》是一部系统论述伊斯兰教学理的专著，具有显著的中国特色，反映了近现代中国伊斯兰教学术文化发展的一个侧面。

◎《告全世界穆斯林书》1 卷（存）

【按】达浦生出生于江苏六合县。始祖姆巴勒沙，原系波斯人，于元代迁入中国。至第三代祖先，随从元世祖转战有功，被世祖赐以蒙古名达布台，此后即以达为姓，其后裔三支分别定居江苏镇江、六合及安徽寿县。六合一支为阿訇世家。故江南达姓回民，均出一系。

达浦生抗战期间，他利用在埃及宣传抗日的时期，用 3 个月的时间撰写了长达 100 多页的《告全世界穆斯林书》，揭发日本 60 年来侵华史实和最近日寇侵华罪行，号召全世界穆斯林兄弟给日军以舆论上的谴责及经济上的制裁，引起中近东各国的极大关注。后被巴基斯坦之父的穆罕默德·真纳译成乌尔都文在巴基斯坦（时属印度）发表。

中华人民共和国成立后，达浦生阿訇参加了中国伊斯兰教协会筹备和建立的工作，曾任该会副主任，并担任中央民族事务委员会委员等职。1955 年被选为全国政协委员。自 1954 年第一届全国人民代表大会起，一直被选为江苏省一、二、三届全国人民代表。1955 年"中国伊斯兰经学院"成立，被推为该院院长。曾担任周恩来总理的顾问，赴印度尼西亚参加万隆亚非会议，并多次出国访问。1957 年国庆，阿訇被邀至天安门城楼观礼，受到毛主席亲切垂询。1965 年 6 月 21 日，达浦生在北京归真，葬于北京西北旺回民公墓。

张通之

张通之（1875—1948），名葆亨，以字行，南京六合人。居南京仓巷。宣统元年（1909）拔贡，未入仕。从事教学几十年，生徒甚众。擅诗书画。

◎《娱目轩诗集》（存）

柯愈春《清人诗文集总目提要》中册：《娱目轩诗集》不分卷，张通之撰。通之生于光绪二年（1876），卒于民国三十七年（1948）。名葆享，字通之，以字行，安徽六合人，居南京。遐龄子。宣统元年（1909）拔贡，教授为生。书法学张裕钊，晚工绘画。所撰《娱目轩诗集》不分卷，附《金陵四十八咏题景》，辑入《南京文献》第二十三号，民国三十七年（1948）铅印，南京图书馆藏。

张通之《娱目轩诗稿自序》：余髫年与兄弟辈侍先君子，读书课余每相与学韵语。犹忆年十岁时咏鸡冠花，有"风动欲飞来院落，霜寒无力出篱笆"句。先君子笑谓"尚见心思"。年十六，考四仲月课，作《绳直钩曲赋》，有"芙蓉江上，随钓竿以升沈；杨柳楼前，傍珠帘而起伏"句，王芝兰大令谓"不脱不粘，极其可诵"。因时得长者奖掖，益喜为之。然幼年嗜好多端，平日吟哦，惮于推敲，绝句有得一二句即止者，律诗有得半首即废者，姑搜集从前所作仅一二十首而已。余耆画，初学南田，好写生。继喜青萝山人，后又学任氏兄弟与赵撝叔，及八大山人，吴昌硕笔墨亦颇好之。余以作书之腕力作画，

张通之遗像

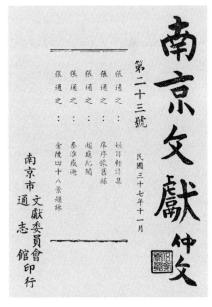

《南京文献》第23号书影

故尚自信能有笔也。书法初学欧及二王，继好张廉卿，因改习颜鲁公，及汉魏大小篆钟鼎，笔力得稍坚劲。终年为人挥毫，自早至夜深不倦，自信能得此中三昧。因是每作一字画辄为人所称许，余益以为乐焉。是时虽无暇吟哦，然案头常置古今人诗集，稍暇，即藉以消遣，画时亦间题咏，但未专力于此耳。去岁友人恵怱^①来沪，鬻字画，沪上固全国书画家荟萃地也。余在学校教授三十三年，颇厌倦，急思来沪与诸大家一战，并藉以穷书画之深邃。时浙人孙词臣邀余课子，修脯尚丰，并允半日教读，半日书画，余遂辞学校事赴沪，与诸名家数数晤谈，拟于是时从事笔墨。忽患目，延医治愈，治愈不如前，遂橐笔作休养计，镇日无可自娱，乃复整理旧诗草，已成者稍加推敲，未成者继续为之，日必作一二首，或二三首，数月以来，积集益多，私喜颇能自遣，两目亦忘其痛苦。目见痊，书画事又时时技痒，然余终不敢复劳其目，仍将前日游览各处，所欲作而未作之诗一一构就，前后共集有一百余首，非敢言诗，聊以抒其写意云尔。余自幼学诗，对于古今人之作无所不读，亦往往各有所取，而至作时，惟自写其意，绝不定摹何家何集，而他人之所有，或偶然与余意同，非有心求合，亦听其自然而已，余意作诗当如此。近年作书画，亦往往若是，质之方家，不知以余言为然否。己巳（1929）秋八月，通之自识于申江客次。

◎《金陵四十八景题咏》（存）

张通之《金陵四十八景题咏自序》：丙戌（1946）冬日，雪窗兀坐，正苦无聊，客有以徐行敏所画《金陵四十八景》册页来索值。据云：此册页本全为行敏所画，乱后失其一半。藏此画者，为金陵老画师诚斋，自画其所失者以补成之，嘱予请君一题也。予乃披图前后浏览，尚非狗尾续貂，因呵冻书二十八字付客携去，其诗曰："徐为吴下真名士，李亦江南老画师。不是貂以狗尾续，耐人前后看图时。"快雪时晴，连日天气大好，檐下纳日，又就所见之四十八景。各缀一诗，信口吟哦，并未究其工与拙焉，是亦仍自写无聊云尔。

---

① 底本如此。

◎《庠序怀旧录》（存）

◎《趋庭纪闻》（存）

◎《秦淮感逝》（存）

◎《仁里琐谈》（佚）

◎《石城志异》（佚）

【按】以上7种著作见于卢前主编、张通之参与编辑的民国时期出版的《南京文献》1948年第23号。卢前撰有《娱目翁传》，载《娱目轩诗集》卷首。

◎《白门食谱》（存）

张通之《白门食谱自序》：昔袁子才先生侨居金陵，筑随园于小仓山，著有《随园食谱》。予广其义，取金陵城市乡村及人家商铺与僧寮酒肆，凡食品出产之佳、烹饪之善，皆采而录之，曰《白门食谱》。其曰"白门"者，存古名耳，一如渔洋之在金陵咏秋柳，而名曰"白门"者也。予又思孔子之言曰："士志于道，而耻恶衣恶食者，未足与议焉。"似士人之所当研究甚多，亦不应斤斤于饮食。然《论语·乡党篇》记孔子之饮食曰："不时不食，失饪不食。"又曰："沽酒市脯不食。肉虽多。不使胜

《白门食谱》书影

食气。不得其酱不食。"又曰："食不厌精，脍不厌细。"其种种适合今日卫生之道，当日子才先生之为《食谱》，或即此故。兹予之为此，亦窃取斯意云尔。

【按】以上一种见民国卢前主编之《南京文献》1947年第2号，2009年南京出版社《南京稀见文献丛刊》有重新点校本。

张通之是清末民国初著名书画家兼学者，先后执教于金陵女子大学、蚕桑职业专业学校、私立钟英中学等大中学校，一直从事教学几十年，生徒甚众。擅诗书画，与汪东培、胡小石等南京籍著名文雅士交游唱和。

田其田

田其田（1877—1917），字自芸，一字自耘，号北湖。十三岁被王先谦擢入南菁书院。光绪二十三年（1897）拔贡。曾在玄武湖种植莲藕，希望实业救国。参与创立国学保存会，精研汉学，希望保存国粹，著述颇富。民国后，入北京大学教授历史。

◎《田北湖集》（佚。刘荣喜辑录本）

《玄武湖志》卷二《田北湖传》：田北湖，初名其田，字自耘，后居玄武湖，乃字北湖，以字行。六合人。幼聪颖，目数行下，十三入邑庠，学使者奇之，令肄业南菁书院，院直辖于学使，江南高材生。所集藏书亦富，北湖乃益泛览，得尽交时彦。工骈散文及词赋。性不羁，有狂生名。出游鄂赣，与修方舆图志。登光绪丁酉（1897）萃科，廷试被放，不得意，归居玄武湖，署所居曰"坐拥五洲"。清末以文字入狱，羁久之始得释，亡之海上。辛亥后，旧同游者率贵矣，北湖独侘傺无所合。以闲曹北游京师，粥粥然如老生，非复狂庐故态矣。北湖故有狂名，然于弟妹尽友爱，宗族之无归者，倚以瞻焉。内行敦笃，世盖鲜知之者。未几卒。

【按】田北湖远祖为山东青州人。二十一世祖田兴（1321—1371？），往来苏鲁经商，元末明初曾资助明太祖朱元璋获得天下，田兴之后遵田兴之嘱继续耕食居住六合，故移籍，后累世为医，有声江淮间。前文有田淑江、田杜、田肇镛等不知是否是其后人。

田北湖著作，主要连载于民国期刊《国粹学报》上，比较分散，大部分文章后都标有"连载待续"，而难见下文，恐是没有完稿而驾鹤西去。田氏晚年生活凄苦，在贫病中离世。田氏作品有名《北湖笔记》者，为别人引其作品而随意标注。刘荣喜将其作品辑编为《田北湖集》，待出版。

张官倬

张官倬（1877—1960），字卓人，号菊隐、菊叟。宣统二年（1910）岁贡生，曾任按察司。民国建立后创办六合私立励志中学并任教。中华人民共和国成立后，张官倬曾被聘为江苏省文史研究馆馆员。他诗词歌赋无所不精，著有大量诗文集存世。

◎《棠志拾遗》2 卷（存）

张官倬《棠志拾遗自序》：予慨邑志记载之疏漏，私家著述之散亡，欲拾遗订坠者久矣。考吾邑宋、明旧志，年湮代远，搜索无从，即清雍正、乾隆两志亦仅存孤本，普通所常见者不过光绪、民国两志而已。雍正志最称详赡，乾隆志删削不少。乾隆志如地理、艺文两门，及每门后附以编者精确之论断。光绪志复加以删削。民国志于建置、古迹等既缺而不书，而所增金石一门，凡邑中旧存石刻，搜集仅及半数，且山脉、河流记载亦多疏略。此固无庸为前贤讳者，明康对山《武功志》、韩五泉《朝邑志》简括精要，自古称为善本。然后世学者犹谓其近古而太略，盖省志郡志宜简而赅，邑志宜详而备，其体例然也。自民国己未（1919）邑《续志》印行后，距今二十年，乡邦耆宿，日就凋零，凡所遗漏未载之事迹，设再任其湮没，窃恐有文献无征，等于杞宋之惧！予老矣，无能为也。既不能读万卷书，又不能行万里路，荒园伏处，局促似辕下驹，久已厌闻世事，惟于乡邦掌故，略识端倪。同人多怂惠成书，冀传久远。夫吾邑一弹丸地耳，非有高山大川之阻，目之所见，耳之所闻，足之所经所得，较为容易，不能为者遂毅然为之。由是而调查，而参考，而编辑，萃五六年之心力，兼得王君展为、黄君伯东、刘

《棠志拾遗》书影（私人藏本）

《棠志拾遗》书影（中国科学院藏本）

君戒三等先后赞助，始底于成，颜之曰《棠志拾遗》。夫不曰"补"而曰"拾"，盖私人著述与邑志体例不同，可拾者拾之，不可拾者，聊付诸夏五郭公之例，不敢为穿凿附会之谈。故兹书纪载，于地理、古迹、物产、金石四门，则于荒烟蔓草之区，山巅水涯之处，亲自考察，溯委穷源，于人物、科贡、官师、兵事、艺文五门，则采他邑志书、私家著述，以补缺略，以订舛讹。他日者，太史軺轩之问俗，乡土史地之取材，或可备刍荛之献耳！至因形格势禁，采访未周之事实，掇拾成编，姑俟异日，爰揭明此书之体要，及编辑之缘起，以就正于邦人君子。民国二十六年（1937）夏五月，菊隐氏张官倬卓人自序于亦园之评绿轩。

《棠志拾遗再序》：予辑《棠志拾遗》一书，今已十余年矣。回忆八年以前，此书曾有杀青之议，迁延复迁延，而大乱以作，当时以此为恨！郁郁于胸者久矣。及今思之，不但以为不可恨，且转以为可幸焉！何也？予自丁丑（1937）仲冬，避居倪黄，以迄于今，饱经忧患，不废搜求，前编稿本，误者正之，缺者补之，八年之间，所得又复不少。设当时贸然从事，不贻覆瓿之讥，灾梨之悔者哉？

昔顾亭林著《日知录》，积三十余年乃成，并云："后人著书，其视成书太易，而急于求名，故愈多而愈舛漏；逾速而愈不传。"魏默深著《圣武记》，付梓后，阅二年，自觉舛疏，重订发刊时，慨然曰："学问之境无穷，未审将来，心目又复奚似？"以亭林、默深之淹博，一则诮后人成书之太易，一则自悔刊书之太早，谫陋如予，当时因经费难筹，未将此书汲汲杀青者，亦不幸中之幸也。今之视昔，亦犹后之视今。倘再历若干岁月，不知所得又复何如？古人之言，岂欺我哉？况自中日事变后，耳听山中之风鹤，心感海上之沧桑，家室飘摇，罔知所届，世间已印之书，埋没于劫火中者，何可胜数？今日者，神州恢复，天日重光，此书庋阁数年，卒能保存无恙，亦已幸矣！若云杀青，仍俟异日。民国三十五年（1946）春二月上浣，菊隐自序于棠东寄庐。

【按】《棠志拾遗》2卷2册，有六合新奎光石印馆1947年石印本，目前多地图书馆有藏，如国图、上图、南图均有。《中国地方志集成·江苏府县志辑》第6册有此石印本的影印本。另外，《中国科学院文献情报中心藏稀见方志丛书》第45册有《棠志拾遗》不分卷稿本影印本，根据其中修改批注文字，可以推断为1947年石印本的原始底本，可以互为校勘。

张官倬有感于历代县志体例不一，繁简删削不一，加上年代迁延，许多历史事件和人物的记载十分疏略或缺失，特别是一些有关山脉、河流、古迹的记载层层相因，常有疏漏，或以讹传讹。为了弄清六合山川地形、古迹分布、金石碑刻等，他与黄伯东等好友，不惧艰辛，徒步跋山涉水，披荆扪棘，寻求断碣残碑，以便考定具体事实，经过多年苦心经营，分类载录，汇集成册，终于在1936年写成了《棠志拾遗》上下卷。由于战乱流离，他又反复修订，直到1947年才自费印行。书后附有《咏棠邑古迹诗》40首，对六合人文古迹关注有加，咏唱再四。

◎《评绿轩哀如儿录》1卷（存）

张官倬《哀如儿七绝十首》：鄙人言念弱息惨，怀身世，作此哀词，藉抒抑郁，□蒙海内词坛不弃鄙陋，宠赐篇章，慰生悼死，既珠玉之纷投，短咏长吟，亦体制之各别，云天高谊，泉壤光荣，盥诵再三，铭感五内。用特分类排比，付诸剞劂，愿以志弗□。卓人谨识。

膝下相依二十年，今朝遽赴大罗天。音容历历浑如昨，一度回思一怆然。

病魔四月未驱除，一发难收我不图。恶梦逼人真咄咄，伤心竟失掌中珠。
生在新秋七夕前，彩云缭绕想当年。无端一夜罡风起，吹断人间儿女缘。
娇小玲珑系我思，回春无术觅灵芝。阿娘为汝废眠食，未识重泉知不知。
子规声里感难禁，寂寂幽魂何处寻。剩有衣裳和针线，一经触目顿酸心。
思儿终日总情痴，事到如今悔已迟。自是尔翁愿太薄，漫言药石误庸医。
正是春回大地时，何来急雨陨花枝。他生不有长生命，休到人间作女儿。
生儿或已成虚愿，有女如何又早亡。身世茫茫难自料，几番搔首问苍穹。
先君谢世逢辛亥，今岁逢辛又折磨。十载家庭经变故，青衫赢得泪痕多。
一现昙花不再开，魂兮何日可归来。恨无妙笔哀金瓠，愧煞当年子建才。

（《评绿轩哀如儿录》）

【按】《评绿轩哀如儿录》，刊于 1922 年，为悼念其唯一的女儿如儿的征诗集，书封由影如署签，书首有方泽久、张官倬序。书中收张氏《哀如儿录》诗 10 首，及海内名家"慰生悼死"之和作若干篇。

◎《亦园诗钞》1 卷（存）

《亦园诗钞》书影〔私人藏本〕

张官倬《亦园诗钞自序》：余少困制艺策论之学，不暇为诗，即偶有所作，亦不过蛙鸣蚓唱，供应试之需而已。迨国政变更，科举废，学堂兴，日孜孜于天算、地舆诸学，犹苦不给，更何暇为诗。时先君子尚在堂，趋庭之际，每见其自吟自咏，晨夕无倦，容暇则举生平得意之作，反复指示，家庭乐事，莫过于斯。奈为自身进取计，为教育前途计，先君子既未强余学诗，余亦遂漠不关心，从未于声韵竞病间稍加涉猎。强仕后，世乱相寻，名心渐淡，乃于宅之西偏小筑亦园，种菊栽花，藉以自遣，间与三五知己，吟风弄月以行乐，始稍稍为诗，然往来酬唱，犹限于一邑之隘也。后闻沪报载各大吟坛写景言情，暨述怀征和诸作，不禁见猎心喜，鱼鳞雁足，投赠无虚日，由是而武进苔岑社、汉口消闲社、常熟虞社等，先后招附骥尾，神交遂半天下矣。使先君子尚在人间，不知其愉快何如也。而惜乎不及待也！回忆学诗之日，距先君子去世忽忽已六七年，求如当日面命耳提，殷殷以诗学诏我，已渺不可得。余诗学之不能进步，此一因也。且一人之精力，只有此数，专于彼者，不免荒于此，而余由少而壮而老，学凡数易，制艺策论之学困之于前，天算地舆之学复困之于后，精力日耗，所余者能有几何？而欲以垂暮之年华，日事推敲，冀深造古人堂奥，良非易易，余诗学之不能进步，此又一因也。虽然乌茏之语，先民必询，曲木之材，风斤不弃，积稿既夥，恐其久而散佚。况余年逾半百，嗣续犹虚，先君子《后山诗集》既为之刊印保存矣，余虽不能诗，而一得之愚，不忍抛弃，他日刊印保存之责，付与何人？清夜思维，不觉泪涔涔下矣。用特不揣谫陋，将自戊午（1918）至己巳（1929）所作，都千余首，痛自芟薙，存其十之二三，付诸梨枣，以酬余十年笔墨之心血，兼以志当日学诗之缘起。若云问世，则余岂敢？岁次屠维大荒落（1929）陬月，菊隐识于亦园之评绿轩。

◎《亦园诗续钞》1卷（存）

张官倬《亦园诗续钞自序》：当国学凋零之日，世风颓靡之秋，斤斤焉以声韵之学，日事推敲，鲜有不笑其迂者。而何迂也？夫诗虽小道，古人不废，韩昌黎云"物不得其平则鸣"，人之于言也亦然。余素嗜吟咏，不善鸣而好鸣，非好鸣也。郁诸心者，不得不发诸口耳。自民国己巳（1929）《亦园诗初钞》印成后，迄今又七载矣。凡天时之变幻，地理之沿革，人事之推迁，其中可欣、可戚、可泣、可歌之事，无一不鸣之于诗，历时既多，积稿又富，择其可留之作，都三百首，汇为一编，署曰《亦园诗续钞》，编辑之例，一如初稿。昔黄山谷晚年

《亦园诗续钞》书影（私人藏本）

自订其集，止存诗三百八首，余何人，斯敢比山谷？今存诗之多数，几与山谷埒，覆瓿之诮，其何能辞？然马勃牛溲，尚有兼收之日，竹头木屑，非尽无用之材。余近岁以来，除闭门种菊外，又复掇拾旧闻，徜徉山水，兴之所至，辄以诗鸣，如游山咏古诸作，实地描写，夹叙夹议，后来修辑志书，或不无小补焉，固非仅吟眺风景已也。至咏菊咏史、言情写景各诗，或借物以寓意，或援古以证今，亦聊以其能鸣者，补《初钞》所未备耳。一得之愚，不敢自秘。余今岁适逢六十初度，爱节筵席之费，为剞劂之资，他日书成，当就正于有道君子。蕉窗闷坐，溽暑蒸人，钞录既竣，遂纪其颠末，泚笔而为之序。岁在柔兆困敦（1936）且月上浣，菊隐自识于亦园之评绿轩。

◎《亦园五秩唱和集》1 卷（存）

《亦园五秩唱和集》书影
（私人藏本）

汪升远《亦园五秩唱和集序》：人必有所托而后传，托于文者，文传而人传矣，托于诗者，诗传而人传矣。是故人不患无所传，特患无所托。所托者高，用力深，而致功久，其所传亦永，永而无极，即以韵语而言，三百篇尚已。自汉魏六朝唐宋以来，传于世者数千百家，试一展览其诗，即不甚著名之人，亦各有其独到之意境，而附于立言不朽之义，以长存于天壤间，是故寿莫寿于古之能诗人也。吾邑张子卓人，亦颇欲托于诗以自见者，逊清之末，以制艺鸣贡成均矣，已而入学堂，精地舆算术，国变后，自度无可有为于世，乃一意为诗。吾乡风雅久衰，鲜弹此调，是时海内文人不得志于时者，创立诗社，保存旧学，有所谓苔岑社（常州）、消闲社（武汉）、虞社（常熟），与夫陶社（合肥）、集秀社（泰县），星罗棋置，号召同志。卓人闻之，欣然向往，函牍飞驰，无社不入，有课必应，与诸名流斗韵争奇，历久不倦，其致力可谓勤矣。曩余阅其诗，婉约清和，饶有孤芳自赏之趣。今春秋五十，自以一身抱伯道之痛，失掌上之珠，首为长句五章，音多凄楚，征和于各社友，一时江南北和者数十百家，皆广其意而慰祝之，卓人行将集合和章寿诸梨枣，藉以自娱。余谓充卓人之聪明才力且治诗，他日诗境深入古人堂奥，与古人诗并存不朽，则卓人谋所以寿其诗者，不限于凡近耳目之前，而诗之所以寿卓人者，亦无远近年代之可限，又何必俯仰郁郁而不自得也耶。卓人，别号菊隐，性嗜种菊，园多佳本，凉秋九月，开筵庆祝，粲菊英，饮菊酒，亦足以延长世寿，而未足语于寿世也。能寿世者，其惟不朽之诗文乎。然则余之寿卓人者，固在此而不在彼，卓人其善谋所以自寿也乎。民国十五年（1926）夏历五月观心居士汪升远拜序。

◎《亦园诗文钞》2卷（存）

张官倬《亦园诗钞自序》：苍苍者天，其不可测耶？此时此世，独生一无用之我于其间，使之不工不农不商而为士，士又不幸而为诗人，不善治生，一贫如洗，犹日孜孜于故纸堆中一钱不值之诗，是我之生平冥漠中早有位置，非我择而取之也。弱冠之年，当科举时代，专致力于八股文；年当而立，弃科举入学校，一变而致力于地史算学，精力已耗去过半；壮岁以还，承先人之家学，再变而致力于有韵之文，忽焉而有我，忽焉而有我诗。我之诗不规唐，不仿宋，不摹拟于明清各诗家之格调，如春鸟秋虫，应时而鸣，以自适其适而已，是

《亦园诗文钞》书影（私人藏本）

我非我，是诗非诗，皆不过问，我耶诗耶，诗耶我耶，以一我而散为千百之诗，以千百之诗而聚为一我，我寄于诗，诗存于我，我有涯而诗无涯也，我有尽而诗无尽也，与其寄不可常寄之我，不如存可以常存之诗，人知之也听之，人不知也亦听之。昔青浦慎侯孝廉谓我诗似许丁卯，而我不知也，

高邮杨荟亭明府谓我诗似陆务观，而我亦不知也，莫之为而为，莫之致而致，天生一历数十寒暑之我，而我酬以数千百首之诗，于愿己足，他又何求？初《亦园诗初续钞》及《棠志拾遗》中前已印成六百余首外，今自丁丑（1937）迄丁酉（1957）二十年间，又得诗二千余首，不揣浅陋，复选出四百余首，俟有机缘重谋付印，俾后之人见诗如见我。我身虽暂，我诗可暂可久，我焉知其余哉！惜我景迫桑榆，犹虚嗣续，保存之责付与何人？不禁泪垂垂下矣。昔香山晚年，积诗三千八百余首，付诸从子龟郎，冀垂久远，我虽不敢企香山，拟仿其例，将诗稿分付犹子国粹、国权二人，俾藏家而传后，以衍祖若父诗学一脉之遗，此则区区之微意也。嗟乎！白头似我，触目无亲，青山笑人，呕心太苦，明知诗本小道，壮夫不为，然古语云"诗以言志"，又曰"言为心声"，终身诵之矣，若云问世则吾岂敢！岁在柔兆涒滩（1956）玄月古棠菊叟自撰。

张官傣《亦园文钞序》：古无所谓骈散文也。骈文肇自汉魏，递衍于六朝及唐，杜诗所云"王杨卢骆当时体，不废江河万古流"是也。自韩文公出，薄骈文而倡用散文，以起八代之衰，至宋儒攻击骈文尤烈。要之散文以行气胜，骈文以选辞胜，各奏其长可耳。章太炎先生曰"叙事简单利用散文，论事复杂宜用骈体"，此语最为切当。近世文学家又以古体文艰深难学创为语体文以行世，盖文体之变迁，每随时势社会风气为转移，不必优此而劣彼也。故有倡为调停之说者，以骈体文为美观之文，散体文为适用之文，语体文为通俗之文，此言亦颇近理。虽然，近年以来通行于世者，厥惟语体文，后生小子几有不知骈散文为何物者，吾国优良文化之传统不绝如缕矣！有识者怒焉忧之，故各省市有文联会之组织，及文史研究馆之设立，予亦馆中研究文史之一人也。读书数十年，自少而壮而老，书卷未尝释手，凡古今人优美之文字，一钞再钞，一读再读，其味隽永，其趣深长，今又温故知新，增我学识不少，然只述而不敢作也，即间有所作，或因一时之感触，或循友人之要求，信手拈来，有骈有散，不计工拙，不立宗派，不分门户，适成为我之散文，我之骈文而已。我既有我之文，是我之文即我之我也。存我一生之文，即存我百年之我，我之文任人作下酒物也可，作覆酱瓿也亦无不可，于是乎钞！岁在柔兆涒滩（1956）涂月古棠菊叟自撰于棠东寄庐。

【按】张官傣，光绪三年（1877）农历九月二十七日出生于六合城东大街（十二折巷），乃乡贤张颐（号朵山）之孙，张凤诰（号后山，见前文）之子。张氏作品除了《棠志拾遗》较为常见外，其他诗文集馆藏和传世极少。只有《亦园诗续抄》不分卷 1936 年铅印本在上海图书馆、南京图书馆有藏，其他除《评绿轩哀如儿录》外，张官倬的侄孙张文先有藏。

孙为霖

> 孙为霖（？—1927），字雨林，晚清六合人。曾追随革命党人徐锡麟，充安徽省巡警学校教员。

◎《皖江血》，一名《皖江血传奇》1 卷（存）

孙雨林《皖江血》"引子"：概自朱明失败，满族入关，窃据中原，二百余载，亚东志士，疾首痛心，共欲建独立旌旗，还汉家天下。徐锡麟为同胞倡，起义皖江，事虽不成，功何可没，仆前充皖恒巡管学校教员，随侍徐公，计五阅月。今者民国成立，言念伟人，特作《皖江血》传奇，以扬丕烈。凡我同胞，必以先睹为快也。

【按】孙为霖，乃前清翰林、驻日领事孙叠波儿子，孙为霆之兄，他亲历了徐锡麟刺杀满清两江总督的壮举，并据此写下了传奇《皖江血》。《皖江血》，为昆曲传奇剧本，首载《申报》1912 年 3 月 21 日—25 日、3 月 31 日、4 月 1 日—3 日、4 月 9 日—11 日、4 月 18 日—22 日。凡十六出。作者署"六合孙雨林"。1912 年 4 月 22 日《申报》刊此剧第十六出《追悼》，全剧连载完毕之后，编者曾加按语云："《皖江血传奇》共十六折，六合孙君所作。如有人愿购此书板权者，即由本馆代为介绍可也。"《皖江血》全剧共有《出山》《兴学》《定计》《刺恩》《拒敌》《遭擒》《问供》《剖心》《复审》《释从》《株连》《逼供》《屈杀》《狱会》《结案》《追悼》十六折。书中作者以极大的热忱，赞颂资产阶级民主革命斗争，描写了徐锡麟组织反清起义，借机刺杀安徽巡抚恩铭，事败被捕，英勇就义的情况，间及秋瑾反清活动。此剧《清代杂剧全目》《江南访曲录要》及《江南访曲录要（二）》均不著录。

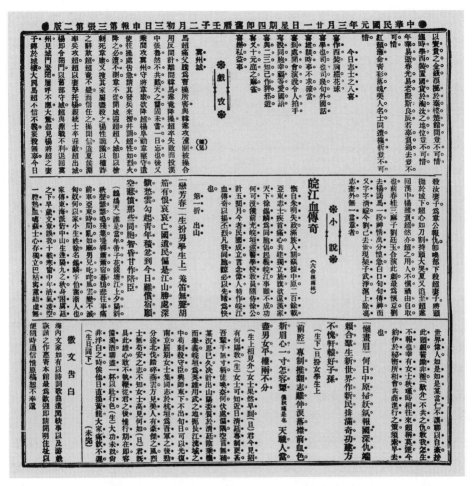

《申报》1912年3月21日《皖江血传奇》第一折《出山》

关于孙雨林籍贯，《中国古典戏曲序跋汇编》作"浙江六合"；《中国近代传奇杂剧经眼录》《中国文学家大辞典·近代卷》和《中国文学大辞典》（天津人民出版社1991年10月版）均作"安徽六合"，可见对作者不甚了解，而致记载错误。

《古典戏曲存目汇考》和中华书局出版阿英编著《晚清文学丛钞·传奇杂剧卷》均言据手抄本排版。《汇考》书中云："《皖江血》，此戏未见著录。钞本。凡一卷，钱杏村藏。"并言："孙雨林，字号、里居、生平皆未详。"考钱杏村，即阿英（1900—1977）的原名，可见孙雨林与阿英曾有密切交往。

沈子善

沈子善（1899—1969），原名沈国宝，字子善。自号六峰，祖籍江苏六合，世居南京。江苏省书法印章研究会副主席，是我国现代著名书法家、书法理论家和书法教育家。

◎《王羲之研究》（存）

【按】《王羲之研究》上海正中书局 1948 年出版，全书分 10 节，分别为王羲之年表、家世、生活及其人格、逸事，书法理论、书法成名的由来、书迹目录及其著名书迹考证、历代书家对王羲之书法的评论、王羲之研究的参考资料等。并附录清鲁一同著《王羲之年谱》、明宋濂《兰亭殇咏图记》和常任侠《王羲之兰亭叙今传各本述略》等内容。

沈子善 编著

正中書局印行

《王羲之研究》书影

◎《书学》杂志（主编。存）

◎《书学论集》（主编。存，1948 年）

《南京文化志》卷上：沈子善（1899—1969），现代书法家、书法理论家。祖籍江苏南京六合，世居南京中华门边营。早年学教育学，后在金陵女子文理学院教育系任教授。善于书法，精行楷，写"二王"参以欧、褚，中年写孙过庭《书谱》。用笔洒脱，品格高雅。1943 年 4 月，与沈尹默、潘伯鹰等人发起组织"中国书学研究会"，会员有于右任、商承祚、潘公展等人，该会以书法教育为研究方向，创有刊物名为《书学》，沈子善为主编之一。1952 年，院系调整，沈氏为南京师范学院政教系教授。

《书学论集》书影（正中书局印行）

【按】沈子善于 1899 年 11 月 23 日（农历十月二十一日）生于六合县城。父沈绮清，母沈谢氏。曾祖与祖父有功名，做过莲幕、文官，父亲还设过塾馆。四岁丧母，十八丧父。1912 年入六合县立小学读书，1914 年考入江苏省立第四师范学校，1919 年 8 月赴徐州第七师范学校附属小学任教。1920 年回到南京在省立第四师范学校附属小学任教。1922 年转入东南大学教育科读书。1925 年毕业于东南大学。善曾任南京师范学院（现南京师范大学）教授。中华人民共和国成立前，与潘伯鹰、沈尹默（1883—1971）等人发起，于 1943 年 4 月 2 日在重庆中央图书馆内成立了"中国书学研究会"，并创有刊物《书学》，计出版五期。

孙为霆

孙为霆（1902—1964），字雨廷，别号巴山樵父，他与卢前、任中敏、唐圭璋等同为词曲大师吴梅弟子。曾任江苏淮安中学校长，解放后在陕西师范大学任教。抗日期间，流亡重庆，任教于当时的中央大学。教学之余，笔耕不辍，酷爱曲学。

◎《壶春乐府》3 卷（存）

◎《巴山樵唱》1 卷（存）

◎《老树新花》1 卷（存。以上三种合为《壶春乐府》一册，南京图书馆藏）

◎《六合孙叠波墓志铭祭文》

（存）

【按】《六合孙叠波墓志铭祭文》，乃孙为霆编集纪念其父孙叠波逝世文章而成，收录有孙叠波墓志铭、家传、祭文，友人题词、诗歌、联语等。1931年刊本，100页，现藏民间人士之手，流传已极少。

郑文《金城续稿》卷一《自传》：孙雨廷师，师富治事才，尤善解纷，待人厚而豪爽。初习数学，后为吴梅（瞿安）先生弟子。治曲有名，集曰《壶春乐府》；亦工诗，集曰《老树新花》。1947年秋，余随师应江苏学院之聘。次年暑假，余寓家于师之扬州住宅，备受垂顾。初冬，随迁住于南京其戚商家——宅为商衍鎏（藻亭）先生所有。藻亭先生则著名考古学家商承祚先生之父，晚清最末之探花也。师之姊为藻亭先生继室，其子女呼师为八舅，而其季女倩若则师之长媳也。师荐兼职于江宁师范。余以师庇得免流离颠沛，亦足见师之为人矣。师为江宁名士陈某之婿，颇知江苏大江南北学人之往事，其中不乏前辈治学之方，对余颇有启发。

《壶春乐府》书影（南京图书馆藏本）

【按】孙为霆，号雨廷，别号巴山樵父，出生于书香门第，父亲孙叠波（见前文）很有文采，因此他自谓"记趋庭习礼，算春秋才华，学（大学）庸（中庸）论（论语）孟（孟子）先哼遍。文章最爱归熙甫（归有光），诗句多吟李谪仙（李白）"。他与好友卢前（字骥野，1905—1951）、任中敏（1897—1991）、唐圭璋等同为词曲大师吴梅（字瞿安，1884—1939）弟子，在中央大学讲授曲学，曾任江苏淮安中学校长。日寇侵略、家国破亡的艰难时期，他辗转流离，备尝艰辛，弃家抛产，远离故土，流亡重庆，任教于当时的中央大学。教学之余，创作了《巴山樵唱》小令47首、套数8套，曲中不时抨击当时政治的黑暗腐败，抒写自己忧国忧民、抗日救亡的心迹和历程。著名曲评家卢骥野评价道："读雨廷《巴山樵唱》，流丽绵密，以为小山、则明之伦"，将他与宋代晏几道（有《小山集》）、元代任昱（字则明）相提并论，可见他的词曲语言华丽而沉郁，多唱叹人情淡薄，仕途险恶，时事艰难。《壶春乐府》曾由陕西师范大学 1964 年 7 月出版铅印线装本，卷上、卷中为散曲，包括《巴山樵唱》《辽鹤哀音集》《老树新花集》三种，卷下收杂剧集《太平曩》，作于 1943 年，包括《断指生》《兰陵女》《天国恨》杂剧三种，"皆演太平天国时兵间之事"，深得卢前的赞赏。解放后在陕西师范大学任教。郭芹纳主编《教魂诗魂录》（陕西师范大学出版社）收其词曲较多。2020 年郭芹纳有《〈壶春乐府〉详注》由陕西人民出版社出版。

缪崇群

缪崇群（1907—1945），笔名终一。1907 年生于六合县一个知识分子家庭。早年曾游学日本。

《归客与鸟》书影（正中书局发行）

◎《归客与鸟》（存，1935 年）

◎《味露集》（存，1933 年）

◎《寄健康人》（存，1933 年）

◎《废墟集》（存，1939 年）

◎《夏虫集》（存，1940 年）

◎《石屏随笔》（存，1942 年）

◎《眷眷草》（存，1942 年）

◎《现代日本小品文》（存，译著，1937年）

【按】缪崇群，1929年开始创作白话文散文，1931年回国，在湖南任杂志编辑。1935年赴上海专事写作。七七事变后，辗转流亡在云南、广西、四川各地，做过书店的编译，教过书。他一生坎坷，贫病交迫。但才华横溢，为我们留下了大量非常优美的文学作品，出版有小说集、散文集和译著。去世后，客葬于重庆北碚，著名作家巴金写有《纪念一个善良的友人》一文怀念他。

附录一　历代六合方志考述

《嘉定六合县志》10卷，本名《六峰志》^(佚)

元脱脱撰《宋史》卷一五七《艺文三》"地理类"载有"刘昌诗《六峰志》十卷"，后世通称之为《嘉定六合县志》。如《嘉庆新修江宁府志》卷五十五说："刘昌诗《嘉定六合县志》，目见《六合县新志序》，今佚。"此为有史记载六合地区最早的方志专著，虽著录在刘昌诗名下，实当为六合史上第一部官修方志。书名中的"六峰"，是六合县南六十里定山（位于今南京江北新区顶山街道）的别称，因"有峰六：曰寒山，曰狮子，曰双鸡，曰芙蓉，曰高妙，曰石人。一名六峰山。六峰对峙拱合，又名六合山，邑之得名以此"（《嘉靖六合县志》）。由于区划调整，"六峰"已经不在今天的六合区境内。

本志作者刘昌诗，字兴伯，南宋清江人，开禧元年（1205）进士，承直郎、绍兴府观察判官，嘉定七年（1214）知六合县。除了本志外，他还著有《芦浦笔记》十卷传世。《六峰志》未能流存，但是其中大部分内容被后之历代《六合县志》选录，为六合保存了大量宋代及其之前的文献资料，如唐代诗人郏滂的《六合怀古》50首（存32首），正是因《六峰志》而得以流传至今。本书成为六合方志滥觞，其功劳是不言而喻的。

万历四十三年（1615）《六合县志·修志姓氏》载："宋壬寅《嘉定志》，本县知县刘昌诗自修。"按，南宋嘉定年间无"壬寅"干支纪年，此处"壬寅"应为"戊寅"误写。戊寅即宋嘉定十一年，公元1218年，故《光绪六合县志》卷前《旧志纂修姓氏》直接说："宋嘉定戊寅，知县刘昌诗。"可见已经重新考订。

《嘉定六合县志》曾经刻版发行，但到明代中后期已存世极少，只有少量抄本流传。故《嘉靖六合县志》在凡例中说："宋嘉定间邑令刘昌诗所修志板已灭，其本无传，近于藏书之家觅得写本，据其所载，有可采者增入。"

《永乐六合县志》（佚）

《永乐六合县志》是六合明代第一部县志。《万历六合县志》在记述旧志修撰情况时，说："永乐十七年（1419），奉钦依藩省郡邑俱修。"由于本书散佚较早，具体修撰人历代没有明确记载。

考本书卷四《官师志·官师表》载，永乐十七年前后任六合知县者有皮以贞和刘衡2人。皮以贞，里籍不详，永乐十一年知六合县，《六合县志》中言其"尝重建玄真观"，其他事迹不详，至永乐十七年修志有6年时间，其任职时间似乎没有这么长，任期较长者多为有较多作为者，县志当有更多事迹记述，故皮以贞撰修《永乐六合县志》的可能较小。继皮以贞就任六合知县的是刘衡，据《康熙曹州志》卷十五"人物"记载，其字执中，永乐十五年（1417）解元，授六合知县，且"经术纯正，学问该博，有古君子风"。因此刘衡当在永乐十七年前后任六合知县，以其富有文采，足以胜任《永乐六合县志》编撰。

《永乐六合县志》的内容当为其后之《成化六合县志》收录，接着被现存最早的《嘉靖六合县志》保存。考《嘉靖六合县志》全书不言《永乐六合县志》或《永乐志》，可见其编者或未见此志，其中永乐年间的内容当为转引自《成化六合县志》。

《永乐六合县志》在明万历年间当有存世，《万历六合县志》有多处明确记载资料来源于《永乐志》，全书18次明确提及《永乐志》。如《万历六合县志》卷一《地理志·沿革》在讲述六合于晋孝惠皇帝元康七年（297）"始置堂邑郡"时有按语说："《通鉴注》及《嘉定志》《仪真志》皆纪于永兴，今从《晋书》及《永乐志》，载于是岁。"可见《万历志》的编者直接参阅了《永乐志》。万历后，《永乐六合县志》未见存世著录，逐渐散逸。

《成化六合县志》（佚）

据《万历六合县志》记载，本志修于"成化十二年（1476），本县知县唐诏聘乡官季璘修，周澜校正"，是《嘉靖六合县志》《万历六合县志》撰修的重要资料来源，它们均为在《成化六合县志》基础上增修而成。可惜《成化六合县志》原书已佚，从嘉靖、万历志收录内容可见一斑。

本志修撰的主持者为当时六合县令唐诏，字廷宣，山东阳信人，成化五年（1469）由贡生来知。在任时洁己奉公，克勤官守，薄赋敛，赈饥荒，慎刑狱，时有"廉吏第一"之称。他是《成化六合县志》倡修者，对于志书修撰，坚持实事求是的原则，"延人修志，未尝自入一辞"，可见其坦荡胸怀。

本志主笔当为六合乡宦季璘。他字饶瑞，东里（县城东）人，正统三年（1438）举人，曾任河南鄢陵县学教谕，改任郏县，复任遂平教谕。《嘉靖六合县志》明确记载他"成化间纂修六合志"，《万历六合县志》卷五"人物志·科第"对其生平记述较详："季璘，字饶瑞，东里人，知县［季］同子。正统戊午（1438）科，仕河南鄢陵县学教谕，改郏县，复遂平教谕致仕。璘潜心学问，落笔惊人。京兆尹宴多士，为属邑，喜坐置五魁间，时称殊典。后以乙榜得教职。景泰癸酉京闱，有校文之聘。璘正身率物，不计赆仪，不事干谒，横经二十余载，囊无赢积而归。惟杜门课子，罕至公庭。成化丙申（1476），知县唐诏修邑志，诏最为贤令，而璘简质不阿，未尝漫援时政。尤其不可及者，平生重彝则，次家乘，以继亲志。善事兄瑄，友于诸弟，故迄今称文献巨族。"可见其生平梗概。

本志的另一主持者为周澜，字允元，江西贵溪县北乡周坊人，景泰四年（1453）举人，曾任无为州学训导。成化十年（1474）以举人补六合县教谕，优于文艺。接受修志任务后，与季璘花一年左右的时间，于成化十二年完成。他的门人六合乡贤王弘临别赠言"家连畿甸三千里，脉接濂溪五百年"，将其比为"出污泥而不染"的周濂溪。

《成化六合县志》现已不存，其主要内容在《嘉靖六合县志》中多有保存。

《正德六合县志》(佚)

《万历六合县志》明确记载，《正德六合县志》乃"正德十六年（1521），本县知县林幹聘训导帅子卓、庠生郑泰、徐禄修"。由此可知《正德六合县志》编撰的主持者为当时六合知县林幹。《万历六合县志》记载，他字克贞，福建怀安县人（今福州市仓山区，《万历福州府志》卷四十八《乡举上》言其出自"闽清县学"，亦属今福州市），正德十四年（1519）升任六合知县，当时的六合县非常贫穷，正德十五年明武宗朱厚照南幸，要经过六合，为了接驾，他组织人力物力对地方桥梁、祠署加以修缮，虽有上级官府乘势勒索，他充分展示自己的才能，"悉御之有术"，使得民众未受很大的骚扰，同时他又组织人力"续修县志，表扬贞节"，可见其管理能力。后因林幹又有升迁，任河南睢州知州、襄阳府同知，这部县志刚刚修好后，可能因林幹的离任而束之高阁，或因经济困难而未能刊行。

《正德六合县志》主要编撰者帅子卓，字希颜，江西奉新县北乡人，正德十二年（1517）岁贡，正德十三年任六合县学训导。知县林幹以续修县志属之，但因丁忧而去。其他参与本志修撰者有六合县庠生郑泰和徐禄。郑泰，字伯昌，通医药，王守仁在《重修六合县学记》一文中说，正德十年（1515），六合儒学重修建成后，"庠生郑泰、李崑等若干人撰序其事，来请予记。"可见郑泰还应撰有重修六合儒学情况的文章。徐禄生平事迹，历代县志没有记载，可能只是个邑庠生，一生未仕，终生塾师而已。

值得一提的是，《嘉靖六合县志》"凡例"说，它是承接《成化志》，增补其后80年的资料而成，却未提而忽略了中间的《正德六合县志》，不知是何缘故？甚至连《正德六合县志》的序跋也不见于《嘉靖六合县志》中，其后的《万历六合县志》等也是如此，这不能不引起我们的疑惑。为什么距离《正德志》编撰时间很近的《嘉靖六合县志》，对其只字未提呢？仔细考证一下，我们发现，正德十六年，正是正德皇帝武宗朱厚照去世的一年，也许由于新老皇帝更替，权力交接的时候，人们无暇顾及修志之事，导致《正德六合县志》修而未成，半途而废，或成而未版，后世无传？值得我们探究个中原委。在此，我有一个大胆地推想，也许《嘉靖六合县志》就是在已经完成而没有出版的《正德六合县志》的基础上修订而成，所以它能在短短三个月时间内快速编成刊行。

《嘉靖六合县志》8卷（存）

《嘉靖六合县志》是现存最早的六合官修方志。本志以前的宋《嘉定六合县志》，明《永乐六合县志》《成化六合县志》《正德六合县志》均失传，此志作为六合古代文献的最早记录者，显得尤为珍贵。

本志的主修者是当时六合知县董邦政（1500—1579），山东阳信人，字克平。《民国阳信县志》卷五"人物志宦迹"称他"赋性慷慨，学兼文武"，

《嘉靖六合县志》书影（浙江天一阁藏本）

在修学校、抚孤老、勘灾荒、兴水利等内政上，练兵民、除倭盗、严江防等战事方面都表现了"文事武备素兼"的才能。编写《嘉靖六合县志》也是其任内重要贡献之一。

本志的主要编撰人员乃六合乡贤黄绍文和徐楠。黄绍文，字道甫，六合县孝陵卫人，黄宏子。嘉靖十五年（1536）选贡，授江西南安府学训导，升福建晋江县学教谕。除了编撰《嘉靖六合县志》外，他还曾编有《征忠录》和《嘉靖广德州志》（见前文）。徐楠，字子材，武德卫人，隆庆四年（1570）贡。《万历六合县志》言其"性聪敏，自弱冠时卓有声誉，退迩传诵，其文金期大用，顾屡试弗偶，人甚惜之。《嘉靖志》尝与考索文宗"。他参与了《嘉靖六合县志》的编修。由于英年早逝，没有个人文集和诗文传世。

本书开始编写的时间从王宗圣的《六合县新志叙》和董邦政的《后序》中可以考见。王叙作于"嘉靖癸丑岁仲春既望"，即明嘉靖三十二年（1553）二月十六日，《叙》中说"越三月而成编"，董氏《后序》中亦说"越三月而志成"，由此前推，则本书草创于嘉靖三十一年（1552）底或嘉靖三十二年初，成书于嘉靖三十二年（1553）三月前，大约只用了三个月左右的时间。

《嘉靖六合县志》是在明《成化六合县志》的基础上增补其后80年间的资料编撰而成。全书八卷，分为天文志、地理志、人事志、官室志、秩官志、人物志、艺文志7类，下分星野、沿革、文类、诗类等共43目。全书记言叙事，颇为简雅，保存了六合县明代嘉靖之前大量文献资料，特别是详细记述了明代建国以后本地的政治、经济、军事、文化发展情况，为我们了解六合作为明代南方副首都的建置、赋税、保卫等提供了第一手资料。

《嘉靖六合县志》的初刊本版式：序跋均为手写影刻，每版7行，每行12字；正文每版9行，大字每行18字，小字每行双排，每排17字，共591

页，首尾完整，全书 10 万字左右。

本志保存了大量前代艺文资料。如唐代郏滂的六合《怀古》诗，原有50 首，其文学价值可能不是很高，但是对于保存地方史迹却是难得的资料，宋代《嘉定六合县志》收录最多，后代如《成化六合县志》"所载仅数首耳"，《嘉靖六合县志》根据前志的记载全部收录，共有 20 首，为郏滂《怀古》的保存起到至关重要的作用。今人《全唐诗补编》亦据《嘉靖六合县志》予以编入，其功至伟。梁塘铺是六合与江浦之间的一个重要的驿站，位置相当于今天南京江北新区大厂街道北厂门一带，历代记述很少，但是在明嘉靖时期却是一个非常重要的交通和防卫关隘，董邦政对它进行了扩建整修，成为六合重要的景观，时人留下了很多诗文，如朱舜民《六合县新修梁塘铺记》，何桂的《过梁塘铺》和王溱的《过梁塘铺吊黄少参》等诗，成为大厂地区除了长芦寺之外，文献记载最多的地方，为人们挖掘大厂地区的文化历史有很大的帮助。

《嘉靖六合县志》也存在一些不足之处。书中大量记述了嘉靖年间，特别是董邦政从政的两三年来的资料，包括董邦政本人的作品大量收入，但是嘉靖之前的资料相对比较单薄，甚至离嘉靖时间很近的弘治、正德年间的文献收录也极少。书中也有一些取舍失当、误写误刻和校对不慎等有失严谨的地方，如唐代李白的《送赵明府赴长芦》诗，全诗 6 联 12 句，编者截取其中 4、5 两联，使得原诗诗意顿失。又如宋代梅尧臣的《早渡长芦江》诗，书中署名"失氏名"，沿袭旧志之缺，没有进一步考证，而其后迟 20 年编写的《万历志》则不然，加以考定注明；再如明代庄昶的《六合县科第题名碑记》中多处文字与作者文集《定山集》有出入。

《嘉靖六合县志》明嘉靖三十二年（1553）初刻本，目前台湾、天一阁有藏，国家图书馆、浙江省图书馆有胶卷，日本东洋文库有晒印本①。上海书店出版的《天一阁藏明代方志选刊续编》第 7 册、中国国家图书馆出版《原国立北平图书馆甲库善本丛书》第 296 册、《金陵全书》甲编"方志类县志"第 23 册均有明嘉靖三十二年（1553）初刻本影印本。1966 年六合县档案馆曾根据国家图书馆保存的、据说是郭沫若从日本带回的胶卷，钢板刻写油印一次几十本，数量很少，经过"文革"浩劫，留存到现在的也已极少。

---

① 张英聘：《明代南直隶方志研究》，社会科学文献出版社 2005 年版，第 384 页。

《万历六合县志》8卷（存）

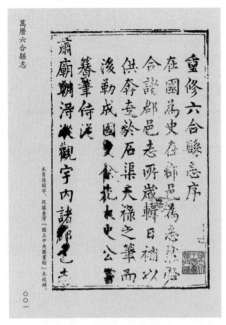

《万历六合县志》书影（中国国家图书馆藏本）

《万历六合县志》是六合现存的第二部县志，也是明代最后一部六合县志。本志曾两次编纂：第一次由"知县李箴聘乡官黄骅、杨郡修，教谕吴邦、训导桑子美、卢文衢校正，庠生黄域、陆察、方澄澈、季宫、朱镇同修"。于万历二年（1574）刊行。它的编写体例与《嘉靖六合县志》基本相同，分为8卷，除了"人物志"分目略有不同外，其他分目也基本一致。记事承前志增纂二十余年间史事。第二次由"知县张启宗聘教谕施所学、训导张士奇、贡生钱兆旸校正，庠生陆怀橘、马梦夔、侯元奎、周维新同修。"于万历四十三年（1615）左右刊行。此次编写是在前一次基础上再增纂40余年间史事，其体例完全一致。现存的《万历六合县志》都是这次增纂本。

明万历二年（1574）李箴主修，黄骅等纂。李箴，字同伯，浙江临海县人，嘉靖三十一年（1552）举人，隆庆五年（1571）任六合知县，仕终曲靖知县。黄骅，字德远，南京六合人，出身书香门第。他的父亲黄肃官至湖广兵备副使，有《静庵集》。黄骅曾任江西丰城教谕、直隶曲周知县。嘉靖四十一年（1562），黄骅在任广平府曲周县知县时，因"克承家学，奋迹贤科，爱以儒校休声，擢宰名邑，持身廉静，莅政精明，节用爱民，教养兼举，循良著誉，荐牍屡升，可谓以文学饰吏治"（见《万历六合县志》卷六），而收到朝廷的嘉奖，奉敕进阶文林郎。再升江西南昌府同知致仕，奉诏进阶朝列大夫。

万历四十三年（1615）张启宗增修，施所学等增纂。张启宗，字汝礽，江西新喻人，万历二十八年（1600）庚子举人，以广东四会知县奉文回避，于万历四十年（1612）补任六合知县。施所学，字志伊，一字务正，直隶婺源县施村人，登万历三十一年（1603）癸卯应天乡试，由举人于万历四十年（1612）任六合学官，卒于官。

《万历六合县志》补充了自前次修志的嘉靖三十二年（1553）之后六十年的内容，对部分类目内容进行了重新分类，如卷五《人物志》，改变了《嘉靖六合县志》将人物分为岁贡、乡贡、进士、杂途、忠贤、隐逸、文人、武功、旌表、仙释10类的分类法，而改为勋封、荐举、科第、武科、岁荐、例贡、应例、冠带、武弁、封荫、杂职、忠贤、死节、孝友、一行、隐逸、尚义、文苑、列女、方技、方外等21类，这是历代县志中分类最细、最多的，分类增多了，但是有的类中人物极少，最少的只有一人，反而显得过于烦琐。另外本书保存了大量清代因文字狱删改古籍之前的文献，如顾起元所著《六合县知县友石米公去思记》，为我们了解米万钟在六合的政绩有很大帮助。

《万历六合县志》现存极少，倪波编著《江苏方志考》说本书已佚，显误。据载目前北京国家图书馆有原刻本残卷，又有缩微胶片，上海、南京图书馆有胶卷，日本东洋文库有晒印本，另外台北"国立中央图书馆"亦有藏本，均为明代万历二年刊、万历四十三年增补刻本，我们都已很难看到。六合区档案馆有一部据说是当年郭沫若从日本购回的胶卷翻拍的照片本，相片文字漫漶，阅读非常困难，一直深藏馆中。

《万历六合县志》的最早版本为万历二年的初刻本，但未见流传；万历四十三年增纂刻本自出版后，明、清、民国时期均没有再版或影印，由于保存不善，各种底本文字均较模糊，有些部分辨识比较困难。中国国家图书馆出版《原国立北平图书馆甲库善本丛书》第296册有明万历二年刻四十三年递修刻本影印，《金陵全书》甲编"方志类县志"第24册以南京图书馆所藏万历四十三年刻本为底本影印。六合县档案馆有明刻照片翻拍本和1988年打印本。

《顺治六合县志》12卷（存）

《顺治六合县志》是六合县清代编写的第一部地方志。全书十二卷，清顺治三年（1646）知县刘庆运主持，聘乡绅孙宗岱纂修，胥宇、孙泮如、沈

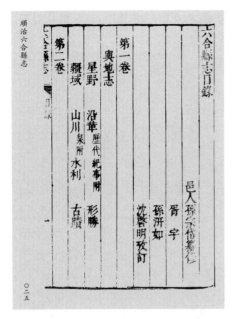

《顺治六合县志》书影（中国国家图书馆藏本）

启明考订而成。

刘庆运，字应生，直隶延庆州（一作江苏吴江震泽）人，由恩贡副榜于顺治二年（1645）任六合县清朝首任县令。他富有文采，喜好游览，每于赏玩之余，作诗记游。莅任后，能收集流徙，赈济安民，重视文教，颇有政绩，商民为之建生祠于六合西门内。

孙宗岱，字石君，六合八百桥西阳山（位于今南京市六合区金牛湖街道）人，明万历四十七年（1619）举人，应荐为游击将军，升参将。他文韬武略兼备，与父孙国敉、弟孙汧如合称为"小三苏"。明亡后，隐居不仕，闲居金陵，靠卖药终老。著有《射义府》《楷墨》《兵荒纪略》《燕睇草》《汲古堂草》《通礼纂要》《志郛》等，惜均已散佚。

孙汧如（1605—1675年后），字阿汇，孙宗岱弟。少工诗文。顺治九年（1652）贡生。历官靖江、含山教谕。著有《颂橘斋集》《汲古堂时艺》《客花馆杂说》《汲古堂诗集》《浮淮篇》《江西纪游》等。其作品大多散逸，存世者唯有《释冰书》一卷，和一些零散诗文、书信等。

胥宇，字西臣，六合人。崇祯十二年（1639）恩贡，著有《古香堂文集》，已佚。

沈启明，字熙仲，六合人，国子生。著有《鼎社集》《桐花园集》，均佚。

顺治二年（1645），刘庆运历官六合，深感兵燹之后，民生凋敝，他访苦问贤，看到旧志多毁于战祸，十分痛惜。一日经过被称为"海内文章师表"的乡贤孙国敉书斋时，见其案头所辑《棠邑枝乘》，遂萌修志之心。于是，在顺治三年春天，聘孙国敉的两个儿子为主，并请胥宇、沈启明等为辅佐编写新志，只用三个月时间就编写完成，速度之快、体例之新、内容之多，实难想象，此实不可忘孙国敉前期搜辑之功。本书编著者虽未列孙国敉之名，在此实不能标出。刘庆运以修志稳定人心，这确是改朝换代治乱世的一大高明策略。

　　此志在旧志的基础上多有创新和突破，如卷首除了保留原志的县境、县坊、县治、县学四图，首次绘制了"六合十景图"，不仅让明代"六合八景"得到扩充，同时也更加形象地记录了六合风景，为后世"六合十二景"的形成开了先河；编者在每卷之首，每目之前均有小序，阐述编写方法和目的；在"舆地志"中创设"历代纪事"，详细记载了发生在六合县境内的政治、经济、军事等方面的重大事件；将旧志"人事志"一卷的内容，拆分为"贡赋志""礼乐志""灾祥志""物产志"4卷，并充实了大量新的内容；"文艺志"收诗文2卷，卷首分别开列著作者及其里籍字号，便利查检；"文艺志"增入搜集大量诗文作品，由一卷扩充为两卷外，对其文体进行了更加细致的分类，由《嘉靖六合县志》的3类（制命、文类、诗类）、《万历六合县志》的4类（制文、奏疏、文类、诗类）而扩充为7类（诰敕、奏疏、碑记、记序、议疏杂著、传志、诗类），资料更加丰富，为历代六合县志之最；增加"志外纪"十篇一卷，包括棠邑杂考、稼学、书苑、画苑、艺林、膳秩、古木记、水阳秋、茗笺、石圃，乃为无法归入志书其他章节之中，且富有六合地方特色的内容。其中有些文字虽为他书摘录，似可不必载入县志，但它们有利于士民日常生活使用，颇有史料价值。全书层次清晰，类目详核，是六合县历代志书中一部卷帙最多，内容最为丰富的县志。

　　《顺治六合县志》现存最早的版本为清顺治三年（1646）刻本，中国国家图书馆、上海图书馆有藏，六合区档案馆有照片版。学苑出版社《天春园藏善本方志选编》第49—50册、《金陵全书》甲编"方志类县志"第25册有顺治三年刻本影印本。六合县档案馆曾于1966年据中国国家图书馆照片，手抄钢板刻印，油印50本，现存区档案馆、区图书馆等处。

《康熙六合县志》12 卷（存）

　　《康熙六合县志》十二卷图一卷，清洪炜修，汪铉纂，为清代编写的第二部官修六合县志。

　　洪炜，字豹生，号绳斋，江西洎阳（今乐平市洎阳街道）人。康熙九年（1670）进士，二十年（1681）任六合知县。《乾隆乐平县志》载其居家孝友，学问渊博，为官廉明，声称江北，莅任八载，合邑歌思。著有《淇园唱

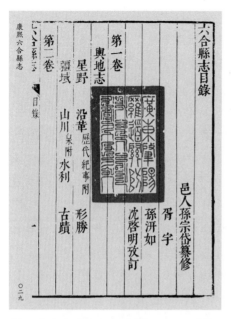

《康熙六合县志》书影（南京大学图书馆藏本）

和》《赠遗》诸集。

汪铉（1612—1702），字尔调，号耐庵，江苏六合人。邑庠生，究心古学，长于史才，士林推之为冠冕，晚年杜门甘淡，方正自持。著有《易经蠡测》十六卷，《耐庵文集》十二卷及《澄思堂集》《吞海楼诗文稿》，均佚。

《康熙六合县志》是应当时州府汇撰《江南通志》，以备朝廷编纂《天下一统志》的任务，由汪铉取《顺治六合县志》"加意整辑""补新黜谬"而编写。观其刻写，颇为精良工整，与《顺治六合县志》版式一样，字体相同，完整保存了其"目录"后的署名和"掌修名氏"而没有增加一人，可见该志应是在《顺治六合县志》的原版基础之上，增刻了由汪铉补充的顺治三年（1646）以后至康熙二十三年（1684）之前近四十年间少量的地方史料而成。

《康熙六合县志》的体例、卷目与《顺治六合县志》相同，首冠刘庆运、洪炜、张启宗三序，序后依次为目录、掌修名氏、凡例、官制、舆图。正文十二卷，分舆地、建置、赋贡、官纪、礼乐、人物、物产、灾祥、文艺、外纪十门，其中外纪包括杂考、稼学、书苑、画苑、艺林、膳秩、古木记、水阳秋、茗笈、石圃，记载较为特殊。书后附刊刻分工表及汪铉跋。汪氏在本志跋语中称"事增于旧志十之四三，辞减于旧志十之七八，使人开卷展阅，心目了然"，经与《顺治六合县志》比对，该志实际增补和修改的内容不足十分之一，只有极少量变动：一是《贡赋志》《官纪志》的内容有所增加，其中《贡赋志》增加了"卫田"条目，反映了清代入主中原后加强屯戍的情况，《官纪志·惠政》则增加了养济院米数和康熙年间赈灾、蠲免情况；二是《人物志》中增补了入清以来康熙修志之前各类人物的资料；三是《艺文志》中增加了部分诗文，如《传志》后增补了入清以来的一些人物，有官至刑部侍郎的李敬及其祖父、父亲和儿子，以及征君朱有定、隐君袁淑岐共六人的传记。

《康熙六合县志》刻本，有一点值得一提。《雍正六合县志》在"凡例"中称"康熙二十三年（1684）重修邑志未经刊刻"，此说值得玩味，它为我们提供了康熙志使用顺治志底版的另一重要依据。另外，《雍正六合县志》卷十收录了汪铉撰写的两篇有关《康熙志》的跋语，一为《六合续修县志跋》，一为《六合新修县志跋》（见前文"汪铉"条下）。前者文末署康熙二十三年作，见于本志书尾；后者没有署具体写作时间，也未见于本志后。在后一篇跋语中，汪铉说："循览旧志，以星野冠舆地是矣，而灾祥别序星野，何以征？以疆域统山川是矣，而城池各陈疆域，何以守？寺观本非朝典，奈何与公署相联？科荐同是王臣，安得判勋封为二？"他提出了旧志中一些"例多与义妨"者，并"不揣固陋，僭列十门，门分几则"，使其更加"就醇""归一"，同时"传各冠以表"，使之更加清晰明了，且"每门略置四言"。但在传世的《康熙六合县志》中，我们并没有看到后一篇跋语中提出的一些改动，包括"冠以表"之表格，"置四言"之文字，由此可见，汪铉应该曾经编写有另外一个版本的康熙"新修县志"，可惜此本没有刊刻传世。因此，《雍正六合县志》在"凡例"中称康熙志"未经刊刻"是有一定依据的。

《康熙六合县志》的传本很少，目前南京大学图书馆藏有一部康熙四十六年（1707）增刻本（版框高22.3厘米，宽15.8厘米），为时任知县赵羽清在康熙二十三年刻本的基础上主持增刻，增加了部分人物的传记，中有少量错页和脱漏。南京图书馆藏民国抄本，佚名批校，共5册。此外，中国国家图书馆有残本一部，仅存4卷。南京出版社《金陵全书》甲编"方志类县志"第26册、国家图书馆出版社《南京大学图书馆藏稀见方志丛刊》第20册有康熙四十六年增刻本影印。六合区档案馆有现代张世明手抄本影印本。

《雍正六合县志》10卷（存）

《雍正六合县志》十卷首一卷，清苏作睿主持，徐重龄纂，张简、李钦、朴士谦修。《雍正六合县志》是清代编写的第三部县志。

苏作睿（1695—1759），字思安，号凤冈，江西永新县禾川镇人。清雍正二年（1724）进士，雍正六年（1728）知六合县事。为官清廉，沉静寡

《雍正六合县志》书影（中国国家图书馆藏本）

欲，精勤有为，善体民情，重视孤儿教育。有诗才，现存《六峰八景》等吟咏六合风光的诗作。

徐重龄，号仁斋，安徽凤阳府定远县人，由拔贡于雍正九年（1731）任六合县学教谕。

张简，六合人，雍正十二年（1734）贡生。其生平事迹不详。

朴士谦，字孚益，号东村，六合人。雍正四年（1726）岁贡，有品望，为方苞门下士。年八十多岁后方卒，多为本志修撰提供史料。

《雍正六合县志》的体例内容（包括细目）与《顺治六合县志》《康熙六合县志》一脉相承，只是在其后增加了自顺治二年之后近90年（康熙二十三年后51年）的资料。但记述更为详当。卷首为官制、图、凡例；卷一《舆地志》，包括星野、沿革、纪事、疆域、形势、山川、水利、古迹；卷二《建置志》，包括城池、公署、学校、桥梁、关津、坊市、邮铺、乡都、寺观；卷三《赋贡志》，包括户口、田赋、卫田、州田、徭役、仓敖、马政、孳牧、盐法；卷四《秩官志》，包括勋封、守令、师儒、辖属、宦绩、惠政、兵防；卷五《礼乐志》，包括坛祀、仪制、乡饮、风俗、时序；卷六《人物志》，分为忠孝、尚义、节烈、科第、岁贡、例贡、武科、武职、武弁、封荫、例监、杂职，文苑、仙释、隐逸、方技、冢墓；卷七《物产志》；卷八《灾祥志》；卷九、卷十为《文艺志》。此志与《康熙六合县志》相较，比较大的变化有这样几点：一是卷首附图重新绘制，并增加"先农坛图"，将六合"十景"扩为"十一景"；二是将前志中"志外纪"一卷删去"稼学、书苑、画苑、膳秩、茗笈、石圃"等六篇，只保留"艺林""棠邑杂考"两篇，和没有标明篇名的"古木记""水阳秋"的内容，作为附录抄录于全书之后，未单列一卷；三是"文艺志"增加较多新人新作，如诗词增收就达51题60多首。

《雍正六合县志》现存有雍正十年（1732）和雍正十三年两个刻本。

雍正十年刻本，乃雍正七年苏作睿为了完成"圣天子诏修一统志"（见苏作睿序）的任务，循例先编修县志，组织人员历时近三年，于雍正十年修撰而成，当时苏作睿因事暂离六合，未能参与雠校，而由当时任事者刊刻印行。雍正十年刊本，原 12 卷，现藏南京图书馆，残存 4 册，缺卷七至卷九，《江苏艺文志·南京卷》说："南京图书馆藏有残本 4 册，有 1927 年汪昇远手书跋尾：'此志立纲分目，大概全祖顺治志，而增益其后数十年事'，'有乾隆志可以考见吾乡志体改正简严之由，有顺治、雍正二志可以考见［吾乡］明代地方行政之要，皆邑中必不可少之书。'又有 1931 年、1964 年邑人孙为霆手书跋尾两则，谓本志始藏其父孙叠波处，因惧其亡佚，乃寄赠南京图书馆。"可见其保存情况。此本为孙为霆购藏，后寄赠南京图书馆，此版本曾由国家图书馆出版社影印收入《南京图书馆所藏稀见方志丛刊》第24—25 册中。比较雍正十年与十三年《六合县志》的序文，有明显的不同，前者有苏作睿、周士适和吴伯裔三序，而后者无周、吴两序，只有苏作睿所作序和后叙。

雍正十三年（1735），苏作睿秋回任六合，"偶取此志检阅再过，见其舛遗乖迕，种种不一，不仅鲁鱼豕亥字句之疵已也。爰细加考订，舛者正之，遗者补之，乖迕者详核而次叙之，重加剖厥，又匝月而始竣"（见苏作睿后叙），进行了修订，并重新刻印，此即为雍正十三年刊本。雍正十三年刻本，现藏北京国家图书馆，首尾基本完整，中间略有缺页，南京出版社《金陵全书》甲编"方志类县志"第 27—28 册即以此为底本影印。

《乾隆六合县志》6 卷（存）

《乾隆六合县志》6 卷，图 1 卷，清廖抡升修，清戴祖启纂。《乾隆六合县志》是现存六合古志中卷数最少，最为简练的县志。

主持本志纂修的官员是县令何廷凤、廖抡升、李龙湛等。本志原由知县何廷凤于乾隆四十六年发起，然书未脱稿，何廷凤以调任中止。何廷凤，广东连平州人，乾隆四十五年由例贡知六合县事。继任者廖抡升，广东镇平人，授文林郎，乾隆二十七年（1762）举人，于清乾隆四十六年冬（1781）任六合知县。他"咨询前哲，采访旧闻，纠谬而正讹，拾遗以补阙，阅一载而成编"。然书尚未刊刻，廖氏又于乾隆四十九年（1784）离任，李龙湛接

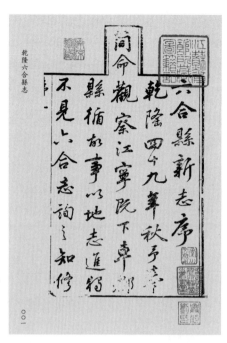

《乾隆六合县志》书影（中国国家图书馆藏本）

任，才于乾隆五十年（1785）刻成。李龙湛，广东新兴人，乾隆五十年以通判转署六合县事。本志的修纂，前后经三任知县，历时五年，可谓好事多磨。

实际上对《乾隆六合县志》编纂贡献最大的应该是戴祖启、方性存和吴鼒。戴祖启（1725—1783），字敬咸，别字东田，号未堂，上元（今南京市）人，时任国子监学正，是主管文教的六合县上级官员。受业于伯父戴瀚，乾隆二十七年（1762）举于乡。三十九年（1774）毕沅聘主关中书院。四十三年（1778）进士，授中书。逾年，经毕沅荐试，以国子监学正录用。戴氏工文辞，有志儒者体用之学，潜心经义，以治《春秋》《尚书》成绩最著。著有《尚书协异》《尚书涉传》《春秋五测》《陕甘诸山考》《师华山房文集》等。方性存，乾隆二十七年（1762）举人，安徽桐城人，时任拣选知县。吴鼒（1755—1821），字山尊，一字及之，号抑庵、达园、南禺山樵，安徽全椒人。清代著名骈文家、诗人。参与修志时为拔贡生员。嘉庆四年（1799）进士，官至侍讲学士。休官后，寓居扬州西园，主讲紫阳、梅花书院。兼工画事，有大量作品传世，梓版曾因咸丰年间为兵火所毁，其后人又陆续收集整理他的诗文，编订为《吴学士文集》，含文4卷、诗5卷。另有《百萼红词》2卷，及大量手札及辑录的作品。

本志全书只有6卷，共9门48目。注重实用，一改过去新故相因，新志抄录旧志，内容越来越多，而错误也层出不穷的陋习，大胆去除了旧志中的大量芜杂不经，烦琐的文字，重新改写编写，文简义概，内容重点突出，要而不繁，特别是将过去的《师官志》，首次改为《师官表》，表中只列四目，"曰县令，曰学官，曰佐杂，曰武职"，记录他们的姓名籍贯，莅任岁月，至于其他的"若阴阳、医学、僧会、道会本非朝命之员，又其人微冗不足悉录，则姑阙之，以著其洁云尔"，一概去除，以便内容简洁扼要。同样《选举志》也改为《选举表》，只列文科、明经、武科、荐举、仕宦、武仕宦、封荫、乡饮宾六目，按时间顺序排列，一目了然，清晰易检，方便阅读。并将一些琐屑之事，如礼俗、方技、仙释、杂事等作为《附录》，放置书后，以供参考。在体例上作了重大改变，因此，六合末代进士、《民国六合县续志稿》的主编汪昇远在《书六合乾隆志后》一文中说，本志"略仿明康对山《武功县志》，简严精要，于此邦之地理山川考证详确，于人物则黜季可、杨俊，訾杨武强、李云鹄，推论名宦、乡贤，崇祀诸公之失当，而列举二祠宜增入祀之人，以昭公论。又论节妇烈妇之书法，核实不苟，洵可为后来者取则，而乾隆以前诸志所不能及也。其时纂修者戴君祖启，分修者方君性存，吴君燽，皆当时知名士，而非本邑人，故无瞻徇顾忌，而笔削一秉大公，或有议刊削太甚者，然不刊削，又乌能简严哉！此不足以服戴、吴诸君子矣。"大力称赞"此志不失为吾邑良史"。

《乾隆六合县志》最早版本为乾隆五十年（1785）刻本，南京图书馆、上海图书馆、故宫博物院藏有此本。海南出版社《故宫珍本丛刊》第87册江苏府县志第1册、国家图书馆出版社《上海图书馆藏稀见方志丛刊》第34—35册、《金陵全书》甲编"方志类县志"第29册均有乾隆五十年刻本影印本，国家图书馆出版社《南京图书馆所藏稀见方志丛刊》第35册有民国抄本影印本。六合区档案馆有现代张世明手抄复印本。

《嘉庆六合县志》（佚）

《嘉庆六合县志》首载于《光绪六合县志·凡例》。《光绪六合县志》在列举历代修志情况时说"一修于嘉庆年间"，在论述志书存佚情况时说"嘉定本久佚，明人本暨刘本、洪本、嘉庆本皆不传"，这里《光绪六合县志》的编者说"明人本暨刘本、洪本、嘉庆本皆不传"是不准确的，因为明代永乐、成化、正德《六合县志》确实散佚，而嘉靖和万历两志尚有存世，清代的刘志（即《顺治六合县志》）和洪志（即《康熙六合县志》）其实也没有"不传"，只是当时流传极少，编者未见而已。而说《嘉庆六合县志》不传，确是事实。我们至今未见《嘉庆六合县志》的身影，甚至连本志的编者是谁、编撰具体时间、本书的序跋等都没有记载和留存，以至很长一段时间，大家都不知道有本志的存在。

据《光绪六合县志》记载，嘉庆间曾出任六合知县的有三人：杜念典、卜鸾停、武念祖。

杜念典，生平里籍不详，"政绩失考"，太平天国前，曾设牌位祀于集善堂。《道光苏州府志》卷五十六《职官志四》记载他曾于嘉庆元年（1796）四月十六日任"海防同知"，驻地在常熟。时间也极短，只有不到一个月。其他事迹无考。他离开常熟后，是否即就任六合县令，或亦可能。

卜鸾停，河南夏邑县人。《民国夏邑县志》卷八记载，他乾隆四十八年（1783）举人，曾任"江苏赣榆、睢宁、六合、山阳、泰兴、江浦、丰县等县知县，提补高淳县知县"。他嘉庆中令六合，"政绩多失考，长老所传，民间有'卜青天'之颂"。

武念祖，《道光上元县志》卷五《历官》记载其乃"顺天大兴监生，陕西岐山籍，（嘉庆）二十年（1815）七月初四日任，钦加知州衔"，任期极短，同月姚梁接任，"（嘉庆）二十四年（1819）三月回任，道光二年（1822）五月调补上海县去"。1815 年至 1819 年近四年时间的任职，史书无载，但据他在道光元年（1821）作《上元县志序》时说"余莅兹土（江宁府）先后凡六稔"，则其自嘉庆二十年初任上元县志，后所改任者可能就是六合知县，时属江宁府，直到二十四年回任上元，这样他在六合任职近 4 年。《光绪六合县志》载其"有威望，断事明决，豪猾惮之"。结合他曾在上元县令任上编撰《上元县志》的经历，可见其颇重视地方史志，且有文采史才，因此《嘉庆六合县志》最有可能就是在他的主持下编撰的。

据清姚鼐总修的嘉庆十六年（1811）吕太守本《嘉庆新修江宁府志》卷首所列府志参与编写人员记载，其中有"采访：廪膳生贺淳（江苏六合县人）；廪膳生唐肇甲（江苏六合县人）"，据此，协助参与《嘉庆六合县志》编撰的六合地方人士，至少最有可能包括贺淳和 / 或唐肇甲二人。

贺淳，字翀庵，号遂初，六合县优廪生，乃进士贺鸣谐次子。《光绪六合县志》说，贺淳性孝友，事兄法如严师。江宁状元秦大士的儿子进士秦承恩（？—1809）巡抚关中，贺淳居其幕中，凡所建议，悉中机宜。嘉庆十五年（1810），重修江宁府志，贺淳出任六合采访，节妇、贞女，甄录无遗，著有《秦中先生正言行录》《关中闻见随笔》《潼关建置考》《幕府末议》诸集。可见，贺淳对六合地方情况非常了解，且文笔不凡，对府县志的编写十分熟悉，是《嘉庆六合县志》非常合适的乡贤主笔。据此，我们也可以考知《嘉庆六合县志》的编写时间大约在嘉庆十五年（1810）至二十四年武念祖离任六合县之间。

唐肇甲，字号、生平不详。六合县郡廪生。据《清代朱卷集成》第383册"唐毓和"条记载，唐肇甲是唐毓和（1845—?）的从堂"伯祖"或"叔祖"。而唐毓和于同治十一年（1872）拔贡，官元和县学训导，曾参与《光绪六合县志》的修纂，主修"《人物志》卷五之五事功"（与周焯合纂）、"《选举表》卷六之一文科明经"、"《兵事考》卷八（兵事纪略附）"（与朱麟祉、周焯合纂）。唐氏家族为六合地方文化望族，他们家有关注地方文史、协助修志的传统。据此可知，《光绪六合县志》所言县志"一修于嘉庆年间"应该就是出自唐毓和之见闻，但是他可能也并没有见到《嘉庆六合县志》的手稿或刊本，故此没有具体记述撰写人员和撰成时间。

《光绪六合县志》8 卷图说 1 卷附录 1 卷（存）

《光绪六合县志》八卷，图说、附录各一卷。谢延庚、姚德钧、吕宪秋督修，贺廷寿、姜由轸、孙崇晋、叶瑄、沈坛、周焯、巴明璧、朱麟祉、李承霈、唐毓和分纂。《光绪六合县志》是六合历史上第十三部（其中明万历时修志 2 次），清朝第六部也是最后一部县志。

《光绪六合县志》书影（中国国家图书馆藏本）

谢延庚，字心畬，浙江会稽（今浙江绍兴）人。由监生于光绪三年（1877）知六合县事，有史才，主持编写《光绪六合县志》。后调任江都县知县，又曾编写《光绪江都县续志》三十卷。

姚德钧，字平甫，安徽寿州（今寿县）人。光绪七年（1881）由监生署县事。莅任后即着手编修《光绪六合县志》，中间曾因母病而请假归里，光绪八年由吕宪秋接署，继续县志的编写，而最终完成。光绪九年（1883）他因母亲去世而服阕离任，光绪十九年（1893）九月再署六合县事。著有《读史正气录》18卷（与刘秉衡合著），行于世。

吕宪秋，字桂岩，山东莱芜县人。同治元年（1862）举人，光绪八年（1882）知六合县事，为人严毅朴实，为官专务德化，"煦民如慈母，人呼之为吕佛"（宣统《莱芜县志》）。上任后，继续督修《光绪六合县志》成。后调甘泉知县，光绪十一年（1885）再任六合知县。年七十一岁卒。

贺廷寿（？—1880），号静之，乃六合乡贤贺鸣谐（1717—1769）之孙、贺淳之子。同治甲子（1864）举乡魁，性敏嗜学，工诗文。他分纂县志的"兵事略"，纪事详细，保存了大量太平天国运动的史料。书稿方成而病逝。著有《洁玉堂文稿》《六峰忆草》《抱瓮诗钞》，待刊，今佚。

姜由轸，六合县人，道光二十九年（1849）拔贡。光绪十年（1874）任丰县儒学训导，历署淮安府学，泰州、宿迁、桃源、通州等教谕，加五品衔。他分纂县志"人物志"中的儒林、文苑、义行等内容。

孙崇晋，字鹤笙，六合人。少有文誉，屡荐不售，以岁贡终。性刚直，淡嗜欲，喜交游，乐善好施，而尤留心忠孝节义事。他分纂县志"人物志"中的"烈女门"。

叶琯，字献白，六合人，岁贡生。为人心气平和，笃于家族。晚年教授乡里，多所成就。他分纂县志中的"建置志"部分。

沈坛，字兰如，六合人，由副贡生得奖蓝翎候选教谕。他分纂县志中的"地理志"部分。

周焯，字月波，六合人。光绪元年（1875）举人，授兴化教谕。他分纂县志中的"选举表"，与唐毓和合纂"人物志"中的"事功门"，与唐毓和、朱麟祉合纂"兵事考"。

巴明璧，字易城，六合人。光绪六年贡生，候选训导。他分纂县志"人物志"中忠义、孝友门，又与唐毓和、周焯合纂"兵事考"。

朱麟祉，六合人，道光二年（1876）贡生。历任丰县、邳县、清河、江都等州县学训导、教谕、学正等。他分纂县志"人物志"中的"忠义""孝友"，与唐毓和、周焯合纂"兵事考"。著有《淮南游草》抄本，未见传世。

李承霈，字赓堂，六合廪生。他分纂县志中的"艺文志"部分。

唐毓和，字佑惺，南京六合人，清同治癸酉（1873）拔贡，光绪庚辰（1880），选授苏州元和县学训导，后授吴县学训导。清亡前数月，辞官归里。与周焯合纂县志"人物志"中的事功门，与朱麟祉、周焯合纂"兵事考"等。

《光绪六合县志》的修撰历时七载，历经三任知事。光绪三年（1877），谢延庚任六合知事，其检阅邑乘，发现最近一次修志乃乾隆五十年（1785），已有近百年，乃与有识之士穷二年之力，编成新志，分纂八卷，总辑将成，他调离六合，后经校字之役又二年，书乃告成。光绪七年辛酉（1881）夏五月，姚德钧继任六合知事，继续督修县志，遣繁简之。光绪八年（1882）吕宪秋到任后，复加采访以增益之，直至竣工。光绪九年（1883）开雕，光绪十年刊印。

《光绪六合县志》卷首载凡例 5 则，其后是总叙、县志目录、旧志纂修姓名、本志纂修姓氏，其后是图说，包括六合县图 18 幅，图后有县境全纪图说；卷一《地理志》包括沿革、疆界、山川、水利、古迹；卷二《田赋志》包括户口、民田、卫田、芦课、杂税、物产；卷三《建置志》包括城池、仓库、官庙、公署、营汛、驿递、桥渡、寺观；卷四《官师志》，以表格形式记录历代县令、学官、佐杂、武职；卷五《人物志》，分为孝友、儒林、文苑、事功、义行、烈女等；卷六《选举志》，以表格记录历代文科、明经、武科、荐举、文仕宦、武仕宦，以及乡饮宾、封荫等；卷七《艺文志》，载奏疏、杂著、诗赋；卷八为《兵事考》和《附录》（附录包括礼俗、方枝、仙释、杂事四篇）。此志卷四"官师志"、卷五"人物志"收集各类人物，记述简洁，尤其以列表表述，简明扼要，一目了然；卷八"兵事考"，翔实记载六合以弹丸之地，逼近金陵，独能以团练民兵拒太平军，坚壁六载，直至孤城失守，全城士女慷慨捐躯，无一忍辱偷生，义烈之风跃然字里行间。其不足之处是部分史实欠详考。

《光绪六合县志》于光绪六年（1880）开始修纂，多年方成。最早版本为光绪十年（1884）刊本，南京图书馆、六合区档案馆、六合区图书馆等全国多处图书馆均有馆藏。江苏古籍出版社《中国地方志集成·江苏府县志辑》第 6 册、南京出版社《金陵全书》甲编"方志类县志"第 30—31 册有光绪十年刻本影印本。六合区档案馆、六合区图书馆有 1986 年张世明毛笔手抄影印点注本，删除了原志中的忠义、烈女名录，及与六合县无关或与前志重复的艺文，可惜校对不严，错漏颇多，失去原刊面貌。1988 年广陵古籍刻印社曾影印出版光绪刻本。

《民国六合县续志稿》18 卷首 1 卷（存）

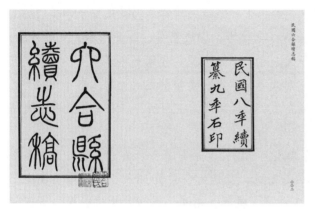

《民国六合县续志稿》书影（南京图书馆藏本）

《民国六合县续志稿》十八卷，首一卷，民国郑耀烈、汪昇远、王桂馨等主纂，厉式金、孙锡恩、王乃屏、朱振宇、张嘉行、厉式钰、钱树模、余复光、王金钰、周家诏、柏其作、吕策平、龚长庆、张克扬、张鸿禧、贡寅从、张存英、项文启、吴毓英、沈传福、唐志岳、汪嵡、唐志崇、朱言荣、陆必咸为六合县征访员办事处成员，协助编撰，其中朱言荣、陆必咸为征访处书记员兼校对。

郑耀烈，字镜人，湖北孝感人，优贡，1915 年七月任六合县知事。

汪昇远（1864—1936），字荷生，号鹄飏，南京六合人，光绪二十九年（1903）进士，官翰林院编修，赏加侍讲衔，曾任《大清德宗景皇帝（光绪朝）实录》协修官，著有《六合汪氏家谱》十卷。编本县志时任征访处主任员。

王桂馨（1874—?），字式山，南京六合人，具体生平事迹不详，协助编纂《民国六合县续志稿》。

《民国六合县续志稿》是六合民国时期唯一的一部县志，也是六合县最后一部按照旧志方式编撰的县志。自编辑至脱稿，实际仅花十六个月时间，先是 1916 年内务、教育两部通饬属部重修县志，1917 年 3 月江苏通志开局，省令各县派征访员与省局征访员接洽，当时以经费无出迄未举办。1918 年叠奉严催，乃由县署集议，先办通志征访办事处，九月朔处中组织始成立，着手辑访，7个月成稿12卷，上呈省局，其中未备者复延长数月，增辑武备、实业、金石三志及校勘记一卷。志稿实为初稿，以备异日修志取材。

《民国六合县续志稿》为续清《光绪六合县志》而纂，记事起于清光绪十年（1884），止于宣统三年（1911）。卷首载凡例、总目及舆图，包括县境全图，山脉水道图；卷一《地理》上，记述沿革表、界至、形胜、暑度；卷二《地理》中，记述山脉、水道；卷三《地理》下，记述市乡、交通（水陆道路、邮政、小轮）、风俗、物产；卷四《赋税》上，记述户口；卷五《赋税》中，记述田赋；卷六《赋税》下，记述厘税、杂税表、附地方公共产；卷七《学校》上，记述学官、殿庑位次、祭器祭品、乐器乐章、祝辞、学署、学额、学田；卷八《学校》下，记述书院、社学义学、学堂、公共体育场、教育会、劝学所、教育经费；卷九《武备》上，记述兵制、屯操、马政、民团、警察、枪械；卷十《武备》下，记述历代战事；卷十一《官师》，续前志，增补吕宪秋、舒朝冕、施煌三人传记，和续前志的官师表；卷十二《人物》上，续前志增补旧志遗漏人物传记；卷十三《人物》下，续前志增补光绪十年（1884）后人物传记；卷十四《实业》，记述农业（包括农产物、农用器、农田土壤、农田水利、农田肥料、农会、模范农场、蚕桑、育蚕试验所、苗圃、林务公会、园圃、渔牧），商业（包括商市、商品、商类、商情、商会）和工业；卷十五《艺文》上，按照经、史、子、集分类编排历代作品集书目；卷十六《艺文》下，记述历代旧志及记述本地事物之书；卷十七《金石》，记述从蜀汉至明清以来历代金石碑刻留存和碑文；卷十八记述祥异，后附《光绪六合县志》校勘记、本书勘误等。

此志备勤搜采，较前志既增新目（如武备、实业、艺文、金石四志），又复网罗旧闻（如补旧志人物之漏），多所创见，体例更为完备。本志没有收录历代诗文，似不合历代志书体例，汪昇远在本书总目跋语中说："若夫旧志所载诗文，皆乡先辈手泽润色此邦山川者也，拟辑《诗征》《文征》附志稿后以博观，慎取之，不可以苟，而征访处又不能久延，掇辑成编，仍当俟诸异日。"可见本书之编非为定稿，故名为"志稿"，实有待完善也。

《民国六合县续志稿》，南京图书馆藏有两个版本，一是1920年石印初刊本，1988年扬州广陵古籍刻印社曾影印再版，2008年江苏古籍出版社《中国地方志集成·江苏府县志辑》第6册亦以此版影印。另一个是六合人汪昇远、孙锡恩的批注本，他们对原本进行了详细的校勘补注，纠正了很多错误并补充了一些资料，书后有汪昇远于 1928 年写的说明，是一个非常珍贵的版本。南京出版社《金陵全书》甲编"方志类县志"第 32 册以南京图书馆所藏汪昇远、孙锡恩批注本为底本影印。

《竹镇纪略》2 卷（存）

《竹镇纪略》，一名《竹墩纪略》，清李敬撰。竹镇，位于六合县城西北 24 公里。宋时以地有紫竹林故名，初名竹墩，后因避宋光宗赵惇讳，改竹镇。现为六合区竹镇镇政府所在地。本书是六合古志中唯一的乡镇志。

李敬，字圣一，其先吴县人，世居六合竹墩里。顺治丁亥年（1647）进士，授行人，考选广西道御史，多所建白。出任湖广按察使。曾因征贼有功，升太仆寺少卿，通政司左右使，宗人府丞，升刑部侍郎，为人和衷详慎，出入称平。著有文集《学诗录》《湖南案稿》。

《竹镇纪略》有清抄本存世，南京图书馆有藏。江苏古籍出版社《中国地方志集成·乡镇志辑》第 5 册影印收录此抄本，影印编者说："本书二卷，清道光十一年（1831）修，现据抄本影印。"据李敬《竹墩纪略》后序所言，本书作于顺治四年（1647）。这里说"清道光十一年修"，显然有误。编者之误可能是以本书序后之抄录者抄录时间作为成书时间。《江苏艺文志·南京卷》说："此记六合县竹镇古迹、时俗、人物等。戴文燦识语云：'传本亦鲜见，偶于贺氏四照山房假归，手抄一过，其中阙文误字尚多，未敢遑臆改窜，仅仍其旧，以俟后之君子考证。'六合县图书馆藏抄本编次颇乱，且有录至宣统年间事者，已非全貌。"本书卷下尾部有残缺，少"人物"一部分，缺"杂记"和"题咏"部分。1948 年 8 月南京市通志馆文献委员会印行的《南京文献》第二十号，收录有《竹镇杂记》1 卷，可能即是《竹镇纪略》抄本所缺的"杂记"部分。

《棠志拾遗》2 卷（存）

《棠志拾遗》2 卷，张官倬纂。六合历史上现存唯一以私人名义修撰的县域方志类著作。

张官俌（1877—1960），字卓人，号菊隐、菊叟，南京六合人。他自幼刻苦求学，饱览诗书，聪明过人，清末贡生，但因为政权更迭，社会动荡，无意出仕为官。民国后曾赴南京、镇江、扬州、上海、无锡、南通等地考察教育状况，任六合私立励志中学教员，在当时六合学界颇负盛名。1956年，被吸收为江苏省文史馆馆员。著有《亦园诗钞》《亦园文钞》等。张卓人去世后，将自己所有的藏书捐赠六合县文化馆，这些古籍藏书成为今天六合区图书馆古籍部主要的馆藏，非常珍贵。

他与留日归来的王乃屏（1873—?）等一起创立六合私立励志初级中学，并在学校任教。王乃屏在《棠志拾遗序》中说，张卓人是一个学问非常丰富的有识之士，爱好古籍，勤于求索。在阅读中他有感于历代县志体例不一，繁简删削不一，加之年代迁延，许多历史事件和人物的记载经常疏略或缺失，特别是一些有关山脉、河流、古迹的记载层层相因，常有疏漏，或以讹传讹。为了弄清六合山川地形、古迹分布、金石碑刻等，他与黄伯东等好友，不惧艰辛，徒步跋山涉水，披荆扪棘，寻求断碣残碑，以便考定具体事实，正如他在本书《自序》中所说："于地理、古迹、物产、金石四门，则于荒烟蔓草之区，山巅水涯之处，亲自考察，溯委穷源，于人物、科贡、官师、兵事、艺文五门，则采他邑志书、私家著述，以补缺略，以定舛讹。"经过多年的苦心经营，分类载录，汇集成册，终于在1936年撰成《棠志拾遗》。

《棠志拾遗》凡2卷9门，上卷首录地理山脉、河流、街巷；次述古迹、物产、人物、兵事。下卷选录艺文、金石和他的《续咏棠邑古迹诗四十首》。所取资料，均随条注明出处。未注明者，或系实地调查，或得自邑中父老所传述较为确凿可据者。书中所载，多为邑志所遗漏，或略而不详，或有出入者，故谓旧志之拾遗。

书成之后，正值日本侵华战争爆发，张卓人带着书稿，流离颠沛。1945年抗战胜利后，张氏再拾书稿，感慨万分，他在十年后写的《再序》中说，自抗战以来，时间又过去了八年多，但是他"饱经忧患，不废搜求"，对以前的稿本"误者正之，缺者补之，八年之间，所得又复不少，设当时贸然从事，不贻覆瓿之讥、灾梨之悔哉！"他认为假如当时出版，由于资料的短缺和考证的失误，现在会非常后悔，可见张氏勤奋不倦，认真求索的治学态度。

1947年，《棠志拾遗》经过再次修订，基本定稿，他有感于"乡邦耆宿，日就凋零，凡所遗漏未载之事迹，设再任其湮没，窃恐有文献无征等于杞宋之惧！"虽然苦于出版经费，于是卖田十二亩，印制了《棠志拾遗》五百部，分赠传世。

　　《棠志拾遗》现有1946年初稿本，不分卷，藏中国科学院文献情报中心，后影印收入《中国科学院文献情报中心藏稀见方志丛刊》第45册，此本有较多修订、调整、删存标记，当为出版前的底本；1947年六合新奎光馆石印本，南京图书馆、天津图书馆等全国多地图书馆有藏，江苏古籍出版社《中国地方志集成·江苏府县志辑》第6册有影印本；六合档案馆有现代张世明毛笔手抄复印本。

附录二　书名索引

附录三　作者索引

参 考 文 献

一、方志史志类

［梁］沈约撰，宋书（点校本）[M]，北京：中华书局，2013 年

［唐］房玄龄等撰，晋书（点校本）[M]，北京：中华书局，2012 年

［唐］姚思廉撰，梁书（点校本）[M]，北京：中华书局，2013 年

［唐］李延寿撰，南史（点校本）[M]，北京：中华书局，2012 年

［唐］魏征等撰，隋书（点校本）[M]，北京：中华书局，2011 年

［后晋］刘昫等撰，旧唐书（点校本）[M]，北京：中华书局，2013 年

［宋］欧阳修、宋祁撰，新唐书（点校本）[M]，北京：中华书局，2013 年

［宋］李心传著，建炎以来系年要录 [M]，北京：中华书局，1956 年

［元］脱脱等撰，宋史（点校本）[M]，北京：中华书局，2013 年

［明］万廷谦纂修，曹闻礼、钟相业校订，万历龙游县志 [M]，明万历四十年原修，民国二十年重刊排印本，国家图书馆藏

［明］于奕正编，天下金石志 [M]//续修四库全书史部第 886 册，上海：上海古籍出版社，2002 年

［明］董邦政修，黄绍文纂，嘉靖六合县志 [M]，嘉靖二十二年刻本 // 金陵全书甲编方志类县志第 23 册，南京：南京出版社，2013 年

［明］李筬修，张启宗增修，万历六合县志 [M]，万历四十三年刻本 // 金陵全书甲编方志类县志（第 24 册），南京：南京出版社，2013 年

［明］朱麟修，黄绍文续纂，嘉靖广德州志 [M]，明嘉靖十五年刻本，国家图书馆藏

［明］沈孟化修，陆察、张梦柏等主纂，万历江浦县志 [M]，万历七年刻本，浙江天一阁藏

［清］张廷玉等撰，明史（点校本）[M]，北京：中华书局，2013 年

［清］刘庆运修，孙宗岱纂，顺治六合县志 [M]，顺治三年刻本 // 金陵全书甲编方志类县志第 25 册，南京：南京出版社，2013 年

［清］洪炜修，汪铉纂，康熙六合县志 [M]，康熙二十三年刻本 // 金陵全书甲编方志类县志第 26 册，南京：南京出版社，2014 年

〔清〕苏作睿修，徐重龄纂，雍正六合县志 [M]，雍正十年刻本 // 南京图书馆藏稀见方志丛书第 24—25 册，北京：国家图书馆出版社，2012 年

〔清〕苏作睿主修，张简等纂，雍正六合县志 [M]，雍正十三年刻本 // 金陵全书甲编方志类县志第 27—28 册，南京：南京出版社，2013 年

〔清〕廖抡升修，戴祖启纂，乾隆六合县志 [M]，乾隆五十年刻本 // 金陵全书甲编方志类县志第 29 册，南京：南京出版社，2013 年

〔清〕谢延庚等修，贺廷寿等纂，光绪六合县志 [M]，光绪十年刻本 // 金陵全书甲编方志类县志第 30—31 册，南京：南京出版社，2013 年

〔清〕侯宗海、夏锡宝纂辑，光绪江浦埤乘 [M]，清光绪十七年刻本，国家图书馆藏

〔清〕汪士铎等纂，续纂江宁府志 [M]，光绪六年刊本

〔清〕廖鼎璋纂，光绪崇义县志 [M]，清光绪二十一年赣城古香斋刻本，国家图书馆藏

〔清〕张景祁纂，光绪福安县志 [M]，光绪十年刻本，国家图书馆藏

〔清〕李敬，竹镇纪略 [M]，道光十一年抄本 // 中国地方志集成·乡镇志辑（第 5 册），南京：江苏古籍出版社，1992 年

〔清〕马士图辑，莫愁湖志 [M]，光绪八年刊本

〔清〕何乃容等修，潘树棠等纂，光绪缙云县志 [M]，清光绪二年刊本

〔清〕姚鸿杰纂修，光绪丰县志 [M]，清光绪二十年刊本

〔清〕杜林修，彭斗山纂，同治安义县志 [M]，清同治十年刻本，国家图书馆藏

〔清〕撰人不详，六合汪氏家谱 [M]，抄本，上海图书馆藏

〔清〕姚延福修，邓嘉缉、蒋师辙纂，光绪临朐县志 [M]，光绪十年刊本，国家图书馆藏

〔清〕方岱修，璩之璨校正，康熙昌化县志 [M]，民国抄本，国家图书馆藏

〔清〕满岱修，唐光云等纂，乾隆丰城县志 [M]，乾隆十七年刊本，国家图书馆藏

〔清〕劳宗发修，王今远纂，乾隆曲周县志 [M]，乾隆十二年刊本，国家图书馆藏

〔清〕陈兰森、王文涌修，谢启昆纂，乾隆南昌府志 [M]，清乾隆五十四年刻本，国家图书馆藏

〔清〕唐若瀛修，邵晋涵纂，乾隆余姚志 [M]，乾隆四十六年刻本，国家图书馆藏

〔清〕忠琏纂修，乾隆峄县志 [M]，乾隆二十六年刻本，国家图书馆藏

〔清〕路鸿休撰，帝里明代人文略 [M]，清道光三十年甘煦津逮楼木活字印本，国家图书馆藏

〔清〕齐召南、汪沆纂修，同治温州府志 [M]，同治五年温州府学刊刻，国家图书馆藏

〔清〕朱超纂修，乾隆清水县志 [M]，乾隆六十年刻本，国家图书馆藏

［清］沈维基修，楚大德纂，乾隆永兴县志 [M]，乾隆二十七年刻本，国家图书馆藏

［清］札隆阿等修，程卓梁等纂，道光宜黄县志 [M]，道光五年刊本

［清］吕燕昭等修，姚鼐纂，嘉庆新修江宁府志 [M]，嘉庆十六年刻本

［清］王炯纂修，乾隆邯郸县志 [M]，乾隆二十一年刊印，国家图书馆藏

［清］王检心纂，道光重修仪征县志 [M]，清光绪十六年刻本，国家图书馆藏

［清］李于垣修，杨元锡纂，嘉庆长垣县志 [M]，嘉庆十五年刻本

［清］于成龙纂修，康熙江南通志 [M]，康熙二十三年刻本，国家图书馆藏

［清］尹继吾等总纂，赵弘恩等修，黄之隽等纂，江南通志 [M]，乾隆元年刻本

［清］叶滋森主修，褚翔等纂，光绪靖江县志 [M]，光绪五年刻本

［清］冯桂芬等纂，同治苏州府志 [M]，清光绪九年刊本

［清］郭赓武、黄任、淮荫布纂修，乾隆泉州府志 [M]，清光绪八年补刻本

［清］赵英祚主修，黄承膜总纂，光绪泗水县志 [M]，光绪十九年刻本

［清］吴世进修，吴世荣增修，光绪严州府志 [M]，光绪九年增修重刊本

［清］梁悦馨、莫祥芝主修，光绪通州直隶州志 [M]，清光绪元年刊

［清］杨受廷、左元镇修，马汝舟、汪大键纂，嘉庆如皋县志 [M]，嘉庆十三年刻本

［清］何庆钊修，丁逊之等纂，光绪宿州志 [M]，清光绪十五年刊本

［清］黄丽中修，于如川纂，光绪栖霞县续志 [M]，光绪五年刊本

［清］崔志元修，左泉金纂，道光铜山县志 [M]，清道光十年刻本

［清］戚学标纂修，嘉庆涉县志 [M]，嘉庆四年刻本

［清］汪文炳撰，何镕等纂，光绪富阳县志 [M]，清光绪三十二年刊本

［清］潘绍诒修，周荣椿等纂，光绪处州府志 [M]，光绪三年修

［清］杜冠英、胥寿英等修，吕鸿涛纂，光绪玉环厅志 [M]，光绪六年刊本

［清］秦簧修，唐壬森纂，光绪兰溪县志 [M]，光绪十三年刊本

［清］陈作霖，金陵通传 [M]，光绪甲辰年瑞华馆刊本 // 中国方志丛书华中地方第
38 号，台湾：成文出版社有限公司，1970 年

［民国］陈培埏、曾国霖等修，许昌言等纂，民国昌化县志 [M]，民国十三年浙江印
刷股份有限公司排印本

［民国］汪昇远编纂，六合汪氏家谱 [M]，民国十三年石印本，南京图书馆藏

［民国］张官倬著，棠志拾遗 [M]，民国三十五年石印本 // 中国地方志集成·江苏府
县志辑（第 6 册），南京：江苏古籍出版社，1991 年

［民国］孟昭涵、李驹主纂，民国长乐县志 [M]，民国排印本，国家图书馆藏

［民国］朱兰修、劳乃宣等纂，民国阳信县志 [M]，民国十五年铅印本，国家图书馆
藏本

［民国］郑耀烈修，汪升远、王桂馨等纂，民国六合县续志稿 [M]，民国九年石印本 // 金陵全书甲编·方志类县志第 32 册，南京：南京出版社，2013 年

［民国］夏仁虎纂，玄武湖志 [M]// 石光明、董光和、杨光辉主编，中华山水志丛刊·水志第 31 册，北京：线装书局，2004 年

［民国］王龙云主修，周钟岳、赵式铭等编纂，新纂云南通志 [M]，民国三十八年十二月印行

［民国］厉式金纂，香山县志续编 [M]，民国十二年香山黄映奎墨宝楼排印本，国家图书馆藏

［民国］严型修，冯煦纂，民国宿迁县志 [M]，民国十三年修二十四年铅印本

［民国］王德乾修，崔莲峰纂，民国望都县志 [M]，民国二十三年铅印本

中国地方志集成 [M]，江苏古籍出版社、凤凰出版社、上海书店出版社等，1991 年至今

中国科学院文献情报中心编，中国科学院文献情报中心藏稀见方志丛书 [M]，北京：国家图书馆出版社，2014 年

徐耀新主编，南京文化志，北京：中国书籍出版社，2003 年

江庆柏主编，江苏艺文志·南京卷（增订本）[M]，南京：凤凰出版社，2019 年

吴廷燮等纂，北京市志稿 [M]，北京：燕山出版社，1998 年

南京市六合区地方志工作办公室主编，古今六合 [M]，北京：方志出版社，2007 年

浙江省玉环县编史修志委员会编纂，玉环县志 [M]，上海：汉语大词典出版社，1994 年

马蓉等点校，永乐大典方志辑佚 [M]，北京：中华书局，2004 年

柯愈春著，清人诗文集总目提要 [M]，北京：北京古籍出版社，2001 年

二、汇编丛书类

全国古籍普查登记数据库：http://202.96.31.78/xlsworkbench/publish

［清］严可均辑，陈延嘉等校点，全上古三代秦汉三国六朝文，石家庄：河北教育出版社，1997 年

［清］马国翰辑，玉函山房辑佚书 [M]，光绪九年癸未长沙嫏嬛馆刊刻

［清］姚东升辑，佚书拾存，嘉庆道光间抄本 [M]// 殷梦霞、王冠选编辑《古籍佚书拾存》第 1 册，北京：北京图书馆出版社，2003 年

［清］龙璋辑，小学搜逸 [M]，北京图书馆出版社，2013 年

［清］周亮工著，朱天曙编校整理，周亮工全集 [M]，南京：凤凰出版社，2008 年

［清］纪昀等，四库全书总目提要 [M]，郑州：河南人民出版社，2000 年

［清］陈灏著，陈让泉先生杂著十种 [M]，稿本，苏州市图书馆藏

［清］陈灏、潘遵祁编，紫阳书院课艺七编 [M]，清光绪六年刻本 // 邓洪波主编，中国书院文献丛刊第 1 辑第 23—24 册，国家图书馆出版社、上海科技文献出版社，2018 年

［清］蒋廷锡、陈梦雷等辑，钦定古今图书集成 [M]，内府清雍正四年活字印本，国家图书馆藏

［清］闵一得辑，古书隐楼藏书 [M]// 胡道静等主编，藏外道书第 10 册，成都：巴蜀书社，1992 年

［清］袁枚编撰，随园全集 [M]，上海新文化书社 1935 年排印本

［清］朱绪曾辑，金陵朱氏家集 [M]，道光二十年刻本，国家图书馆藏

［清］周亮工等撰，于良子点校，印人传合集 [M]，杭州：浙江人民美术出版社，2014 年

［清］朱实发著，尺云轩全集 [M]，道光甲午刻本，哈佛大学汉和图书馆藏

［清］王锡祺编，小方壶斋舆地丛钞 [M]，光绪三年南清河王氏刻本

［民国］卢前主编，南京文献 [J]，南京市通志馆编印出版，1947—1949 年

［民国］邓实主编，国粹学报 [J]，1905—1911 年

［民国］翁长森、蒋国榜辑，金陵丛书 [M]，上元蒋氏慎修书屋刻，民国三年

王德主编，丛书集成续编 [M]，上海：上海书店，1997 年

天一阁明代方志选刊 [M]，重印 1964 年影印本，上海：上海书店，1982 年

沈乃文主编，明别集丛刊（第 1—5 辑）[M]，合肥：黄山书社，2013—2015 年

本书编纂委员会，四库禁毁书丛刊 [M]，北京出版社，1997 年

本书编纂委员会，四库全书存目丛书 [M]，济南：齐鲁书社，1996 年

杨一凡主编，历代珍稀司法文献 [M]，北京：社会科学文献出版社，2012 年 1 月

胡道静等主编，藏外道书 [M]，成都：巴蜀书社，1992 年 8 月

陈红彦、谢冬荣、萨仁高娃主编，清代诗文集珍本丛刊 [M]，北京：国家图书馆出版社，2017 年

刘家平、苏晓君主编，中华历史人物别传集 [M]，北京：线装书局，2003 年

甘肃省古籍文献整理编译中心编，中国华东文献丛书 [M]，北京：学苑出版社，2010 年

清代诗文集汇编 [M]，上海：上海古籍出版社，2010 年

本书编纂委员会，四库未收书辑刊 [M]，北京：北京出版社，1997 年

姜亚沙、经莉、陈湛绮主编，中国早期科技期刊汇编 [M]// 中国文献珍本丛书，北京：全国图书馆文献缩微复制中心，2008 年

本书编纂委员会，四库提要著录丛书 [M]，北京：北京出版社，2010 年

藏经书院编，续藏经 [M]，台北：新文丰出版股份有限公司，1993 年

日本大正新修大藏经刊行会，修订新版大藏经 [M]，台北：新文丰出版有限公司，1992 年

周俊富辑，明代传记丛刊 [M]，台北：明文书局，1991 年

俞冰主编，历代日记丛钞 [M]，北京：学苑出版社，2006 年

本局编辑部编，明清历科进士题名碑录 [M]，台北：华文书局股份有限公司，1969 年

阿英编著，晚清文学丛钞·传奇杂剧卷 [M]，北京：中华书局，1962 年

倪斌主编，泰州文献第四辑 [M]，南京：凤凰出版社，2015 年

中国史学会主编，中国近代史资料丛刊·洋务运动 [M]，上海：上海人民出版社，1961 年

中国古籍总目编纂委员会编，中国古籍总目·集部 [M]，［北京］中华书局、上海古籍出版社，2012 年

江庆柏著，清朝进士题名录 [M]，北京：中华书局，2007 年

三、别集论文类

［南朝宋］刘义庆著，［南朝梁］刘孝标注，余嘉锡笺疏，世说新语笺疏，北京：中华书局，2011 年

［梁］阮孝绪撰，［清］臧庸辑考，阮氏《七录》一卷附考一卷 [M]，北图据清抄本影印 // 续修四库全书·史部·目录类第 919 册，上海古籍出版社，2002 年

［唐］释道宣辑，广弘明集 [M]，上海涵芬楼影印明汪道昆本 // 张元济主编，四部丛刊，上海商务印书馆，民国十八年

［宋］宗赜撰，真州长芦崇福禅院慈觉禅师语录 [M]，朝鲜钞本，日本驹泽大学图书馆藏本

［宋］宗赜撰，慈觉禅师劝化集 [M]，宋刻本 //《俄罗斯科学院东方研究所圣彼得堡分所藏黑水城文献》第 3 册《汉文部分》，上海古籍出版社，1996 年

［宋］德初、义初编，真州长芦了禅师劫外录 [M]，宋刻本 // 俄罗斯科学院东方研究所圣彼得堡分所藏黑水城文献第 3 册 [M]，上海古籍出版社，1996 年

［宋］释宗晓编，乐邦文类 [M]，日本江户初写刻本

［宋］宗赜撰，苏军点校，禅苑清规 [M]，郑州：中州古籍出版社，2001 年

［宋］崔子方著，春秋经解 [M]//［清］永瑢、纪昀等编纂，文渊阁四库全书 [M]，上海古籍出版社，2003 年

［宋］崔子方著，春秋本例 [M]//［清］永瑢、纪昀等编纂，文渊阁四库全书 [M]，上

海古籍出版社，2003 年

［宋］崔子方著，春秋例要 [M]//［清］永瑢、纪昀等编纂，文渊阁四库全书 [M]，上海古籍出版社，2003 年

［宋］释清了著，信心铭拈古 [M]，抄本，日本内阁文库浅草文库藏

［宋］胡仔编撰，苕溪渔隐丛话 [M]，清乾隆五年至六年海盐杨佑启耘经楼依宋板重刊，哈佛大学汉和图书馆藏本

［宋］马端临著，上师大古研所、华师大古研所点校，文献通考 [M]，北京：中华书局，2011 年

［宋］释元照著，芝园集 //《续藏经》第 105 册，台北：新文丰出版股份有限公司，1993 年

［宋］释正受纂，嘉泰普灯录 //《续藏经》第 137 册，台北：新文丰出版有限公司，1993 年

［元］成廷珪著，居竹轩集 [M]//［清］永瑢、纪昀等编纂，文渊阁四库全书 [M]，上海古籍出版社，2003 年

［元］白朴著，天籁集 [M]//［清］永瑢、纪昀等编纂，文渊阁四库全书 [M]，上海古籍出版社，2003 年

［元］白朴著，王文才校注，白朴戏曲集校注 [M]，北京：人民文学出版社，1984 年

［明］庄昶著，定山先生集 [M]，明嘉靖十四年陈常道序刊本，日本浅草文库藏本

［明］王弘编撰，文节公年谱 [M]//［明］庄昶著，定山先生诗文集 [M]，清乾隆五年刻本、嘉庆元年递修刻本。见沈乃文主编：明别集丛刊第 1 辑第 57 册，合肥：黄山书社，2013 年

［明］邹守益著，董平编校整理，邹守益集 [M]，南京：凤凰出版社，2007 年

［明］焦竑纂，国朝献征录 [M]，徐象橒明万历四十四年刻本，国家图书馆藏

［明］董邦政撰，长春园集 [M]，清抄本，私人藏本

［明］叶向高著，苍霞续草 [M]，明万历天启间刻本 ///沈乃文主编，明别集丛刊第 4 辑第 62 册，合肥：黄山书社，2015 年 12 月

［明］谢肇淛撰，五杂俎 [M]，明刻本 [M]//四库禁毁书丛刊子部第 37 册，北京出版社，1997 年

［明］吴之甲撰，静俳集 [M]，清乾隆四年吴重康刻本 // 沈乃文主编，明别集丛刊第 5 辑第 36 册，合肥：黄山书社，2015 年 12 月

［明］释广伸撰，成唯识论订正，明崇祯间刻本，南京图书馆藏

［清］朱彝尊撰，林庆彰等主编，经义考新校 [M]，上海古籍出版社，2010 年

［清］刘然辑评，诗乘初集 // 四库禁毁书丛刊集部第 156 册，北京出版社，1997 年

［清］钱谦益编选，列朝诗集 [M]，北京：中华书局，2007 年

［清］王梓材、冯云濠编撰，沈芝盈、梁运华点校，宋元学案补遗 [M]，北京：中华书局，2012 年

［清］彭廷梅辑，国朝诗选 [M]，清乾隆十二年金陵书坊刻本 // 四库禁毁书丛刊补编第 56 册，北京出版社，2005 年

［清］陈作霖，续金陵通传 [M]，光绪甲辰年瑞华馆刊本 // 中国方志丛书华中地方第 38 号，台北：成文出版社有限公司，1970 年

［清］汪振声，西征日记 [M]，清光绪二十六年梦花轩刻本 // 俞冰主编，历代日记丛钞第 91 册，北京：学苑出版社，2006 年

［清］范当世著，范伯子诗文集 [M]，上海古籍出版社，2003 年

［清］郭则沄纂，卞孝萱、姚松点校，十朝诗乘 [M]，福州：福建人民出版社，2000 年

［清］汪振声著，蠡测卮言，清末排印本，南京图书馆藏

［清］莫友芝编，邵亭知见传本书目 [M]，董康序刊铅印本，清宣统元年，国家图书馆藏

［清］厉鹗撰，宋诗纪事 [M]，上海古籍出版社，1981 年

［清］朱绪曾编，金陵诗征 [M]，德清阁藏版，光绪壬辰刊本，南京图书馆藏

［清］顾嗣立编，元诗选二集 [M]，北京：中华书局，1987 年

［清］黄虞稷编，瞿凤起、潘景郑整理，千顷堂书目 [M]，上海古籍出版社，2001 年

［清］钱曾撰，述古堂藏书目，据粤雅堂丛书本排印 // 丛书集成初编总类第 36 册，上海：商务印书馆，1936 年

［清］陈作霖编，金陵前明杂文钞 [M]，抄本 // 屈万里、刘兆祐辑，明清未刊稿汇编·冶麓山房丛书第 4 册，台北：联经事业出版公司，1976 年

［清］于敏中等编，钦定日下旧闻考 [M]，北京古籍出版社，2000 年

［清］陈维崧著，陈振鹏标点，李学颖补校，陈维崧集 [M]，上海古籍出版社，2010 年

［清］徐枋撰，居易堂集 [M]，上海涵芬楼影印固安刘氏藏原刊本 // 清代诗文集汇编第 81 册，上海古籍出版社，2010 年

［清］胥庭清著，听江冷署 [M]，清顺治刻本，上海图书馆藏

［清］胥庭清著，钟山草堂诗集 [M]，清康熙年间刻本，国家图书馆藏

［清］胥庭清著，武林游记 [M]，清康熙年间刻本，国家图书馆藏

［清］朱绪曾编，国朝金陵诗征 [M]，光绪十三年德清阁藏版

［清］徐鼒著，小腆纪传 [M]，清光绪丁亥刻本

［清］孙洴如著，释冰书 [M]，吴江沈廷镛世楷堂藏版 //《丛书集成续编》子部第 88 册，上海书店影印

［清］刘体仁著，七颂堂文集 [M]，康熙刻本 // 四库全书存目丛书补编第 53 册，北京出版社，2005 年

［清］吴定璋编，七十二峰足征集 [M]，乾隆十年依绿园刻本

［清］李敬著，竹镇杂记 [M]//《南京文献》第二十号，民国三十七年八月南京市通志馆文献委员会印行

［清］李敬著，退庵集 [M]，复旦大学图书馆藏康熙刻本 //《四库全书存目丛书》集部第 216 册，济南：齐鲁书社，1996 年

［清］王士禛著，靳斯仁点校，池北偶谈 [M]，北京：中华书局，1982 年

［清］宋征舆著，林屋诗稿 [M]// 清代诗文集汇编第 58 册，上海古籍出版社，2010 年

［清］朱绲著，黄山游草 [M]，清钞本，国家图书馆藏本

［清］徐世昌等编纂，沈芝盈、梁运华点校，清儒学案 [M]，北京：中华书局，2008 年

［清］释大健著，花笑轩集 [M]，康熙十年序刻本，南京图书馆藏

［清］陈作珍，云鹤诗钞 [M]，嘉庆刻本，南京图书馆藏

［清］徐鼒著，未灰斋文集 [M]，光绪丁丑重刊刻本，美国哈佛图书馆藏本

［清］徐鼒著，未灰斋诗钞 [M]，光绪丙戌排印本，广东中山图书馆藏本

［清］徐鼒著，小腆纪年附考 [M]，清光绪刻本

［清］陈作珍著，云鹤诗钞 [M]，清嘉庆刻本，南京图书馆藏

［清］汪传绪著，养和山馆诗文辑存 [M]，石印本，南京图书馆藏

［清］姜良祯著，春草堂诗集 [M]，清光绪二十四年刻本 // 陈红彦等主编，清代诗文集珍本丛刊第 541 册，北京：国家图书馆出版社，2017 年

［清］汪世泰著，碧梧山馆词 [M]，嘉庆刻本，国家图书馆藏

［清］朱谷昌著，拙修吟馆诗存 [M]，道光乙酉季春刻本，国家图书馆藏

［清］徐承祖编，美英条约 [M]，徐氏扶桑排印本，南京图书馆藏

［清］徐承祖著，条议诗稿 [M]，光绪十一年日本排印本，南京图书馆藏本

［清］钱家麟著，淡菊山庄全集 [M]，清抄本，南京图书馆藏本

［清］陈家麟著，东槎闻见录 [M]，清光绪十三年铅印本，国家图书馆藏本

［清］张凤浩著，后山诗存 [M]，民国排印本，私人藏本

［清］汪传绪著，养和山馆诗文辑存 [M]，石印本，南京图书馆藏

［清］陈家麟著，东槎闻见录 [M]，清光绪十三年铅印本，国家图书馆藏

［清］汪达钧著，日长山静草堂诗存 [M]，民国辛未六合孙氏石印本

［清］张凤诰著，后山诗存 [M]，民国铅排本

［清］胥庭清著，钟山草堂诗集 [M]，清康熙刻本，国家图书馆藏

［清］释定志编，詹天灵点校，承恩寺缘起碑板录 [M]，附承恩寺诗存 // 南京稀见文献丛书，南京出版社，2011 年

［清］汤贻汾著，琴隐园诗集 [M]，清同治十三年曹士虎刻本 // 续修四库全书集部第 1502 册，上海古籍出版社，2002 年

［清］孙鞲著，竹根印谱 [M]，咸丰八年钤印本，上海图书馆藏

［清］汪世泰辑，七家词钞 [M]，清乾隆嘉庆刻本，天津图书馆藏

［清］汪世泰著，碧梧山馆词钞 [M]，嘉庆刻本，私藏

［清］戴文灿著，种梅书屋诗草 [M]，清木刻本，私藏

［清］李祖望撰，锲不舍斋文集 [M]，清同治三年江都李氏半亩园刻本

［清］黄锡麒编，蔗根集 [M]，道光十六年清美堂刊本，哈佛大学汉和图书馆藏

［清］黄奭辑，端绮集 [M]，道光清颂堂刻本

［清］王豫编纂，江苏诗征 [M]，道光元年焦山海西庵诗征阁刻本

［清］叶觐仪辑，陈勉斋德政谱 [M]，清道光二十三年刻本 // 国家图书馆编，中华历史人物别传集第 40 册，北京：线装书局，2003 年影印

［清］徐鼐著，周易旧注 [M]，清光绪二十年徐承祖日本使署刻本 // 四库未收书辑刊第 8 辑第 1 册影印

［清］徐鼐著，敝帚斋年谱 [M]，清咸丰十一年《敝帚斋遗书》一卷刻本

［清］徐鼐著，徐承祖等补辑，敝帚斋年谱 [M]，光绪十二年扶桑使廨铅印本，1968 年台北市文海出版社影印补注 2 卷本

［清］徐鼐辑，度支辑略 [M]，清抄本 // 沈云龙主编，近代中国史料丛刊三编第四十七辑，台北文海出版社有限公司影印

［清］徐鼐著，读书杂释 [M]，清咸丰十一年福宁郡斋刻本

［清］徐鼐著，读书杂释 [M]，民国三年《金陵丛书》排印本

［清］徐鼐著，读书杂释（点校本）[M]，中华书局，1997 年

［清］徐鼐著，刘荣喜点校，未灰斋诗文集 [M]，巴蜀书社，2009 年

［清］陈灏著，灵岩山馆诗稿、词稿 [M]，清陈星昭抄本，王季烈录词稿并跋，苏州市图书馆藏

［清］撰人不详，道光丁酉科明经通谱 [M]，清琉璃厂刻本

［清］张遐龄著，集贤山馆诗钞 [M]，民国八年古棠张氏铅印本，南京图书馆藏

［清］撰人不详，道光庚戌科朝考等第齿录 [M]，清韫宝斋刻字铺刻本，国家图书馆藏

［清］周长森著，莅官日记 [M]// 姚锡光江鄂日记：外二种，北京：中华书局，2010 年

［清］周长森著，卢康华整理，北上日记 [M]//《中国近现代稀见史料丛刊》第三辑《蟫庐日记（外五种）》，南京：凤凰出版社，2016 年

［清］周长森著，六合纪事 [M]，同治十一年甘菊簃藏刻本 //《中国华东文献丛书》第三辑《华东史地文献》第 12 卷影印，北京：学苑出版社，2010 年

［清］周长森著，温壮勇公六合殉难事略 [M]，光绪间铅印本 // 国家图书馆编，中华历史人物别传集第 45 册，线装书局，2003 年影印

［清］江春霖著，朱维干、林锴编纂兼点校，江春霖集 [M]，马来西亚兴安会馆总会文化委员会，1990 年印行

［清］徐承礼编纂，日本辑要稿 [M]，清钞残本，南京图书馆藏

［清］徐承礼编纂，日本识略 [M]，清钞残本，南京图书馆藏

［清］张迈撰，畅园遗稿 [M]，清光绪三十年刻本 // 清代诗文集汇编第 750 册，上海古籍出版社，2010 年

［清］张凤诰著，后山诗存 [M]，民国排印本，私人收藏

［清］范当世著，范伯子文集 [M]，民国壬申浙西徐氏校刻本

［民国］刘声木撰，续补汇刻书目 [M]// 刘声木撰，直介堂丛刻，民国十八年庐江刘氏排印

［民国］汪昇远编，汪氏遗书二种 [M]，民国九年石印本，南京图书馆藏

［民国］达浦生著，伊斯兰六书 [M]，宗教文化出版社，2007 年 9 月

［民国］张轮远撰，万石斋灵岩石谱 [M]，1948 年排印本，天津古籍出版社 1988 年影印

［民国］王猩酋编撰，雨花石子记 [M]，国家图书馆藏本 // 东莞张次溪辑，中国史迹风土丛书，1943 年排印本

［民国］徐世昌编，闻石点校，晚晴簃诗汇 [M]，中华书局，1990 年

［民国］张官僚著，棠志拾遗 [M]，1947 年仲春石印本，国家图书馆藏

［民国］张官僚著，亦园诗钞 [M]，民国排印本，私藏

［民国］张官僚著，亦园诗续钞 [M]，民国排印本，私藏

［民国］张官僚著，亦园五秩唱和集 [M]，民国排印本，私藏

［民国］张官僚著，亦园诗文钞 [M]，油印抄本，私藏

［民国］张官僚著，评绿轩哀如儿录 [M]，民国排印本，私藏

［民国］孙为霆等辑，六合孙叠波先生讣告 [M]，1931 年石印本，私人藏本

［民国］孙为霆著，壶春乐府 [M]，民国排印本，南京图书馆藏

达浦生著，中国伊斯兰六书 [M]，北京：宗教文化出版社，2003 年（2007 年重印）

阿英编，晚清文学丛钞（传奇杂剧卷）[M]，中华书局，1962 年

沈子善著，王羲之研究 [M]，上海：正中书局，1948 年

沈子善主编，书学论集 [M]，上海：正中书局，1948 年

龚延明、祖慧编著，宋代登科总录 [M]，桂林：广西师范大学出版社，2014 年

张英聘，明代南直隶方志研究 [M]，北京：社会科学文献出版社，2005 年

周采泉著，杜集书录 [M]，上海：上海古籍出版社，1986 年

刘德隆编，刘鹗及老残游记资料 [M]，成都：四川人民出版社，1985 年

郁重今编纂，历代印谱序跋汇编 [M]，杭州：西泠印社出版社，2008 年

李云主编，中医人名辞典 [M]，北京：国际文化出版公司，1988 年

陈从周、蒋启霆选编，园综 [M]，上海：同济大学出版社，2004 年

刘荣喜编著，六合廉史 [M]，南京：南京出版社，2017 年

龚延明主编，方芳点校，天一阁藏明代科举录选刊·登科录 [M]，宁波：宁波出版社，2016 年

骆远荣编著，徐承祖与清末外交 [M]，镇江：江苏大学出版社，2016 年

郑文著，金城续稿 [M]，兰州：甘肃教育出版社，2005 年

刘荣喜编著，六合文征 [M]，北京：中国文史出版社，2023 年

宋坤，俄藏黑水城宋慈觉禅师《劝化集》研究 [D]，河北师范大学 2010 年硕士论文

张国栋、高荣著，汪振声事略及《新疆纪事》诗作者辨正 [J]，中国地方志，2018（6）：91—96

后　记

历史文化是城市的灵魂。

六合历代文献较为丰富。1500多年前，南朝齐梁时期，六合乡贤阮孝绪遍通五经，考述源流，撰成《七录》12卷，对梁代以前学术发展作了全面系统的总结，是保留至今相对比较完整的一部目录学论著，成为研究我国古代藏书的重要文献。400多年前，"江左三凤"之一陈维崧盛赞六合学者孙国敉"赐书稠叠出深宫，玉轴牙签郑重"（《西江月·题六合孙公树捧月图》）。200多年前，六合文人朱鹭将家中藏书编目撰成《管窥楼藏书目》4卷，其子朱方《曝书》诗"牙签锦轴标题好，家有曹仓足揣摩。十斛芸香防老蠹，藏书功比读书多"（《国朝金陵诗征》卷三十一）。清末民国初，汪昇远在《六合县续志稿·艺文志》序中说："邑人撰著，至晋始有征，迨乎明清两代，才颖之士，摛藻扬芬，方轨前哲，尤以孙伯观、徐彝舟两先生为之冠"，将"乡先辈手泽润色此邦山川"的作品编为《艺文志》2卷，著录先辈遗集。20世纪60年代初，六合文史学家张官俦临终前将其毕生收集的大量明清藏书，全部捐赠当时县文化馆，成为今天六合区图书馆古籍部的主要馆藏，嘉惠后人。

文史工作是人民政协一项基础工作。六合古籍散落全国乃至世界各地图书馆或私人藏家手中，保护遗产第一要事就是摸清家底，六合区政协高度重视存史资政，积极组织开展《六合古籍考》编撰。作为主编，笔者沿着前人的足迹，搜寻六合历代古籍资料，查考大量文献，深入研究考辨，补其不足，订其讹误，以求继承先人余绪，探究地方历史文脉。

《六合古籍考》全面收集历代文献记载的六合全域古籍书目，书中引录抄存与书目和作者有关的大量原始文献，如序跋、传记、馆藏、评论等，结合历代县志、作者家谱、科举资料等，对作者生卒、生平、履历等作考证，著录书籍的主要馆藏和出版（包括影印和点校）情况，对作品存佚细致查询，补充历代县志遗佚漏缺，订正其他书志中有关作者或书籍记载谬误，编制书目和人名索引，便于读者检索使用、了解原作。

在本书编写过程中，六合区政协领导和同仁给予精心指导，南京市地方志办公室编研处徐智明处长、文化传播处李琳琳老师等专家认真审阅全稿，提出许多宝贵的修改意见和建议，使本书更臻完善，借此表示衷心感谢。

"学术乃天下之公器。"笔者研读虽勤，甘苦自知，尚不完备。今献芹于众，抛砖引玉，以冀再出硕果。因撰写时间较紧、水平有限，又囿于资料搜集条件所限，书中难免疏漏和谬误，敬请方家读者批评指正，一字之师，于心感铭！

刘荣喜谨识
2023 年 12 月